孙正军 著

禹迹茫茫

唐宋岭南九州分野言说的知识史研究

上海古籍出版社

清华大学基础文科发展项目

清华大学人文学院历史系与首都师范大学历史学院共建经费

目 录

图表目录

绪　论

　　本书讨论的主题是唐宋及之后包括精英学者与地方士人在内的时人对岭南在九州之分野的认识,着重阐述各种分野认识的生成及流传情况。客观地说,尽管这种用以界定某地在《禹贡》九州位置的分野言说在唐宋以降颇为常见,在地理文献以及诸如注释《尚书·禹贡》的经学著述中多有记载,极有可能是古人知识结构中的必备构成,但其作用却不宜高估,对绝大多数古人而言,九州分野大约始终停留在纯粹知识层面,对现实世界并无多大意义。

　　另一方面,对于今人而言,九州分野则俨然已是一种较为陌生的知识。如果问九州是哪九州,接受过一定程度教育的人或许尚能勉强言明,至于九州疆域范围及九州与二十八宿、十二星次的关联,对不专门从事地理、天文或分野研究的人而言,大约就茫然无知了。从认知心理学角度说,完全陌生的知识会让人产生排斥感,不太愿意接受,何况这可能还是一种不那么重要的知识。为避免过多耽误对本书主题没有强烈兴趣的读者的时间,同时也为了方便怀有兴趣的读者更好地理解作者的想法,这里开宗明义,对本书的写作缘起、基本概念、研究视角、章节安排及主要内容等略作说明。

一、缘起：寻找认识岭南的
另一种声音

对于中国古代周边世界，以往考察大致存在两种研究取径。其一是历史学取径，即探究周边世界的历史面貌，如地理、族群、政治、经济、社会、军事、风俗，乃至对外交通、与中国王朝的关系，等等；其二是知识史取径，即透过历史书写探讨古人尤其是身处中国的人如何看待、认识周边世界。前者研究积累甚丰，称之汗牛充栋，殆非虚言；后者起步虽晚，但随着学者尝试基于天下观或华夷秩序定位周边世界，以及透过史传文本生成观察古代正史中"四夷传"或"列国传"背后王朝意识的兴盛，近数十年来亦获得长足进展。①

对于作为周边世界之一的岭南地区，相关研究也不例外。历史学取径的岭南研究致力于探究岭南社会历史面貌，近年研究中王承文著《唐代环南海开发与地域社会变迁研究》即为这方面代表；②知识史取

---

① 基于天下观或华夷秩序思考周边世界的研究甚夥，兹不赘举。后者代表性研究如王明珂《英雄祖先与弟兄民族——根基历史的文本与情境》，北京：中华书局，2009年；关志国《论中国古代史籍对四夷的体系化记述模式》，《史学集刊》2014年第5期；钱云《从"四夷"到"外国"：正史周边叙事的模式演变》，《复旦学报（社会科学版）》2017年第1期；胡鸿《能夏则大与渐慕华风——政治体视角下的华夏与华夏化》第四章《塑造他者：华夏有关异族群的知识建构》，北京：北京师范大学出版社，2017年，第115—162页；聂溦萌《"列国传"模式与纪传体官修史体制的成立》，《唐研究》第24卷，北京：北京大学出版社，2019年，第35—54页；苗润博《从东夷到北狄：中古正史有关契丹的归类变化》，初刊《唐研究》第24卷；《塑造东夷：〈魏书·契丹传〉的文本来源与叙述策略》，初刊《中国中古史研究》第八卷"'文'与'物'的生成专号"，上海：中西书局，2020年；二文后皆收入氏著《重构契丹早期史》，北京：北京大学出版社，2024年，第9—67页等。
② 王承文《唐代环南海开发与地域社会变迁研究》，北京：中华书局，2018年。

径的岭南研究则侧重挖掘岭南相对于华夏世界的"异域"景象,这方面美国学者薛爱华(Edward Hetzel Schafer)在1967年出版的《朱雀:唐代的南方意象》已有集中叙述。① 在后一取径中,"奇珍异宝"和"原始蛮荒"似乎构成岭南异域景象最重要的两个特征,尤其是"原始蛮荒",更是在相当长时间内成为岭南挥之不去、如影随形的重要标签。②

"原始蛮荒"这一标签并非岭南所独有,中国古代所有周边世界,几乎都难逃此"污名"。无待赘言,原始蛮荒并非古代周边世界的全部,对于传统中国的形成及发展而言,周边世界其实做出了不可替代的贡献。然则在中国古代,时人何以习惯于以原始蛮荒定义周边世界,以致几乎无视周边世界的任何一点先进可取之处?显而易见,这应与影响古人知识生成的文献大抵秉持中国—华夏立场相关,尤其是对古人认识周边世界影响最大的经史文献,往往基于此立场,将中国及周边描述成是以中国、华夏为中心的天下世界。而在此世界结构中,居于中心的中国、华夏代表着文明、开化,周边则被视为与中国、华夏相对的边缘、蛮夷,其被定义为野蛮落后的原始蛮荒世界,也就在所难免了。

---

① Edward Hetzel Schafer, *The Vermilion Bird: T'ang Images of the South*, Berkeley and Los Angeles: University of California Press, 1967. 中译见薛爱华《朱雀:唐代的南方意象》,程章灿、叶蕾蕾译,北京:生活·读书·新知三联书店,2014年。

② 岭南上述"异域"景象除薛爱华著述外,另可参见马强《地理体验与唐宋"蛮夷"文化观念的转变——以西南与岭南民族地区为考察中心》,《西南师范大学学报(人文社会科学版)》2005年第5期;罗媛元、赵维江《岭南地域文化环境中的唐诗意象创造》,《暨南学报(哲学社会科学版)》2008年第5期;于赓哲《疾病、卑湿与中古族群边界》,《民族研究》2010年第1期;李荣华《"南方本多毒,北客恒惧侵":略论唐代文人的岭南意象》,《鄱阳湖学刊》2010年第5期;赵仁龙《唐代宦游文士之南方生态意象研究》,南开大学博士学位论文,2012年,第118—133页;陈健梅《从象郡到安南国——论历史时期中国对交州的地理认知与地域解读》,《暨南学报(哲学社会科学版)》2015年第8期;朱婧《唐人地域观念研究——以出土唐人墓志为主的考察》,西南大学硕士学位论文,2016年,第50—53页等。

对于上述立场所带来的认识周边世界的妨碍，学者已有不少反思。一些学者通过分梳经史文献中以中国—华夏为中心的天下观的形成过程及具体表现，提示这一立场可能造成的陷阱；另一些学者则尝试转换立场，立足周边世界反观中国政权、华夏族群乃至整个天下世界。① 这些努力毫无疑问都非常有价值，给我们认识周边世界和华夏社会带来许多新知。不过这并不意味着突破传统立场下的认知妨碍只有这两途。细致梳理传世经史文献可以发现，即便是秉持中国—华夏立场的文字，其中或也隐含着挑战中国—边缘、华夏—蛮夷天下结构的可能。本书所关注的分野即是其中之一。尽管分野言说中亦不无贬低周边世界的文字，譬如与九州分野相关的《禹贡》九州，岛夷、嵎夷、莱夷、淮夷、和夷、西戎等蛮夷便被安排在周边分布的冀、青、徐、扬、梁、雍等州之下；② 与二十八宿相关的天文分野，华夏与胡族也有着对应星宿的明确区分；③ 不过总体而言，

① 前者代表如前述知识史取径的周边世界研究，后者代表如王明珂关注的华夏边缘，罗新主张的内亚视角，鲁西奇提倡的中国历史的南方道路等。参王明珂《华夏边缘：历史记忆与族群认同》，上海：上海人民出版社，2020 年；罗新《内亚视角的北朝史》，初刊《历史学评论》第 1 卷，北京：社会科学文献出版社，2013 年，后收入氏著《黑毡上的北魏皇帝（修订本）》，上海：上海三联书店，2022 年，第 119—136 页；鲁西奇《中国历史的南方脉络》，《人群·聚落·地域社会：中古南方地初探》代序，厦门：厦门大学出版社，2012 年，第 1—22 页。值得一提的是，鲁西奇在提出区别于中原道路的南方道路的基础上，进一步提出适用于中国北方草原地带的草原道路、适用于新疆（西域）地区的沙漠—绿洲道路、适用于青藏地区的高原道路，后三种道路同样立足于周边世界。参鲁西奇《中国历史发展的五条区域性道路》，初刊《学术月刊》2011 年第 2 期，后收入氏著《中国历史的空间结构》，桂林：广西师范大学出版社，2014 年，第 72—109 页。
② 关于莱夷、嵎夷、淮夷、和夷，古人或认为是地名、水名，不过今人一般认为是族名称谓。参顾颉刚、刘起釪《尚书校释译论》，北京：中华书局，2005 年，第 547—548、575、588、617—618、635—637、721—724、759—760 页。又冀州之岛夷，顾颉刚、刘起釪认为当作"鸟夷"。
③ 胡鸿《能夏则大与渐慕华风——政治体视角下的华夏与华夏化》，第 88—114 页。

分野体系中的周边地区并非始终都被抹上原始蛮荒的色彩,在多数分野言说中,周边与内地均未截然区分,二者的共通远大于差异。这也就意味着,分野可以成为突破中国—边缘、华夏—蛮夷天下观的有益视角,透过时人对分野的认知,有可能揭示包括岭南在内的周边世界在"原始蛮荒"标签之外的另外图景。

对于不同视角的历史研究,业师阎步克先生曾有一个形象比喻,在他看来,"各种史观(也包括各种不同论点),好比从不同角度投向历史客体的一束束探照灯光,它们各自照亮了不同景象,也必然各有所见不及之处。学术进步,就在于不断探索、寻找新的角度"。① 笔者很赞成这一看法。立足古人对岭南九州分野的论述审视岭南,并不意味着要推翻其他视角下衍生的各类岭南认知,事实上,即便传统天下观下对岭南的认识,也不无可取之处。本书要做的,就是尝试从一个新的角度向岭南投向一束探照灯光,希望借此照亮一些其他视角可能观察不到的内容,从而更为全面地呈现古人眼中的岭南意象。同时,也期待通过这一考察,展示岭南九州分野言说复杂多歧的一面,由此为理解中国古代知识的生成与流传提供若干启示。

二、基本概念及研究视角

本书涉及的基本概念有二,均见于书名:其一是岭南,其二是九州分野,前者构成本书瞩目的地理空间,后者则指向本书着重讨论

---

① 阎步克《川本芳昭的〈中华的崩溃与扩大〉》,《读书》2012 年第 4 期;《一般与个别:论中外历史的会通》,初刊《文史哲》2015 年第 1 期,后更名《一般与个别:略谈中外历史的会通》,收入氏著《中国古代政治制度史札记》,香港:香港中文大学出版社,2024 年,第 228 页。

的主题。在研究视角上,本书将借鉴近年来在学界方兴未艾的知识史,阐述围绕岭南九州分野而衍生的各种言说的生成及流传情况。

1. 地域：岭南

岭南在当代主要是一个自然地理概念,指我国境内的五岭山脉以南地区,大致包括今广东、广西、海南三省及香港、澳门两个特别行政区。而在唐宋迄至明清的历史时期,受唐代设岭南道、宋代设广南东西路、明清设广东广西两省影响,岭南除自然地理外,还具行政地理意义。唐代岭南道除包括上述地区外,还包括安南都护府统辖的越南北部;宋代及明清岭南一分为二,或分广南东路和广南西路,或分广东、广西两省,且疆域有所缩小,越南北部从境内分出。不过,虽然存在上述差异,岭南一词的核心内涵自古迄今还是较为明确的,即指北限五岭、南滨南海的广大地区。

当然,在论及唐代以降岭南九州分野时,有两地需特别说明一下,其一是位于湘粤两省交界地、五岭南麓的连州,其二是位于闽粤两省交界地的潮州,两地除在唐代曾短暂隶属其他广域行政区外,其余时期均辖属岭南。① 考虑到两地九州分野较为稳定地分别属于荆州、扬州,与唐宋以降岭南九州分野众说纷纭不同,因此本书讨论暂将两地排除在外。

2. 主题：九州分野

在本书设定中,九州分野属于分野之一种。所谓"分野",或称星野、星土,严格意义上的分野是将天上星宿或星区与地理区域之间进行对应的言说,即如《周礼·保章氏》所说,"以星土辨九州之

---

① 连州在开元二年(714)之前、天宝元年(742)至乾元元年(758)及上元二年(761)以后不属岭南,潮州在景云二年(711)至开元二十二年(734)、天宝元年(742)至天宝十载(751)不属岭南。参周振鹤主编《中国行政区划通史·唐代卷(第2版)》,郭声波撰,上海：复旦大学出版社,2017年,第558—559、601—602页。

地,所封封域,皆有分星,以观妖祥",其天文意义较为突出,故又称天文分野。不过,学者也指出,分野一词在不同语境中所指可能会有所侧重,或重在天文系统,或重在地理系统。①基于此,同时出于行文方便的考虑,本书拟将本应集合天文、地理两种元素的分野析分,区分为于天文、地理各有所侧重的以下三类。

其一,天文分野,即指某地对应的天文星象,主要为二十八宿及十二次。二十八宿是指沿着黄道—赤道带分布的星群,从东方开始依次为角、亢、氐、房、心、尾、箕、斗(南斗)、牛(牵牛)、女(须女、婺女)、虚、危、室(营室)、壁(东壁)、奎、娄、胃、昴、毕、觜(觜觿)、参(参伐)、井(东井)、鬼(舆鬼)、柳、星(七星)、张、翼、轸。十二次又称十二星次,是对周天的十二等分,分别为寿星、大火、析木、星纪、玄枵、娵訾、降娄、大梁、实沈、鹑首、鹑火、鹑尾。十二次与二十八宿存在对应关系,每个星次包含二宿或三宿。不过,由于十二次是均匀划分周天,而二十八宿星度又差异极大,从二度或一度(觜)至三十三度或三十四度(井)不等,②因此十二次与二十八宿的对应方式并非后者均匀配属前者。如唐李淳风撰《乙巳占》所见,对应角、亢二宿的寿星实际范围是从轸十二度至氐四度,角、亢二宿外,还包括轸、氐二宿各一部;对应氐、房、心的大火实际范围是从氐五度至尾九度,包括氐宿大部,房、心二宿全部及尾宿一部,其他星次也大致如此。③基于二十八宿和十二次形成的分野,本书称之为二十八宿分野和十二次分野,又统称为天文分野。二十八宿分野常与十二次

---

① 关于分野概念的辨析,参邱靖嘉《天地之间:天文分野的历史学研究》,北京:中华书局,2020年,第25—29页。

② 关于二十八宿星度,参陈遵妫《中国天文学史》,上海:上海人民出版社,2016年,第219页。

③ 李淳风《乙巳占》卷三《分野》,丛书集成初编本,上海:商务印书馆,1936年,第44—50页。

分野并论,形成某地对应星次、星宿的分野体系。不过具体到某一局部地区,二十八宿分野也可单独使用,如《晋书·天文志》引西晋泰始令陈卓厘定的"州郡躔次"载东郡入角一度、泰山入角十二度等,即属此类。[1]

其二,州国分野,指某地对应的十三国或十二州。关于十三国,自《淮南子·天文训》以下多有记载,其间虽有差异,但大抵指郑、宋、燕、越、吴、齐、卫、鲁、魏、赵、秦、周、楚十三个国家。这十三个国家从未并存,它们之所以被选中进入同一系统,则是受到春秋战国时期列国格局及在此基础上形成的文化地域观念的影响,亦即十三国乃是基于春秋战国以来"天下大国十二"的传统观念、加上作为天下共主的周王室拼凑而成。具体来说即是在周王室和战国七雄之外,另加入宋、鲁、卫、吴、越五个比较有代表性的诸侯国,整合而为十三国。至于十二州,尽管可能渊源甚早,但传世文献确切记载始见于《史记·天官书》,其中十二州由兖、豫、幽、扬、青、并、徐、冀、益、雍、荆十一州加上江湖、三河两个地理单元组成,后江湖并入扬州,确立十二州系统。基于十三国、十二州形成的分野体系,本书称之为十三国分野和十二州分野,又统称为州国分野,十三国分野与十二州分野在东汉初年以降渐趋合流。[2]

其三,九州分野,指通过比附九州,确认某地在九州中的归属。被比附的九州,主要出自《尚书·禹贡》,《周礼·职方》九州和《尔雅·释地》九州间或也在比附之列。考虑到《禹贡》九州于诸说之中最为常见,不少文献或直接记作"《禹贡》某州之域",而各种体系的

---

[1] 《晋书》卷一一《天文志》,北京:中华书局,1974 年,第 309—313 页。

[2] 关于十三国、十二州分野,参邱靖嘉《"十三国"与"十二州"——释传统天文分野说之地理系统》,初刊《文史》2014 年第 1 辑,后更名《"十三国"与"十二州":释传统二十八宿及十二次分野说之地理系统》,收入氏著《天地之间:天文分野的历史学研究》,第 93—138 页。又可参本书第一章。

九州在与岭南相关处也不矛盾,因此本书统一视为《禹贡》九州。通过将现实某地与《禹贡》九州相对照,由此确认前者在九州中的位置,此即本书所谓九州分野。

与十三国分野、十二州分野往往与星宿、星次配对出现不同,九州分野则不必然关联星宿、星次。之所以如此设定,考虑有二:其一,部分文献记载某地在九州中的位置,系孤立描述,并不提及星宿、星次;①其二,个别文献或同时提及九州归属与星次,但二者彼此独立,不构成对应关系。由于本书重点是在考察岭南在九州中的位置,星宿、星次对于论述岭南九州归属固然也很重要,但并非必要构成,因此本书将九州分野设定为可以独立于天文分野而存在的体系。②这也就意味着,本书所谓九州分野,乃是一种广义分野概念,严格意义上的狭义九州分野,则须集齐《禹贡》九州与星宿、星次两个元素。③

需要补充的是,由于岭南九州分野最常关联的二州——扬州与荆州,在十二州分野中也同样存在,且二者范围大致相当,因此,本书引作论据的部分文献,虽然没有明确记载岭南九州归属,但如果提及岭南十二州分野乃至十三国分野、天文分野——三者之间存在对应关系,扬州对应于吴越之国,星纪之次,斗、牛或斗、牛、女之宿;荆州对应于楚国,鹑尾之次,翼、轸之宿,本书也视之为对岭南九州归属的言说,将其纳入视野,以期充分呈现唐宋以降时人对岭南九州分野的认识。

---

① 关于唐宋文献论述九州分野的形式,参本书第二章。
② 不与星宿关联的九州归属能否称为分野,关于此,可以类比古人或以云气、干支、月建、九宫配属地理区域,同样与周天星宿无关,这些分区学说亦多称作分野,或视之为星土分野之变种。参邱靖嘉《天地之间:天文分野的历史学研究》,第70—91页。
③ 关于狭义九州分野,参邱靖嘉《天地之间:天文分野的历史学研究》,第155—167页。

3. 视角：知识史

在九州分野言说所能归属的几个概念——知识、科学、思想、观念中，知识无疑是最为合适的一个，因此，本书将有意识地借鉴知识史研究的一些思考方式。所谓知识史，学界迄未有统一定义。德国学者西蒙尼·莱希格（Simone Lässig）认为，知识史是社会文化史的一种形式，它将"知识"视为一个几乎涉及人类生活各个领域的现象，并以知识为视角，重新审视我们所熟悉的历史演进和文献资料。① 陈恒则将知识史定义为以人为中心，研究人与人、人与社会、人与自然、人与信仰的各类知识形成、发展与嬗变的一门学科，不仅叙述各门学科形成与发展的历史，也研究知识的美学价值、功能价值、精神价值等，更是从知识与社会的双向角度来阐述知识与社会的互动关系。在陈恒看来，知识史即是将知识产生（从认知的角度看知识的起源与发展）、知识生产（从社会与知识相互作用的角度看知识的更新）置于广阔的自然、社会、经济、政治、文化、宗教、军事等时空框架体系中，进而将这一框架体系置于更广阔的民族、国家、区域、洲际乃至国际的网络中考察其产生、发展的历史。② 由此可见，知识史某种意义上可以简单理解为以知识为中心的社会文化史。

一般认为，知识史是晚近才兴起的一种研究理路，尽管学者对知识的关注由来已久。不过，早先欧美学者对知识的研究主要是以"科学"和"科学知识"为主，带有强烈的西方中心主义和科学主义色彩，及第二次世界大战尤其是后现代主义思潮兴起后，"科学"对知识的垄断才被打破。而随着这一打破，"科学"不再构成衡量知识的唯一标准，东方的、非"科学"的知识也逐渐为学者所关注，由此九州

---

① Simone Lässig, The History of Knowledge and the Expansion of the Historical Research Agenda, *Bulletin of the German Histori cal Institute*, Vol.59, 2016, p. 44.

② 陈恒《知识史研究的兴起及意义》，《光明日报·理论版》2020 年 12 月 21 日。

分野言说这一至少在现代人意识中与"科学"相去甚远的知识,也就具备了进入知识史、成为研究对象的合理性。①

　　知识史研究如何展开,或者说知识史关注哪些主题? 对此学者也有不一样的认识。彼得·伯克(Peter Burke)在总结知识社会学的第二次浪潮时,曾提及较之第一次浪潮,第二次浪潮出现四点变化:第一,重心从知识获取和知识传播转移到知识的"建构""生产"乃至"制造"上;第二,数量更庞大且更多样化的群体所拥有的实用的、地方性或"日常"的知识,获得严肃对待;第三,更加关注微观社会学,关注小群体、小圈子、关系网络或"认识论共同体"(epistemological communities)的日常知识生活;第四,主张知识具有社会情境,需要还原其使用场域。② 前述西蒙尼·莱希格以经典的教科书为例,回顾当下知识史研究者致力探讨的课题,如知识形式的层级,知识的流通,作为历史分析范畴的知识,承载知识的空间与媒介,宗教知识,制度变革中的知识空间与政权体制,非法、被忽视及丢失的知识,知识的视觉、物质与情感维度等。③ 瑞士学者菲利普·萨拉辛(Philipp

---

① 关于知识史的理论方法,参彼得·伯克(Peter Burke)《知识社会史(上卷):从古登堡到狄德罗》,陈志宏、王婉旎译,杭州:浙江大学出版社,2016 年;《知识社会史(下卷):从〈百科全书〉到维基百科》,汪一帆、赵博囡译,杭州:浙江大学出版社,2016 年;《什么是知识史》,章可译,北京:北京大学出版社,2023 年。关于中国学者对知识史的解读,参潘晟《知识史:一个简短的回顾与展望》,《史志学刊》2015 年第 2 期;余新忠《融通内外:跨学科视野下的中医知识史研究刍议》,《齐鲁学刊》2018 年第 5 期;陈思言、刘小朦《医疗史与知识史——海外中国医疗史研究的趋势及启示》,《史林》2020 年第 3 期;陈恒《知识史研究的兴起及意义》,《光明日报·理论版》2020 年 12 月 21 日;章可《以"知识"重观"历史"——简述近期欧美学界有关"什么是知识史"的讨论》,吴晓群、陆启宏主编《西方史学史研究》第 2 辑"知识史与历史认知",北京:商务印书馆,2023 年,第 129—138 页等。
② 彼得·伯克《知识社会史(上卷):从古登堡到狄德罗》,第 9—10 页。
③ Simone Lässig, The History of Knowledge and the Expansion of the Historical Research Agenda, *Bulletin of the German Histori cal Institute*, Vol.59, 2016, pp. 38－54.

Sarasin)则指出知识史研究存在三大支柱：其一，知识秩序(orders of knowledge)，借用彼得·伯克的话，就是由知识的主要形式和组织，加上与它们紧密相关的社会价值，共同构成的一个体系;①其二，流通性与无原创性(circulation and non-originality)，认为知识处于不断地流通之中，并在流通中经历改变，因此知识事实上没有特定起源;其三，物质性与媒介性(materiality and mediality)，强调知识的存在离不开存储、运输和呈现的媒体，它们亦参与知识的塑造。② 这些论述都富有启示，提示当下知识史研究可能推进的方向。

具体到本书，知识史视角提示笔者留意岭南九州分野的如下三个课题。其一，各类分野知识的生成秩序，既包括内部秩序——譬如分野知识的性质与类型;也包括外部秩序——政治空间、行政建置、地域氛围、文化传统乃至提出者个人的政治、文化理念等。要之，对于岭南九州分野，为何某人会于某一时间在某地提出某一特定言说，乃是本书写作过程中始终萦绕于笔者脑海的问题。其二，各类分野言说在后世的传播与接受，亦即分野知识的流通问题。迄今所见极为有限的分野研究中，学者往往瞩目某一言说的提出，对于该言说在后世的流传着墨不多。本书将某一分野言说在后世的流通视为与其诞生同等重要的命题，不仅尝试描摹其在后世流通的总体状况，且致力于探讨其在不同时期、不同人群、不同地域乃至不同类型文本间的传承差异。其三，各类分野言说生命历程的复杂性，警惕各类言说提出或接受过程中的表面论述，着重挖掘背后或理想或现实的真实考量，以期充分呈现该言说在提出与传承之际史相与史实的差异。当然，限于史料，同时也限于个人学识，上述问题

---

① 彼得·伯克《什么是知识史》，第40页。

② Philipp Sarasin, More Than Just Another Specialty: On the Prospects for the History of Knowledge, *Journal for the History of Knowledge*, Vol.1, No.1, 2020, pp. 1 – 5.

未必都能很好地回答,但对上述问题的关心,确是推动笔者进入本课题、进而写作本书的最主要动力。

三、章节安排与主要内容

本书除绪论及附录外,正文一共由八章构成。其中第一章聚焦九州分野在历史早期的演进脉络,旨在为唐宋时期岭南九州分野的众说纷纭提供知识渊薮。从以《吕氏春秋》为代表的早期文献所留下的蛛丝马迹看,九州分野知识渊源甚早,且彼时的九州分野,九州与天上星宿存在对应关系,是一种狭义的严格意义上的分野学说。遗憾的是,或许由于早期九州分野原始、粗疏,抑或是由于记述其理论的书籍亡佚,这种严格意义上的分野体系逐渐湮没无闻。不过,另一方面,广义层面的九州分野——即将现实地理比附《禹贡》九州,至迟从西汉中期逐渐登上历史舞台。及西晋时期,现实地理空间已经完全在《禹贡》九州中获得其特定位置,唐修《晋书·地理志》逐一列述西晋十九州之九州分野,即是这种比附的完整成果。而同样为唐人所修、成书时间略晚于《晋志》的《隋书·地理志》则将九州分野言说进一步完善——一方面,没有现实广域政区牵制的《隋志》以疆域较小的郡为单位比附《禹贡》九州,由此可以更为精准地贴合后者;另一方面,《隋志》分野重新加入与星次、星宿以及十二州、十三国的关联,由此再次确立狭义的严格意义上的分野学说。要之,随着《隋志》的出现,二次问世的九州分野言说已经呈现为较为成熟的形态。

尽管可能已无法断言究竟是《晋志》《隋志》作为典范引领新的潮流,还是二者也只是顺应潮流的产物,无论如何,九州分野在唐代及随后的宋代得到世人较多关注，一跃成为主流分野言说。本书第二章即留意九州分野言说在唐宋时期的使用状况，尝试勾勒彼时九州分野言说的总体面貌。现存唐宋文献中，如果只统计论及全国范围的地理文献，《晋志》《隋志》外至少还有二十一部提及九州分野，最早一部为唐中宗、睿宗时期成书的梁载言撰《十道志》，最晚一部为元人撰述、但多沿用宋修国史的《宋史·地理志》。从形式上看，二十一部地理文献，或采用单州列举方式逐一叙述作为次级行政区的州或与州同级的郡、府、军、监之九州归属，或采用广域比附亦即以州郡之上的高层行政区为单位比附《禹贡》九州，后者又可分为以现实广域政区为纲和以《禹贡》九州为纲两种。从内容上看，这些地理文献，或仅叙述九州分野，或在叙述九州分野的同时兼及天文分野。总体而言，唐宋时期不仅论及九州分野的文献数量众多，叙述形式、内容也丰富多样，凡此种种，均表明唐宋时人对九州分野表现出越来越大的兴趣。

时人对九州分野越重视，一些特定地区尤其是《禹贡》九州疆域描述相对暧昧的地区，其九州归属就越容易出现分歧，岭南就是其中之一。本书第三章将目光投向唐宋地理文献对岭南九州分野的论述，归类总结其基本认识。大致而言，尽管唐宋两朝地理文献对岭南九州分野的论述不无差异，但总体而论，唐宋时人界定岭南在《禹贡》九州中的位置时存在四种认识：其一，岭南全土皆属扬州；其二，岭南东部属扬，西部属荆；其三，岭南一分为三，若干地区分属扬州、荆州及九州外；其四，岭南全土不属九州。四种认识的影响虽有大小，但都具有一定的接受度，显示它们皆非偏僻冷门知识。因此，唐宋时期诞生的围绕岭南九州分野的四种言说，每一种言说都有值得探讨的价值，不应逃脱于视域之外。

从第四章开始，本书逐一检讨四种分野言说的生成及流传情况,致力于揭示其理论依据,以及表面论述与事实考量之间的距离。岭南属于扬州说于诸说之中起源最早,至迟在汉代,时人已习惯性地将岭南列于扬州,此后这一认识在唐代之前相当长的时间内广为流传,甚至是岭南九州分野的唯一言说。地居《禹贡》九州东南一隅的扬州之所以成为统辖岭南的"幸运儿",一方面得益于天文分野的启示,岭南在天文分野中对应斗、牛、女三宿,后者于十二州分野中复对应扬州,这种重合使得天文分野中的扬州所指很自然会传导给九州分野,由此《禹贡》九州之扬州在与同样邻近岭南的荆州、梁州的竞争中脱颖而出。另一方面,《禹贡》对荆州衡山之阳、扬州南至海的南界设定,使得在《禹贡》文本自身逻辑内,扬州辖领岭南也更为合理。二者合力推动之下,扬州遂成为岭南九州分野的不二之选。不过,由于岭南属于扬州说自身亦存瑕疵,且这种瑕疵随着时人对九州分野的重视愈加放大,最终唐宋时期先后诞生多种岭南九州归属新说,而岭南属扬说也在与诸说的竞争中渐落下风,至明清时期已然成为明日黄花,式微至极。

岭南属扬说的瑕疵之一是岭南距离扬州核心地区过于遥远,且岭南若属扬州,扬州范围将极为广阔。基于此,唐宋部分士人倾向于将岭南一分为二,东部仍属扬州,西部转而隶属相邻的荆州。岭南东部属扬、西部属荆说的理论依据是唐僧一行的天文分野新说。一行结合山河两戒与云汉升降,几乎完全以自然山川的脉络走势划定分野区域,在对应于荆州的鹑尾需和对应于扬州的星纪一样"负南海"的设定下,荆州遂越过衡山之阳,直抵南海,获得岭南西部地区。尽管一行对为何会以昭州、富州以下一线为界中分岭南没有很好的说明,但岭南二分说却在后世影响极广,明清时期甚至成为岭南九州分野的主流学说,无论地理文献还是经学著述均大量采用。不过,明清地理文献所设岭南分野东西分界线并不完全吻合于一行分野，这似乎表明一行分野并非岭南二分说流行的唯一"功臣"。从明清岭南分野或以广东、广西两省为界，或以横亘东西的珠江与几乎相连、贯穿南北的北流江、南流江为界区分可知，划省分疆和山川形便或许才是时人接受岭南二分说的真正动力。明清岭南二分说中表面论述所宣称的理据与背后真实考虑出现分化，显示出知识复杂多歧的生命历程，也凸显了知识接受者自主能动的一面。

岭南属扬说的瑕疵之二是《禹贡》叙述各地山川贡赋，并未明确提及岭南。有鉴于此，唐中叶名臣杜佑坚持《禹贡》原典主义，于所撰《通典》中单设"古南越"编排岭南地理，将物产贡赋、名山大川不见于《禹贡》的岭南排除在九州之外。不过，考虑到杜佑并不崇尚复古，《通典》也非单纯学术著述，毋宁认为杜佑反对向外扩张的边疆保守主义以及因此推重《禹贡》九州作为理想的地方行政建置，才是推动这一言说产生的最终原因。岭南不属九州说在唐代传承不广，宋代以降逐渐流传，不过由于该说与时人通论及岭南地方士人意识背道而驰，流传范围受到限制，仅在《尚书》或《禹贡》学著述中较为流行，此外则接受较少。又该说在后世被接受，还得益于岭南在《禹贡》五服中地处荒服，《禹贡》五服之要、荒二服常被认为不属九州。由此可见，岭南不属九州说的诞生与流传，同样展示出知识生成与流传过程中纷繁复杂的一面，不仅知识生成的表面原因与实际动力之间存在冲突，知识酝酿时的理据与后世接受时的考虑也有可能出现分化。

和岭南属扬、岭南东部属扬/西部属荆及岭南不属九州说不同，岭南三分说是岭南九州分野诸说中相对欠缺理论依据的一种言说。唐宋时期的岭南三分说，仅见于以单州列举形式论述九州分野的文献。出于对岭南各地九州分野的陌生，一些文献通过汇集、整理前史遗文所见零星涉及岭南九州分野的文字，细碎散漫地论述岭南各地分野,由此形成只是点缀式存在的岭南三分言说。唐宋文献中也曾出现试图推衍前史遗文中的只言片语、借以扩展岭南三分说的努力,尤其是通过将现实地理比附秦三郡,以秦三郡分别对应扬州、荆州及九州外。但由于现实地理的龃龉,加之撰者可能也无真正意愿完成比附,因此岭南三分说零星、无序的状况迄未改变。明清时期岭南三分说有所发展,一方面个别文献延续比附秦三郡的努力,尝试把点缀式存在的三分说扩展至岭南全土;另一方面,一些文献则通过将部分地区归入《禹贡》九州之"徼外地",抑或通过列举九州所统现实政区时有意遗漏部分地区,使得岭南更多地区被明确设定为九州之外,由此同样建立了覆及岭南全土的岭南三分说。不过总体而言,即使在明清,与其他诸说相比,岭南三分说仍处于不完备的状态。

上述四种岭南九州分野言说虽然采用其说者多寡不一,但都显见于各类文献,而在此之外,唐宋地理文献中还隐约存在另外一种岭南九州分野言说,即岭南北部诸州由传统隶属的扬州脱离,转而归属荆州。这种分野言说最初极有可能只是一种地方性知识,出自岭南北部地方士人之手,而岭南北部地方士人主张本地九州分野脱扬属荆,结合其他自然、人文地理书写所见逃离岭南的文化心态可以判断,其实质并不在属荆,而是脱扬,借此与隶属扬州的岭南其他地区拉开距离。换言之,脱离岭南乃是催生此另类分野言说的真正动力。岭南地方士人选择脱离岭南,源自岭南在唐宋时期仍被视为原始蛮荒之区,这给当地士人带来巨大的身份压力。在自卑与恋地双重情绪的影响下,他们试图通过书写地方时强调本地与岭南其他地区不同,将本地从岭南脱离出来。而渺茫悬远的分野知识之所以能够实现岭南士人的上述意图,则是因为分野并非纯粹的地理知识,在划分空间外还具有显著的政治文化意涵。在"分野止系中国"

的意识下，某地在分野中的位置，往往标志着其在兼具政治和文化双重意义的"中国—华夏"中的地位。这样，通过分野改换，岭南北部诸州得以与传统属扬的岭南相区隔，由此获得更加确切无疑的"中国—华夏"身份。要之，与其他岭南九州分野言说相比，岭南北部属荆说的政治意涵最为强烈，透过此若隐若现的分野言说，我们得以穿越重重迷雾，窥见千年之前岭南士人的身份窘迫与艰难应对。

以上几章均系围绕岭南展开，附录则将视线转向岭南北侧的江西。之所以收录此篇，原因有二：其一，该篇也瞩目分野；其二，该篇同样展示出知识生成与流传过程中错综复杂的一面。江西在传统九州分野中例属扬州，不过自宋代以降，一些文字却将江西全土或部分地区转属荆州。溯源可知，这一分野新说源自王勃《滕王阁序》对江西南昌分野的设定——"南昌故郡，洪都新府，星分翼轸，地接衡庐"，翼、轸二宿正对应于《禹贡》九州中的荆州。毫无疑问，王勃对南昌分野的设定是"错误"的，但由于王勃的名人效应，加之《滕王阁序》作为骈文名篇的巨大影响，使得这一分野言说在宋代以降广为流传，而词文写作引之为范本，更是对此说传播发挥了推波助澜的作用。不过，宋代以降此说在接受人群和接受文本的类型上也出现分化，大体而言，旨在呈现知识的地理文献、经学著述对该说接受较少，重在文学修辞的诗文作品则不惮于采纳此明显"错误"的分野言说。江西分野新言说吊诡奇异的出现过程，以及后世流传之际在不同人群和不同文本中接受程度的差异，都展示出分野知识耐人寻味的生命历程，从不同侧面丰富了我们对知识生成和流传的理解。

以上便是本书的主要内容，是灾梨祸枣、满纸荒唐，还是愚者千虑、终有一得，唯请读者鉴之！

第一章　何以九州:《禹贡》分野模式的建立

　　在以地理空间为单位的中国古代分野知识中,以春秋战国重要诸侯国为名的十三国分野,糅合《禹贡》《周礼·职方》州名及汉人地理观念而成的十二州分野,以及以《禹贡》九州为代表的九州分野,是其中较为流行的三种分野体系。十三国分野出现最早,在《左传》《国语》中已有零星显现,西汉前期的《淮南子·天文训》、马王堆汉墓帛书《刑德·日月风雨云气占》、①银雀山汉简《占书》等均录有其主要形态,②

---

① 《刑德》甲、乙本均有抄录,内容基本相同,参裘锡圭主编《长沙马王堆汉墓简帛集成》,北京:中华书局,2014年。《刑德甲篇》相关部分,图版见第1册第212页,录文见第5册第16—17页;《刑德乙篇》相关部分,图版见第1册第226页,录文见第5册第48页。关于此篇成文时间,刘乐贤判断约形成于公元前304年至前284年之间,晏昌贵推测成于前328年至前290年之间,均属战国文献,陈松长则认为成于汉高祖十一年(前196年),系星占家因兵战需要为轪侯编制的分野情况。分见刘乐贤《马王堆汉墓星占书初探》,饶宗颐主编《华学》第1期,广州:中山大学出版社,1995年,第120页;晏昌贵《马王堆帛书星宿分野考》,陈建明主编《湖南省博物馆馆刊》第8辑,长沙:岳麓书社,2012年,第18—23页;陈松长《帛书〈刑德〉分野说略考》,卜宪群、杨振红主编《简帛研究(2006)》,桂林:广西师范大学出版社,2008年,第73—80页。
② 银雀山汉墓竹简整理小组编《银雀山汉墓竹简(二)》,北京:文物出版社,2010年,图版、释文、摹本分见第117—118、242、313页。关于银雀山汉简的书写年代,学者推测在文帝至武帝初期。参吴九龙《银雀山汉简释文》"叙论",北京:文物出版社,1985年,第13页。

其中《淮南子·天文训》记载如下：

> 星部地名：角、亢,郑;氐、房、心,宋;尾、箕,燕;斗、牵牛,越;须女,吴;虚、危,齐;营室、东壁,卫;奎、娄,鲁;胃、昴、毕,魏;觜巂、参,赵;东井、舆鬼,秦;柳、七星、张,周;翼、轸,楚。[1]

上述文字中,角、亢、氐、房等为二十八星宿,郑、宋、燕、越等为春秋战国时期的诸侯国(彼时周亦被视为诸侯国之一)。[2] 可以看到,在此分野体系中,列国被与二十八宿中的一个或数个星宿进行对应,由此形成以十三国划分华夏世界的分野格局。

至于十二州分野,问世大约略晚,不过至迟在汉武帝时期,已可见其早期完整形态。《史记·天官书》记载：

> 角、亢、氐,兖州。房、心,豫州。尾、箕,幽州。斗,江湖。牵牛、婺女,扬州。[3] 虚、危,青州。营室至东壁,并州。奎、娄、胃,徐州。昴、毕,冀州。觜巂、参,益州。东井、舆鬼,雍州。柳、七星、张,三河。翼、轸,荆州。[4]

与后世多以兖、豫、幽、扬、青、并、徐、冀、益、雍、荆十一州加上三河构成十二州不同,《天官书》在此之外还从扬州分出代指吴地的"江湖"一区,[5] 故实际仍为十三个地理单元。《天官书》以十三州分区,且对应星宿与十三国大体一致,表明其应与十三国分野密切关联,甚

---

[1] 何宁《淮南子集释》卷三《天文训》,北京：中华书局,1998 年,第 272—274 页,标点有调整。

[2] 彼时周亦被视为诸侯国之一,如《史记·十二诸侯年表》即包括周在内。

[3] "扬州",原作"杨州",古代典籍中"扬""杨"不分,"扬州"常写作"杨州"。本书引用文献凡作"杨州"者,统一改为"扬州",不再另外说明。

[4] 《史记》卷二七《天官书》,北京：中华书局,1959 年,第 1330 页。

[5] 关于"江湖"所指,参辛德勇《两汉州制新考》,《秦汉政区与边界地理研究》,北京：中华书局,2009 年,第 102—104 页。

至即是在后者基础上改造而来。① 不过考虑到其分区、命名多同后世十二州分野,极有可能一脉相承,故不妨亦视之为十二州分野。而司马迁用以划分天下的"十二州",或认为取鉴武帝元封五年(前106)所置十三刺史部,或认为本自元封三年(前108)所置十二州,②亦即在学者看来,"十二州"系与武帝朝地方行政建置相关,故其出现当在武帝元封朝以后。不过,无论是十三刺史部说还是十二州说,均有难以疏通之处,③故不排除《天官书》"十二州"另有渊源——考虑到《尚书·尧典》已有虞舜划定十二州之说,④这一推论

---

① 邱靖嘉《"十三国"与"十二州"——释传统天文分野说之地理系统》,初刊《文史》2014年第1辑,后更名《"十三国"与"十二州":释传统二十八宿及十二次分野说之地理系统》,收入氏著《天地之间:天文分野的历史学研究》,北京:中华书局,2020年,第113—114页。

② 前者参冯时《中国天文考古学》,北京:社会科学文献出版社,2001年,第78页;唐晓峰《从混沌到秩序:中国上古地理思想史述论》,北京:中华书局,2010年,第139页;赵继宁《〈史记·天官书〉研究》,兰州:甘肃人民出版社,2015年,第183页等。后者参辛德勇《两汉州制新考》,《秦汉政区与边界地理研究》,第104—107页;邱靖嘉《"十三国"与"十二州":释传统二十八宿及十二次分野说之地理系统》,《天地之间:天文分野的历史学研究》,第111—115页。

③ 十三刺史部说邱靖嘉已有质疑,而十二州说亦不无疑问。案该说系以辛德勇所论元封五年始置十三刺史部之前汉朝已然存在州制为基础,具体而言即文帝前元十二年(前168)仿《禹贡》分天下为九州,至武帝元封三年(前108)改为十二州。不过,正如吴修安所论,文帝时期并不存在设置九州为九个监察区的条件,文献中也无确切证据表明文帝、武帝曾进行此类州制设置,因此十三刺史部前汉朝是否存在州制,尚存疑问。辛说见辛德勇《两汉州制新考》,《秦汉政区与边界地理研究》,第98—144页;吴说见吴修安《先秦"九州"说及其对后世的影响——从两汉刺史部到唐代地理文献编纂》,《台湾师大历史学报》第55期,2016年,第9—12页。

④ 顾颉刚、史念海怀疑尧制十二州说乃是秦皇、汉武拓地开疆,尤其是汉武设十三刺史部之反映,以此证明《尧典》一篇晚出。参顾颉刚、史念海《中国疆域沿革史》,北京:商务印书馆,1999年,第56页。不过,考《尚书大传》已有"兆十有二州"的说法,故陈梦家认为十二州说或为秦并天下之后的产物。参陈梦家《尚书通论》,北京:中华书局,2005年,第137—138页。无论如何,十二州应非汉武帝朝才问世的分区学说,准此,十二州分野可能也有更早的渊源。

并非无稽。若此说不误，则十二州分野未必即在武帝以降方始问世，①《天官书》后文称"二十八舍主十二州，斗秉兼之，所从来久矣"，②似乎也印证了这一点。事实上，考汉初伏生所传《尚书大传》有"兆十有二州……兆，域也，为营域以祭十二州之分星也"，③其中明确提到"十二州之分星"，以此而论，则至迟在西汉初年，十二州分野之说已然出现。值得一提的是，十三国分野与十二州分野在东汉以降渐趋合流，最终形成以十二州为主导、兼容十三国的二十八宿加十二次④的分野体系。⑤

与十三国、十二州分野相比，以《禹贡》"九州"为代表的九州

---

① 尽管《史记·天官书》未必尽如钱大昕、顾实等说，系抄撮战国星家甘、石等人著述而成，但其中多保留前人论述，这一点当无疑问。关于《天官书》的作者及史源，参刘朝阳《〈史记·天官书〉大部分为司马迁原作之考证》，初刊《国立中山大学语言历史学研究所周刊》第 94—96 期，1929 年，后收入氏著《刘朝阳中国天文学史论文选》，郑州：大象出版社，2000 年，第 105—119 页；赵继宁《〈史记·天官书〉研究》，第 36—41、43—57 页。

　　具体到《天官书》十二州分野文字，其中出现武帝始置之益州，似乎暗示其当出于武帝朝以降，张守节《正义》注引《括地志》"汉武帝置十三州，改梁州为益州广汉"，即表明了这种关联。不过，《正义》也注意到，在佚名《星经》中，益州被设置为魏之分野，地处河内、上党、云中等地，《淮南子·天文训》、马王堆汉墓帛书《刑德·日月风雨云气占》、银雀山汉简《占书》等所记十三国分野体系中，益州所对应的觜觿、参二宿也往往属赵或魏，与武帝所置益州方位不同，然则《天官书》"益州"是否即汉武帝始置之益州，未必没有疑问。退一步言之，即便此"益州"即武帝所置益州，也不排除这是《天官书》对原先分野调整损益的结果，同样不能说明十二州分野古无其说。

② 《史记》卷二七《天官书》，第 1346 页。

③ 皮锡瑞《尚书大传疏证》，吴仰湘编《皮锡瑞全集》第 1 册，北京：中华书局，2015 年，第 54—55 页。

④ 所谓十二次，是古人根据木星（岁星）运行规律而将周天十二等分的产物，包括星纪、玄枵、娵訾、降娄、大梁、实沈、鹑首、鹑火、鹑尾、寿星、大火、析木，木星一年行经其中一次。

⑤ 关于二者的合流，参邱靖嘉《"十三国"与"十二州"：释传统二十八宿及十二次分野说之地理系统》，《天地之间：天文分野的历史学研究》，第 115—138 页。

分野何时出现,学界尚存争议。一种意见认为九州分野在先秦时期已经出现,一种意见则认为九州分野在隋唐时期方始诞生。九州分野究竟何时出现? 其与十三国、十二州分野存在什么关联? 九州分野在问世之后又衍生出哪些类型? 本章将尝试回答这些问题。

一、九州分野的早期流衍

九州分野出现时间之所以存在这么大的分歧,源自如何理解《吕氏春秋·有始览》中的如下文字:

> 天有九野,地有九州,土有九山,山有九塞,泽有九薮,风有八等,水有六川。

> 何谓九野? 中央曰钧天,其星角、亢、氐。东方曰苍天,其星房、心、尾。东北曰变天,其星箕、斗、牵牛。北方曰玄天,其星婺女、虚、危、营室。西北曰幽天,其星东壁、奎、娄。西方曰颢天,其星胃、昴、毕。西南曰朱天,其星觜巂、参、东井。南方曰炎天,其星舆鬼、柳、七星。东南曰阳天,其星张、翼、轸。

> 何谓九州? 河、汉之间为豫州,周也。两河之间为冀州,晋也。河、济之间为兖州,卫也。东方为青州,齐也。泗上为徐州,鲁也。东南为扬州,越也。南方为荆州,楚也。西方为雍州,秦也。北方为幽州,燕也。①

自东汉末高诱以下,古今学者一般认为上述天之九野系与地之九州

---

① 许维遹《吕氏春秋集释》卷一三《有始览》,北京:中华书局,2009 年,第276—278 页。

对应，以九野、二十八宿配于九州，故属分野理论。① 不过，在新近出版的《天地之间：天文分野的历史学研究》一书中，邱靖嘉则认为此并非分野理论。在他看来，《有始览》上述文字只是胪列基本的天文地理知识，并不表示它们之间有何固定的对应关系，《淮南子》将九野、九州分别写入《天文训》《墬形训》两篇，也表明二者没有相互对应的分野涵义。② 那么，《有始览》中九野与九州是否即不相关呢？案《淮南子》将九野、九州分开论述，只是语境使然，未必表示二者即不相关；且见于《墬形训》之九州，称神州、次州、戎州、弇州、冀州、台州、泲州、薄州、阳州，与《有始览》多不相同，位置叙述方式也不一致——《墬形训》一依八方，《有始览》则较为驳杂，或依方位，或据山川，故不能证成《有始览》之九野、九州绝不相关。而从《有始览》文义看，毋宁认为以九野对应九州的意识在其中是存在的。譬如看该篇主旨，该篇旨在阐述天地万物生成之宇宙论，强调万物产生需要经历由合到离的过程，亦即"夫物合而成，离而生"；而在合、离二者中，合乃是根本，所谓"天地合和，生之大经也"。《有始》虽然也重视"离"之于万物生成的意义，但更注重"合"，尤其是天地之合，没有天地之合，万物就无由产生。明乎此，则九野、九州虽然分属不同事物，但在天地合和的背景下，二者存在关联，是极为自然的。③ 又《有始》叙述九野、九州，以天上之二十八宿配天之九野，地上之列国配地之九州，天地各自论列，似不相关。不过，配于九州之列国，在彼时业已存在的十三国分野体系中，无一例外均与二十八宿对应。譬如在多认为是战国时期文献的

---

① 高诱注文虽未直接明示九野与九州之关联，不过他认为九野所配属的二十八宿对应于春秋战国时期的十四诸侯国，而周、晋诸国在《有始览》中复对应于九州，故此可以判断高诱当认为九野与九州之间存在联系。

② 邱靖嘉《天地之间：天文分野的历史学研究》，第 33 页。

③ 唐晓峰亦注意到《有始览》对于九野、九州的叙述是以天地合和为框架的，参唐晓峰《从混沌到秩序——中国上古地理思想史述论》，第 222—223 页。

马王堆帛书《日月风雨云气占》中，尽管非是完帙，但周、卫、齐、鲁、楚、秦、燕均在对应二十八宿的列国之列。《左传》也记载晋为参宿。对于列国与二十八宿的关联，《有始》撰者当不陌生。不难想见，当撰者将周、晋诸国配属九州时，应即暗含了以九州对应九野之意。

张家山汉简《盖庐》对于九野、九州的描述，或也可佐证《有始览》中九野、九州应存对应关系。《盖庐》是以盖庐（吴王阖闾）问、申胥（伍子胥）答的方式阐释兵阴阳思想的一篇文献。其成书年代，整理者初定为先秦；吴荣曾认为或即伍子胥所作，是为春秋晚期，曹锦炎推测在战国早期；邵鸿分梳众说，判断《盖庐》当成书在战国晚期或秦汉之际，其说可从。① 按照这一说法，《盖庐》成书极有可能与《有始览》同时。② 关于九野、九州，《盖庐》简9—10云：

> 盖庐曰："何胃（谓）天之时？"
>
> 申胥曰："九野为兵，九州为粮，四时五行，以更相攻。天地为方圜，水火为阴阳，日月为刑德，立为四时，分为五行，顺者王，逆者亡，此天之时也。"③

所谓九野，或认为即九州别称，不过更多学者则认为九野系与九州

① 分见张家山汉墓竹简整理小组《江陵张家山汉简概述》，《文物》1985年第1期；曹锦炎《论张家山汉简〈盖庐〉》，《东南文化》2002年第9期；邵鸿《张家山汉简〈盖庐〉研究》，北京：文物出版社，2007年，第12—15页；吴说见氏撰《盖庐初探》，转引自邵鸿《张家山汉简〈盖庐〉研究》，第12页。
② 一般认为《吕氏春秋》成书于秦王政八年（前239）前后。关于《吕氏春秋》成书时间的较近探讨，参庞慧《〈吕氏春秋〉成书年代诸说的清理》，《廊坊师范学院学报（社会科学版）》2014年第4期；张双棣《〈吕氏春秋〉史话》，北京：国家图书馆出版社，2019年，第21—26页；金洪源《〈吕氏春秋〉成书三题》，《安康学院学报》2019年第4期；刘奇《对〈吕氏春秋〉成书问题的重新审视》，《兰台世界》2020年第11期等。
③ 张家山二四七号汉墓竹简整理小组编《张家山汉墓竹简（二四七号墓）》，北京：文物出版社，2001年，图版、释文分见第101、276页。

对称,分别指天上、地上,与《有始览》之九野、九州同。① 考虑到此节论述顺天之时,《盖庐》全篇也多讲须依天文星象用兵,后说当更符合文义。这也就意味着,《盖庐》中的九野、九州当和《有始》一样,呈现天地之间的对应关系。

《盖庐》里的九野、九州是否也蕴含分野意识? 学者注意到,在同样重视兵阴阳思想的《孙子兵法》中有九天、九地之说。② 如传世《孙子兵法·形篇》称:"善守者,藏于九地之下;善攻者,动于九天之上。"此句在银雀山汉简本中作"昔善守者,臧(藏)九地之下,动九天之上"。③据李零考证,所谓九天、九地,乃是一种互相对应的九宫格式的平面分布,与式法相关。④ 按照这一见解,则《有始》《盖庐》中的九野、九州,或许可以理解为乃是借鉴九宫布局但又斟酌调整而形成的一种分野理论,故其天之九野,完全按中央加八方排列,且无视各宿星度多寡不一——多者如井宿达33度或34度,少者如觜宿仅2度或1度,⑤将二十八宿均匀分布于九野——除北方玄天配以四宿外,其余诸天均配以三宿;⑥而地之九州,由于受限于现实地理位置,排列相对驳杂,或依山川,或依方位,由此给人以九野、九州难以一一对应的观感。

---

① 陈宇《伍子胥兵法破解》,北京:军事科学出版社,2003年,第42页;连劭名《张家山汉简〈盖庐〉考述》,《中国历史文物》2005年第2期;孙维国《张家山汉简〈盖庐〉文献学研究》,湖南大学硕士学位论文,2010年,第32、39页。

② 田旭东《新公布的竹简兵书——〈盖庐〉》,《中华文化论坛》2003年第3期。

③ 杨丙安《十一家注孙子校理》卷上《形篇》,北京:中华书局,1999年,第71页;银雀山汉墓竹简整理小组编《银雀山汉墓竹简(一)》,北京:文物出版社,1985年,图版见图版第5、6页,摹本见摹本第7、8页,释文在释文、注释第8、9页。

④ 李零《读〈孙子〉札记·九、"九地"、"九天"解》,《〈孙子〉古本研究》,北京:北京大学出版社,1995年,第306—310页。

⑤ 陈遵妫《中国天文学史》,上海:上海人民出版社,2016年,第219页。

⑥ 何以玄天被配以四宿,陈遵妫推测或因认为北极是天的中央,是天地之位,故配以四宿;而置于北方,则可能受到《禹贡》九州以冀州作为古帝王首都所在的影响。参陈遵妫《中国天文学史》,第283—284页。

在与《有始览》同时或稍早的先秦几种儒家系统的九州说中，①并无现成的按九宫格式排列的九州位置叙述，如表1-1所见，《禹贡》《尔雅·释地》大抵以山川为据，《周礼·职方》则和《有始览》一样，兼据山川、方位。不过，这并不意味着九州不能完全按九宫排列，如《禹贡》九州，至迟在东汉纬书《易纬乾凿度》中，已被按照九宫形式排列。② 由此可见，《有始览》并非不可能选择九州构成，并将其分配至中央加八方，以与按九宫排列的天之九野相对应。那么《有始览》为何没有如此处理？笔者怀疑这或许与撰者对九国的设定相关，概言之，即《有始览》在建立九州体系时，并非先确定州，再选择国，而是先确定国，再选择州。

表1-1　先秦儒家系统的九州叙述

《尚书·禹贡》		《周礼·职方》③		《尔雅·释地》		《吕氏春秋·有始览》	
州名	范围	州名	范围	州名	范围	州名	范围
冀州		冀州	河内	冀州	两河间	冀州	两河之间
兖州	济、河	兖州	河东	兖州	济、河间	兖州	河、济之间

① 儒家系统九州说包括《尚书·禹贡》《周礼·职方》《尔雅·释地》《吕氏春秋·有始览》，非儒家系统九州说如上海博物馆藏楚竹书《容成氏》、《淮南子·墬形训》。参吴修安《先秦"九州"说及其对后世的影响——从两汉刺史部到唐代地理文献编纂》，《台湾师大历史学报》第55期，2016年，第4—8页。关于诸书成书年代，学界尚存争议，不过大抵认为均属战国文献，其中《禹贡》《职方》当早于《有始览》，《释地》或与《有始览》同时。关于诸篇成书年代的讨论，《禹贡》参容天伟、汪前进《民国以来〈禹贡〉研究综述》，《广西民族大学学报（自然科学版）》2010年第1期；《职方》参张怀通《〈逸周书〉新研》，北京：中华书局，2013年，第367—368页；《尔雅》参窦秀艳《关于〈尔雅〉的成书时代和作者问题研究述评》，《东方论坛》2005年第3期。
② 邱靖嘉《天地之间：天文分野的历史学研究》，第81—83页。
③ 该篇亦见于《逸周书·职方解》，文字小异。参黄怀信、张懋镕、田旭东《逸周书汇校集注（修订本）》卷八《职方解》，上海：上海古籍出版社，2007年，第976—991页。

续 表

《尚书·禹贡》		《周礼·职方》		《尔雅·释地》		《吕氏春秋·有始览》	
州名	范围	州名	范围	州名	范围	州名	范围
青州	海、岱	青州	正东			青州	东方
徐州	海、岱及淮			徐州	济东	徐州	泗上
扬州	淮、海	扬州	东南	扬州	江南	扬州	东南
荆州	荆及衡阳	荆州	正南	荆州	汉南	荆州	南方
豫州	荆、河	豫州	河南	豫州	河南	豫州	河、汉之间
梁州	华阳、黑水						
雍州	黑水、西河	雍州	正西	雍州	河西	雍州	西方
		幽州	东北	幽州	燕	幽州	北方
		并州	正北				
				营州	齐		

在九州的叙述中，《有始览》将九州对应的九国设定为周、晋、卫、齐、鲁、越、楚、秦、燕，这些国家虽然在历史上确曾同时并存，但将九国并列且仅胪列这九国，显然乃是精心设计的结果。与十三国分野相比，《有始览》九国少郑、宋、吴、魏、赵，而多出晋，由此形成一个极为特殊的九国格局。《有始览》为何会选择这九国？如果回到文本生成的环境，大约可以获得答案。

《吕氏春秋》是由吕不韦召集门客在秦王政八年（前239）左右纂成，《有始览》撰成应也在此前后，时当战国晚期。如表1-2所见，对于生处战国晚期的时人而言，彼时存在或记忆中不远的诸侯国当只有鲁、周、韩、魏、楚、赵、燕、齐、卫、秦十国（图1-1）。如何从十国中凑成九国之数，最简便的办法自然是省去一国，尤其是存在感不强的鲁、卫，省去似乎无伤大雅。不过，从州国对应的角度看，省去哪一国，都不能解决以下两个障碍：其一，十国南少北多，淮、汉以南的广大区域只有楚国一国，楚国国土辽阔，九州中无论哪一州都无法满足其疆域；其二，韩、赵、魏三国面积不广，无论哪一国，都无法单独匹配地理位置相当之冀州。由于这两个障碍，使得九州与列国之间难以建立一一对应的关系。对此，《有始览》撰者给出的解决之道便是结合过往历史对列国进行分合：其一，合韩、赵、魏为三国始出的晋国，以与辽阔的冀州相配；其二，从南方分出一国，与楚共当南方之州，而南方历史上楚国之外的重要诸侯国只有吴、越，吴、越之间，越国延续更长，且至战国晚期仍有东越、闽越等余绪，较之吴国更有资格。这样，通过上述变通措施，撰者在基本遵循现有列国格局的情况下凑成九国之数。① 在确定九国构成后，撰者复从既有九州学说中选择与九国位置相当的九州，由此形成引文所见的九州、九国格局。

表 1-2　春秋战国诸侯亡国时间表（秦除外）

国　名	灭亡时间	国　名	灭亡时间
吴	前 473	韩	前 230
郑	前 375	魏	前 225
晋	前 369	楚	前 223
越	前 306	赵	前 222

① 可资对照的是，十三国分野中诸国的选择，同样以现有列国格局及在此之上形成的文化地域观念为基础。参邱靖嘉《"十三国"与"十二州"：释传统二十八宿及十二次分野说之地理系统》，《天地之间：天文分野的历史学研究》，第 106—111 页。

续　表

国　名	灭亡时间	国　名	灭亡时间
宋	前 286	燕	前 222
鲁	前 250	齐	前 221
周	前 249	卫	前 209

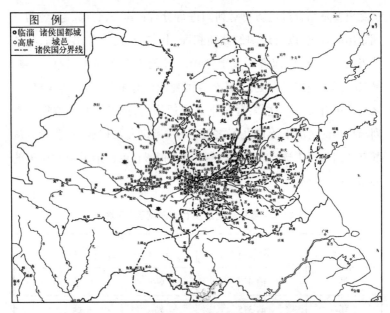

图 1-1　公元前 280 年诸侯国疆域形势示意图

周振鹤、李晓杰《中国行政区划通史·总论 先秦卷(第 2 版)》，上海：复旦大学出版社，2017 年，第 561 页。

《有始览》在建立地之九州体系时，先确定州所对应的国，这一点从文中对徐州疆域的界定也可获得佐证。如表 1-1 所见，《有始览》叙述九州范围，其余八州都与《禹贡》《职方》等相同或相近，唯独徐州以"泗上"为名,与他书不同。与《禹贡》"海、岱及淮惟徐州"的设定相比,《有始览》称为"泗上"的徐州,疆域大为缩小。《有始览》为何别出心裁地以"泗上"定位徐州? 笔者怀疑,这极有可能与撰者首先考虑如何定位与徐州对应的鲁国相关。如学者所论,先秦秦汉文献中的"泗上",常常统称泗上十二诸侯,包括宋、鲁、邾、莒、滕、薛等国,以宋、鲁为最大。① 至战国晚期,十二诸侯先后覆亡,宋国也于公元前286年为齐攻灭,这就意味着,自此至前250年鲁国灭亡前,鲁国乃是泗上十二诸侯的唯一代表,泗上也就相应地成为鲁国的代名词。明乎此,《有始览》以"泗上"界定徐州也就不难理解了。一言以蔽之,"泗上"固然与徐州相关,但其更明确的指向则是鲁国,鲁国—泗上—徐州,这大约才是撰者思考徐州叙述时的逻辑顺序。②

要之,如果说在天之九野划分中,《有始览》撰者可以无视二十八宿星度差异,将后者均匀分配给九野,并将九野按照中央加八方的九宫格式排列;那么在地之九州划分中,撰者无法忽视现实中的列国格局,将九州均匀安置在四面八方,他只能根据列国疆域、方位,从既有九州学说中选择位置相当的州进行对应。③ 九野划分之

---

① 王利器《吕氏春秋注疏》卷一三《有始览》,成都: 巴蜀书社,2002年,第1233—1234页。关于泗上十二诸侯,自清人程恩泽《战国地名考释》、顾观光《七国地理考》以下,不少学者都认为包括卫在内,今人林天人详考十二国构成,也认为卫国为其一。参林天人《战国时代泗上十二诸侯考》,永和: 花木兰出版社,2009年。案卫国核心区域大抵位于今河南北部,先后以朝歌、濮阳为中心,距离泗水较远,视为泗上十二诸侯恐不确。

② 王利器注疏中引《史记·越世家》张守节《正义》:"泗上徐州,春秋时楚北境也",以证"泗上"确可代指徐州。考《正义》原文:"江南,洪、饶等州,春秋时为楚东境也。泗上,徐州,春秋时楚北境也。"据此可知,《正义》所云"徐州"系指唐代徐州,与九州说中的徐州不同。

③ 学者注意到,《有始览》九州与当时诸侯大国的疆域形势十分贴近,这或许也可表明《有始览》九州的选择相当程度上是以现实列国格局为依据的。参杨正泰《中国历史地理要籍介绍》,成都: 四川人民出版社,1987年,第4页。

理想与九州划分之现实,这种错乱使得九野与九州之间的对应只能是粗线条的、大略的,远不如十三国、十二州分野那样井然有序。不过,尽管《有始览》中九野与九州的对应十分粗疏、原始,具体如何对应也不得而知,但其中蕴含分野意识,这一点毋庸置疑。正是在此意义上,《有始览》之九野、九州论述无疑应被视为一种九州分野言说。

明确了这一点,再来看《周礼·保章氏》对于保章氏一职的描述:

> 保章氏掌天星,以志星辰日月之变动,以观天下之迁,辨其吉凶。以星土辨九州之地,所封封域,皆有分星,以观妖祥。

对于后句,郑玄注云:

> 星土,星所主土也。封犹界也。郑司农说星土以《春秋传》曰"参为晋星""商主大火",《国语》曰"岁之所在,则我有周之分野"之属是也。玄谓大界则曰九州,州中诸国中之封域,于星亦有分焉。其书亡矣。[1]

由于九州可代指全国,加之郑众重在阐释二十八宿与列国的关联,故此常不被明确为是一种星宿与九州对应的九州分野。其实玩味郑玄语气,"玄谓大界则曰九州,州中诸国中之封域,于星亦有分焉",从"亦"字不难推知,在郑玄看来,九州当同样与星宿存在对应关系。事实上,前引《尚书大传》论述舜"兆十有二州"时也曾提及"十二州之分星",准此,九州说下九州亦有其对应星宿,可谓十分自然。遗憾的是,由于"其书亡矣",这样一种分野方式,至少从郑玄以降已不得其详,但结合《有始览》中的论述,九州分野在历史早期曾

---

[1]《周礼注疏》卷二六《保章氏》,阮元校刻十三经注疏本,北京:中华书局,1980年,第819页。

经存在,这一点应毋庸置疑。

二、比附九州:《禹贡》分野
模式的酝酿

或许是由于早期九州分野原始、粗疏,在秦汉以降相当长的时期内,九州分野并未流行,彼时在分野舆论中大行其道的是十三国、十二州分野及其结合体。不过,随着《禹贡》日益经典化,[①]以今时今地比附《禹贡》等九州逐渐成为时人知识结构中的重要构成,九州分野重新开始酝酿、滋生。

现存文献所见,至迟在汉武帝时代,时人已开始以现实中的地理比附《禹贡》等九州。[②]元鼎四年(前113)十一月,武帝巡幸汾阴后土祠,礼毕还至洛阳,下诏曰“祭地冀州,瞻望河洛,巡省豫州,观于周室”;同年十一月冬至,武帝诏称“冀州脽壤乃显文鼎”,用以描述是年六月于后土祠旁获得宝鼎。又元封五年(前106)初置十三刺史部前,武帝南巡江淮,同年四月诏中,亦有“朕巡荆扬,辑江淮物”之语。[③] 如学者所论,这里冀州、豫州、荆州、扬州,均为《禹贡》九州中的概念。又司马迁以“雍州之域”描述“自华以西”的名山大川,[④]

---

① 关于《禹贡》的经典化,唐晓峰有述及,参唐晓峰《从混沌到秩序——中国上古地理思想史述论》,第260—285页。

② 或认为秦朝末期这种比附已经出现,其证据是《史记·南越列传》记述秦二世时南海尉任嚣告赵佗语,其中有“项羽、刘季、陈胜、吴广等州郡各共兴军聚众”以及谓岭南“此亦一州之主也”云云诸语。参辛德勇《两汉州制新考》,《秦汉政区与边界地理研究》,第101页。考虑到以“州”表述大的地理区域,并不仅限于《禹贡》等九州,故秦末是否已经出现以今地比附《禹贡》九州,仍有待更为确凿的证据。

③ 分见《汉书》卷六《武帝纪》,北京:中华书局,1962年,第183、185、196页。

④ 《史记》卷二八《封禅书》,第1372—1374页。

尽管其雍州较之《禹贡》雍州范围更大，但同样应是九州理念下的产物。①

最能彰显时人以现实地理比附《禹贡》等九州的例子，莫过于《汉书·地理志》在汉代行政地理框架下明确标示见诸《禹贡》《职方》的山川薮浸（表1-3）。

表1-3 《汉书·地理志》所见《禹贡》《职方》山川薮浸②

刺史部	郡国	《禹 贡》	《职 方》
司隶	京兆郡		太华山（豫）
	左冯翊	梁山（雍）、龙门山（雍）、北条荆山（雍）	洛水（雍）
	右扶风	岐山（雍）	吴山（雍）、弦蒲薮（雍）、芮水（雍）
	弘农郡	涧水（豫）、雒水（豫）	雒水（雍）
	河东郡	析城山（冀）、王屋山（冀）、壶口山（冀/雍）	霍大山（冀）
	河南郡	瀍水（豫）	圃田泽（豫）
豫州	颍川郡		颍水（荆）
	梁国	盟诸泽（豫）	
	鲁国		泗水（青）

---

① 吴修安《先秦"九州"说及其对后世的影响——从两汉刺史部到唐代地理文献编纂》，《台湾师大历史学报》第55期，2016年，第12—13页。
② 据《汉书·地理志》并参考吴修安文表4，见吴修安《先秦"九州"说及其对后世的影响——从两汉刺史部到唐代地理文献编纂》，《台湾师大历史学报》第55期，2016年，第14—15页。

续　表

刺史部	郡国	《禹 贡》	《职 方》
冀州	巨鹿郡	大陆泽（冀）	
	常山郡	卫水（冀）、恒水（冀）	恒山（并）
	信都国	绛水（冀）	
并州	太原郡		昭余祁（并）、汾水（冀）
	上党郡		清漳水（冀）
	代郡		滱河（并）、涞水（并）、虖池河（并）
兖州	山阳郡	浮于泗、淮，通于河（徐）	大壄泽（兖）
	济阴郡	菏泽（?）、陶丘（?）、雷泽（兖）	
	泰山郡	汶水（青）、蒙山（徐）	岱山（兖）、沂水（青）、甾水（幽）
青州	千乘郡		时水（幽）
徐州	琅玡郡	潍水（青）	奚养泽（幽）、术水（青）、潍水（兖）
	东海郡	羽山（徐）	
荆州	南阳郡	桐柏大复山（豫）	淮水（青）
	南郡	南条荆山（豫/荆）	云梦泽（荆）
	长沙国	衡山（荆）	衡山（荆）
扬州	庐江郡	九江（荆）	
	会稽郡		具区泽（扬）、南江（扬）、江（扬）、会稽山（扬）

续　表

刺史部	郡国	《禹　贡》	《职　方》
扬州	丹阳郡		中江(扬)
	豫章郡	彭蠡泽(扬)	
	六安国	大别山(?)	
幽州	涿郡		易水(幽)
益州	蜀郡	桓水(梁)、江沱(梁)、蒙山嶓(梁)、崏山(梁)	
	武都郡		沮水(荆)
凉州	陇西郡	养水(雍)、鸟鼠同穴山(雍)、西倾山(梁)、嶓冢山(梁)	渭水(雍)
	天水郡	朱圉山(雍?)	
	安定郡	泾水(雍)	泾水(雍)

　　以上所列均出自《地理志》小注，仅为明确标注见于《禹贡》《职方》的内容。小注中还有一些表示"某，古文以为某"的文字，如右扶风武功县下"太壹山，古文以为终南。垂山，古文以为敦物"等。① 钱大昕以为志称古文者，皆古文《尚书》家说，或出自《水经》所附《禹贡山水泽地所在》一篇；王先谦也判断"凡志称《禹贡》者，今古文说同也，专言古文者，今文所无也，其例盖如此"，②据此，则地名言及

①《汉书》卷二八上《地理志上》，第1547页。
②钱大昕《三史拾遗》卷三，《廿二史考异(附：三史拾遗 诸史拾遗)》，上海：上海古籍出版社，2004年，第1422页；王先谦《汉书补注》卷二八上《地理志上》，上海：上海古籍出版社，2008年，第2209页。

"古文"者,同样出自《禹贡》或《禹贡》经说。此外还有许多没有标明出处的山川薮浸亦见于《禹贡》《职方》。案《地理志》正文所记行政建置,据学者考辨,系以成帝元延三年(前10)各郡国的行政版籍为据,反映的是元延三年九月的郡国县道设置情况,[①]而小字注文,史源尚待探析。[②] 无论如何,这样一个复合文本,乃是出自汉人甚至即班固之手。[③] 在此文本中,在比附《禹贡》《职方》意识的推动下,现实中的郡国以山川为媒介,成功地与经典的古九州建立关联。值得注意的是,与前述比附不过列举一、二州不同,《地理志》的比附几乎遍及全国——尽管并非将全部郡国完整地嵌入九州框架,但这样的比附已然颇为系统。

以现实地理比附《禹贡》等九州的意识还影响了地方行政建置。学者注意到,汉代在新开拓的西北、西南等地,常以《禹贡》地名予以命名。[④] 固然这些地名多为山川,而非作为地方行政机构的郡国县道,但山川既在郡国之内,无疑也应被视为地方行政建置之一部分。又汉武帝置十三刺史部,虽然未采九州之说,但无论州名设定还是州域划分,均不难发现《禹贡》《职方》九州的影子。[⑤] 当然,更深刻的影响见于王朝两次恢复九州之制。新莽始建国四年(12),王莽在

---

① 马孟龙《西汉侯国地理(修订本)》,上海:上海古籍出版社,2021年,第77—82页。

② 其中水道注文,或认为系糅合汉明帝时期《水经》中的水道源流及郡国上计资料中统计出的部分水道过郡数和里程而成。参杨智宇《〈汉书·地理志〉水道注记的史源考察》,《历史地理研究》2023年第1期。

③ 或认为《汉书·地理志》之前尚存在一份包括山川注文的"原汉志",最早可能出现于成帝绥和元年(前8)何武任大司空之时。是否如此,尚待核实。参仲山茂《地理志の誕生—漢志·班固自注の作者をめぐって》,《名古屋大学東洋史研究報告》第41号,2017年,第1—29页。

④ 牛敬飞《论汉代西部边疆上的〈禹贡〉地名》,《学术月刊》2018年第3期。

⑤ 吴修安《先秦"九州"说及其对后世的影响——从两汉刺史部到唐代地理文献编纂》,《台湾师大历史学报》第55期,2016年,第12—16页。

颁授诸侯茅土的仪式上，下诏"州从《禹贡》为九，爵从周氏有五"，将不久前刚刚遵从《尧典》而设的十二州①改依《禹贡》设九州。② 王莽九州如何划分，史无明言。谭其骧怀疑或未曾见诸实行，沈展如判断较之《禹贡》九州去冀存并；阎步克据天凤三年（16）王莽所下"保灾令"推测九州分别为东方青、徐、兖三州，南方荆、扬二州，西方雍、梁二州，北方幽、并二州，王畿为豫州，不在九州之列；辛德勇提出另一设想，即东方青、徐、兖三州，南方交、益二州，西方雍州，北方并、平二州，中央设中州。③ 尽管无论哪一方案，都与《禹贡》原典有别，但王莽改设九州系受到《禹贡》强烈影响，这一点殆无疑问。

在王莽改制二百年后，建安十八年（213），在权臣曹操的主导下，献帝"诏书并十四州，复为九州"。④ 具体移并方案，顾颉刚结合《续汉书·百官志五》注引《献帝起居注》及《后汉书·献帝纪》注引《献帝春秋》考订，即冀州得魏郡、安平等32郡，雍州得弘农、京兆等22郡，荆州得南阳、南郡等13郡，益州得广汉、汉中等14郡，豫州得颍川、陈国等8郡，徐州得下邳、广陵等8郡，青州得齐国、北海等

① 关于设十二州的时间，《王莽传》系于元始五年（5），《平帝纪》系于元始四年（4），分见《汉书》卷九九上《王莽传上》，第4077页；卷一二《平帝纪》，第357页。对此学者意见亦不统一，顾颉刚未详孰是，谭其骧以为当从《王莽传》，辛德勇则以《平帝纪》所记为是。参顾颉刚《两汉州制考》，《顾颉刚古史论文集》卷五，北京：中华书局，2011年，第204页；谭其骧《新莽职方考》，《长水集》上册，北京：人民出版社，1987年，第49页；辛德勇《两汉州制新考》，《秦汉政区与边界地理研究》，第145页。

② 《汉书》卷九九中《王莽传中》，第4128页。

③ 谭其骧《新莽职方考》，《长水集》上册，第49页。沈展如《新莽全史》，台北：正中书局，1977年，第182页。林剑鸣亦赞成此说，参林剑鸣《秦汉史》，上海：上海人民出版社，2003年，第641—642页。阎步克《文穷图见：王莽保灾令所见十二卿及州、部辨疑》，《中国史研究》2004年第4期；《诗国：王莽庸部、曹部探源》，《中国社会科学》2004年第6期。辛德勇《两汉州制新考》，《秦汉政区与边界地理研究》，第148—161页。

④ 《三国志》卷一《魏书·武帝纪》，北京：中华书局，1959年，第37页。

5 郡,兖、扬二州辖属不明,大约维持原疆域不变。① 可以看到,上述九州有益无梁,与《禹贡》九州并不完全等同。另一方面,曹操"复为九州",清人赵翼已指出:"盖是时幽、并及关中诸郡国皆已削平,操自为张本,欲尽以为将来王畿之地故也。观于是年之前,已割荡阴、朝歌、林虑、卫国、顿邱、东武阳、发干、廮陶、曲周、南和、任城、襄国、邯郸、易阳以益魏郡,是年又以冀州之河东、河内、魏郡、赵国、中山、常山、巨鹿、安平、甘陵、平原十郡封操为魏公,可见复九州正为禅代地也。"恢复九州乃是出于现实政治的考量,而非旨在恢复古制。②不过尽管如此,正如顾颉刚所说,曹操恢复九州大抵仍以《禹贡》为据。在此意义上,曹操恢复九州同样得益于比附《禹贡》九州意识的推动,而这样的调整又进一步强化了时人认识中今时今地与《禹贡》九州的关联。

不绝如缕地以现实地理比附《禹贡》九州的意识势必引发地理书写的响应,现存地理文本中,最早将今时今地与《禹贡》九州进行完整比附的为《晋书·地理志》:

> 司州。案《禹贡》豫州之地。
>
> 兖州。案《禹贡》济、河之地,舜置十二牧,则其一也。《周礼》:"河东曰兖州。"
>
> 豫州。案《禹贡》为荆、河之地。《周礼》:"河南曰豫州。"
>
> 冀州。案《禹贡》《周礼》并为河内之地,舜置十二牧,则其一也。
>
> 幽州。案《禹贡》冀州之域,舜置十二牧,则其一也。《周

---

① 顾颉刚《两汉州制考》,《顾颉刚古史论文集》卷五,第 223—225 页。
② 赵翼撰,王树民校证《廿二史札记校证(订补本)》卷七"汉复古九州条",北京:中华书局,1984 年,第 137 页。

礼》："东北曰幽州。"

平州。案《禹贡》冀州之域，于周为幽州界。

并州。案《禹贡》盖冀州之域，舜置十二牧，则其一也。《周礼》："正北曰并州，其镇曰恒山。"

雍州。案《禹贡》黑水、西河之地，舜置十二牧，则其一也。……《周礼》："西曰雍州。"盖并禹梁州之地。

凉州。案《禹贡》雍州之西界，周衰，其地为狄。

秦州。案《禹贡》本雍州之域，魏始分陇右置焉。

梁州。案《禹贡》华阳、黑水之地，舜置十二牧，则其一也。……《周礼·职方氏》以梁并雍。

益州。案《禹贡》及舜十二牧俱为梁州之域，周合梁于雍，则又为雍州之地。

宁州。于汉魏为益州之域。

青州。案《禹贡》为海、岱之地，舜置十二牧，则其一也。舜以青州越海，又分为营州，则辽东本为青州矣。《周礼》："正东曰青州。"

徐州。案《禹贡》海、岱及淮之地，舜十二牧，则其一也。于周入青州之域。

荆州。案《禹贡》荆及衡阳之地，舜置十二牧，则其一也。《周礼》："正南曰荆州。"

扬州。案《禹贡》淮、海之地，舜置十二牧，则其一也。《周礼》："东南曰扬州。"

交州。案《禹贡》扬州之域，是为南越之土。

广州。案《禹贡》扬州之域，秦末赵他所据之地。

如上所见，《晋志》在勾勒诸州历史时，首先描述其与《禹贡》九州的关联。《禹贡》已有之州，引《禹贡》文字叙述其疆界，《禹贡》无有之州，则云其于《禹贡》九州中的位置；进而，又叙述诸州与舜置十二州及《职方》九州的关联。① 这样，通过追溯诸州源流，《晋志》完成了将现实地理向《禹贡》等古州的比附。与《汉志》相比，如果说《汉志》以山川为媒介的比附只是点缀式的，《晋志》的比附要全面得多，西晋全部州郡②都在《禹贡》九州中获得相应的位置。

在历代地理志中，一般认为《晋书·地理志》编纂仓促，质量低劣。清人洪亮吉甚至毫不客气地批评道："历史地志，互有得失，若求其最舛者，则惟《晋史·地理志》乎！"③今人也认为《晋书·地理志》多有舛误，主要体现在两个方面，一是志文往往与纪传不合，二是往往误刘宋制度为东晋制度。④ 如此糟糕的编纂，不禁令人怀疑《晋志》是否有资格享有首次全面以现实地理比附《禹贡》等九州的"发明权"。果然，在作为《晋书》蓝本的刘宋臧荣绪纂《晋书》佚文中，我们发现了如下文字。

> 华阳、黑水惟梁州，部巴东郡。
>
> 益州，梁州之南地，部蜀郡。

---

① 顾江龙推测，《晋书·地理志》各州前序、后序体例颇不一致，应非出自一人之手，《晋志》编纂系按州分工。参顾江龙《〈晋书·地理志〉小注"侯国"解》，《中国史研究》2019 年第 3 期。不过，顾氏也指出，关于比附《禹贡》《周礼》的文字，体例相对统一，应是经过总撰者的修饰。

② 一般认为，《晋书·地理志》反映的是武帝太康前期的政区设置。参顾江龙《〈太康地记〉考——兼论王隐〈晋书·地道记〉和〈元康地记〉》，《文史》2018 年第 4 辑，第 92 页注②。

③ 洪亮吉《东晋疆域志·序》，《二十五史补编》第 3 册，北京：中华书局，1955 年，第 3580 页上栏。

④ 周振鹤主编《中国行政区划通史·三国两晋南朝卷（第 2 版）》，胡阿祥、孔祥军、徐成撰，上海：复旦大学出版社，2017 年，绪言，第 9 页。

> 海、岱及淮惟徐州，部广陵郡。
>
> 江州，本荆州之东界，扬州之南境也。①

以上汤球辑本均置于《地理志》下，尽管文字或有残缺，但其中"华阳、黑水惟梁州""海、岱及淮惟徐州"，二句系出自《禹贡》，这一点显而易见。这也就意味着，臧荣绪《晋书·地理志》中，当同样存在以晋世诸州比附《禹贡》九州的文字。

循着这样的思路，我们再来看《晋书·地理志》之前的几部地志：以武帝太康三年（282）为断限、两晋之交王隐撰《晋书》之《地道记》，大致以太康三年（282）至十年（289）为断限、东晋之后人编纂的《太康地记》，以及一般认为以惠帝元康三年（293）为断限但实际无法断言、东晋后期或南朝初人编纂的《元康地记》。② 检核可知，至少在王隐《晋书·地道记》中，亦存在以晋世诸州与《禹贡》九州相关联的文字。

> 幽州：舜以冀州南北广大，分燕地北为幽州。夏殷省幽并冀，为冀州之域。周复置幽州。
>
> 梁州：梁州南至桓水，西抵黑水，东限扞关。今汉中、巴郡、汶山、蜀郡、汉嘉、江阳、朱提、涪陵、阴平、广汉、新都、梓潼、犍为、武都、上庸、魏兴、新城，皆古梁州之地。自桓水以南为夷，《书》所谓"和夷底绩"也。③

其中幽州盖因不在《禹贡》九州之列，故其历史叙述自舜置十二州言起，兼及《周礼》九州；梁州，所谓"古梁州之地"，即指《禹贡》梁州。

---

① 臧荣绪《晋书》卷二《地理志》，汤球辑，杨朝明校补《九家旧晋书辑本》，郑州：中州古籍出版社，1991 年，第 14 页。
② 关于三书断限及成书时间，参顾江龙《〈太康地记〉考——兼论王隐〈晋书·地道记〉和〈元康地记〉》，《文史》2018 年第 4 辑，第 91—116 页。
③ 王隐《晋书》卷二《地道记》，汤球辑，杨朝明校补《九家旧晋书辑本》，第 180、185 页。

虽然上述仅是只言片语，但据此不难推测，在东晋初成书的《晋书·地道记》中，①已然存在比附《禹贡》九州的文字。②

如果再往前追，是否还有迹可循？首先进入视野的是西晋挚虞所撰《畿服经》。《隋书·经籍志》描述该书：

> 晋世，挚虞依《禹贡》《周官》，作《畿服经》，其州郡及县分野封略事业，国邑山陵水泉，乡亭城道里土田，民物风俗，先贤旧好，靡不具悉，凡一百七十卷，今亡。③

虽然《畿服经》佚文存世极少，且未见比附《禹贡》九州的内容，④不过《隋书·经籍志》既称其书系"依《禹贡》《周官》"，且提到"其州郡及县分野封略事业"，颇疑其中或已将彼时州郡比附《禹贡》九州。行年稍早于挚虞的裴秀，⑤其所制《禹贡地域图》，图虽不存，但据序言"今上考《禹贡》山海川流，原隰陂泽，古之九州，及今之十六州，郡国县邑，疆界乡陬，及古国盟会旧名，水陆径路，为地图十八

---

① 关于王隐《晋书》的成书，参曹书杰《王隐家世及其〈晋书〉》，《史学史研究》1995 年第 2 期；宋志英《王隐〈晋书〉初探》，《文献》2002 年第 3 期。

② 顾江龙认为，王隐《晋书·地道记》中或掺杂来自《元康地记》的文字，参顾江龙《〈太康地记〉考——兼论王隐〈晋书·地道记〉和〈元康地记〉》，《文史》2018 年第 4 辑，第 104—105 页。这种状况确实存在，不过顾氏也指出误将《元康地记》称作《地道记》，见诸《续汉志》刘昭注，上两则引文则分别出自《太平寰宇记》及《水经注》，故当为《地道记》原文。又清人胡渭《禹贡锥指》称"至唐人修《晋书》，始据《太康地志》于交、广二州直书曰《禹贡》扬州之域"（《禹贡锥指》卷六，上海：上海古籍出版社，2013 年，第 149 页），按照这一说法，则《太康地志》中亦存在比附《禹贡》九州的文字。因未得实证，姑置勿论。

③ 《隋书》卷三三《经籍志二》，北京：中华书局，1973 年，第 988 页。

④ 王谟辑《汉唐地理书钞》，北京：中华书局，1961 年，第 105 页。

⑤ 裴秀据《晋书》本传，生于曹魏黄初六年（225），死于西晋泰始八年（272）。挚虞生卒年《晋书》不载，据学者考辨，大约生于曹魏正始六年（245），卒于西晋永嘉五年（311）。最新讨论参徐昌盛《挚虞行年考略》，《古籍研究》总第 64 卷，南京：凤凰出版社，2016 年，第 186—206 页。

篇"，①其中应也包括比附《禹贡》九州的内容。② 若上述不误，则大约在西晋前期，将现实地理完全比附《禹贡》九州的文字业已出现。这样的书写方式也影响到此后的地理书写，王隐《晋书·地道记》、臧荣绪《晋书·地理志》均沿此脉络，在追溯晋世诸州源流时提及与《禹贡》《职方》的关联。后来居上的唐修《晋书·地理志》，尽管编纂仓促、低劣，但继承了这一成果，随着前修诸书纷纷亡佚，由此意外地成为现存最早将现实地理完整比附《禹贡》九州的文字。

三、关联星宿：《禹贡》分野
模式的确立

从区域划分的角度说，比附《禹贡》九州，进而以九州划分王朝疆域，已然属于广义分野的范畴。而与星宿星区建立关联、确立狭义分野，则有待稍晚于《晋书·地理志》的《隋书·地理志》——前者大约纂成于太宗贞观二十二年（648）九月至闰十二月间，③后者据《册府元龟》记载，则于高宗显庆元年（656）成书。④ 关于分野，《隋

---

① 《晋书》卷三五《裴秀传》，北京：中华书局，1974 年，第 1040 页。

② 一般认为，《禹贡地域图》为上自夏禹下至西晋的历代政区沿革图，既为历代沿革，其中当包括古今地名的对比。参陈连开《中国古代第一部历史地图集——裴秀〈禹贡地域图〉初探》，《中央民族学院学报》1978 年第 3 期；曹婉如《裴秀 京相璠》，谭其骧主编《中国历代地理学家评传》第一卷《秦汉魏晋南北朝唐》，济南：山东教育出版社，1990 年，第 146—147 页等。

③ 唐星《唐修〈晋书〉编撰考》，《唐研究》第 25 卷，北京：北京大学出版社，2020 年，第 115—146 页。

④ 《唐会要·史馆上·修前代史》《旧唐书·高宗纪》等均载《五代史志》成于显庆元年（656）（《唐会要》卷六三《史馆上·修前代史》，上海：上海古籍出版社，2006 年，第 1288 页；《旧唐书》卷四《高宗纪》，北京：中华书局，1975 年，第 75 页），故学者一般认为《隋书·地理志》亦于是年成书，唯《册府元龟·国史部七·地理》（转下页）

书·地理志》记载如下：

> 《周礼·职方氏》："正西曰雍州。"上当天文，自东井十六
> 度①至柳八度，为鹑首。于辰在未，得秦之分野。

（接上页）称："颜师古，高宗时为礼部侍郎，监修国史。永徽元年（650），撰《隋书·
地理志》三卷。"（周勋初等校订《册府元龟［校订本］》卷五六〇《国史部七·地理》，
南京：凤凰出版社，2006年，第6425页）邱靖嘉据此认为今本《隋书·地理志》成于
永徽元年（《山川定界：传统天文分野说地理系统之革新》，初刊《中华文史论丛》
2016年第3期，后收入氏著《天地之间：天文分野的历史学研究》，第156页）。不过，
《册府》记载实际颇为可疑。案《五代史志》编纂，据《史通·古今正史》等，一般认为
参与者仅令狐德棻、于志宁、李淳风、韦安仁、李延寿、敬播、褚遂良等，颜师古并不在
其列。查两《唐书·颜师古传》，也未见师古曾参与撰修《五代史志》，且师古贞观十
九年（645）即已去世，一生也未曾担任礼部侍郎、监修国史，《册府》记载明显有误。
　　《册府》错误是如何产生的？这里不妨做一个推测。案《旧唐书·令狐德棻
传》载德棻"永徽元年，又受诏撰定律令，复为礼部侍郎，兼弘文馆学士，监修国史
及《五代史志》"（《旧唐书》卷七三《令狐德棻传》，第2598页），其中所记令狐德棻
事迹，时间、官职、职掌均与《册府》接近。颇疑《册府》乃将"令狐德棻"误作"颜师
古"，并将德棻受诏监修《五代史志》的时间误为撰成时间，由此造成记载错误。若
此说不误，《隋书·地理志》应非成于永徽元年。
　　顺便说一下，关于《隋书·地理志》作者，一些论著据《册府》判断为颜师古（如唐
长孺主编《中国大百科全书·中国历史·隋唐五代史》"《隋书》"条，张泽咸执笔，北
京：中国大百科全书出版社，1988年，第331页；王兆明、傅朗云主编《中华古文献大
辞典·地理卷》"隋书地理志"条，长春：吉林文史出版社，1991年，第325页；陈高
华、陈智超等《中国古代史史料学［第三版］》，北京：中华书局，2016年，第182页；华
林甫《〈隋书·地理志〉及其研究述略［代序］》，华林甫、赖青寿、薛亚玲《隋书地理志
汇释》，合肥：安徽教育出版社，2019年，第3页；邱靖嘉《天地之间：天文分野的历史
学研究》，第156页等），如前所述，此说不确。那么《地理志》撰者是否即令狐德棻？
其实也非。查《册府》同卷关于诸正史《地理志》修撰的描述，如"北齐魏收，为中书
令，兼著作郎，撰《后魏书·地形志》三卷"，"房玄龄，太宗贞观中，为司空，与中书令
褚遂良等撰《晋书·地理志》两卷"。由此可见，地理文本由领衔编纂者或监修者署
名乃是《册府》通例。这也就意味着，即便《册府》改作"令狐德棻"云云，也只是就监
修者而言，并不表明实际作者即令狐德棻。故《五代史志》十志作者，除知天文、
律历、五行为李淳风所撰，经籍大概率成于魏徵之手之外，其他诸篇作者仍有待查考。
① 原作"东井十度"，杨守敬以为"十"后脱"六"，是。杨守敬《隋书地理志考证》，谢
承仁主编《杨守敬集》第2册，武汉：湖北人民出版社，1988年，第140页。

梁州于天官上应参之宿。周时梁州，以并雍部。及汉，又析置益州。在《禹贡》，自汉川以下诸郡，皆其封域。

豫州于《禹贡》为荆、河①之地。其在天官，自氐五度至尾九度，为大火，于辰在卯，宋之分野，属豫州。自柳九度至张十六度，为鹑火，于辰在午，周之分野，属三河，则河南。准之星次，亦豫州之域。

兖州于《禹贡》为济、河之地。其于天官，自轸十二度至氐四度，为寿星，于辰在辰，郑之分野。

冀州于古，尧之都也。舜分州为十二，冀州析置幽、并。其于天文，自胃七度至毕十一度，为大梁，属冀州。自尾十度至南斗十一度，为析木，属幽州。自危十六度至奎四度，为娵訾，属并州。自柳九度至张十六度，为鹑火，属三河，则河内、河东也。准之星次，本皆冀州之域，帝居所在，故其界尤大。至夏废幽、并入焉，得唐之旧矣。

《周礼·职方氏》："正东曰青州。"其在天官，自须女八度至危十五度，为玄枵，于辰在子，齐之分野。

《禹贡》："海、岱及淮惟徐州。"彭城、鲁郡、琅邪、东海、下邳，得其地焉。在于天文，自奎五度至胃六度，为降娄，于辰在戌。其在列国，则楚、宋及鲁之交。

扬州于《禹贡》为淮、海之地。在天官，自斗十二度至须女七度，为星纪，于辰在丑，吴、越得其分野。

《尚书》："荆及衡阳惟荆州。"上当天文，自张十七度至轸十一度，为鹑尾，②于辰在巳，楚之分野。

---

① 原作"荆州"，邱靖嘉认为当作"荆河"，是。邱靖嘉《天地之间：天文分野的历史学研究》，第156页。
② 原作"鹑首"，误。

可以看到,和《晋书·地理志》一样,《隋志》也将彼时全部疆域纳入九州,二者均秉持以现实地理为中心的九州分野叙述。《隋志》也有与《晋志》不同之处。其一,与《晋志》完全以《禹贡》九州进行分野相比,《隋志》用作分野的州或出自《禹贡》,或出自《周礼·职方》,略显混乱,不过总体而言,九州之名一同《禹贡》,故学者认为《隋志》采用的仍是《禹贡》九州地理系统。① 其二,在叙述方式上,《晋志》以州为单位、在西晋十九州之州前序中叙述晋世诸州在《禹贡》九州的位置,《隋志》则在胪列被视为位于《禹贡》《职方》各州疆域内的若干郡后叙述其九州分野,某种意义上是以《禹贡》等九州为纲。《隋志》如此处理,与隋代在经历州大规模扩张后改州为郡、不再设立郡以上更大一级政区相关。

《晋志》以广域的州为单位而《隋志》以疆域略小的郡为单位,还导致二者在比附《禹贡》九州的精准度上存在差异,兹举其显著者如下。

(1)徐州

按照《禹贡》的设定,"海、岱及淮惟徐州",伪孔传云"东至海,北至岱,南及淮",亦即徐州当以淮河为南界。然而西晋时徐州,其疆域虽大体位于淮河之北,但所辖广陵、临淮二郡均在淮河以南,逼近长江。与之相对,《隋志》被纳入徐州的彭城、鲁、琅邪、东海、下邳五郡均位于淮河以北,与《禹贡》相合。

(2)兖州

《禹贡》"济、河惟兖州",伪孔传曰"东南据济,西北距河",据此,兖州北界以黄河为界。在《晋志》记载中,彼时兖州的确位于黄河以南,貌似一遵《禹贡》。不过,《晋志》撰者忽视了彼时黄河与《禹贡》

---

① 邱靖嘉《天地之间:天文分野的历史学研究》,第157页。

黄河并不重合。如图 1-2 所见,西晋时黄河下游河道自长寿津(今河南濮阳市西)东出,大体流经今冀鲁交界地区,在今山东利津入海(东汉至唐末,黄河下游河道大体稳定);而《禹贡》黄河,则大抵沿太行山

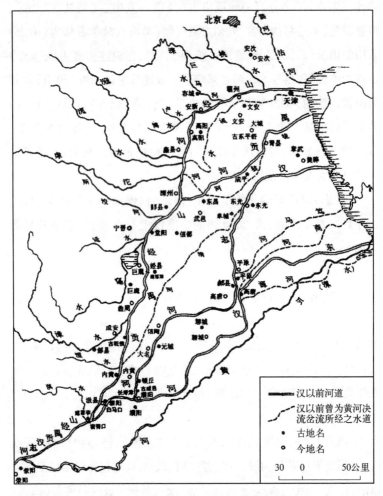

图 1-2 先秦至东汉黄河下游变迁图

邹逸麟《中国历史地理概述》,上海:上海教育出版社,2005 年,第 32 页。

东麓北流，至今河北深州境内东折穿过河北平原东部，于河北青县以东地区入海，其位置较之西晋黄河更为偏北。《晋志》以西晋黄河下游河道为兖州北界，乃是以今度古而去古越远，《隋志》将彼时黄河以北的武阳、清河、平原、渤海四郡纳入兖州，更贴合《禹贡》原义。

（3）豫州

《禹贡》"荆、河惟豫州"，伪孔传云："西南至荆山，北距河水。"虽然《禹贡》及伪孔传仅提及豫州西南以位于今湖北南漳境内（隋襄阳郡南漳县）的荆山为界，但不难推知其南线当与荆山相当，不会逾越淮河，《禹贡》"淮、海惟扬州"的设定也可佐证这一点。而《晋志》所记豫州，所辖安丰、义阳两郡均位于淮河以南，弋阳甚至逼近长江。《隋志》被纳入豫州的诸郡，则均在黄河以南，荆山、淮河以北，与《禹贡》设定基本相当。

（4）扬州

如上所述，《禹贡》扬州北以淮河为界，而西晋时扬州，由于徐州、豫州南侵至长江，故只有部分疆土能北抵淮河，多数地方则以长江为北界。《隋志》扬州之域，其最北四郡弋阳、淮南、钟离、江都，正以淮河为界，与《禹贡》完全吻合。

（5）荆州

《禹贡》"荆及衡阳惟荆州"，伪孔传云"北据荆山，南及衡山之阳"，据此，则荆州北界以荆山为界。案荆山之地，于晋在襄阳、新城郡内，西晋时荆州则以襄阳、新城以北的南阳、南乡、魏兴三郡为北界，《晋志》以西晋荆州与《禹贡》荆州相当，明显相违。《隋志》被纳入荆州的诸郡，其北襄阳、春陵、汉东、义阳四郡，虽非完全以荆山为北界，但大抵均位于荆山一线，可谓与《禹贡》相合。又《隋志》将位于淮南江表的九江纳入荆州——淮南江表诸郡在《隋志》中多属扬州，亦是基于《禹贡》描述荆州称"九江孔殷"而精心处理的结果。

（6）梁州

《禹贡》"华阳、黑水惟梁州"，据伪孔传"东据华山之南，西距黑水"，则梁州东界当以华山之阳为界。华山之南，于《晋志》《隋志》均为上洛郡，由于《晋志》上洛郡属司州，而司州被视为《禹贡》豫州之地，西侧紧邻上洛的京兆、魏兴二郡又分别隶属雍州、荆州，故《晋志》梁州东界与华山之南相去较远。《隋志》梁州之区以上洛郡以西的汉川、西城诸郡为界，虽距离华山之南仍有距离，但较之《晋志》梁州已更接近《禹贡》梁州东界的设定。

要之，《晋志》《隋志》虽然都秉持当朝疆界主义，将现实地理完全比附《禹贡》九州，但《晋志》受制于以现实中广域范围的州为单位，且在不打破州域范围的情况下进行比附，故其比附只是大略的、粗线条的；相较而言，《隋志》以疆域较小的郡为单位，调整余地较大，故能尽量贴合《禹贡》九州。尽管在当朝疆界主义的主导下，《隋志》将现实地理与《禹贡》九州进行对应时仍有可议之处——这一点在与秉持《禹贡》原典主义的《通典》比较时显现得尤为突出，①但总体而言，《隋志》比附《禹贡》九州更为精细，也更契合《禹贡》原初的九州设定。

当然，《隋志》与《晋志》更为显著的不同，乃是《隋志》除比附《禹贡》等九州外，其分野叙述还关涉星次、星宿、十二辰及十二州、十三国分野中的州、国。如表 1-4 所示，《隋志》记载虽不完整，但星次、星宿及星度、十二辰、州、国均在其列，由此形成以九州分野为主导、兼容州国分野的综合分野模式。比较《隋志》与同时期的分野论述如李淳风《乙巳占》所记分野（表 1-5）可知——

---

① 参本书第六章。

这是一种自西晋太史令陈卓所制"州郡躔次"以来极为通行的分野论述,[①]二者虽有个别文字略存参差(加点标示),其余基本相同,甚至各区域所涵括的星度也完全一致。通行分野论述中的益州对应星次实沈,星宿毕、觜、参,以及徐州与鲁国相对,《隋志》何以仅作"梁州于天官上应参之宿"以及徐州"在列国,则楚、宋及鲁之交",原因尚不得而知,无论如何,二者重合度是非常高的,可以断言,《隋志》中的星次、星度及对应的州、国,当系抄撮彼时通行的州国分野论述而成。故《隋志》整体,即如邱靖嘉所说,乃是将九州分野与州国分野强行糅合在一起的产物。[②]

表 1-4　《隋书·地理志》九州分野

九州	星次	星　度	辰	国	州
雍州	鹑首	东井十六度至柳八度	未	秦	
梁州		参			
豫州	大火	氐五度至尾九度	卯	宋	豫州
	鹑火	柳九度至张十六度	午	周	三河之河南
兖州	寿星	轸十二度至氐四度	辰	郑	
冀州	大梁	胃七度至毕十一度			冀州
	析木	尾十度至南斗十一度			幽州
	娵訾	危十六度至奎四度			并州
	鹑火	柳九度至张十六度			三河之河内、河东

---

① 关于"州郡躔次"的意义,参邱靖嘉《天地之间:天文分野的历史学研究》,第117—125页。

② 邱靖嘉《天地之间:天文分野的历史学研究》,第157页。

续 表

九州	星次	星度	辰	国	州
青州	玄枵	须女八度至危十五度	子	齐	
徐州	降娄	奎五度至胃六度	戌	楚、宋及鲁之交	
扬州	星纪	斗十二度至须女七度	丑	吴、越	
荆州	鹑尾	张十七度至轸十一度	巳	楚	

表 1-5　李淳风《乙巳占·分野》

星次	星宿	星度	辰	国	州
鹑首	井、鬼	东井十六度至柳八度	未	秦	雍州
实沈	毕、觜、参	毕十二度至井十五度	申	魏	益州
大火	氐、房、心	氐五度至尾九度	卯	宋	豫州
鹑火	柳、七星、张	柳九度至张十六度	午	周	三河
寿星	角、亢	轸十二度至氐四度	辰	韩(郑)	兖州
大梁	胃、昴	胃七度至毕十一度	酉	赵	冀州
析木	尾、箕	尾十度至南斗十一度	寅	燕	幽州
娵訾	危、室、壁	危十六度至奎四度	亥	卫	并州
玄枵	女、虚	须女八度至危十五度	子	齐	青州
降娄	奎、娄	奎五度至胃六度	戌	鲁	徐州
星纪	斗、牛	斗十二度至女七度	丑	吴、越	扬州
鹑尾	翼、轸	张十七度至轸十一度	巳	楚	荆州

对于九州与州国分野糅合在一起的方式,邱靖嘉也有判断。在他看来,《隋志》大体按照《禹贡》九州的区域范围,对传统十二州系统加以归并,亦即地理位置相差不大的雍、兖、青、徐、扬、荆,直接沿用州国分野理论中诸州对应的星次、星宿,梁州则取代地域相当的益州,豫州除州国分野中的豫州外,另加上三河之河南,冀州在《禹贡》中地域广阔,故兼有州国分野中的冀、幽、并三州,以及三河之河内、河东。① 这一判断是准确的,表 1-4 也清晰展示了这一点。经过这样简单粗暴的糅合后,《隋志》中九州不只是划分地理的九个区域,而且与星宿、星区实现关联,由此再次建立了狭义层面的九州分野理论。而与早期九州分野理论相比,《隋志》九州分野的"面貌"更为明确,九州与天文的对应不再是早期九州分野理论中茫然无知的状态,而是数据分明,井然有序。另一方面,如果说早期九州分野理论在《禹贡》《职方》两大九州学说中尚难辨主次,《隋志》显然更为明确地倒向《禹贡》,确立了以《禹贡》九州为主导的九州分野理论。

《隋志》所建立的九州分野理论,从州国分野的脉络来说,固然是传统州国分野因与实际政区制度相脱节、暴露严重的内在缺陷,故而改"以山川定境界",以相对稳定的九州为区域划分单位的结果,不过如果注意到《隋志》对九州划分的精心处理,以及对州国分野的率尔随意,毋宁认为《隋志》更真切的面向乃是位于九州分野的延长线上,是九州分野经过长期酝酿,积极吸纳、融合州国分野学说的产物。《隋志》为何要以九州划分王朝疆域? 学者最常举出的原因是便于书写,隋代施行郡县两级制,王朝直辖 190 郡,数量巨大,《地理志》需划分区域进行编排。②

---

① 邱靖嘉《天地之间：天文分野的历史学研究》,第 157—158 页。

② 曹尔琴《隋唐时期行政区划的演变》,《中国历史地理论丛》1992 年第 1 辑;吴修安《先秦"九州"说及其对后世的影响——从两汉刺史部到唐代地理文献编纂》,《台湾师大历史学报》第 55 期,2016 年,第 43 页;邱靖嘉《天地之间：天文分野的历史学研究》,第 156 页等。

不过,如果注意到:第一,分区并非必然,譬如被视为正史《地理志》典范的《汉书·地理志》面对西汉后期103郡国,即未分区书写,尽管当时存在广域范围的刺史部;第二,即便分区,也不必然指向《禹贡》九州,传统的州国分野彼时仍然通行,炀帝大业年间设司隶、刺史分部巡察,从其设十四刺史可知,炀帝曾分天下为十五部,①可见九州并非分区单位的唯一选择,因此,书写考虑固然是《隋志》按《禹贡》九州分区编排的可能因素,但绝非充分条件。相比而言,《隋志》之前九州分野意识的长期积累、酝酿,或许才是推动《隋志》如此书写的重要原因。尤其是同为唐人所修、略早于《隋志》的《晋书·地理志》,尽管未如《隋志》一样以九州为纲,但已将西晋地理完全比附《禹贡》九州,而《晋书》修撰者中如令狐德棻、李淳风、敬播、褚遂良等,后来又预修包括《隋书·地理志》在内的《五代史志》。有了《晋书·地理志》导夫先路,加之修撰人员或有重合,《隋志》以《禹贡》九州划分王朝疆域,也就不难理解了。②

事实上,在与《隋书·地理志》同属《五代史志》的《隋书·经籍志》"地理类"小序中,撰者亦阐述了回归《禹贡》的旨趣。

> 昔者先王之化民也,以五方土地,风气所生,刚柔轻重,饮食衣服,各有其性,不可迁变。是故疆理天下,物其土宜,知其利害,达其志而通其欲,齐其政而修其教。故曰广谷大川异制,人居其间异俗。《书》录禹别九州,定其山川,分其圻界,条其物产,辨其贡赋,斯之谓也。周则夏官司险,掌建九州之图,周知

---

① 《隋书》卷二八《百官志下》,第797页。
② 吴修安提到《禹贡》九州在北朝已经成为士人认识和描述天下的主要地理参照,并认为这对《隋志》编排产生影响,与本章所论略有异同,亦可看看。参吴修安《先秦"九州"说及其对后世的影响——从两汉刺史部到唐代地理文献编纂》,《台湾师大历史学报》第55期,2016年,第33—34页。

山林川泽之阻，达其道路。地官诵训，掌方志以诏观事，以知地俗。春官保章，以星土辨九州之地，所封之域，以观祅祥。夏官职方，掌天下之图地，辨四夷八蛮九貉五戎六狄之人，与其财用九谷六畜之数，周知利害，辨九州之国，使同其贯。司徒掌邦之土地之图，与其人民之教，以佐王扰邦国，周知九州之域，广轮之数，辨其山林川泽丘陵坟衍原隰之名物，及土会之法。然则其事分在众职，而冢宰掌建邦之六典，实总其事。太史以典逆冢宰之治，其书盖亦总为史官之职。汉初，萧何得秦图书，故知天下要害。后又得《山海经》，相传以为夏禹所记。武帝时，计书既上太史，郡国地志，固亦在焉。而史迁所记，但述河渠而已。其后刘向略言地域，丞相张禹使属朱贡条记风俗，班固因之作《地理志》。其州国郡县山川夷险时俗之异，经星之分，风气所生，区域之广，户口之数，各有攸叙，与古《禹贡》《周官》所记相埒。

是后载笔之士，管窥末学，不能及远，但记州郡之名而已。……①

可以看到，其中明确表达了对那些"但记州郡之名"地理书的不满。在撰者看来，一部优秀的地理书应记述更多内容，譬如山川形便、物产贡赋、社会风俗等，尤其是社会风俗，最为撰者看重。而在《隋书·地理志》撰述之际，彼时尚存的分区描述风俗的体系只有两种，一是《禹贡》《职方》的九州体系，一是《汉书·地理志》的十三国体系，在沿袭自战国地理意象的十三国体系越来越不适应现实社会的情况下，《禹贡》的九州体系也就成了唯一选择。无独有偶，在上述文字中，撰者还提到"经星之分"也应包括在地理书记载项之列，这与《隋书·地理志》也适相吻合。由此可见，尽管《隋书·地理志》与

---

① 《隋书》卷三三《经籍志二》，第987—988页。

《隋书·经籍志》"地理类"小序并非出自一人之手，[①]但二者旨趣颇为一致。在此意义上，或许可以认为，成文在先的"地理类"小序犹如《地理志》撰述旨趣的宣言书，引导后者按《禹贡》九州编排天下郡县，记述"经星之分"，由此严格意义的《禹贡》九州分野遂在此旨趣下呱呱坠地。[②]

四、结　语

通过以上检讨，至此我们可以对九州分野模式的确立过程总结如下。尽管早期文献渺茫，但从以《吕氏春秋·有始览》为代表的零星记载中仍可确认，这一分野模式在历史早期确曾存在。只不过，或许由于早期九州分野原始、粗疏，抑或是由于记述其理论的书籍亡佚，在秦汉时期的分野言说中，九州分野理论渐趋消失。不过，随着《禹贡》日益经典化，以现实地理比附《禹贡》等九州逐渐成为时人地理描述的重要形式，受此影响，地理文本亦逐渐在地理书写中与《禹贡》等九州建立关联，在九州框架下界定彼时存在的山川薮浸乃至州郡县邑。至迟在晋世，现实地理开始被全面比附《禹贡》等九州，成书仓促的唐修《晋书·地理志》承此余波，亦在西晋十九州之州前序中叙述晋世诸州在《禹贡》九州的位置，由此意外地成为现存最早将现实地理完整比附《禹贡》九州的文字。

[①]《隋书·经籍志》在《五代史志》中成书最早，系由魏徵在贞观三年（629）至十年间（636）纂成，其中大小序均出自魏徵之手。参王重民《中国目录学史论丛》，北京：中华书局，1984年，第89页。

[②]《隋书·地理志》分区叙述广域范围内的区域经济、人文地理，也被学者视为其最重要的成就。参辛德勇《唐代的地理学》，李孝聪主编《唐代地域结构与运作空间》，上海：上海辞书出版社，2003年，第447—448页。

　　将现实地理比附《禹贡》九州,已然开启了九州分野重新酝酿、滋生的历史进程。不过,彼时的比附仍仅限于地上,尚未与星宿、星区建立关联,距离真正意义的九州分野尚有一纸之隔。最终捅破这一层纸的是《隋书·地理志》。在长期积累的九州分区意识的推动下,《隋志》向《禹贡》《职方》及《汉书·地理志》回归,不仅以《禹贡》九州为纲分区叙述各地风俗,同时还模仿《汉志》,在地理书写中加入"经星之分"——尽管过程率尔随意,但无论如何,随着天文分野的加入,《隋志》首次明确了现实地理与《禹贡》九州及星宿、星区的对应关系,由此确立了真正意义上的九州分野,且是以《禹贡》为主导的九州分野模式。

　　重新确立的九州分野,虽然也兼容州、国分野,不过由于州、国界限不明,且自身存在诸多缺陷,《禹贡》九州则相对明确、稳定,因此在由《隋志》发轫的九州分野中,九州乃是主导,州、国仅是附庸,后二者在区域划分及风俗认知中均未发挥如《汉书·地理志》所记那样重要的作用。九州与州、国之于现实地理区域划分的差异,还导致九州分野在与传统的十二州、十三国及其结合体的州国分野的竞争中渐占上风,宋人罗泌甚至有分野"要以九州之分为正"的言论。[1] 在这样的氛围下,九州分野遂在唐宋地理文献中大放异彩,成为彼时最为通行的分野言说。

---

① 罗泌《路史·余论》卷六《星次》,《先秦史研究文献三种》第 8 册,清嘉庆六年(1801)刻本,北京:国家图书馆出版社,2013 年,第 206 页。

第二章 竞说九州：唐宋时期的九州分野言说

自《隋书·地理志》确立完整且狭义上的九州分野论述后，九州分野一跃而为唐宋时期分野言说的重要形式，不少地理文献在论述分野时都提及九州分野，或为分野言说的唯一构成，或是论述各类分野时兼论九州归属，无论如何，在这些言说中，现实地理都被与以《禹贡》九州为代表的古九州相关联，用以确定其地在后者中的位置。

唐宋言及九州分野的地理文献，就其文体而言，包括地理总志、地方志、正史地理志、类书或政书之地理部（门），可谓覆盖了记录地理信息的绝大多数文体等。唐宋时期这些地理文献都有哪些？它们对九州分野的论述在内容与形式上有哪些特点？本章将尝试回答这些问题。

一、唐五代九州分野文献举隅

如前所见，唐代以王朝全境为范围叙述九州分野，这在《晋书·地理志》及《隋书·地理志》中已有显现。只不过，无论《晋志》抑或

《隋志》，均是以前代王朝疆域为叙述范围，以唐代疆域为范围叙述
九州分野，现存文献所见，大约始于《十道志》。①

1.《十道志》

《十道志》又名《十道四蕃志》，为唐人梁载言所撰的一部全国地
理总志，卷数有十卷、十二卷、十三卷、十六卷等多种说法。全书以
贞观十道为纲，其下附以州县图志，主要反映高宗至武后时期的地
方行政建置。其书大约成书于中宗、睿宗时期，但有部分文字涉及景
云、先天甚至开元、天宝时期的州郡废置，应为传抄过程中后人添改。
原书久佚，清人曾有辑佚，漏略讹误颇多，今人夏婧重辑，最为完善。②

《十道志》虽以十道为纲，但记述九州分野却采用单州列举的方
式，其格式大抵如"郑州，荥阳郡，《禹贡》豫州之境"，"邢州，巨鹿
郡，《禹贡》冀州之域"，逐一指明该州在《禹贡》九州中的位置，个别
条目且言及虞舜十二州及《职方》九州体系中该州归属。值得注意
的是，《十道志》并非对所有州都指明其九州分野，在一些州下，仅暧
昧称其古蛮夷之地。这一点在岭南表现得尤为突出。《十道志》佚
文所见岭南53州中，诸如循、新、春、潘等17州均被归于"古越地"
"古闽越地""故瓯、骆越地""古百越地"乃至"本巴蜀西南徼外夷"
等名下，占比几近三分之一。《十道志》的这一书写特征也为后世所
继承，几乎所有以单州列举形式叙述九州分野的文献，都有部分州

---

① 《十道志》之前的地理文献，譬如贞观十六年(642)成书的《括地志》，追溯诸州历史
沿革虽然也上溯久远，佚文可见称"古戎狄居之"(盐州)、"本赤翟地"(潞州)、"楼
烦胡地也"(岚州)、"本西蜀徼外"(筰州)、"本滇国"(昆州、郎州)、"古西戎之地"
(秦州、宁州、庆州、原州)、"白马氏"(成州、武州)、"本月氏国"(凉州、甘州、肃州、
瓜州、沙州等)、"古东瓯"(建州)者，但迄未见到比附《禹贡》九州。李泰等撰，贺
次君辑校《括地志辑校》，北京：中华书局，1980年，第42、46、64、209、210、219、220、
224、244页。

② 关于《十道志》其书，参夏婧《唐梁载言〈十道志〉辑校》，《国学研究》第30卷，北
京：北京大学出版社，2012年，第311—378页。

之九州归属处于暧昧模糊的地位。

《十道志》辑本还辑有几则记有某州对应星宿的文字,如"曹州,济阴郡,置在济阴县,《禹贡》豫州之域,星分氐宿二度","郓州,东平郡,置在须昌县,《禹贡》兖州之域,星分奎、娄","沂州,琅琊郡,置在临沂县,《禹贡》徐州之域也,星分奎宿六度","淄州,淄川郡,置在淄川县,《禹贡》青州之域,星分危宿十四度","禹州,温水郡,古百越地,婺女之分野"。披览大量征引《十道志》的晏殊《类要》,还可补充"洪州,豫章郡,《禹贡》扬州之域,星分翼轸","密州,高密郡,置在诸城县,《禹贡》青州之域,星分娄七度,兼得徐州之地","齐州,济南郡,置在历城县,古兖州之域。星分危宿一度"。① 据此,《十道志》似乎还记载以二十八宿或二十八宿星度为核心的天文分野。不过,上述引文均出自《类要》,而辑者曾指出,在《太平御览》引《十道志》中,如曹州、郓州、沂州、淄州,其下并未出现星宿、星度。检核《类要》也可发现,《类要》引《十道志》中,记有星宿、星度的州仅是零星,更多的州下均未记载星宿、星度,然则《十道志》原文是否包含天文分野,未必没有疑问。

从类书征引的通例看,删减乃是常态,《太平御览》亦是"惯犯",征引文献时常常多加删减。② 以此而言,《太平御览》《类要》等或将《十道志》原有的天文分野文字刊落,这种可能性是存在的。不过值得注意的是,类书征引文献也常见辑引合写或误标书名的情形。譬如《类要》卷六《晋》引《元和郡县图志》曰:"晋州,平阳郡,《禹贡》冀州之域,星分参宿,尧、舜所都平阳,即是此地。"③然而核

---

① 《晏元献公类要》卷一、卷四,《四库全书存目丛书·子部》第166册,济南:齐鲁书社,1995年,第161页下栏、294页下栏、300页下栏。

② 周生杰《〈太平御览〉研究》,成都:巴蜀书社,2008年,第454—455页。

③ 《晏元献公类要》卷六,《四库全书存目丛书·子部》第166册,第350页上栏。

验《元和志》，却仅作"晋州，平阳。《禹贡》冀州之域，即尧、舜、禹所都平阳也"，①据此，《类要》引文中的"星分参宿"当辑引自他书。考《太平寰宇记》"晋州"条正作："《禹贡》冀州之域，星分参宿，尧、舜所都平阳，即是此地。"②故可断言，《类要》引文若非糅合《元和志》《寰宇记》而成，即是将《寰宇记》误标为《元和志》。这也提示我们，《类要》在征引《十道志》时是否也存在同样操作？

答案是肯定的，请看《十道志》佚文对以下两个州的表述。其一是密州，在《类要》引《十道志》中，如前所见，作"密州，高密郡，置在诸城县，《禹贡》青州之域，星分娄七度，兼得徐州之地"；而在《太平御览》引《十道志》中，此句却作"密州，高密郡，置在诸城县，《禹贡》青州之域，兼得徐州之地"，无"星分娄七度"五字。仔细玩味，不难发现此五字应是后来添补，毕竟九州分野即便兼属二州也是连续记载，此五字介于青州、徐州之间，明显突兀。那么此五字是如何进入《类要》的呢？查同样构成《类要》重要参考文献之《太平寰宇记》，其"密州"条正作："密州，高密郡，今理诸城县。《禹贡》青州之域，星分娄宿一度，兼得徐州之地。"③文字与《类要》完全相同。由此可见，《类要》引《十道志》当来自《寰宇记》，而《寰宇记》则是在《十道志》原文的基础上补充了星度记载。

密州的例子既可以说是辑引合写，也可以说是误标书名。下举登州的例子则更明确指向了辑引合写的可能：

> 登州，文登郡，汉牟平县，属东莱郡。文帝封齐悼惠王子将间为牟平侯，此即将间邑也。《图经》曰："古莱子国也。"战国及秦属齐郡，汉已下属东莱郡。（《太平御览》引《十道志》）

---

① 《元和郡县图志》卷一二《河东道一·晋州》，北京：中华书局，1983年，第336页。
② 《太平寰宇记》卷四三《河东道四·晋州》，北京：中华书局，2007年，第896页。
③ 《太平寰宇记》卷二四《河南道二四·密州》，第492页。

登州，文登郡，汉牟平县，属东莱郡。《禹贡》青州之域，古莱子之国。汉武帝封齐孝王子渫为牟平侯，此即渫之邑也。（《类要》引《十道志》）

登州，东牟郡，今理蓬莱县。《禹贡》青州之域，古莱子之国，《春秋》："齐侯灭莱。"至汉，为东莱郡，汉武帝封齐孝王子渫为牟平侯，此即渫之邑也。（《太平寰宇记》）①

比较可知，《类要》引《十道志》，一方面遵循《十道志》原文，称登州为"文登郡"这一俗称而非更为正式的"东牟郡"，另一方面则采纳《寰宇记》关于牟平为齐孝王子渫而非齐悼惠王子将间之采邑的认识。考《史记·建元以来王子侯者年表》，汉武帝元朔四年（前125）四月乙卯，武帝封齐孝王子渫为牟平侯。② 或可推知，晏殊在征引《十道志》时，大约注意到原文有误，于是另从《寰宇记》引入正确记载，由此糅合成一个新文本。换言之，《类要》所引《十道志》，实际乃是辑引合写《十道志》和《寰宇记》而成。

以上两个例子均显示出，在《类要》所引《十道志》文本的生成过程中，《寰宇记》构成扰乱原文的重大嫌疑。比较《类要》引《十道志》与《寰宇记》可知，二者重合度是相当高的，不少州的叙述，《类要》引文都更接近《寰宇记》而非同出的《御览》引《十道志》。事实上，如果注意到《类要》在《十道志》名目下摘录了大量《十道志》成书后发生的地理沿革，多与《寰宇记》一致，《寰宇记》对《类要》引《十道志》多有扰乱，也就不难理解了。如学者所论，晏殊编纂《类要》并非事先精心谋划，立纲分目，而是随读随抄，再将摘抄分类归置

---

① 《太平御览》卷一六〇《州郡部六·河南道下·登州》，北京：中华书局，1960年，第778页下栏；《晏元献公类要》卷四，《四库全书存目丛书·子部》第166册，第293页上栏；《太平寰宇记》卷二〇《河南道二十·登州》，第406页。

② 《史记》卷二一《建元已来王子侯者年表》，北京：中华书局，1959年，第1103页。

到各个门类。① 据此我们可以想见《类要》所引《十道志》文本的创作流程，即晏殊先将《十道志》中的相关内容摘录出来，而后在阅读《元和志》《寰宇记》等地理文献时，复将相关内容补入或调换，但文献篇名没有更改。要之，见于《类要》的《十道志》引文，虽然以《十道志》为名，内容却经改头换面，甚至"头颅"与"身躯"毫不相关，《十道志》几乎成为误标的书名。其结果便是，《类要》引《十道志》固然可能还保留一些原始文本，但实质面目全非，与《十道志》原本已然"形同陌路"。

将目光转回《类要》引《十道志》中的天文分野。如前所述，这些见于《类要》引文中的星宿、星度文字，在《御览》引文中基本不见。相反，在《寰宇记》中，却有完全相同的文字。

表 2-1　《类要》引《十道志》与《太平寰宇记》对照表

州　郡	《类要》引《十道志》	《太平寰宇记》
曹州济阴郡	置在济阴县，《禹贡》豫州之域，星分氐宿二度。	今理济阴县，《禹贡》豫州之域，星分氐宿二度。
郓州东平郡	置在须昌县，《禹贡》兖州之域，星分奎、娄。	今理须城县，《禹贡》兖州之域，星分奎、娄。
沂州琅琊郡	置在临沂县，《禹贡》徐州之域也，星分奎宿六度。	今理临沂县，《禹贡》徐州之域，星分奎宿六度。
淄州淄川郡	置在淄川县，《禹贡》青州之域，星分危宿十四度。	今理淄川县，《禹贡》青州之域，星分危宿十四度。
密州高密郡	置在诸城县，《禹贡》青州之域，星分娄七度，兼得徐州之地。	今理诸城县，《禹贡》青州之域，星分娄宿一度，兼得徐州之地。

① 唐雯《晏殊〈类要〉研究》，上海：上海古籍出版社，2012 年，第 35—36 页。

州　郡	《类要》引《十道志》	《太平寰宇记》
齐州济南郡	置在历城县,古兖州之域,星分危宿一度。	今理历城县,亦兖州之域,星分危宿一度。
洪州豫章郡	《禹贡》扬州之域,星分翼、轸。	今理南昌县,《禹贡》扬州之域,星分翼、轸。

如表 2-1 所见,除密州条《类要》引文作"星分娄七度"、《寰宇记》作"星分娄宿一度",二者略有区别外,其余完全一致。考虑到"七""一"常因形近而讹,则二者唯一差异也可忽略。检核《寰宇记》可知,《寰宇记》除上述几条外,至少还有开封府、河南府等三十余州府叙及天文分野,且其中包括霸、涿、蓟等在玄宗开元年间以降方始设置的州——霸州置于后周显德六年(959),涿州置于唐大历四年(769),蓟州置于开元十八年(730),显然,《寰宇记》在这些州下所记天文分野不可能出自《十道志》。基于此,结合前述《类要》引《十道志》文本乃经层累形成,或可推断,《类要》引文中归于《十道志》的天文分野文字,极有可能并非《十道志》原文,而是晏殊自《寰宇记》等摘抄添益的产物。当然,《十道志》亦非完全不记天文分野,譬如《樊川文集夹注》引《十道志》出现"江南道润州,注：润州于天文南斗之分,旧名京口,即楚之金陵、建业也",《御览》引《十道志》也有"禹州,温水郡,古百越地,婺女之分野"——如果这些引文可靠,则《十道志》确包括一些天文分野文字。不过,这类文字极为罕见,且称"某宿之分(分野)"的格式也与《类要》引文多作"星分某宿"不同。因此我们有理由相信,天文分野在《十道志》中大约仅零星可见,而非必要构成,《十道志》总体应不载天文分野。

2.《初学记·州郡部》

《初学记》为唐人徐坚等奉玄宗敕编定的一部类书,因旨在供皇子学习诗文,故称《初学记》。全书三十卷,成书于开元十五年(727)。①《州郡部》计一卷,除总叙州郡外,另按贞观十道编排与名山大川、名胜古迹等相关的史传诗文。

和《十道志》不同,《初学记·州郡部》系以诸道为整体分梳九州分野,其格式大抵是正文叙述该道在《禹贡》九州中的位置,注文则列举《禹贡》《尔雅》所述九州疆域及《汉书·天文志》所见二十八宿、十二州分野等。与同样以广域地理范围为比附《禹贡》九州之单位的《晋书·地理志》相比,《州郡部》比附更显细腻。如前所述,《晋志》在以西晋十九州比附《禹贡》九州时,西晋之州本身大抵不被打破,或西晋之州与《禹贡》九州一一对应,或西晋之州属于《禹贡》某州之一部分。《州郡部》以十道比附《禹贡》九州,则多见打破十道者,如河南道“《禹贡》豫、徐、青、兖四州之域”,山南道“《禹贡》荆、梁二州之域”,淮南道“《禹贡》扬州之域,又得荆州之东界”,江南道“《禹贡》扬州之域,又得荆州之南界”。这种打破,固然与唐代十道较西晋之州疆域更广存在关联,但另一方面,《州郡部》更为注重《禹贡》九州原有疆界,并在此框架下界定现实政区,大约亦是原因之一。当然,受限于以十道这样的广域地理范围为单位,而十道辖属之州跨越九州山川界限又颇常见,故无论《州郡部》对十道与九州关联的处理多么细腻,其九州分野叙述仍不得不说是粗线条的、大略的。

3.《唐六典》“户部郎中、员外郎”条之十道贡赋

《唐六典》为李林甫等奉玄宗敕编定的一部政书,因玄宗模仿

---

① 关于《初学记》成书时间,参《唐会要》卷三六《修撰》,上海:上海古籍出版社,2006年,第768页。

《周礼》"六官"，手书理、教、礼、政、刑、事六典，令以类相从，故称《唐六典》。全书共三十卷，主要记录唐代官职设置及历代沿革，开元十年（722）始撰，至开元二十七年（739）撰成进上。户部郎中、员外郎掌领天下户口、贡赋，故对其职掌的叙述涉及开元年间十道属州、名山、大川及贡赋情况。①

《唐六典》"十道贡赋"记述九州分野，同样以诸道为整体胪列。不过，与同时期成书的《初学记·州郡部》相比，"十道贡赋"行文不仅简单，而且粗疏。称其简单，是因为"十道贡赋"只叙述十道对古州的对应关系，不及天文分野等；云其粗疏，如表2-2所见，主要体现在两点。其一，《初学记·州郡部》明确以《禹贡》九州为比附对象，"十道贡赋"则除《禹贡》九州外，还提及见于《职方》《尔雅》之幽州，大约正因如此，"十道贡赋"不称"某道，《禹贡》某州之境"，而称"某道，古某州之境"。其二，如前所述，《州郡部》比附间见细腻之处，相比而言，"十道贡赋"注意到陇右道部分州属古梁州，是其胜处，但径以淮南道为"古扬州之境"，江南道为"古扬州之南境"，则粗疏已甚。故总体而论，"十道贡赋"之比附《禹贡》九州更加率尔随意。

表2-2 《初学记》《唐六典》九州分野对照

十道	《初学记》	《唐六典》
河南道	《禹贡》豫、徐、青、兖四州之域。	古豫、兖、青、徐四州之境。
关内道	《禹贡》雍州之域。	古雍州之域境。
河东道	《禹贡》冀州之域。	古冀州之境。

---

① 关于《唐六典》"户部郎中、员外郎"条之十道贡赋所记行政建置断限，参平冈武夫《〈唐代的行政地理〉序说》，平冈武夫、市原亨吉编《唐代的行政地理》，上海：上海古籍出版社，1989年，第2—3页。

十　道	《初学记》	《唐六典》
河北道	《禹贡》冀州之域。	古幽、冀二州之境。
陇右道	《禹贡》雍州之域。	古雍、梁二州之境。
山南道	《禹贡》荆、梁二州之域。	古荆、梁二州之境。
剑南道	《禹贡》梁州之域。	古梁州之境。
淮南道	《禹贡》扬州之域,又得荆州之东界。	古扬州之境。
江南道	《禹贡》扬州之域,又得荆州之南界。	古扬州之南境。
岭南道	《禹贡》扬州之南境。	古扬州之南境。

4.《通典·州郡门》

《通典》为唐中叶名臣杜佑编撰的一部政书,撰成于德宗贞元十七年(801)。全书以事类为中心,分食货、选举、职官、礼、乐、兵、刑法、州郡、边防九门记述历代沿革,篇幅达二百卷。《州郡门》计十四卷,以《禹贡》九州及不在九州之古南越为纲,列叙唐代天宝初年的地方行政建置。[1]

《通典·州郡门》也以广域地理空间为单位叙述九州分野,不过与《初学记·州郡部》《唐六典》"十道贡赋"立足现实存在的十道不同,《州郡门》则在《禹贡》原典主义的裹挟下,[2]不循常规地以《禹贡》九州加上杜佑看来不在九州之列的古南越为纲加以叙述——尽管其行文称"古某州",但从所列九州均出自《禹贡》且九州疆域一依

---

[1] 关于《通典·州郡门》行政建置断限,参平冈武夫《〈唐代的行政地理〉序说》,平冈武夫、市原亨吉编《唐代的行政地理》,第3—4页;翁俊雄《〈通典·州郡门〉所载唐代州县建置与户口数字系年考》,《历史研究》1986年第4期。

[2] 关于杜佑的《禹贡》原典主义,参本书第六章。

《禹贡》不难看出，其所谓"古某州"即《禹贡》九州。①

除九州分野外，《通典·州郡门》还一并记载了二十八宿及十三国分野，并将后者纳入九州框架，故《州郡门》所记亦属综合分野模式。不过，从九州与二十八宿及州国分野之州、国对应来看，《州郡门》与之前《隋书·地理志》《初学记·州郡部》所记综合分野模式均不吻合。由此可见，尽管杜佑对传统的十三国分野多有不满，②但在建立九州分野与十三国分野的关联时，并未敷衍为之，而是精心考辨现实政区在《禹贡》九州及《汉书·地理志》十三国中的位置，由此在九州与二十八宿、十三国之间确立了更为细密的对应关系。

5.《元和郡县图志》

《元和郡县图志》为宪宗朝宰相李吉甫所撰的一部地理总志，进呈于元和八年（813）。全书以贞观十道为纲，以当时四十七镇为目，每镇一图一志，分镇记载彼时地方行政建置。③ 其书原有图和志四十卷，又目录二卷，总四十二卷。后图亡佚，志亦有阙失（岭南道六卷之二卷亦在阙中），今存三十四卷。④

和《十道志》一样，《元和志》也采用单州列举的方式记述九州分野，二者文字亦多有一致之处。不过，从个别条文看，《元和志》似非

---

① 《州郡门·序目下》自述撰述体例："今辨《禹贡》九州并南越之地，历代郡国，析于其中。其有本非州之区域，则以邻接附入云耳。"亦可为证。《通典》卷一七二《州郡二·序目下》，北京：中华书局，1988 年，第 4495 页。

② 《通典》卷一七二《州郡二·序目下》，第 4490—4491 页。

③ 关于《元和志》断限，平冈武夫认为大致以元和八（813）、九年（814）为下限，但也保留了一些较早时期的地名；翁俊雄则判断所据资料系年乃在元和二年（807）。参平冈武夫《〈唐代的行政地理〉序说》，平冈武夫、市原亨吉编《唐代的行政地理》，第 7—8 页；翁俊雄《唐后期政区与人口》，北京：首都师范大学出版社，1999 年，第 4—7、12—16 页。

④ 李吉甫撰，贺次君点校《元和郡县图志》，前言，第 1—4 页。

因袭《十道志》。如费州，《十道志》称属荆州，《元和志》云"本古徼外蛮夷地"；珍州，《十道志》称"古山獠夜郎国之地"，《元和志》云"本徼外蛮夷之地"；贵州，《十道志》称"虞舜暨周并为荒裔"，《元和志》云"本西瓯骆越之地"，等等，二者差异显著。又较之《十道志》，《元和志》在将现实地理比附《禹贡》时更为精细。譬如虢州，《十道志》归于豫州，《元和志》兼属雍、豫；密州，《十道志》归于青州，《元和志》兼属青、徐；沧州，《十道志》归于兖州，《元和志》兼属冀、兖；襄州，《十道志》归于豫州南境，《元和志》兼属豫、荆。此外如棣州、魏州，《十道志》佚文未见九州分野，不过从《十道志》罕将唐代一州分属《禹贡》二州来看——除作为常识的江州兼属荆、扬外，仅密州兼属青、徐是为特例，①大约也归于《禹贡》一州；而在《元和志》中，棣州兼属青、兖，魏州兼属冀、兖。考之九州疆界，《元和志》的细分均更贴合《禹贡》原意。

　　《元和志》也不记载天文分野，仅有的两则天文分野文字，一见于越州，称"《禹贡》扬州之域，春秋时为越，《周礼》'吴越星纪之分'"，一见于婺州，云"隋开皇九年（589）平陈置婺州，盖取其地于天文为婺女之分野"。前者只是说明越地分野，后者旨在阐述婺州得名缘由，叙述当地天文分野均非旨趣所在。② 由此可见，如果说不载天文分野的《十道志》间或记载星野文字，仍未与天文分野完全剥

---

① 《太平御览》卷一六六《州郡部十二·剑南道·松州》引《十道志》"松州，交川郡，《禹贡》梁州之域，又为雍州之域"（第 811 页上栏），据此似乎《十道志》中松州亦兼属二州。不过，考虑到《十道志》将松州之北的扶州、文州业已归入梁州，称松州"又为雍州之域"，不妥。案《御览》卷一六七《州郡部十三·山南道上·文州》引《十道志》记载文州，"《禹贡》梁州之域，周为雍州之境"（第 815 页上栏），颇疑松州"又为雍州之域"当作"周为雍州之域"。

② 《元和郡县图志》卷二六《江南道二·越州》，第 617 页；同卷《江南道二·婺州》，第 620 页。

离,那么重在"成当今之务"(李吉甫序)的《元和志》无疑对天文分野拒斥更为坚决。

6.《诸道山河地名要略》

《诸道山河地名要略》为唐人韦澳奉宣宗命编撰的一部内容相对简略的地理总志,共九卷,大约成书于宣宗大中九年(855)。全书参考《十道志》,①以道为纲,府州为目,记载各地区建置沿革、名山大川、风俗物产,后附"处分语",故又名《处分语》。其书早佚,今法国国家图书馆藏 P. 2511 号敦煌写本,为卷二河东道之残卷,存文 205 行,涉及晋、太原、代、云、朔、岚、蔚八州府。

从残卷看,《要略》记载九州分野亦采用单州列举的形式,格式大体为"某州,《禹贡》某州之域",河东道古属冀州,故残卷所及均被归于冀州。不过,在代、岚二州下,残卷却记作"并州之域"。无独有偶,在《元和郡县图志》中,代州、忻州亦被归入"并州之域",《太平寰宇记》也循《元和志》以忻州属并州。固然,残卷以代、岚而《元和志》《寰宇记》举代、忻,二者尚非完全等同,但二者应存在相通之处。这也显示出,地理文献分野记载之层层因袭是很突出的,哪怕是与体例不合的另类表述,也能在不同时期的文献中获得传递。

7.《方舆记》

《方舆记》又称《方舆志》,为南唐徐锴编撰的一部全国性地理总志,计一百三十卷。全书久佚,其内容,《玉海》卷一五称"纪郡国事迹及程涂远近甚详",②而据若干佚文所见,大体亦不出建置沿革、名

---

① 关于《诸道山河地名要略》的史源,参赵庶洋《敦煌写本韦澳〈诸道山河地名要略〉史源新考》,《文史》2014 年第 3 辑。近来又有学者提出韦澳所采为"十道四方志",见冯雷《敦煌本〈诸道山河地名要略〉史源综考》,《中国历史地理论丛》2019 年第 1 辑,不过考其论证,似难成立。
② 《玉海》卷一五《地理·地理书》,扬州:广陵书社,2003 年,第 290 页上栏。

山大川、地方风物、名胜古迹等。①

　　佚文显示,《方舆记》包括九州分野的内容。《太平御览》卷一七二引《方舆志》曰:"安南府,今理宋平县,古越地,《禹贡》扬州之地,号为百越。在周为越裳重译之地,秦属象郡,汉为交阯、日南二郡界,后汉因之,唐为交州。"②据此,《方舆记》在追溯府州沿革时,或亦循《十道志》《元和郡县图志》等故事,叙述现实地理在《禹贡》九州中的位置。又《类要》卷七引《方舆记》:"邢州、广平、清河,入昴三度。"③揆之《太平寰宇记》,星度或有讹误——《寰宇记》以邢州星分昴宿三度,洺州(广平郡)星分昴宿一度,贝州(清河郡)星分昴宿五度,④无论如何,其为天文分野殆无疑问。由此可见,若《类要》引文不误,则《方舆记》当还包括天文分野的内容。遗憾的是,受限于佚文寡少,《方舆记》九州、天文分野体系详情,今已无从确知。

二、宋代九州分野文献举隅

　　以上为今所见论述王朝全境九州分野的唐五代地理文献,及至宋代,得益于文献保存状况,同时也得益于时人对九州分野更为重视,迄今所见与九州分野相关的地理文献更为丰富,兹列其要者如下。

1.《太平寰宇记》

　　《太平寰宇记》为北宋前期乐史编撰的一部地理总志,成书于太

---

① 参唐雯《晏殊〈类要〉研究》,第181—184页;杨超《五代著述考略》,华中师范大学博士学位论文,2013年,第84页。
② 《太平御览》卷一七二《州郡部一八·安南都护府》,第841页下栏。
③ 《晏元献公类要》卷七,《四库全书存目丛书·子部》第166册,第384页上栏。
④ 《太平寰宇记》卷五九《河北道八·邢州》,第1211页;卷五八《河北道七·洺州》,第1190页;卷五八《河北道七·贝州》,第1197页。

宗雍熙（984—987）末端拱（988—989）初。全书以宋初十三道为纲，府州军监为目，并附以四夷，记述各地历史沿革、人物风俗、山川湖泽、名胜古迹等，凡二百卷。其地方行政建置大抵以北宋太平兴国四年（979）灭北汉后的簿籍为主要依据，间或补充了雍熙、端拱时期的政区建置。①

　　和之前诸地理总志一样，《寰宇记》记述九州分野亦采用单州列举的形式，"某州，《禹贡》某州之域"的行文格式也完全相同。不过，《寰宇记》记有九州归属的府州军监大抵限于唐代已有设置者，唐末至宋初新设军监则例不记录。又从文字对比看，《寰宇记》九州分野多出自《十道志》《元和郡县图志》，部分文字本自《通典》。譬如河南府（洛州），《十道志》《元和志》均以属豫州，《寰宇记》虽于河南府下亦称《禹贡》豫州之域，但在唐会昌三年（843）自河南府分出的孟州下则称"《禹贡》为冀、豫二州之域"，可见在《寰宇记》看来，唐代河南府实际包括两个部分，其中河南部分属豫，河北部分属冀。考《通典·州郡七》"河南府洛州"条，"凡河北诸县，并冀州之域，余则荆河州（唐避代宗讳，以"豫州"为"荆河州"）之域"，正与《寰宇记》合。又陕州，《十道志》《元和志》均认为属豫州，《寰宇记》则以属冀、豫二州，并特地注明"郡夹河，河南诸县则豫州域，河北则冀州"。② 查《通典·州郡七》"陕郡陕州"条，亦称"凡河北诸州县，并冀州之域，余则荆河州之域"，同样与《寰宇记》一致。此外冀州，《十道志》不明，《元和志》以属冀州，《通典》则认为兼属冀、兖，并引《地志》及《水经注》为据。无独有偶，《寰宇记》也判断冀州兼属冀、兖，且同样依据《地志》《水经注》，甚至行文都有重合之处。结合三者，推测《寰宇记》九州分野或受《通典》影响，当不算无稽。事实上，考

---

① 乐史撰，王文楚等点校《太平寰宇记》，前言，第1—11页。
② 《太平寰宇记》卷六《河南道六·陕州》，第91页。

《寰宇记》以广州为"古南越之分"，此前亦仅见于《通典》，①此尤可作为草蛇灰线，印证二者九州分野叙述存在渊源。

当然，《寰宇记》九州分野并非完全因袭前史，也有部分条目表现出不同于前史的认识。譬如开封府（汴州），《十道志》不明，《通典》《元和志》以属豫州，《寰宇记》归于兖、豫二州。显然，这是基于宋代开封府疆域扩大、将原属滑州的长垣、酸枣二县纳入后所作的调整，滑州在《禹贡》九州中属兖州。又华州，《十道志》《通典》《元和志》均以属雍州，《寰宇记》认为"《禹贡》雍州之域，今州境兼有豫州之域"。《寰宇记》如此认识，当是注意到北临黄河由南转东处的潼关在华州境内，而在《禹贡》九州中，河南系属豫州，故判断"今州境兼有豫州之域"。后一处理尤可见其细腻之处。②

《寰宇记》还少见地在一些府州下记载了天文分野，其格式大体为"星分某宿某度"或"星分某宿"，计有四十余则，除个别外，主要集中于河南（16）、河北（19）、河东（4）三道。《寰宇记》记载天文分野何以如此分布，尚不得其解，无论如何，从记有天文分野的府州仅占

---

① 只不过与杜佑以岭南皆在《禹贡》九州外不同，《寰宇记》则认为岭南亦属九州，九州之外则为四夷。参《太平寰宇记》卷一七二《四夷一·四夷总序》，第3296页；卷一七六《四夷五·南蛮一·南蛮总述》，第3353页。

② 《寰宇记》九州分野亦非完全后出转精，譬如贝州，《通典》认为兼属冀、兖，《寰宇记》则循《元和志》归于冀州。案，即便考虑到贝州疆域在唐宋间存在差异，唐贝州所属位于西部、南部的夏津、临清、永济、宗城、经城五县于天祐三年（906）划归魏州，则贝州九州分野也应为兖州而非冀州。又兖州，《通典》《元和志》以为分属兖、徐，《寰宇记》认为独属兖州。案《通典》以兖州分属兖、徐，源自其对菏泽的错误定位，将菏泽置于兖州治所瑕丘，由此划出一条贯穿唐兖州辖境的济水流向，进而按照《禹贡》"济、河惟兖州"的疆域设定，将唐兖州一分为二。而在《寰宇记》看来，菏泽位于兖州鱼台，乐史大约认为兖水流经鱼台后系自兖州东南与汶水合，故将兖州分野定为兖州。不过，菏泽一般认为位于曹州济阴东北，在兖州之西，故济水即便不流经兖州，也应自兖州西北合于汶水。以此而言，如果兖州仅当《禹贡》一州，则更有可能属徐州而非兖州。

全部三百余府州军监的极少一部分看,天文分野并非《寰宇记》分野言说的必要构成。

2.《新唐书·地理志》

《新唐书·地理志》为北宋欧阳修、宋祁等撰《新唐书》之一篇,成于欧阳修之手,仁宗嘉祐五年(1060)撰成进上。全篇凡七卷,以十道为纲,复分十三采访使,并以府州为目,记载截至唐末的李唐一朝地方行政建置沿革。

较之《旧唐书·地理志》,《新唐志》多有增益,其中位于各道之首的"十道总序",即为所增内容之一。[①] 正是在"总序"中,《新唐志》增加了以十道为单位叙述九州分野的内容。而如学者所论,这部分内容系本自《唐六典》"户部郎中、员外郎"条之十道贡赋,故《新唐志》之九州分野从形式到内容均一同《唐六典》。[②]

与《唐六典》"十道贡赋"稍有区别的是,《新唐志》在"十道总序"中还提及十道的十二次分野。如关内道,"京兆、华、同、凤翔、邠、陇、泾、原、渭、武、宁、庆、鄜、坊、丹、延、灵、威、雄、会、盐、绥、宥为鹑首分,麟、丰、胜、银、夏、单于、安北为实沈分,商为鹑火分",河南道,"洛、陕负河而北,为实沈分;负河而南,虢、汝、许及新郑之地,为鹑火分;郑、汴、陈、蔡、颍为寿星分;宋、亳、徐、宿、郓、曹、濮为大火分;兖、海、沂、泗为降娄分;青、淄、密、登、莱、齐、棣为玄枵分;滑为娵訾分;濠为星纪分"。[③] 可以看到,大抵是将十道下府州按照其位置对应于十二次中星次。如换以十二次为纲,则可整理如表2-3所示。

[①] 赵庶洋《〈新唐书·地理志〉研究》,南京:凤凰出版社,2015年,第23—41页;拙稿《回归汉志与承续地志——〈新唐书·地理志〉的书写策略》,《中外论坛》2025年第1期。
[②] 赵庶洋《〈新唐书·地理志〉研究》,第23—26页。
[③]《新唐书》卷三七《地理志一》,北京:中华书局,1975年,第961页;卷三八《地理志二》,第981页。

表 2－3　《新唐书·地理志》天文分野

十二次	十 道	府　　州
鹑首	关内道	京兆、华、同、凤翔、邠、陇、泾、原、渭、武、宁、庆、鄜、坊、丹、延、灵、威、雄、会、盐、绥、宥
	山南道	兴元、金、洋、凤、兴、成、文、扶、利、集、壁、巴、蓬、通、开、忠、万、涪、阆、果、渠
	陇右道	秦、河、渭、鄯、兰、临、阶、洮、岷、廓、叠、宕、凉、沙、瓜、甘、肃、伊、西、北庭、安西
	剑南道	成都、彭、蜀、汉、嘉、眉、邛、简、资、嶲、雅、黎、茂、翼、维、戎、姚、松、当、悉、静、柘、恭、保、真、霸、乾、梓、遂、绵、剑、合、龙、普、渝、陵、荣、昌、泸、保宁
实沈	关内道	麟、丰、胜、银、夏、单于、安北
	河南道	洛、陕
	河东道	河中、绛、晋、慈、隰、石、太原、汾、忻、潞、泽、沁、辽
鹑火	关内道	商
	河南道	虢、汝、许及新郑之地
	山南道	邓、隋、泌、均
寿星	河南道	郑、汴、陈、蔡、颍
大火	河南道	宋、亳、徐、宿、郓、曹、濮
降娄	河南道	兖、海、沂、泗
玄枵	河南道	青、淄、密、登、莱、齐、棣
	河北道	沧、景、德
大梁	河东道	代、云、朔、蔚、武、新、岚、宪
	河北道	邢、洺、惠、贝、冀、深、赵、镇、定及魏、博、相之北境

十二次	十　道	府　　　州
娵訾	河南道	滑
	河北道	孟、怀、澶、卫及魏、博、相之南境
星纪	河南道	濠
	淮南道	扬、楚、滁、和、庐、寿、舒
	江南道	润、升、常、苏、湖、杭、睦、越、明、衢、处、婺、温、台、宣、歙、池、洪、江、饶、虔、吉、袁、信、抚、福、建、泉、汀、漳
	岭南道	韶、广、康、端、封、梧、藤、罗、雷、崖以东
析木津	河北道	瀛、莫、幽、易、涿、平、妫、檀、蓟、营、安东
鹑尾	山南道	江陵、峡、归、夔、澧、朗、复、郢、襄、房
	淮南道	安、黄、申、光、蕲
	江南道	岳、鄂、潭、衡、永、道、郴、邵、黔、辰、锦、施、叙、奖、夷、播、思、费、南、溪、溱
	岭南道	桂、柳、郁林、富、昭、蒙、龚、绣、容、白、罗而西及安南

据《旧唐书·天文志》记载,以唐代州县配于星宿始自贞观中李淳风撰《法象志》,此后僧一行在开元年间基于山河两戒说提出新的天文分野学说,①杜佑在《通典》中亦尝试将现实地理对应天文。《法象志》今已不存,不过据同为李淳风所撰《乙巳占》《隋书·天文志》,不难看出李淳风所持大约仍是传统的天文分野说,一行、杜佑分野则具见于两《唐书·天文志》和《通典》。对此可知,《新唐书·地理志》所记天文分野与一行分野较为一致——最为独特之处即是将岭

① 《旧唐书》卷三六《天文志下》,北京:中华书局,1975年,第1311页。

南分属星纪、鹑尾,而与传统的天文分野及杜佑分野多有违忤。当然,《新唐志》分野与一行分野亦存参差——如濮州、郓州,一行分野属之娵訾,《新唐志》归于大火;申州,一行分野属之寿星,《新唐志》归于鹑尾;安南诸州,一行分野属之鹑火,《新唐志》归于鹑尾,等等。以此而言,《新唐志》分野对于一行分野亦有斟酌调整。

3.《舆地广记》

《舆地广记》为北宋人欧阳忞编纂的一部地理总志,大约撰成于徽宗政和年间(1111—1118)。全书三十八卷,前四卷首叙历代疆域,提其纲要,第五卷以降以府路为纲,列叙宋代州县,专述建置沿革,简明扼要,兼及山川、古迹等。所记沿革大抵以政和四年(1114)为下限,间或补充政和四年以后的政区建置。①

《舆地广记》对于九州分野的叙述见于卷一,以《禹贡》九州为纲,将宋代府州军监列于其下,形式近于《通典·州郡门》。揆其内容,亦与《通典》相当。诸州九州分野大抵因袭《通典》,唐后期新置府州则据其所出推定分野,岭南列于九州之外,也与《通典》一脉相承。只不过,与《通典》对分野处理较为精细不同,《舆地广记》仅举其大要,笼统言之。如《通典》注意到个别府州兼属二州,《广记》不作区分;《通典》以流沙以西之伊州、西州、北庭、安西及黑水以西之翼、当等八州不属九州,地处岭南之连州分野属荆,《广记》则视三地分野与邻近地区同,均不免显得粗疏。

4.《类要》地理部分

《类要》为宋人晏殊初编、四世孙晏袤续编的一部类书,其中晏殊编本总七十四篇,晏袤续编时补缺并勒成一百卷,总二千零六十一门,南宋开禧二年(1206)奏进朝廷。《类要》在流传过程中颇有阙

---

① 参欧阳忞撰,李勇先、王小红校注《舆地广记》,前言,成都:四川大学出版社,2003年,第1—34页。

失,今存三十七卷,地理部分占七卷,篇幅略当全书三分之一。内容除地理总论外,另以北宋诸路及各路所辖州级行政单位立目,记述当地地理沿革及人物古迹,涉及北宋十五路共二百六十五个州级行政单位,惜岭南所置广南东西二路独缺。①

《类要》叙述九州分野分两种形式,其中地理总论以《禹贡》九州为纲,胪列与九州相关内容,州军部分则以单州列举的方式叙述该州在《禹贡》九州中的位置,或因摘抄而成,多有脱漏。其格式大体为"某州,《禹贡》某州之域",内容多迻录自《十道志》《元和郡县图志》《太平寰宇记》及图经,个别或出自《通典》(如"贝州")。② 亦间出己意,最为显著者即唐末至宋初所置州军,《寰宇记》大抵不载其九州分野,《类要》则间或载之,州如秀州、雄州、霸州、祁州、滨州、保州,军如南康、汉阳、光化、信阳、涟水、通利、永定、永静、乾宁、广信、保定、顺安。这之中如顺安军始置于淳化三年(992),永定、永静、广信、保定等军更为今名更是迟至景德元年(1004)、二年(1005),距离晏殊在景德末始撰《类要》地理部分已极为接近。因此,这些州军之九州分野信息固然不能完全排除引自其他文献,但揆之情理,出自晏殊之手的可能性更大。③

---

① 关于《类要》其书及地理部分内容,此处据唐雯《晏殊〈类要〉研究》及《〈类要〉地理部分文献再考索》,包伟民、刘后滨主编《唐宋历史评论》第7辑,北京:社会科学文献出版社,2020年,第107—125页。

② 如贝州兼属冀、兖,与《元和志》《寰宇记》属冀不同,而合于《通典》,且叙述缘由的文字亦与《通典》一致,推测当出自《通典》。

③ 唐雯曾指出,《类要》州一级地名可能据天禧三年(1019)成书的《十道图》做了统一,见唐雯《〈类要〉地理部分文献再考索》,包伟民、刘后滨主编《唐宋历史评论》第7辑,第118—119页,故不排除这些新置州军之九州分野或源自天禧《十道图》。不过,考虑到《类要》中迄未见到九州分野以《十道图》为据,而多迻录《十道志》《元和郡县图志》《太平寰宇记》等,毋宁认为《十道图》可能并不包括九州分野,而《类要》所见之新置州军九州分野信息当为晏殊自撰。

除九州分野外，《类要》亦涉及列国分野与天文分野，其中地理总论部分胪列各国之分，有十七国之多，包括秦、晋、魏、周、郑、韩、陈、赵、燕、齐、鲁、宋、卫、楚、吴、越、蜀，可见不过是汇总以往文献所见，并非成体系的分野言论。而州军条下所见，其中以"星分某宿"或"星分星度"附于九州分野之后的星野文字源自《寰宇记》，仅零星可见，另一类为《汉书·地理志》《晋书·天文志》所记天文及州国分野的摘抄，同样只见于少数州军。《类要》抄录天文、列国分野不成体系，且多有遗漏，表明这些信息在《类要》分野言说中应非重要构成。

5.《通志·地里略》

《通志》为南宋人郑樵编撰的一部通史，成书于高宗绍兴三十一年（1161），凡二百卷，包括纪、谱、略、世家、列传、载记六体。其中纪、谱、世家、列传、载记皆隋以前各史书之粗略综合，意义不大，独相当于史志之略有其独到之处，为后人所重，与杜佑《通典》、马端临《文献通考》并称"三通"。

《通志》诸略分门二十，计五十二卷，内容驳杂，除常见的礼、乐、职官、选举、刑法、食货、天文、地理外，另包括氏族、六书、七音、都邑、金石、草木昆虫等，多为郑樵首创。其中《地里略》一卷，不载州郡设置，仅分四渎、历代封畛扼要叙述水道及历代疆域，后附以开元十道图。其中《历代封畛》抄自《通典·州郡·序目》，开元十道图抄自《唐六典》"户部郎中、员外郎"条之十道贡赋，故《通志·地里略》实际保存两种九州分野言说。郑樵不加辨析，录二说并存，益可见《地里略》编纂之粗疏。

6.《皇朝郡县志》

《皇朝郡县志》为南宋人范子长编纂的一部地理总志，大约成书于宁宗嘉定年间（1208—1224）。全书共二百卷（或作"一百

卷"），以宋代府州军监为纲，分别记录建置沿革、四至八到、山川古
迹、风俗人物、鸟兽草木等，其中建置沿革今所见最晚可及光宗绍熙
五年（1194）。①

《皇朝郡县志》原书早佚，佚文多见于《舆地纪胜》《方舆胜览》
等。从佚文看，其中应包括九州分野内容。《舆地纪胜·广南东
路·广州》"《禹贡》扬州之域"条注云：

> 《晋》《隋书》并谓交、广之地为《禹贡》扬州之域，而《唐志》
> 云岭南道盖古扬州之南境。《元和郡县志》亦云为《禹贡》扬州
> 之域。《史记》谓扬越，《汉书》注云本扬州之分，故云扬越。而
> 《通典》则以为非《禹贡》九州之域，又非《周礼·职方》之限，稽
> 其封略，考其镇薮，而《禹贡》《职方》皆不及此，故列于九州之
> 外。《皇朝郡县志》云："以今日之地里考之，潮州旧隶扬州，
> 连州旧隶荆州，未可尽以为九州之外也，合行修正。"象之谓
> 晋、隋、唐之志既作于《通典》之前，亦必有所据，未容尽废也，
> 姑两存之。②

其中即引及《皇朝郡县志》对岭南九州归属的认识。据此，《皇朝
郡县志》不仅涉及九州分野，且对前史纷纭之处亦不乏考辨按断。
至于言说形式，从《舆地纪胜》据《皇朝郡县志》判断连州属荆、封
州为古南越地不难推知，《皇朝郡县志》当以单州列举形式叙述九
州分野。③

① 参见李勇先《范子长及其〈皇朝郡县志〉》，《宋代文化研究》第 11 辑，成都：四川大学
出版社，2002 年，第 234—247 页；石悦《范子长〈皇朝郡县志〉再探》，《中国地方志》
2021 年第 1 期。
②《舆地纪胜》卷八九《广南东路·广州》，北京：中华书局，1992 年，第 2820 页。
③《舆地纪胜》卷九二《广南东路·连州》，第 2937 页；卷九四《广南东路·封州》，第
2977 页。

7.《舆地纪胜》

《舆地纪胜》为南宋王象之编纂的一部地理总志,大约成书于理宗绍定二年(1229),后有增补。全书二百卷,以南宋所辖十六路为纲,[①]分述府州军监情况;下分子目十二,依次记述建置沿革、风俗形胜、景物古迹、官吏人物、碑记诗文等,所述建置大致以理宗宝庆三年(1227)以前为断。全书内容丰富,征引广泛,所引又多亡佚,史料价值极高。不过,由于《纪胜》卷帙浩繁,元、明以降传本渐稀,甚至连四库馆臣都未及见,后经钱大昕访求觅得,方传于世,但已有所残缺。[②]

《舆地纪胜》叙述九州分野,采用单州列举形式,多称"《禹贡》某州之域",间称"土地所属同某州""星土分野与某州同"或"某星流为某州"等。与同样以单州列举形式叙述九州分野的《太平寰宇记》相比,《舆地纪胜》言及九州分野的地域大幅增多,岭南之外,明确没有提及九州分野者仅余京西南路之枣阳军、成都府路之威州、

---

① 《舆地纪胜》是否包括北方地理信息,目前学界尚存争议。传世《舆地纪胜》只包括南宋"东南十六路"地理,不过《读史方舆纪要》《大清一统志》所引《舆地纪胜》或有北方地理信息,声称部分文字节录自《舆地纪胜》的四库本《记纂渊海·郡县部》,也包括北方诸路地理在内(卷九至卷一六为南方,卷一七至卷二五为北方),故李勇先、李裕民推测《舆地纪胜》尚有续编,王象之全书应覆盖华夏全境。不过谭其骧认为《读史方舆纪要》所引涉及北方地理的《舆地纪胜》或为后人冒名之作,金菊园也以万历本《记纂渊海》北宋故土部分未注明出自《舆地纪胜》,坚持《舆地纪胜》仅叙及南宋版图。分见李勇先《〈舆地纪胜〉研究》,成都:巴蜀书社,1998年,第24、187页;王象之撰,李勇先校点《舆地纪胜》,前言,成都:四川大学出版社,2005年,第37—39页;李裕民《舆地纪胜续编研究》,《陕西师范大学学报(哲学社会科学版)》2002年第4期;谭其骧《论〈方舆胜览〉的流传与评价问题》,初刊《中华文史论丛》1984年第4辑,后收入氏著《长水集续编》,北京:人民出版社,1994年,第321—344页;金菊园《万历刻本〈记纂渊海·郡县部〉初探》,《历史地理》第30辑,2014年,第380—387页。

② 邹逸麟《〈舆地纪胜〉的流传及其价值》,中华书局本《舆地纪胜》"前言",第1—34页;王象之撰,李勇先校点《舆地纪胜》,前言,第1—233页。

夔州路之万州等地。① 而在《寰宇记》中，同样疆土内各地九州分野
则大量阙载。二者差异如此，一方面固然反映出随着宋室南渡，时
人对南方地区九州分野认识的加深，另一方面大约也与王象之个人
态度相关，即较之乐史，王象之对于九州分野表现出更大的重视。
这种重视还体现在《舆地纪胜》记述九州分野，不仅和其他地理文献
一样多循前史，同时对阙载或歧互之处还能时加辨析。如以江南东
路之广德军属扬州，江南西路之兴国军属荆州，江南西路之临江军、
建昌军属扬州，淮南东路之真州、高邮军属扬州，荆湖南路之桂阳军
属荆州，荆湖北路之荆门军、汉阳军属荆州，京西南路之均州分属
豫、雍，广南东路之南雄州、肇庆府、新州、梅州属扬州，广南西路之
梧州属荆州，福建路之建宁府、泉州、兴化军属扬州，潼川府路之怀
安军属梁州，夔州路之南平军属梁州，夔州路之大宁监属荆州，即是
以诸州军所析出地之九州分野所作的推衍；②以江南东路之南康军、
江南西路之吉州分属荆、扬，乃以两地地处荆、扬之间而论；③以淮南

①《舆地纪胜》卷八八《京西南路·枣阳军》，第 2807 页；卷一四八《成都府路·威
　州》，第 3995 页；卷一七七《夔州路·万州》，第 4587 页。
②《舆地纪胜》卷二四《江南东路·广德军》，第 1069 页；卷三三《江南西路·兴国
　军》，第 1445 页；卷三四《江南西路·临江军》，第 1469 页；卷三五《江南西路·建昌
　军》，第 1497 页；卷三八《淮南东路·真州》，第 1609 页；卷四三《淮南东路·高邮
　军》，第 1757 页；卷六一《荆湖南路·桂阳军》，第 2147 页；卷七八《荆湖北路·荆门
　军》，第 2549 页；卷七九《荆湖北路·汉阳军》，第 2575 页；卷八五《京西南路·均
　州》，第 2751 页；卷九三《广南东路·南雄州》，第 2959 页；卷九六《广南东路·肇庆
　府》，第 3015 页；卷九七《广南东路·新州》，第 3041 页；卷一〇一《广南东路·梅
　州》，第 3135 页；卷一〇八《广南西路·梧州》，第 3283 页；卷一二九《福建路·建宁
　府》，第 3687 页；卷一三〇《福建路·泉州》，第 3723 页；卷一三五《福建路·兴化
　军》，第 3851 页；卷一六四《潼川府路·怀安军》，第 4425 页（案王象之称据《寰宇
　记》，《寰宇记》实际未载）；卷一八〇《夔州路·南平军》，第 4633 页；卷一八一《夔
　州路·大宁监》，第 4651 页。
③《舆地纪胜》卷二五《江南东路·南康军》，第 1087 页；卷三一《江南西路·吉州》，
　第 1359 页。

西路之蕲州属扬州，荆湖北路之信阳军、京西南路之随州分属荆、豫，广南东路之广州、韶州、英州属扬州，广南西路之化州不属九州，广南西路之贺州属荆州，则是面对不同记载斟酌取舍的结果，等等。① 诸如此类，均反映出王象之对于九州分野绝非只是简单照搬前说，而是有意识地填补空白和纠正误说，由此形成了迄今所见唐宋地理文献对南方地区最为系统全面的九州分野记载。

九州分野外，《舆地纪胜》对天文分野的记载同样系统全面，罕有阙载，且亦不乏考辨。以广南西路象州为例，《舆地纪胜·广南西路·象州》"古百粤之地，于天文属翼轸之度，鹑尾之次"条注云：

> 此据《图经》，属楚分翼轸。然《汉志》以为粤地，牵牛、婺女之分野，今之苍梧、郁林、皆粤分也。今之象州，既为秦桂林、汉郁林之地，当属牵牛、婺女之分野。《晋志》："南斗，吴、越之分野"，则不当以为翼轸之分。盖翼轸乃属荆州，而牵牛乃属扬州。《唐志》："自沅湘上流达黔安，皆全楚之分。自富、昭、象、龚、绣、容、白、廉州以西，亦鹑尾之墟。"此二者俱不同，当考。②

据此，面对前史之于象州天文分野的不同记载，王象之虽然正文依《图经》以为属翼轸之度、鹑尾之次，但并未完全摒弃他说，而是以注文列出诸说异同，显现出极为谨慎的态度。这样的辨析文字在《舆

①《舆地纪胜》卷四七《淮南西路·蕲州》，第 1897 页；卷八〇《荆湖北路·信阳军》，第 2599 页；卷八三《京西南路·随州》，第 2695 页；卷八九《广南东路·广州》，第 2820 页；卷九〇《广南东路·韶州》，第 2879；卷九五《广南东路·英德府》，第 2989—2990 页；卷一一六《广南西路·化州》，第 3411 页；卷一二三《广南西路·贺州》，第 3531 页。

②《舆地纪胜》卷一〇五《广南西路·象州》，第 3215 页。

地纪胜》中并不少见。①

不过吊诡的是，王象之一方面对天文分野悉心考辨，另一方面似乎又对此不无茫昧。如《舆地纪胜·荆湖北路·信阳军》"鹑尾之分"条注所见：

> 《新唐书·地理志》云安、黄、申、光、蕲为鹑尾之分，晏公《类要》引《汉志》云南阳郡得楚地，翼轸之分野，不同。②

案鹑尾为星次，翼轸为星宿，二者在天文分野中正相对应，王象之谓二者不同，颇为莫名。又如对九州分野与天文分野之关联，王象之时而认为二者存在对应关系——前引《象州》"古百粤之地，于天文属翼轸之度，鹑尾之次"条注称"盖翼轸乃属荆州，而牵牛乃属扬州"已明于此，此外《韶州》"星土分野与广州同"条注，据"韶地边楚，亦交涉荆、扬二州之境"，分析韶州天文分野，《金州》"天官东井、舆鬼之分野，又兼得翼轸之分野"条注，云"得秦之分，属梁州，则为东井；兼楚之分野，属荆州，则为翼轸之分野"，亦清晰显示这一点；③时而又无视九州分野与天文分野关联，对二者"乱点鸳鸯谱"，譬如江南东路之南康军，九州分野兼属荆、扬，天文分野仅为"吴地，斗分野"；江南西路之隆兴府，九州属扬，天文属翼轸；江州，九州兼属荆、扬，天文属斗牛；兴国军，九州属荆，天文"分野界于吴头楚尾之间"；淮

---

① 仅岭南地区，王象之就曾对梧州、浔州、桂州、化州、郁林州、贺州等地天文分野予以辨析。参《舆地纪胜》卷一〇八《广南西路·梧州》，第3283页；卷一一〇《广南西路·浔州》，第3315页；卷一一一《广南西路·贵州》，第3333页；卷一一六《广南西路·化州》，第3411—3412页；卷一二一《广南西路·郁林州》，第3497页；卷一二三《广南西路·贺州》，第3531—3532页等。

② 《舆地纪胜》卷八〇《荆湖北路·信阳军》，第2599页。

③ 《舆地纪胜》卷九〇《广南东路·韶州》，第2879页；卷一八九《利州路·金州》，第4871页。

南东路之盱眙军,九州属扬,天文"为鹑尾、星纪之次";淮南西路之蕲州,九州属扬,天文属翼轸;荆湖南路之道州,九州属荆,天文"楚越之分";京西南路之房州,九州属梁,天文属翼轸;广南西路之昭州、梧州,九州属荆,天文属牵牛、婺女,等等,九州分野与天文分野均有错位或未完全贴合。① 最不可思议的是,王象之一方面认为邕州、化州、钦州、琼州等在九州外,另一方面又固执地依据《汉书·地理志》或韩愈《送窦平从事序》等称诸州天文分野其次星纪,其宿牛女,九州分野与天文分野完全脱钩,尤可见其无识。②

8.《历代郡县地理沿革表》

《历代郡县地理沿革表》,又称《春秋历代郡县地理沿革表》,为南宋人张洽编纂的一部用以注解《春秋》的地理文献,理宗端平二年(1235)撰成进上。全书凡二十七卷,以宋代府州军监为纲,着重记述历史沿革。原书久已散佚,南宋人宋惠父编《记纂渊海后集》多有征引,明人陈文燧重新编次、刊刻的《记纂渊海·郡县部》亦有节录,今人曹珍于后者中辑录佚文七百一十七则,颇便使用,然亦存瑕疵。③

---

① 《舆地纪胜》卷二五《江南东路·南康军》,第 1087 页;卷二六《江南西路·隆兴府》,第 1133 页;卷三〇《江南西路·江州》,第 1293 页;卷三三《江南西路·兴国军》,第 1445 页;卷四四《淮南东路·盱眙军》,第 1783 页;卷四七《淮南西路·蕲州》,第 1897 页;卷五八《荆湖南路·道州》,第 2089 页;卷八六《京西南路·房州》,第 2771 页;卷一〇七《广南西路·昭州》,第 3259 页;卷一〇八《广南西路·梧州》,第 3283 页。

② 《舆地纪胜》卷一〇六《广南西路·邕州》,第 3237 页;卷一一六《广南西路·化州》,第 3411—3412 页;卷一一九《广南西路·钦州》,第 3467 页;卷一二四《广南西路·琼州》,第 3553—3554 页。

③ 参李裕民《〈舆地纪胜续编〉研究》,《陕西师范大学学报(哲学社会科学版)》2002年第 4 期;金菊园《万历刻本〈记纂渊海·郡县部〉初探》,《历史地理》第 30 辑,2014 年,第 380—387 页;曹珍《潘自牧及其〈记纂渊海〉研究》,西北大学博士学位论文,2019 年,第 216—319 页;石悦《张洽〈春秋历代郡县地理沿革表〉考述》,《朱子学研究》第 37 辑,南昌:江西教育出版社,2021 年,第 120—131 页。

从佚文看,辑本《沿革表》兼记九州分野与天文分野,大抵天文分野在前,九州分野在后。其记述形式又可分为两类,第一类较为规整,格式为"天文某宿分野,《禹贡》某州之域";第二类九州分野亦作"《禹贡》某州之域",但天文分野相对随意,格式包括"某宿分野""某星次之次"或"星土同某州"等,部分还带有"于辰在某地支"的字样。①两种类型中,前者用于南宋疆土以外北方地区的分野叙述,后者则施于南宋疆域内的分野叙述,这种差异,似乎暗示二者各有渊源。

关于第一类,《沿革表》之前,唐宋时期现存以单州列举形式涉及北方地区分野的文献中,迄未见到全面记载九州分野与天文分野者,《十道志》《元和郡县图志》《舆地广记》《类要》地理部分均侧重九州分野,《太平寰宇记》虽或记述天文分野,但仅四十余州涉及,且"星分某宿某度"或"星分某宿"的叙述形式也与《沿革表》不同。考《沿革表》所述九州分野,与《太平寰宇记》等也颇有出入。如密州,《沿革表》属青州,《寰宇记》《类要》分属青、徐;济南府(齐州),《沿革表》属青州,《寰宇记》《类要》属兖州;沂州,《沿革表》属青州,《寰宇记》《类要》属徐州;袭庆府(兖州),《沿革表》分属徐、兖,《寰宇记》《类要》属兖州;东平府(郓州),《沿革表》分属青、兖,《寰宇记》《类要》属兖州;济州,《沿革表》分属徐、兖,《寰宇记》《类要》属兖州;郑州,《沿革表》分属兖、豫,《寰宇记》《类要》属豫州;沧州,《沿革表》属冀州,《寰宇记》《类要》分属冀、兖;棣州,《沿革表》属青州,《寰宇记》《类要》属兖州;忻州,《沿革表》属冀州,《寰宇记》《类要》属并州;商州,《沿革表》属雍州,《寰宇记》《类要》属梁州;凤州,《沿革表》分属梁、雍,《寰宇记》《类要》属梁州,等等。此外还有不少《寰宇记》《类要》未记九州分野的府州,《沿革表》明示九州归属。凡此

---

① 如安吉州、常州、宁国军于辰在丑,宝庆府、桂阳军于辰在巳等。

种种，均表明《沿革表》这部分内容应与《寰宇记》等关联不大。《沿革表》所记，若非张洽自载，则当依据了某部业已亡佚的分野论述。

　　《沿革表》格式相对随意的第二类，揆其文字，似乎与稍早成书的《舆地纪胜》渊源颇深。如表 2-4 所见，在一些非常规的分野论述中，《沿革表》均与《舆地纪胜》显现出密切的亲缘关系。甚至《舆地纪胜》叙述有误——如蕲州，《禹贡》扬州之域之九州分野与楚地翼轸分野之天文分野明显不对应，房州以《禹贡》梁州对应翼轸分野亦然，抑或《舆地纪胜》疏忽未记——如枣阳军，《沿革表》也完全照搬，二者存在关联不言而喻。值得注意的是，表中所记不少乃是王象之考订辨析的结果。譬如招信军之天文分野，《旧经》、①晏殊《类要》皆以为在牛女之间，王象之据军治在淮南，判定属鹑尾、星纪之次；信阳军之九州分野，《旧经》②以为属扬州，象之参据《东坡指掌图》和《元和郡县图志》改为分属荆、豫二州；道州所属列国，《图经》③认为但属楚地，象之以道州所属江华原为越地，确认道州实为楚越之分，等等。④ 概言之，上述分野归属乃《舆地纪胜》孤明独发，前所未见，以此而论，《沿革表》文字雷同，与其说是巧合，毋宁说是《沿革表》曾取法《舆地纪胜》的直接证据。

---

① 招信军（盱眙军）《旧经》，学者判定大约成书于南宋孝宗朝。参顾宏义《宋朝方志考》，上海：上海古籍出版社，2010 年，第 96 页；刘纬毅等辑《宋辽金元方志辑佚》，上海：上海古籍出版社，2011 年，第 295 页；桂始馨《宋代方志考证与研究》，上海：上海人民出版社，2021 年，第 249 页。

② 信阳军《旧经》，一般认为即信阳军教授邹德麟纂修，顾宏义判定成书于南宋前期。参张国淦《中国古方志考》，上海：上海古籍出版社，2019 年，第 402 页；顾宏义《宋朝方志考》，第 348 页；刘纬毅等辑《宋辽金元方志辑佚》，第 77 页；桂始馨《宋代方志考证与研究》，第 48 页。

③ 道州《图经》，仅知为宋志，修撰年代不详。参张国淦《中国古方志考》，第 464 页；顾宏义《宋朝方志考》，第 398 页；桂始馨《宋代方志考证与研究》，第 143 页。

④《舆地纪胜》卷四四《淮南东路·盱眙军》，第 1783 页；卷八〇《荆湖北路·信阳军》，第 2599 页；卷五八《荆湖南路·道州》，第 2089 页。

表 2-4 《历代郡县地理沿革表》《舆地纪胜》
分野论述对照(部分)

府州军监	《历代郡县地理沿革表》	《舆地纪胜》
安吉州	分野于震泽具区之间,于辰曰丑,次曰星纪,宿曰斗牛。《禹贡》扬州之域,又防风氏之国。	《禹贡》扬州之域,古防风氏之国。分野于震泽具区之间,于辰曰丑,次曰星纪,宿曰斗牛。
台州	南斗、须女之分,上应台星。《禹贡》扬州之域。	《禹贡》扬州之域。南斗、须女之分,上应台星。
宁国军（府）	吴地斗分野,星纪之次,于辰在丑。《禹贡》扬州之域。	《禹贡》扬州之域。吴地斗分野,星纪之次,于辰在丑。
吉州	星纪、鹑尾及斗牛女翼轸之次。《禹贡》扬州之域。	《禹贡》荆、扬二州之域。兼荆扬吴楚之分野,为星纪、鹑尾及斗牛女翼轸之次。
通州	星土分野历代地理并同泰州。	《禹贡》扬州之域。星土分野与泰州同。
高邮军	分野同扬州。《禹贡》扬州之域。	《禹贡》扬州之域。星土分野与扬州同。
招信军（盱眙军）	鹑尾、星纪之次,女牛之间。《禹贡》扬州之域。	《禹贡》扬州之域。于天文为鹑尾、星纪之次。
蕲州	楚地翼轸之分。《禹贡》扬州之域。	《禹贡》扬州之域。楚地,翼轸之分野。
和州	天文南斗魁下。《禹贡》扬州之域。	《禹贡》扬州之域。于天文直南斗魁下。
随州	韩地角亢氏分野。《禹贡》荆、豫之域。	韩地角亢氏分野。《禹贡》豫州之域,在南得荆州之地。
房州	楚地翼轸分野,鹑尾之次。《禹贡》梁州之域。	《禹贡》梁州之域。楚地翼轸之分野,鹑尾之次,于辰在巳。

续 表

府州军监	《历代郡县地理沿革表》	《舆地纪胜》
郢州	楚分野鹑尾之次。《禹贡》《职方》皆荆州之域。	《禹贡》《职方》皆荆州之域。鹑尾之次,于辰在巳,楚之分野。
枣阳军	未记。	未记。
宝庆府	楚分于辰在巳。《禹贡》荆州之域。	《禹贡》荆州之域。于辰在巳,楚之分野。
道州	楚越之分,翼轸之墟。《禹贡》荆州之域。	《禹贡》荆州之域,舜封象于有庳国,即其地也。楚越之分,翼轸之星。
全州	楚地翼轸之分野。《禹贡》荆州之西境。	《禹贡》荆州之西境。楚地翼轸之分野。
桂阳军	楚分野,于辰在巳。《禹贡》荆州之域。	《禹贡》荆州之域。于辰在巳,楚之分野。
荆门军	星土分野历代地理并同江陵府。	星土分野五代已前并同江陵府。
信阳军	鹑尾之分。《禹贡》荆、豫之域。	《禹贡》荆州、豫州之域。鹑尾之分。
韶州	星土同广州。	《禹贡》扬州之域。星土分野与广州同。
肇庆府	星土同广州。	分野星土与广州同。
新州	星土同广州。	星土分野与广州同。
融州	牛女之分,或曰翼轸。	《汉志》以为牛女之分野,《唐志》以为翼轸之分野。
郁林州	牛女分野,一云翼轸。	《前汉》为牛女分野,至《唐志》乃以南越分属翼轸。

续　表

府州军监	《历代郡县地理沿革表》	《舆地纪胜》
贺州	星纪、鹑尾之次。	《禹贡》荆州之域。于天文分野，当星纪、鹑尾之次。
昌化军	星土同琼州。	星土分野与珠崖同。
万安军	星土同琼州。	星土分野并同琼州，土地与珠崖同。
吉阳军	星土同琼州。	星土分野并同琼州。

当然，《沿革表》分野论述亦有与《舆地纪胜》不合之处，如吉州，《沿革表》以为属扬州，《纪胜》分属荆、扬；兴国军，《沿革表》属扬州，《纪胜》属荆州；襄阳府，《沿革表》属豫州，《纪胜》分属荆、豫；均州，《沿革表》属豫州，《纪胜》分属豫、雍。不过总体而论，《沿革表》与《舆地纪胜》的重合要远远超过差异，二者间关联断难抹杀。①

9.《皇朝方域志》

《皇朝方域志》为南宋布衣王希先编纂的一部地理总志，理宗嘉熙二年（1238）撰成进上。其书久已散佚，佚文亦难稽考，据陈振孙《直斋书录解题》：

> 凡前代谓之《谱》，十六《谱》为八十卷；本朝谓之《志》，为一百二十卷。《谱》叙当时事实，而注以今之郡县；《志》述今日

① 考《舆地纪胜》成书早《沿革表》不过数年，张洽能否参考《舆地纪胜》不无疑问，不排除辑本《沿革表》相关文字系人添改。关于万历本《记纂渊海》或有明人添改，石悦曾有提及，参石悦《张洽〈春秋历代郡县地理沿革表〉考述》，《朱子学研究》第37辑，2021年，第122—124页。

　　疆理,而系于古之州国。古今参考,《谱》《志》互见,地理学之详
　　明者,无以过此矣。①

其书分谱、志二体,凡二百卷,内容以叙述历代建置沿革为主。从
"述今日疆理,而系于古之州国"可知,其中极有可能亦包括九州分
野相关文字。

10.《方舆胜览》

　　《方舆胜览》为南宋人祝穆编纂的一部地理总志,成书于理宗嘉
熙三年(1239),后穆子洙复有增订,度宗咸淳三年(1267)整理成今
本。全书凡七十卷,同以南宋辖境为描述对象,按照十七路分列府
州,记述建置沿革、风俗形胜、土产山川、名胜古迹、官吏人物、题咏
诗文等。和稍早问世的《舆地纪胜》一样,《方舆胜览》也对人文地理
信息尤为偏好,大量引录诗文记序,由此形成与《元和郡县图志》《太
平寰宇记》等有别的地志撰录风格(或称之为"胜览型"),深刻影响
了后世地志书写。另一方面,《方舆胜览》文字多同于《舆地纪胜》,
或不无抄袭《纪胜》的嫌疑。②

　　《方舆胜览》亦以单州列举的方式叙述九州分野,后附天文分
野,形式一同《舆地纪胜》;从内容看,二者也几乎等同,这些均佐证
二者关系密切。值得注意的是,如表2-5所见,《舆地纪胜》中那些
经王象之考订辨析而形成的分野论断,《方舆胜览》大体一致,③《舆

① 陈振孙《直斋书录解题》卷八,上海:上海古籍出版社,1987年,第241页。

② 参祝穆撰,祝洙增订,施和金点校《方舆胜览》,前言,北京:中华书局,2003年,第
　　1—10页;谭其骧《论〈方舆胜览〉的流传与评价问题》,《长水集续编》,第321—344
　　页;李勇先《〈舆地纪胜〉研究》,第95—131页。

③ 据表2-5所见,仅随州二书记载不同,《舆地纪胜》分属荆、豫,《方舆胜览》归于豫
　　州。考《舆地纪胜·京西南路·随州》叙述随州九州分野,作"《禹贡》豫州之域,在
　　南得荆州之地",颇疑《方舆胜览》抄录《舆地纪胜》时,遗漏后句,遂使随州九州分
　　野仅属豫州。

地纪胜》未载之处，《方舆胜览》亦告阙如，甚至连具体表述也多一致，①此尤可证明《方舆胜览》确多因袭《舆地纪胜》。

表 2－5　《舆地纪胜》《方舆胜览》九州分野对照（部分）

府州军监	《舆地纪胜》	《方舆胜览》
广德军	扬州	扬州
兴国军	荆州	荆州
临江军	扬州	扬州
建昌军	扬州	扬州
真州	扬州	扬州
高邮军	扬州	扬州
桂阳军	荆州	荆州
荆门军	荆州	荆州
汉阳军	荆州	荆州
均州	豫、雍二州	豫、雍二州
南雄州	扬州	扬州
肇庆府	扬州	扬州
新州	扬州	扬州
梅州	扬州	扬州
梧州	荆州	荆州
建宁府	扬州	扬州

---

① 李勇先已指出一些，参李勇先《〈舆地纪胜〉研究》，第 115、121—122 页。

续 表

府州军监	《舆地纪胜》	《方舆胜览》
泉州	扬州	扬州
兴化军	扬州	扬州
怀安军	梁州	梁州
南平军	梁州	梁州
大宁监	荆州	荆州
南康军	荆、扬二州	荆、扬二州
吉州	荆、扬二州	荆、扬二州
蕲州	扬州	扬州
信阳军	荆、豫二州	荆、豫二州
随州	荆、豫二州	豫州
广州	扬州	扬州
韶州	扬州	扬州
英州	扬州	扬州
化州	九州外	九州外
贺州	荆州	荆州
枣阳军	阙载	阙载
威州	阙载	阙载
万州	阙载	阙载

11.《山堂考索·地理门》

《山堂考索》，或称《山堂先生群书考索》，为南宋人章如愚编纂的一部类书,大约成书于宁宗、理宗时期。① 全书原以十干分十集,今传元明刊本分前集、后集、续集、别集四集,凡二百一十二卷,分经、史、子、礼等三十余门类聚迄至宋代的相关材料,尤详于宋代时政。《地理门》见于前集,包括卷五八后半至卷六六,凡八卷半,内容驳杂,不仅以"州郡"罗列历代地理信息,还涉及风俗、夷狄、要害、户口、版籍、舆地、田制、水利等。

《山堂考索》于《地理门》"州郡"下论及九州分野,仿《舆地广记》,以古九州为纲,列宋代府州军监于其下,并标注前代州郡。不过,《山堂考索》所列极简,内容与《舆地广记》亦有区别,如于"古扬州"后复分"古扬之南境""古扬之北境",与古扬州并列,即前所未见。《山堂考索》亦抄录天文分野,见于《天文门》"分野"及《地理门》"州郡",然未见与古九州建立关联。

12.《玉海·地理门》

《玉海》为南宋人王应麟编纂的一部类书,成书于度宗咸淳七年(1271)。② 全书凡二百卷,分天文、律历、地理、帝系、圣文、艺文等二十一门,每门复分子目,计二百五十余目。《地理门》计十二卷,设子目十六:地理图、地理书、异域图书、郡国、州镇、山川、户口、县、河渠、陂塘堰湖、堤埭、泉井、道涂、关塞、标界、议边,罗列古今各类地理相关内容。

《玉海》叙述九州分野见于《地理门·郡国下》"唐十五道"条,系将贞观十道与《禹贡》九州相比附。校其文字,一同《唐六典》及《新唐书·地理志》,当系抄录二书而成。

---

① 关于《山堂考索》成书时间,参李裕民《四库提要订误(增订本)》,北京:中华书局,2005年,第296页。

② 关于《玉海》成书时间,参韩兴波《〈玉海〉成书考略》,《荆楚学刊》2015年第2期。

13.《文献通考·舆地考》

《文献通考》为元人马端临接续杜佑《通典》而编纂的一部典章制度通史,成书于元成宗大德十一年(1307)。①《文献通考》成书虽已进入元朝,但马端临于南宋后期即已着手撰述,其书体现的是宋人意识,故一并列于此。全书卷帙浩繁,计三百四十八卷,分田赋、钱币、户口、职役、征榷、市籴等二十四门,门下复分若干子目,详细梳理上古至南宋宁宗朝的典章制度变迁,尤以宋代为详。《舆地考》凡九卷,仿照《通典》,以古九州加上古南越为纲,叙述宋代府州设置及沿革,所述九州分野,亦与《通典》同。

14.《宋史·地理志》

《宋史·地理志》为元人脱脱等修《宋史》之一篇,元顺帝至正五年(1345)撰成进上。因《宋史》多以宋修国史为据,故附于此一并论列。② 全篇分六卷,以北宋徽宗宣和四年(1122)二十六路为纲,府州军监为目,叙述两宋三百余年疆域和政区变化,兼及户口、贡赋及属县设置。

与《新唐书·地理志》一样,《宋史·地理志》也以广域现实政区为单位比附《禹贡》九州。只不过,与《新唐志》以十道为纲叙述九州分野不同,《宋志》以路——尽管不都是逐路而是或合两、三路为一地——加以叙述,这在唐宋地理文献中颇为罕见(表2-6)。又《新唐志》在位于各道之首的"十道总序"中叙述九州分野,《宋志》则于路后总括各路土产、风俗的文字部分中加以叙述,形式更接近《隋书·地理志》。

---

① 关于《文献通考》成书时间,参王树民《史部要籍解题》,北京:中华书局,2003年,第233页。

② 赵翼撰,王树民校证《廿二史札记校证(订补本)》卷二三《宋辽金史》"宋史多国史原本"条,北京:中华书局,1984年,第498—500页;陈高华、陈智超等《中国古代史史料学(第三版)》,北京:中华书局,2016年,第259页。

表2-6 《宋史·地理志》分野叙述

路	九 州 分 野	天 文 分 野
开封府、京东路	得兖、豫、青、徐之域。	虚、危、房、心、奎、娄之分。
京西南、北路	盖《禹贡》冀、豫、荆、兖、梁五州之域,而豫州之壤为多。	井、柳、星、张、角、亢、氐之分。
河北路	盖《禹贡》兖、冀、青三州之域,而冀、兖为多。	毕、昴、室、东壁、尾、箕之分。
河东路	盖《禹贡》冀、雍二州之域,而冀州为多。	觜、参之分。
陕西路	盖《禹贡》雍、梁、冀、豫四州之域,而雍州全得焉。	东井、舆鬼之分。
两浙路	盖《禹贡》扬州之域。	南斗、须女之分。
淮南东、西路	盖《禹贡》荆、徐、扬、豫四州之域,而扬州为多。	南斗、须女之分。
江南东、西路	盖《禹贡》扬州之域。	牵牛、须女之分。
荆湖南、北路	盖《禹贡》荆州之域。	张、翼、轸之分。
福建路	盖古闽越之地。	
川峡四路	盖《禹贡》梁、雍、荆三州之地,而梁州为多。	与秦同分。
广南东、西路	盖《禹贡》荆、扬二州之域。	牵牛、婺女之分。

　　九州分野外,《宋志》亦记有天文分野,紧接于九州分野之后,多作"当某宿之分"。学者已证实,在宋修国史中,存在以路为单位的天文分野叙述,如乾道《临安志》卷二"星度分野"、淳熙《严州图经》卷一"分野"均提及《国史·地理志》,两浙路当天文南斗、

须女之分",①与《宋志》正相吻合。据此可见,《宋志》天文分野本自宋修国史,殆无疑问。不过,宋修国史及《宋志》所载并非当时关于诸路天文分野的唯一言说。北宋税安礼编《历代地理指掌图》所收《二十八舍辰次分野之图》(图 2－1)及《群书考索·前集·地理门》所记《二十八舍辰次分野图说》(图 2－2),其中亦将诸路与十二次及二十八宿对应,考其文字,与《宋志》不无出入。由此可见,《宋志》对诸路天文分野的叙述,虽然有国史加持,但并未形成定说。

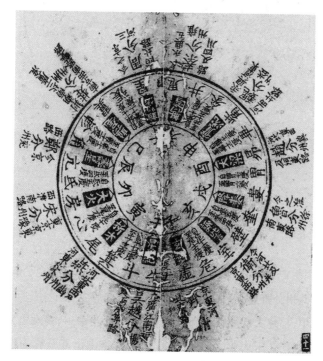

图 2－1　二十八舍辰次分野之图

《宋本历代地理指掌图》,上海：上海古籍出版社,1989 年,第82—83 页。

---

① 邱靖嘉《天地之间：天文分野的历史学研究》,第 266 页。

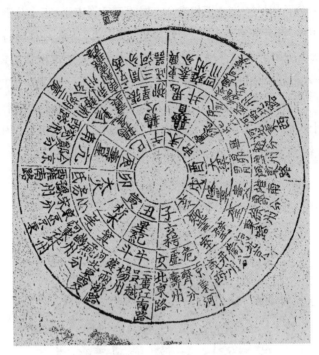

图 2 - 2　二十八舍辰次分野图说

《群书考索前集》卷五九《地理门·州郡类》，明正德十三年
(1518)建阳刘氏慎独书斋刊本，叶 2 右。①

　　《宋志》另一独特之处是对福建分野的处理。如表 2 - 6 所见，
无论是九州分野还是天文分野，福建均被排除在分野之外。而在其
他文献中，福建大抵被归入《禹贡》扬州之域，当牵牛、婺女之分。一
般认为，福建在宋代业已跻身先进之列，南宋洪迈甚至称福建与浙
江东、西路及江南东、西路比肩，"冠带《诗》《书》，翕然大肆，人才之

───────────

① 又可见《山堂考索》卷五九《地理门·州郡类》，北京：中华书局，1992 年，第 393 页
　下栏。

盛,遂甲于天下"。① 文明开化的福建何以不被列入分野,此点实难理解。《宋志》如此,不排除或为史家疏漏所致。

三、结　语

以上我们梳理了当下可以确认的记录全国九州分野的唐宋地理文献,考虑到唐宋文献的保存状况,不难想见,彼时应有更多全国性的地理文献载有九州分野。另一方面,在以某一地区为描述范围的唐宋地理文献中,九州分野也构成常见内容。譬如唐末陆广微撰《吴地记》,开篇即称:"按《史记》及《吴越春秋》,自禹治水已后,分定九州。《禹贡》扬州之域。"② 又唐代图经,除明确冠名的《漳州图经》宣称漳州"在《禹贡》为扬州之南境"外,《太平御览》引若干未冠名的地方图经,也都标识了本地九州归属。③ 至于宋代地志,《舆地纪胜》曾提到若干宋代地方图经载有九州分野,如《舆地纪胜·广南东路·英德府》"《禹贡》扬州之域"条小注:

> 《旧经》以为扬州之域,《新经》以为荆州之域,二者不同。④

① 洪迈《容斋四笔》卷五《饶州风俗》,《容斋随笔》,上海:上海古籍出版社,1978年,第665页。关于宋代福建的发展历程,参林拓《文化的地理过程分析:福建文化的地域性考察》,上海:上海书店出版社,2004年,第47—84页。
② 陆广微撰,曹林娣校注《吴地记》,南京:江苏古籍出版社,1999年,第1页。关于《吴地记》成书时间,参牟发松《〈吴地记〉考》,《文史》2008年第1辑,第16—17页。
③ 参华林甫主编《清儒地理考据研究》第4册《隋唐五代卷》,华林甫撰,济南:齐鲁书社,2015年,第272、314、317、319、321、324、329—333页。案这些未冠名的《图经》叙述颇为一致,格式大抵为"某州某郡,《禹贡》某州之域",内容亦与《太平寰宇记》等颇为接近,故不排除这些文字或同出一书,存疑俟考。
④《舆地纪胜》卷九五《广南东路·英德府》,第2989页。

其中《旧经》《新经》指英州旧、新两种图经。所谓《新经》，学者判断应即南宋时成书的英州（英德府）《新图经》；至于《旧经》，是指北宋时成书的《旧图经》，还是纂于南宋的某部《图经》，尚难断言。① 无论如何，二书均成书于宋代，这一点毋庸置疑。如引文所见，两部图经都曾叙及英州九州归属，且认识不同。

英州旧、新两部图经均已亡佚，传世宋代地方志中，亦可见记有本地九州分野的文字。譬如南宋光宗绍熙四年（1193）杨潜修《云间志》，以华亭"在《禹贡》为扬州之域"；北宋神宗熙宁九年（1076）宋敏求修《长安志》，称长安为"《尚书·禹贡》雍州之域"，等等。② 事实上，统计今存二十九种宋代地方志，如表2-7所见，其中未记九州分野者仅八种，且其中两种残缺不全，不能确认是否未记（淳祐《临安志》《寿昌乘》），三部为接续前志的续志，为避免重复或不记载（咸淳《玉峰续志》、开庆《四明续志》、宝庆《会稽续志》）。以此而言，毋宁认为宋代地方志中，九州分野俨然已是一种结构性存在。③

表2-7 宋代地方志所见九州分野

地 志	修撰时间	是否记载九州分野	地 志	修撰时间	是否记载九州分野
云间志	光宗绍熙四年（1193）	是	长安志	神宗熙宁九年（1076）	是

① 张国淦《中国古方志考》，第542—543页；顾宏义《宋朝方志考》，第421—422页；刘纬毅等辑《宋辽金元方志辑佚》，第815—817页；桂始馨《宋代方志考证与研究》，第383—384页。
②《云间志》卷上《封域》，《宋元方志丛刊》第1册，北京：中华书局，1990年，第6页下栏；《长安志》卷一《总叙》，《宋元方志丛刊》第1册，第75页上栏。
③ 甚至当时一些非地理文献，也对九州分野津津乐道，北宋人钱惟演《金坡遗事》详载各地九州分野，即清晰显示出这一点。《宋会要辑稿·方域五·节镇升降》，上海：上海古籍出版社，2014年，第9347—9355页。

续 表

地 志	修撰时间	是否记载九州分野	地 志	修撰时间	是否记载九州分野
雍录	孝宗年间	是	淳熙严州图经	孝宗淳熙十二年(1185)	是
吴郡图经续记	神宗元丰七年(1084)	是	景定严州续志	理宗景定三年(1262)	是
吴郡志	光宗绍熙三年(1192)	是	澉水志	理宗绍定三年(1230)	是
淳祐玉峰志	理宗淳祐十一年(1251)	是	嘉泰吴兴志	宁宗嘉泰元年(1201)	是
咸淳玉峰续志	度宗咸淳八年(1272)	否	乾道四明图经	孝宗乾道五年(1169)	是
琴川志	宁宗庆元二年(1196)	否	宝庆四明志	理宗宝庆三年(1227)	是
景定建康志	理宗景定二年(1261)	是	开庆四明续志	理宗开庆元年(1259)	否
嘉定镇江志	宁宗嘉定六年(1213)	是	嘉泰会稽志	宁宗嘉泰元年(1201)	是
咸淳毗陵志	度宗咸淳四年(1268)	是	宝庆会稽续志	理宗宝庆元年(1225)	否
乾道临安志	孝宗乾道五年(1169)	是	剡录	宁宗嘉定七年(1214)	否
淳祐临安志	理宗淳祐十二年(1252)	否	嘉定赤城志	宁宗嘉定十六年(1223)	是
咸淳临安志	度宗咸淳四年(1268)	是	新安志	孝宗淳熙二年(1175)	是

续　表

地　志	修撰时间	是否记载九州分野	地　志	修撰时间	是否记载九州分野
淳熙三山志	孝宗淳熙九年（1182）	否	仙溪志	理宗宝祐五年（1257）	否
			寿昌乘	理宗宝祐年间	否

伴随将某地比附《禹贡》九州言说的增多，九州分野在唐宋时期还衍生出若干言说形式。即以以王朝全境为叙述范围的唐宋地理文献为例，大致存在两种形式：单州列举与广域比附。所谓单州列举，即以作为次级行政区的州或与州同级的郡、府、军、监为单位，叙述其地与《禹贡》九州的关联。这一形式现存文献中最早可追溯至《十道志》，此后《元和郡县图志》、《诸道山河地名要略》、《方舆记》、《太平寰宇记》、《类要》地理部分、《皇朝郡县志》、《舆地纪胜》、《历代郡县地理沿革表》、《方舆胜览》等均踵承此法，界定唐宋不同时期各府州军监之九州归属。至于广域比附，即是以州之上的高层行政区划为单位比附《禹贡》九州。其下又可分为两种类型：其一，以现实广域政区为纲，譬如《晋书·地理志》立足西晋十九州叙述九州分野，《初学记·州郡部》《唐六典》"十道贡赋"，以及抄录《唐六典》的《新唐书·地理志》《通志·地里略》《玉海·地理门》基于贞观十道与九州建立关联，《宋史·地理志》以宋代诸路比附《禹贡》九州，这里晋之州、唐之道、宋之路，尽管广狭不同，性质亦存差异，但均为实际行用的广域政区。其二，以《禹贡》古九州为纲，即放弃现实广域政区，直接以《禹贡》九州提领州郡，或置于篇首，其后附列所属州郡，或次于文末，概括统合前举州郡。这种形式始于《隋书·地理志》，至《通典》进一步发扬光大，借鉴或抄录《通典》的《舆地广记》

《通志·地里略》《山堂考索·地理门》《文献通考·舆地考》亦层层因袭，由此形成虽非盛行、但也不绝如缕的一类九州分野言说形式。① 无待赘言，唐宋时期上述各类九州分野言说形式并存，是以存在大量九州分野言说为前提的，其基础则是时人对九州分野的重视。②

　　唐宋时人重视九州分野，这一点从与天文分野的比较中也可窥出。尽管《隋书·地理志》已经确立了一整套九州分野与天文分野的对应关系，但唐宋地理文献对将现实地理对应星宿、星次，似乎并不热衷。如前举所见，唐宋叙述全境九州分野的文献，相当一部分仅记载九州分野，另有部分或零星涉及天文分野，完全兼记九州、天文分野者仅《初学记》《通典·州郡门》《新唐书·地理志》《舆地纪胜》《历代郡县地理沿革表》《方舆胜览》《山堂考索·地理门》及《宋史·地理志》等，不足所举一半。又唐代图经，据佚文所见，也罕见天文分野。至于宋代地方志，今存二十九部中仅《长安志》、《吴郡志》、景定《建康志》、嘉定《镇江志》、咸淳《毗陵志》、乾道《临安志》、

① 两种九州分野言说形式，大抵单州列举更为精确，广域比附相对粗疏；后者中，以现实广域政区比附九州又粗疏更甚。这一点不难理解。以现实广域政区为单位，亦即将广域政区视为一个整体，由此不仅无法顾及广域政区疆域可能的变化，广域政区内各次级行政区之间以及次级行政区内部的差异，往往也无法兼顾。一个典型例子是唐宋时期常辖属岭南的连州。连州位于南岭南麓、湘粤两省交界之地，唐开元二年（714）至天宝元年（742）、乾元元年（758）至上元二年（761），一度辖属岭南道，宋代基本隶于广南东路。连州九州分野在单州列举场合大抵属荆州，然而在以现实广域政区比附《禹贡》九州时，连州常与岭南其他州郡捆绑在一起，以岭南道或广南东路的名义归于扬州。这种无视次级行政区与广域行政区分野可能差异的情形在广域比附时并不罕见，至于次级行政区可能分属二州，广域比附更是无暇顾及。职此之故，广域比附常常较为粗疏。

② 吴修安将唐代九州分野言说分为三类：其一，以《禹贡》九州为纲；其二，以广域政区州或道为纲；其三，以州郡为纲，与本书划分大同小异。参见吴修安《先秦"九州"说及其对后世的影响——从两汉刺史部到唐代地理文献编纂》，《台湾师大历史学报》第55期，2016年，第33—37页。

咸淳《临安志》、淳熙《严州图经》、嘉泰《吴兴志》、乾道《四明图经》、宝庆《四明志》、嘉泰《会稽志》、宝庆《会稽续志》、《新安志》、淳熙《三山志》、《仙溪志》十六部叙及天文分野，占比不及揭举九州分野者。固然，唐宋也不排除仅云天文分野而不举九州分野的地理文献，但总体而论，彼时地理文献中九州分野出现的频率更高，地位也更突出。凡此种种，均表明九州分野在唐宋时期的地理叙述中乃是更被青睐的一种分野言说。

俗语有云，关心则乱。如果借用此语而稍变其意，则对唐宋时期九州分野的处境可以理解为，时人对九州分野越是重视，越可能导致某地九州归属在认识上出现混乱。前举唐宋地理文献，已显示围绕一些地方的九州分野，不同文献存在分歧。不过，这些分歧大抵集中于州郡层面，若从广域政区而言，事实上只有一地存在异议，此即岭南。围绕岭南在《禹贡》九州中的位置，时人各执己见，聚讼纷纭，甚至不乏针锋相对，由此形成了唐宋九州分野言说中极为醒目的一个现象。

第三章 古为何州：唐宋地理文献
所见岭南归属分歧

　　如前章所见,唐宋已知言及九州分野的地理文献,合地理总志及地方志计,总数不下数十种。由于体例限制及历代散佚,其中完整或相对完整言及岭南九州分野的地理文献略有减少,不过仍有近二十种之多,按成书顺序,分别为《晋书・地理志》、《隋书・地理志》、《十道志》、《初学记・州郡部》、《唐六典》"户部郎中、员外郎"条之十道贡赋、《通典・州郡门》、《元和郡县图志》、《太平寰宇记》、《新唐书・地理志》、《舆地广记》、《通志・地里略》、《皇朝郡县志》、《舆地纪胜》、《历代郡县地理沿革表》、《方舆胜览》、《山堂考索・地理门》、《玉海・地理门》、《文献通考・舆地考》、《宋史・地理志》。这些文献,或幸运以全本存世,或历经散亡、仅余佚文,其叙述形式,或为广域比附,或为单州列举,均从不同角度展现了时人对岭南九州所属的认识。

一、唐代地理文献所见
岭南九州分野

唐代现存最早言及岭南九州分野的地理文献为《晋书·地理志》，如前所述，这是一部反映西晋太康前期政区建置的地理文献。在《晋书·地理志》中，史家以西晋十九州为纲，将晋世之州与《禹贡》九州进行关联，由此确立西晋全境在《禹贡》九州中的位置。岭南在西晋十九州中约当交、广二州，其中"交州，案《禹贡》扬州之域，是为南越之土"；"广州，案《禹贡》扬州之域，秦末赵他所据之地"，二州均被视为《禹贡》扬州之域。① 由此而见，《晋志》是以广域比附、且是以现实广域政区为纲的比附方式，确认岭南九州分野属扬州。

晚《晋志》八年后成书的《隋书·地理志》，同样采用广域比附的方式叙述岭南九州分野。只不过，与《晋志》以晋世之州为纲不同，《隋志》以《禹贡》九州为纲，在胪列隋代若干郡后，以《禹贡》九州总括其地理、风俗。在《隋志》中，自江都至林邑等四十四郡被归于扬州，其范围包括北起淮河、南迄南海的广大地域，岭南亦在其中。② 这意味着，在《隋志》叙述中，岭南九州分野同样归属扬州。

《晋志》《隋志》仍立足前朝政区叙述岭南九州分野，至中宗、睿宗时期成书的《十道志》以降，唐代政区开始成为言说九州分野的地理基础。与《晋志》《隋志》不同，《十道志》系以单州列举的方式叙述岭南九州分野。兹将相关佚文整理如下表。

---

①《晋书》卷一五《地理志下》，北京：中华书局，1974 年，第 464、466 页。
②《隋书》卷三一《地理志下》，北京：中华书局，1973 年，第 873—888 页。

表 3-1 《十道志》所记岭南道诸州分野①

I	II	III	IV
韶州,始兴郡,《禹贡》扬州之域。春秋、战国皆楚地,秦属南海郡,二汉属桂阳郡。	潮州,潮阳郡,亦古闽越地。秦属南海郡,秦末属尉陀。	广州,南海郡,秦置南海郡,二汉因之,兼置交州。	封州,临封郡,土地所属自秦已上与康州同。
冈州,义宁郡,《禹贡》扬州之域,秦、汉并属南海郡。	新州,新兴郡,古越地。秦始皇略取陆梁地,置象郡,今州即其地也。	循州,海丰郡,春秋时为百越之地,战国属楚,秦、二汉南海郡地。	泷州,开阳郡,土地所属自汉已上与康州同。
窦州,怀德郡,《禹贡》扬州之分。古越地,汉苍梧郡之端溪县。	春州,南陵郡,古越地。秦属南海、象郡,汉合浦郡之高凉县地。	贺州,临贺郡,秦属南海郡,二汉属苍梧郡。	高州,高凉郡,秦以前土地与晋康郡同。
桂州,始安郡,《禹贡》荆州之域。春秋时越地,七国时为楚、越之交。	宾州,安城郡,古越地。秦桂林郡地,汉为郁林郡。	端州,高要郡,秦属南海郡,两汉并属苍梧郡。	义州,连城郡,土地所属秦已上与潘州同。
严州,修德郡,《禹贡》荆州之域。汉武平南越,即象郡地。	澄州,贺水郡,古越地。秦为桂林郡,汉为郁林郡之岭方县。	康州,晋康郡,秦属南海郡,二汉属苍梧郡。	柳州,龙城郡,秦、汉土地与象州同。
罗州,招义郡,《禹贡》扬州之地,是为南越。	邕州,朗宁郡,古越地。秦为桂林郡,汉郁林郡之岭方县地。	恩州,恩平郡,秦属南海郡,二汉为合浦郡。	融州,融水郡,历代土地与柳州同。

---

① 参夏婧《唐梁载言〈十道志〉辑校》,《国学研究》第 30 卷,北京:北京大学出版社,2012 年,第 368—376 页。

Ⅰ	Ⅱ	Ⅲ	Ⅳ
瀼州,临潭郡,《禹贡》荆州之分。春秋属楚,在郁林之西南、交趾之北。	贵州,怀泽郡,虞舜暨周并为荒裔。秦为桂林郡,自汉以下与郁林郡同。	藤州,感义郡,秦属南海郡,二汉并属苍梧郡。	田州,横山郡,土地与朗宁郡同。
环州,正平郡,《禹贡》荆州之分,州隶桂州。	横州,宁浦郡,古越地。秦象郡地,汉为合浦郡之高凉县地。	勤州,铜陵郡,秦属南海郡,二汉属合浦县。	钦州,宁越郡,历代土地与白州同。
	潘州,南潘郡,古瓯、骆越地。秦平百越,为桂林郡地。	昭州,平乐郡,秦桂林郡地,二汉属苍梧郡。	儋州,昌化郡,土地所属与朱崖同。
	辩州,陵水郡,古越地。秦象郡地,二汉属合浦郡。	富州,开江郡,秦桂林郡地,二汉属苍梧郡。	万安州,万安郡,与朱崖同。唐置万安州,星土分野并同琼州。
	白州,南昌郡,古越地。秦象郡地,汉为合浦郡。	梧州,苍梧郡,秦属桂林郡,二汉为苍梧。	
	牢州,定川郡,本巴蜀西南徼外夷。秦属象郡,汉属牂柯郡。	蒙州,蒙山郡,汉武平南越,置苍梧郡,今州即苍梧之荔浦县也。	
	禹州,温水郡,古百越地,婺女之分野。秦属象郡,本宕昌之边邑。	龚州,临江郡,秦属桂林郡,汉平南越,置苍梧郡,今州即郡之猛陵县地也。	

续　表

Ⅰ	Ⅱ	Ⅲ	Ⅳ
	笼州,扶南郡,古越地,在南越之西界。	浔州,浔江郡,秦属桂林郡,二汉以后并属郁林郡。	
		郁林州,郁林郡,秦为桂林郡,汉改为郁林郡。	
		平琴州,平琴郡,旧郁林郡地。	
		绣州,常林郡,秦属桂林郡,二汉属郁林郡。	
		象州,象郡,秦属桂林郡,二汉为郁林郡。	
		党州,宁仁郡,秦桂林郡地。	
		廉州,合浦郡,秦象郡,后汉改为珠官郡。	

案上述佚文虽未覆盖唐代岭南道全部州郡,但绝大多数均已包括在内,可以认为已能反映《十道志》书写岭南土地归属的基本形态。可以看到,《十道志》在叙述诸州历代建置沿革时大致采用了四种形式。其一,叙述建置沿革前记录九州分野,如韶州、冈州、窦州、罗州,《禹贡》扬州之域,桂州、环州、严州、瀼州,《禹贡》荆州之域。其二,建置沿革前不记九州分野,而称古越地、闽越地、百越地、瓯骆越

地甚至巴蜀西南徼外夷等。属古越地者如新州、春州、宾州、澄州、邕州、横州、辩州、白州、笼州，属闽越地者如潮州，属百越地者如循州、禹州，属瓯骆越地者如潘州，属巴蜀西南徼外夷者如牢州。其三，直接叙述建置沿革，或自秦汉，或起隋唐，个别上溯至春秋战国。此形式在《十道志》中使用最广，遍及广、贺、端、康等二十州。其四，以"土地与某州同"扼要说明，封、泷、高、义等十州均如此叙述。

《十道志》如何界定岭南九州分野？显然，《十道志》既称桂州、环州等属荆州，则不会像《晋书·地理志》《隋书·地理志》一样，将岭南尽皆归于扬州，亦即《十道志》至少是将岭南分属荆州、扬州。那么《十道志》是否即将岭南全部二分呢？直接叙述建置沿革以及以"土地与某州同"扼要说明的Ⅲ、Ⅳ两类或可不论，Ⅱ类中那些不言九州所属、但称"古越地"等的州，不禁令人疑惑这些州是否不在九州之列，贵州"虞舜暨周并为荒裔"的描述，似乎更加剧了这一印象。[①] 不过，《十道志》中亦不乏"某州，《禹贡》某州之地，古四夷地"这样的描述，如"窦州怀德郡，《禹贡》扬州之分，古越地"，"桂州始安郡，《禹贡》荆州之域，春秋时越地"，"罗州招义郡，《禹贡》扬州之地，是为南越"。准此例，那些但言"古越地"等的州大约也在九州之列，只不过因不明九州所属或疏忽遗漏而略去不言。若此说不误，则《十道志》叙述虽存暧昧，整体可能仍是统一的，即倾向于将岭南分属荆、扬二州。

玄宗开元年间相继成书的《初学记·州郡部》及《唐六典》"户部郎中、员外郎"条之十道贡赋，均采用了广域现实政区比附的方

[①] 一般认为《禹贡》语境中，"九州"指华夏地区，荒裔之地不在其内。参唐晓峰《从混沌到秩序——中国上古地理思想史述论》，北京：中华书局，2010年，第208—237页；葛兆光《何为"中国"？——疆域、民族、文化与历史》，香港：牛津大学出版社，2014年，第37—38页；葛兆光《历史中国的内与外——有关"中国"与"周边"概念的再澄清》，香港：香港中文大学出版社，2017年，第7页等。

式,直接将岭南道关联《禹贡》九州。前者曰"岭南道者,《禹贡》扬州之南境",后者云"岭南道,古扬州之南境",二者表述基本相同,均将岭南九州分野归于扬州。①

《初学记》《唐六典》将岭南属扬,可谓因袭陈说,杜佑撰《通典》,则对岭南九州分野提出独特见解。《通典·州郡二》记载:

> 自晋以后,历代史皆云,五岭之南至于海,并是《禹贡》扬州之地。按:《禹贡》物产贡赋,《职方》山薮川浸,皆不及五岭之外。又按:荆州南境至衡山之阳,若五岭之南在九州封域,则以邻接宜属荆州,岂有舍荆而属扬,斯不然矣,此则近史之误也。则岭南之地非九州之境。②

所谓"自晋以后历代史",据《通典》后文,即指《晋书》《隋书》,二书《地理志》在叙述晋、隋疆域之九州分野时均将岭南附会至扬州。③针对此,杜佑认为《禹贡》所论物产贡赋以及《周礼·职方》所举名山大川均未涉及岭南,故判断"岭南之地非九州之境",为此他还专门设置了"古南越"名目用来指称上古时代的岭南。值得一提的是,杜佑并不只对岭南如此"苛刻",对于"雍州西境,流沙之西",他也认为"并非九州封域之内"。④ 由此可见,对于《禹贡》九州所覆盖的疆域范围,杜佑是较为保守的。

唐代最后一部言及岭南九州分野的地理文献为《元和郡县图志》,和《十道志》一样,《元和志》也以单州列举的方式界定岭南诸州在《禹贡》九州中的位置。其形式,如表3-2所见,《十道志》叙述

---

① 《初学记》卷八《州郡部·岭南道》,北京:中华书局,1962年,第192页;《唐六典》卷三《尚书户部》"户部郎中、员外郎"条,北京:中华书局,1992年,第71页。
② 《通典》卷一七二《州郡二·序目下》,北京:中华书局,1988年,第4486页。
③ 《通典》卷一八四《州郡十四·古南越》,第4910页。
④ 《通典》卷一七二《州郡二·序目下》,第4487页。

岭南九州分野四种形式，除第四种外，其余三种均为《元和志》所继承。这里值得注意的是，在叙述九州分野的第一类形式中，《元和志》在列举属扬、属荆诸州外，又明确称"钦州，古越地，非九州之域"，基于此，毋宁认为在李吉甫的认识中，岭南确有部分地区在九州之外。这也就意味着，与《十道志》二分岭南不同，《元和志》则揭举岭南九州分野的另一种可能——三分：属扬、属荆及不属九州，这在现存唐宋地理文献中属首次。

表3-2 《元和郡县图志》所记岭南道诸州分野

Ⅰ	Ⅱ	Ⅲ
广州，《禹贡》扬州之域。春秋时百越之地，秦并天下置南海郡。下言南海郡地，即《禹贡》扬州之域。①	梧州，古越地也，秦南取百越，以为桂林郡。	潮州，今州，即汉南海郡之揭阳县也。
循州，本秦南海郡地。汉平南越，复置南海郡。	龚州，古越地也，汉平南越，置苍梧郡。	康州，汉武帝平南越置苍梧郡，今州即苍梧郡之端溪县也。
端州，本秦南海郡地。汉武帝置苍梧郡，则为苍梧郡之高要县也。	邕州，古越地也，秦并南越，为桂林县地。	贺州，汉苍梧郡地，今州即苍梧郡之临贺县也。
封州，秦为南海郡之地。汉平南越，置苍梧郡。	贵州，本西瓯骆越之地，秦并天下，置桂林郡。	昭州，本汉苍梧郡之富川县地也。

① 《元和郡县图志·岭南道一·广州》云"《禹贡》梁州之域"，小字注云"下言南海郡地，即《禹贡》之域也"；清人张驹贤《考证》认为"梁"宜作"扬"，"贡"下脱"扬州"，是。又《元和郡县图志》仅在"广州"条提及九州分野，不过据小字注，则凡属秦南海郡地者，皆可归入扬州。循州、端州、封州、韶州皆明确称秦南海郡地，故知也应属扬州。《元和郡县图志》卷三四《岭南道一·广州》，北京：中华书局，1983年，第885页。

续　表

Ⅰ	Ⅱ	Ⅲ
韶州,秦南海郡地,汉分置桂阳郡,今州即桂阳郡之曲江县也。	宾州,古越地也。今州即汉郁林郡之领方县地。	象州,汉平南越,置郁林郡。
桂州,《禹贡》荆州之域,汉元鼎六年(前111)置零陵郡,今州即零陵郡之始安县也。	澄州,古越地也,今州即汉郁林郡之领方县地。	柳州,本汉郁林郡潭中县之地,迄陈不改。
富州,《禹贡》荆州之域,汉平南越,置苍梧郡,今州即汉苍梧郡之临贺县地也。	横州,古越地,赵佗王越地,亦属之,汉平南越,置合浦郡。	严州,本汉郁林郡中溜县之地。
钦州,古越地,非九州之域,尉佗王越,地亦属焉。汉平南越,置合浦郡。	交州,古越地也,秦始皇平百越,以为桂林、象郡,今州即秦象郡地也。	融州,本汉郁林郡潭中县地也,自汉迄宋不改。
	驩州,古越地,九夷之国,越裳氏重九译者也。在秦为象郡。	蒙州,本汉苍梧郡地。
	峰州,古夜郎国之地……秦象郡之地。	思唐州,永崇二年(即永隆二年,避玄宗讳改,681),前桂州司马夏侯处廉奏割龚、蒙、象三州置。
	演州,古南越地,汉九真郡之咸驩县地也。	浔州,本汉合浦郡地。
		峦州,本汉领方县地。
		爱州,秦象郡地也。
		陆州,本汉交趾郡地。

续　表

Ⅰ	Ⅱ	Ⅲ
（此行以下为佚文）	新州,古南越之地,今州即汉合浦郡之临允也。	春州,汉置合浦郡,今州即汉合浦郡之高凉县下。
	雷州,古越地也,秦平百越,置三郡,此属象郡。	罗州,汉为合浦郡高凉县之地。
	高州,古越地也,汉武平南越,置合浦郡。	恩州,汉平南越,置合浦郡。
	容州,古越地,汉平南越,置合浦郡。	泷州,汉武平南越,置苍梧郡。
	白州,古越地,汉为合浦县地。	振州,本汉珠崖郡地,梁于徐闻县立珠崖郡。
	廉州,古越地也,今州即合浦县理也。	万安州,本崖州万安县地,龙朔二年(662)改割万安及临世、陵水二县于此置万安州。
		藤州,汉平南越,置苍梧郡。
		义州,本苍梧郡猛陵县之地也,陈于此置永业郡。

综合唐代地理文献所见岭南九州分野,如表3-3所见,唐人在将岭南附会《禹贡》九州时大致存在四种意见:一种意见认为岭南属扬州,如《晋书·地理志》、《隋书·地理志》、《初学记·州郡部》、《唐六典》"十道贡赋",诸书无论以现实政区抑或《禹贡》九州为纲,均明确将岭南归于扬州;一种意见以岭南不属九州,《通典》即持此论;一种意见以岭南两属,一部分属扬州,一部分属荆州,《十道志》似倾向该说;一种意见将岭南三分,或属扬州,或属荆州,或在九州之外,《元和郡县

《图志》则为代表。值得注意的是,这种区分似乎与诸书的叙述形式相关,《晋志》《隋志》《初学记》《唐六典》和《通典》均系整体描述,故统一将岭南归属某一地域,《十道志》和《元和郡县图志》则对岭南道下唐代某州与《禹贡》九州一一定位,由此诸州九州分野的差异获得凸显。

表 3 – 3　唐代地理文献所见岭南九州分野

文　献	行 政 建 置	九 州 分 野
《晋书·地理志》	交州、广州	扬州
《隋书·地理志》	南海、龙川等十九郡	扬州
《十道志》	韶州、冈州、窦州、罗州	扬州
	桂州、环州、严州、瀼州	荆州
《初学记·州郡部》	岭南道	扬州南境
《唐六典》"十道贡赋"	岭南道	扬州南境
《通典》	岭南道	九州外
《元和郡县图志》	广州、循州、端州、封州、韶州	扬州
	桂州、富州	荆州
	钦州	九州外

二、宋代地理文献所见
岭南九州分野

　　唐代对岭南九州分野的认识已如上述,及至宋代,大体沿袭唐人认识但又有所改变。宋人描述岭南与《禹贡》九州关联大致存在两种形式：其一是在唐代疆域格局下论述，岭南道仍为主体；其二是在宋代疆域格局下论述，广南东路、西路构成基点。前者文献如《太平寰宇记》，以及抄录《唐六典》或《通典》的《新唐书·地理志》《通志·地里略》《玉海·地理门》《文献通考·舆地考》；后者文献如《舆地广记》《舆地纪胜》《历代郡县地理沿革表》《方舆胜览》《宋史·地理志》；《山堂考索·地理门》则一并叙及唐之岭南道与宋之广南东、西路。至于范子长撰《皇朝郡县志》，虽可确认应包括岭南九州分野内容，但形式、内容均不甚明晰，这里暂不讨论。

　　整体上看，以唐代疆域格局论述岭南九州分野的宋代地理文献，基本沿袭了唐代地理文献的观察（表3-4）。

表3-4　宋代地理文献所见岭南道九州分野

文　献	唐代建置	九州分野
《太平寰宇记》	恩州、韶州、交州、武峨州、粤州、芝州①	扬州
	贺州、桂州、蒙州、严州、山州	荆州
《新唐书·地理志》	岭南道	扬州南境
《通志·地里略》	岭南道	扬州南境／九州外②

① 《太平寰宇记》卷一七一《岭南道十五》"粤州""芝州"条称二州"土地与安南府同"（北京：中华书局，2007年，第3279—3280页），据罗凯考证，《寰宇记》文字本自《通典》，《通典》记载不可靠，其说是（罗凯《唐代山州地望与性质考——兼论岭南附贡州的建置》，《历史地理》第26辑，2012年，第99页）。不过，《寰宇记》既以二州"土地与安南府同"，则在《寰宇记》的语境中，二州和安南府（交州）一样，同为"《禹贡》扬州之裔土（"士"当作"土"）"。

② 《通志》认识亦存矛盾，其《地里略》"开元十道图"条以岭南道为"古扬州南境"，同略"历代封畛"条又抄录《通典》，以"岭南之地非九州之境"。《通志·二十略·地里略》，北京：中华书局，1995年，第553、543页。

续　表

文　献	唐 代 建 置	九 州 分 野
《山堂考索·地理门》	岭南道	扬州南境
《玉海·地理门》	岭南道	扬州南境
《文献通考·舆地考》	岭南道	九州外

如表3-4所见，唐代认识岭南九州分野的四种意见中，有三种在宋代都各有继承。其中《新唐书·地理志》《通志·地里略》《玉海·地理门》均一遵所出，以岭南属扬州；[①]《山堂考索·地理门》虽仿《通典》及《舆地广记》以《禹贡》九州为纲，但却未从二书以岭南不属九州，仍将岭南附于扬州。[②] 至于同样广域比附的《文献通考·舆地考》，则接受《通典》之说，以岭南在九州之外。和《十道志》《元和郡县图志》一样采用单州列举形式的《太平寰宇记》，也和二书类似，仅数州条下提及九州分野，且在某些州的叙述中将其归属于古越地、南越地、闽越地、百越地乃至文狼国、越裳氏国等。不过在二书中，《寰宇记》明确选择了前者，将岭南分属荆、扬二州——尽管《寰宇记》事实上不少内容抄录自《元和郡县图志》。[③]《寰宇记》如此处

[①] 值得注意的是，《新唐志》于岭南道天文分野则采纳一行学说，将岭南分属星纪、鹑尾，由此形成九州分野与天文分野不相一致的情形。《新唐书》卷四三上《地理志七上》，北京：中华书局，1975年，第1095页。

[②]《山堂考索》以唐之淮南道为古扬州，岭南道为古扬州南境，江南道为古扬州北境，表述略显暧昧。不过，所谓扬州南境、北境，当也不出扬州，故岭南道亦属广义扬州。《山堂考索·前集》卷五九《地理门·州郡》，北京：中华书局，1992年，第396页上栏。

[③] 严耕望曾举"四至八到"的若干例子，参严耕望《中古时代几部重要地理书——水经注、元和郡县志与太平寰宇记》，初刊《汉学研究通讯》第4卷第3、4号，1985年，后收入氏著《严耕望史学论文集》下册，上海：上海古籍出版社，2009年，第1546—1547页。

理,应与乐史对岭南九州分野的整体认识相关。在《太平寰宇记·
四夷五·南蛮一》"南蛮总述"条中,乐史这样说道:

> 昔在虞舜,南巡至于苍梧,今桂州也。《禹贡》:"淮、海惟扬
> 州。"《传》曰:"北距淮,南至海。"然则南至海裔,尚为九州焉。
> 其后德有衰隆,化有远迩,盖自五岭以外,浸为夷俗焉。①

亦即在乐史看来,岭南化为蛮夷之地乃是晚后之事,从虞舜曾南巡
至桂州,以及《禹贡》称扬州"南至海",毋宁认为虞舜及《禹贡》时
代,岭南"尚为九州焉"。明乎此,《寰宇记》不采《元和郡县图志》以
岭南部分属九州外之说,也就不难理解了。

如果说宋人基于唐代疆域格局对岭南九州分野的认识大体不
出唐人之外,宋人以宋代疆域格局叙述岭南九州分野,则在沿袭唐
人认识的基础上有所发展(表3-5)。

表 3-5　宋代地理文献所见广南东西路九州分野

文　献	宋 代 建 置	九州分野
《舆地广记》	广州	九州外②
《舆地纪胜》	广州、韶州、南雄州、英德府、肇庆府、新州、南恩州、潮州、梅州、循州③	扬州

---

① 《太平寰宇记》卷一七六《四夷五·南蛮一》"南蛮总述"条,第3353页。
② 《舆地广记》虽仅在"广州"条下云其"古蛮夷之地……在《禹贡》《职方》州域之
　外",不过在此前论述"禹贡九州"范围时,宋代广南东西路所属,除潮州被视为"古
　扬州地"外,其余均未被提及。可见在《舆地广记》看来,岭南整体应不属九州。
　《舆地广记》卷一《禹贡九州》,成都:四川大学出版社,2003年,第3页;卷三五《广
　南东路》"广州"条,第1084页。
③ 关于循州九州分野,《舆地纪胜》原缺,不过据多抄录《舆地纪胜》的《方舆胜览》,可
　知循州应属扬州。

续 表

文 献	宋 代 建 置	九州分野
《舆地纪胜》	连州、桂州、昭州、梧州、贺州	荆州
	邕州、化州、钦州、琼州、昌化军、万安军、吉阳军	九州外
《山堂考索·地理门》	广南东西路	扬州南境
《方舆胜览》	广州、肇庆府、英德府、韶州、潮州、梅州、循州、南雄州、南恩州、新州	扬州
	连州、静江府、梧州、昭州、贺州	荆州
	邕州、化州、钦州、琼州、吉阳军、昌化军、万安军	九州外
《历代郡县地理沿革表》	广州、韶州、肇庆府、潮州、梅州	扬州
	连州、桂州	荆州
《宋史·地理志》	广南东西路	荆扬二州

总体上看，宋人上述四种认识在唐代皆已出现。《山堂考索·地理门》以岭南归属扬州，可上溯至《初学记》《唐六典》；《舆地广记》将岭南置于九州外，系受《通典》影响；《历代郡县地理沿革表》《宋史·地理志》以岭南分属荆、扬二州，与《十道志》倾向一致；渊源颇深的《舆地纪胜》和《方舆胜览》以岭南分属荆、扬及九州外，则可于《元和郡县图志》觅得渊源。不过，如果细析诸书，不难发现较之唐代地理文献，宋人认识仍有推进。

其一，关于岭南分属荆、扬，如前所见，《十道志》《太平寰宇记》乃至《历代郡县地理沿革表》均只例举数州，这样的叙述方式，加上不少州被指原为古越地等，使得三书并不能充分传达整个岭南都属荆、扬二州的印象。《宋史》则明确宣称："广南东、西路,盖《禹贡》荆、扬二州之域。"①尽管对于广南东、西路如何分属二州,《宋史》并未明言,但以岭南整体皆属荆、扬二州,却是确凿无疑的。

其二,以岭南三属的论述,《元和郡县图志》也是以单州列举的方式进行,尤其是认为岭南或在九州外,明确言及者只有钦州一例。《舆地纪胜》和《方舆胜览》固然同样采取单州列举,但举例更多,如《元和志》举出岭南分属扬州、荆州及九州外的州分别是5例、2例和1例,《舆地纪胜》和《方舆胜览》即便剔除连州不论,也达到10例、4例和7例。所举例子既多,论述显更充分。更重要的是,随着例子增多,《元和志》中呈点状分布的明确九州分野的州域,在《舆地纪胜》和《方舆胜览》中连缀成片了:岭南东南部,除惠州未见言及外,其余均属扬州;北部地区,韶州以西宜州以东,皆属荆州;以海南岛为中心,加上岭南偏西的邕州、钦州、化州,则被划在九州之外。尽管在《舆地纪胜》和《方舆胜览》中,岭南仍有大片州域不明所属,但若与《元和志》相比,二书将岭南分属荆、扬及九州外的认识无疑更为显著。

要之,围绕唐宋时期岭南的九州分野,宋人观感与唐人可谓小异大同,即都存在四种认识:其一,岭南属扬州;其二,岭南分属荆、扬二州;其三,岭南在九州外;其四,岭南分属荆、扬及九州外。当然,四种认识的影响并不等同,不同时期或有大小,不过整体而论,四种认识在唐宋都有一定接受度,皆非偏僻冷门知识。

三、结　语

作为一种界定现实地理之古典位置的知识,以《禹贡》九州为代

---

① 《宋史》卷九〇《地理志六》,北京:中华书局,1977年,第2248页。

表的九州分野存在多种认识，似乎并不新奇。不过如果回到九州分野的原理，一地尤其是广域地理空间在《禹贡》九州中的位置存在异议，其实并不寻常。

如所周知，在《禹贡》九州的设定中，九州疆域大抵以山川为界，如冀州与豫州、兖州以黄河为界，冀州、雍州以西河为界，豫州、梁州以华山之南为界，豫州、荆州以荆山为界，兖州与青州、徐州以济水为界，扬州与豫州、徐州以淮河为界，等等，①此即古人所谓"以山川定经界"（郑樵语）。"以山川定经界"，一方面较为固定，尽管山川也有诸如黄河下游河道辗转多变的情况发生，但总体相对稳定；另一方面，山川在古代地理景观效应突出，用作分界的标识也更为明确，尤其是高山巨川，一目了然。因此，较之州国分野以人为设定的州、国等地理区划不同，以山川划分疆域的九州更为固定、明确，即如郑樵所说，"使兖州可移，而济、河之兖不能移；使梁州可迁，而华阳、黑水之梁不能迁"。② 这就意味着，当采用九州分野、在《禹贡》九州框架下界定现实地理时，其结果理论上应是固定的。

当然，那些九州交界或边缘区域，由于处理率尔粗疏，或者对九州边界细节不能精确把握，九州分野容有异说，唐宋地理文献中的九州分野分歧，亦大抵集中于此。作为以南岭和大海作为边界的广域行政区，唐代的岭南道或宋代的广南东、西路，其边界的自然地理特征是较为显著的。尽管岭南未见于《禹贡》《职方》，但与岭南关涉的九州之荆、扬二州，其南北边界《禹贡》皆有提及，以此而言，岭南在《禹贡》九州中的位置本应是明确的。然而如前所述，唐宋地理文献所见岭南九州分野却众说纷纭，显而易见者即有四种言说，且四

---

① 关于九州疆域的历代探讨，顾颉刚曾有梳理，参顾颉刚《冀州境界问题》等，《尚书研究讲义》，《顾颉刚古史论文集》卷八，北京：中华书局，2011年，第196—246页。
②《通志二十略·地里略·地里序》，第509页。

种言说均非偏僻之论。唐宋岭南九州分野为何会同时并存多种言说？这些言说在后世又经历怎样的接受与流传过程？显然，这些具有一定接受度的言说不可能只是嗜奇爱博之士的奇谈怪论，其背后当有更为广阔的政治、社会、文化背景作为支撑。正是这些背景，使得时人能够竞立新说，并促使这些新说能在当时及后世获得一定程度的接受与流传。

第四章 属扬：岭南进入华夏版图的知识应对

唐宋地理文献所见岭南九州分野言说中，岭南属扬说出现频率最高。如前举十九部明确界定岭南九州归属的文献，即便剔除表述暧昧的《通志·地里略》不论，也有多达八部将岭南归于扬州，尤其是以现实广域政区比附《禹贡》九州的场合，更是绝大多数都采用此说。另一方面，岭南属扬说不仅使用最广，出现时间亦最早，贞观二十二年（648）成书的《晋书·地理志》及显庆元年（656）成书的《隋书·地理志》，表明这一说法在唐朝前期业已出现。

一、岭南属扬说溯源

岭南属扬说是否还有更早的渊源？由于唐代以前文献残缺严重，当下能够看到的论及岭南九州分野的先唐文献并不丰富，不过仍有蛛丝马迹显示，在更早些时候，岭南属扬说已经出现，且很长时间几乎作为岭南九州分野的唯一认识。按照时间顺序从后往回看。譬如刘宋时曾被流放至广州的沈怀远撰《南越志》，即声称"南越之地,牛女分野,扬州之末土"。① 尽管在此表述中,"南越之地"岭南仅为"扬州之末土",与扬州传统所在似有区别,但岭南绝非外在于扬州,这一点当无疑问。而所谓"扬州",其义包括三种可能:其一,作为广域行政区之扬州;其二,作为州国分野之扬州;其三,作为九州分野之扬州。考虑到岭南从未在行政上隶于扬州,②这里"扬州"只能指后二义。后二义中,州国分野之扬州约当汉之会稽、九江、丹阳、豫章、庐江、广陵、六安、临淮、苍梧、郁林、合浦、交阯、九真、南海、日南诸郡,与《禹贡》扬州"淮、海惟扬州"的疆域设定大体一致,以此而言,在《南越志》的叙述中,岭南九州分野业已进入《禹贡》扬州。③

---

① 《南越志》上述引文不见于今诸辑本,不过万历《广东通志》曾有摘引,明人冯惟讷(1513—1572)《诗纪》、郭子章(1542—1618)《六语》、梅鼎祚(1549—1615)《古乐苑》也有抄录,当可信据。参万历《广东通志》卷一《藩省志一·分野》"分度之异"条,万历三十年(1602)刊本,叶8右;冯惟讷编《诗纪》前集卷三,中华再造善本影印明嘉靖三十九年(1560)刻本,北京:国家图书馆出版社,2009年,叶7左;郭子章编《六语·谣语》卷一《吴谣》,刘云、徐大军主编《历代方言俗语谣谚文献辑刊》第33册,扬州:广陵书社,2020年,第388页;梅鼎祚《古乐苑》卷四二《杂歌谣辞二·古谣·包山谣》注,北京:中华书局,2022年,第1083页。

② 辛德勇曾推测,汉武帝于岭南设交阯部后,以交阯隶于扬州。按辛说建立在州与刺史部相区分的基础上,核以史料,其说不确,吴修安也指出此说不能成立。参辛德勇《两汉州制新考》,《秦汉政区与边界地理研究》,北京:中华书局,2009年,第137—138页;吴修安《先秦"九州"说及其对后世的影响——从两汉刺史部到唐代地理文献编纂》,《台湾师大历史学报》第55期,2016年,第9—12页。

③ 顾恒一、顾德明、顾久雄辑注《舆地志辑注》,收录佚文"东粤九郡,俱属《禹贡》扬州南境"(《舆地志辑注》卷一六《交州·合浦郡》,上海:上海古籍出版社,2011年,第362页),据此,似乎南朝陈时顾野王撰《舆地志》,将岭南九州分野归于扬州。辑注称佚文出自嘉靖《广东通志》卷二,查嘉靖《广东通志》,并无其文。案雍正《广东通志》卷二《星野志》"翼轸"条引《舆地志》云:"东粤九郡,俱属《禹贡》扬州南境,天文牛女分野,惟廉州旁蠡翼轸,以廉地西接粤西南宁,故星野皆同也。"佚文当出于此(雍正《广东通志》卷二《星野》,《景印文渊阁四库全书》第562册,台北:台湾商务印书馆,1986年,第84页上栏)。不过,考佚文文字,似非南朝人手笔,如以东粤指广东系明清时用语——东粤在明清之前多指浙江杭绍以南及福建,(转下页)

《南越志》之前，大约东晋后成书的《太康地记》，①亦将岭南归于扬州，云："交州，本属扬州，取交阯以为名，虞之南极也。"②晋世岭南循孙吴旧制，分设交、广二州，交州为今广西南部及越南北部。尽管《太康地记》仅提及交州，但位置更偏的交州分野尚属扬州，则岭南整体当也不出扬州。此处"扬州"，同样并非作为行政区之扬州，而是分野意义上的扬州。这也再度确认，至迟在东晋南朝，岭南属扬说业已出现。结合以岭南属扬的《晋书·地理志》或有更早渊源——刘宋臧荣绪《晋书》或其他地理文献，则可推断，极有可能在东晋南朝时期，岭南九州分野隶属扬州大约已颇流行。③

再往前追。《史记·南越列传》记载："秦时已并天下，略定扬越，置桂林、南海、象郡，以谪徙民。"案史籍中的"扬越"，或泛指长江

（接上页）廉州唐时始置，廉州旁蠡南宁只有在明清岭南地方行政建置下才会发生，等等，因此上述文字是否为顾野王《舆地志》原文，颇存疑问。

① 关于《太康地记》的成书时间，参顾江龙《〈太康地记〉考——兼论王隐〈晋书·地道记〉和〈元康地记〉》，《文史》2018年第4辑。

②《艺文类聚》卷六《州部》"交州"条，上海：上海古籍出版社，1999年，第116页。

③ 南北朝时期还多以《禹贡》九州中的荆、扬二州指代南方政权（参吴修安《先秦"九州"说及其对后世的影响——从两汉刺史部到唐代地理文献编纂》，《台湾师大历史学报》第55期，2016年，第31—32页），虽然在这类表述中无法确认岭南是否即属扬州，但至少表明时人习惯于将岭南置于九州之内。

《太平御览·居处部十三·厅事》引裴渊《广州记》："州厅事梁上画五羊像，又作五谷囊，随像悬之。云昔高固为楚相，五年（"年"当作"羊"，参割纬毅《汉唐方志辑佚》，北京：北京图书馆出版社，1997年，第135页）衔谷茎于楚庭，于是图其像。广州则楚分野，故因图象其瑞焉。"《太平御览》卷一八五《居处部十三·厅事》，北京：中华书局，1960年，第897页上栏。此为现存先唐文献仅见明确以广州分野属荆楚者。不过同一记载，《白氏六帖·屋室》"画羊悬谷"条引《广州记》则作："州厅梁上画五羊，又作五谷囊，随羊悬之。云昔高固为楚相，五羊衔谷萃于楚庭，故图其象为瑞。六国时广州属楚。"《白氏六帖》卷三《居室》"画羊悬谷"条，董治安主编《唐代四大类书》，北京：清华大学出版社，2003年，第1971页下栏。《白氏六帖》所引或为顾微《广州记》，无论如何，《太平御览》引文当存疑问，未必能说明唐代以前广州或被分野属荆。

以南广大地区，或专指岭南，此处为后者。① 关于"扬越"，三国时人张晏释云："扬州之南越也。"②"扬越"是否即因"扬州之南越"得名或有疑义，③但不难看出，至少在张晏看来，岭南之地系属扬州。又《汉书·地理志》："粤地，牵牛、婺女之分野也。今之苍梧、郁林、合浦、交阯、九真、南海、日南，皆粤分也。"④即以岭南对应于星宿牵牛、婺女。而据《史记·天官书》"牵牛、婺女，扬州"，⑤扬州的天文分野正是牵牛、婺女，这表明在《汉书》成书的东汉前期，岭南在九州分野的场合已然被视为扬州之一部分。⑥

在先秦文献中，迄未见到明确将岭南归属扬州甚至华夏九州的记载，这无疑与彼时华夏王朝未能控制岭南，或者岭南地方势力不被视为华夏统治密切相关，⑦考古材料也证实岭南先秦文明与中原

---

① 李勃《扬越即南越而非东越辨》，《民族研究》1995 年第 6 期。

② 《史记》卷一一三《南越列传》集解注引，北京：中华书局，1959 年，第 2968 页。

③ 关于扬越之得名，顾颉刚提供了另一种解释，即"扬""越"双声，两字可以通用；于、越、扬同纽，故"越"可称"扬"，"于越"亦可称"扬越"。吕思勉也认为扬、越系一语，"重言之，乃所以博异语，犹华、夏本一语而连言之耳"。解释虽有分歧，但都认为并非"扬州之南越"之意。参顾颉刚《州与岳的演变》，初刊《史学年报》第 1 卷第 5 期，1933 年，后收入氏著《顾颉刚古史论文集》卷五，北京：中华书局，2011 年，第 60—61 页；吕思勉《燕石札记·甲帙 先秦》"扬越"条，《吕思勉全集》第 9 册《读史札记上》，上海：上海古籍出版社，2016 年，第 343—345 页。

④ 《汉书》卷二八下《地理志下》，北京：中华书局，1962 年，第 1669 页。

⑤ 《史记》卷二七《天官书》，第 1330 页。

⑥ 辛德勇提到稍早于张晏的东汉末高诱注《战国策》卷五《秦策三》"蔡泽见逐于赵"条亦云"越属扬州"，不过吴修安已据范祥雍《战国策笺证》"代前言"中的梳理指出此非高诱注，而是北宋人鲍彪所注。吴修安《先秦"九州"说及其对后世的影响——从两汉刺史部到唐代地理文献编纂》，《台湾师大历史学报》第 55 期，2016 年，第 29 页。

⑦ 与之相反的是楚和越，楚、越原本亦属蛮夷，但由于与华夏多有交流，且国力强大，遂被列入九州"中国"。参顾颉刚《秦汉统一的由来和战国人对于世界的想像》，初刊《孔德旬刊》第 34 期，1926 年，后收入氏著《顾颉刚古史论文集》卷五，第 35—36 页；《扬州境界问题》，《尚书研究讲义》，《顾颉刚古史论文集》卷八，第 221 页。

文明存在差异,允为一个独立的考古学文化区。① 而在秦汉尤其是汉武帝元鼎六年(前111)之后,随着华夏势力进入且稳定地控制岭南,岭南在知识层面成为华夏世界的一部分即变得可能且必需。固然,在《禹贡》九州学说经典化之前,调整九州构成或增设新州亦是建构新世界作为华夏世界之一部分的重要途径——前者如《周礼·职方》《尔雅·释地》《吕氏春秋·有始览》等出现幽州、并州,一般认为即与华夏开拓北方有关;②后者如汉武帝"攘却胡、越,开地斥境",因而"南置交阯,北置朔方之州"。③ 不过在《禹贡》九州学说经典化之后,尽管在现实政区设计中岭南已以交阯或交州之名与《禹贡》诸州相提并论,但在知识层面,时人亦不放弃在《禹贡》九州的框架下理解全国各地,业已进入华夏势力范畴的岭南理所当然在九州中占据一席之地。④ 而自汉以降,不论实质抑或名义,岭南一直处于华夏王朝的稳定控制之下,这就使得在相当长的时间内,岭南属于九州都是作为九州分野的主流知识而存在的。⑤

---

① 卜工《岭南文明进程的考古学观察》,初刊《历史人类学学刊》第3卷第2期,2005年,后收入氏著《卜工考古文存》,北京:科学出版社,2016年,第177—193页。

② 顾颉刚《州与岳的演变》,《顾颉刚古史论文集》卷五,第63页;陈连庆《〈禹贡〉研究》,《中国古代史研究——陈连庆教授学术论文集》,长春:吉林文史出版社,1991年,第870页;唐晓峰《从混沌到秩序——中国上古地理思想史述论》,北京:中华书局,2010年,第220页;尹宏兵《〈容成氏〉与九州》,丁四新主编《楚地简帛思想研究(三)——"新出楚简国际学术研讨会"论文集》,武汉:湖北教育出版社,2007年,第231—236页。

③《汉书》卷二八上《地理志上》,第1543页。

④ 这种倾向亦曾付诸实施,如王莽、曹操皆曾恢复《禹贡》九州制度。参《汉书》卷九九中《王莽传中》,第4128页;《三国志》卷一《魏书·武帝纪》,北京:中华书局,1959年,第37页;《续汉书·百官志五》注引《献帝起居注》,《后汉书》,北京:中华书局,1965年,第3618页。

⑤ 除岭南外,汉代在西北、西南的开疆拓土,亦引发汉人对《禹贡》雍州、梁州地望的扩张。参牛敬飞《论汉代西部边疆上的〈禹贡〉地名》,《学术月刊》2018年第3期。又与九州分野变化类似,天文分野、国家祭祀范围等,亦与疆域变化相关。关于天文分野,参邱靖嘉《天地之间:天文分野的历史学研究》,北京:中华书局,(转下页)

　　另一方面，上古帝王统治岭南的传说或也推动了这一知识的传播。在先秦文献中，已经出现尧或禹治理"南交"或"交阯"的记载。《尚书·尧典》"（尧）申命羲叔，宅南交"；《墨子·节用篇》"古者尧治天下，南抚交阯，北降幽都"；《韩非子·十过》"昔者尧有天下……其地南至交阯，北至幽都"；《吕氏春秋·慎行论·求人》云禹曾到达"交阯"。① 这样的传说在汉代仍在传布，如《淮南子》《史记》《大戴礼记》皆可见到描述尧、舜或颛顼治理交阯的文字。② 此外，彼时还广泛流传舜南巡死于苍梧的传说。③ 尽管如学者所论，所谓"南交"

（接上页）2020年，第110—111、265—272页。关于国家祭祀范围，参田天《秦汉国家祭祀史稿》，北京：生活·读书·新知三联书店，2015年，第12—89、258—327页。

　　有趣的是，若疆域缩小，诸如天文分野等亦可能随之调整。邱靖嘉曾举《历代地理指掌图》收《唐一行山河两戒图》将燕云十六州置于北戒山系之外为例（《天地之间：天文分野的历史学研究》，第271—272页），《宋书》卷二五《天文志三》："案江左来，南斗有灾，则吴越会稽、丹阳、豫章、庐江各随其星应之。淮南失土，殆不占耳。"（北京：中华书局，1974年，第730页）据此，随着东晋南朝失去对淮南的控制，天文分野中亦略去淮南。

① 分见《尚书正义》卷二《尧典》，阮元校刻十三经注疏本，北京：中华书局，1980年，第119页下栏；孙诒让《墨子间诂》卷六《节用中》，北京：中华书局，2001年，第164页；王先慎《韩非子集解》卷三《十过》，北京：中华书局，1998年，第70页；许维遹《吕氏春秋集释》卷二二《慎行论·求人》，北京：中华书局，2009年，第614页。

② 何宁《淮南子集释》卷一九《修务训》，北京：中华书局，1998年，第1312页；《史记》卷一《五帝本纪》，第11、43页；王聘珍《大戴礼记解诂》卷七《五帝德》，北京：中华书局，1983年，第120、123页。

③ 袁珂《山海经注》卷一八《海内经》"九嶷山"条，成都：巴蜀书社，1992年，第521页；何宁《淮南子集释》卷一九《修务训》，第1313页；《史记》卷一《五帝本纪》，第44页；王聘珍《大戴礼记解诂》卷七《五帝德》，第124页；《礼记正义》卷七《檀弓上》，阮元校刻十三经注疏本，北京：中华书局，1980年，第1281页中栏；《汉书》卷三六《楚元王传》，第1952页等。又长沙马王堆三号汉墓出土地形图，九嶷山处标注"帝舜"二字，并绘有九个柱状符号，考古发掘也发现九嶷山处汉帝陵庙遗址下有汉代建筑遗迹，大约也是受此传说影响。参湖南省博物馆、湖南省文物考古研究所《长沙马王堆二、三号汉墓》第一卷《田野考古发掘报告》，北京：文物出版社，2004年，第94页；吴顺东《"舜葬九疑"考古系年》，《舜文化论文集》第1辑，长沙：湖南人民出版社，2008年，第32—37页；《九疑山舜帝陵庙之发掘及沿革汇考》，《中国文物报》2007年8月1日第4版。

"交阯"，皆泛指南方极远之地，并不特指岭南，[①]而舜南巡死于苍梧也多半不可信，[②]不过，由于交阯、苍梧在汉代岭南皆历历可举，这种古今地名的关联也强化了时人将岭南视为自古即属华夏九州的意象。

事实上，后人在判断岭南列于九州时或即以上古帝王曾统治岭南为据。前引《太平寰宇记》在判断岭南"尚为九州焉"时，证据之一即是舜曾南巡至苍梧。[③] 大德《南海志》[④]以"广为《禹贡》扬州之境，周《职方》之地"，也举出："史称苍梧、九疑、韶石皆舜迹所至之地，亦不得为荒之服。"[⑤]类似论述仍有许多，兹不赘述。因此，尽管在先唐文献中尚未见到将岭南属九州与上古帝王统治岭南传说直接关联的文字，但以后世度之，彼时存在这样的认识当在情理之中。

要之，由于文献多有散佚，加之时人对九州分野的兴趣也不如唐宋以降浓厚，现存先唐文献中关于岭南九州分野的文字并不丰富。不过，幸存下来的蛛丝马迹仍表明，对于独立成区、构成华夏边缘的岭南，自汉代以降，时人习惯性将之列于九州，尤其是东南一隅

---

① 顾颉刚、刘起釪《尚书校释译论》，北京：中华书局，2005 年，第 45—46 页。

② 钱穆《苍梧九疑零陵地望考》，《古史地理论丛》，台北：东大图书有限公司，1982 年，第 260—264 页；顾颉刚、刘起釪《尚书校释译论》，第 350—351 页。关于舜死苍梧说的形成及流行，参于薇《先秦两汉舜故事南方版本发展与潇水流域的政治进程——兼论零陵九疑舜陵舜庙的实体化》，《学术研究》2013 年第 7 期。

③《太平寰宇记》卷一七六《四夷五·南蛮一》"南蛮总述"条，第 3353 页。

④ 一般认为《永乐大典》引《南海志》即大德《南海志》。参张国淦《中国古方志考》，上海：上海古籍出版社，2019 年，第 534—535 页；刘纬毅等辑《宋辽金元方志辑佚》，上海：上海古籍出版社，2011 年，第 659—681 页；顾宏义《金元方志考》，上海：上海古籍出版社，2012 年，第 200—204 页。

⑤《南海志·建置沿革》，马蓉等点校《永乐大典方志辑佚》第 4 册，北京：中华书局，2004 年，第 2426 页。

的扬州。而从《禹贡》九州疆域看,九州与岭南相邻者除扬州外尚有荆州、梁州,尤其是荆州,距离岭南最近。然则扬州何以能从与荆、梁二州的竞争中脱颖而出? 前文追溯岭南属扬说早期演进时其实已提到一点,即天文分野中扬州分野的启示。

二、天文分野与岭南属扬

如前所述,在界定现实地理的古典位置时,用作比附对象的扬州,实际可能包括三种含义:其一,作为广域行政区之扬州,尤其是汉代的扬州刺史部;其二,作为州国分野之扬州,对应的列国为吴、越,天文分野则是其次星纪,其宿斗、牛、女;其三,作为九州分野之扬州,亦即《禹贡》"淮、海惟扬州"之扬州。两种分野层面上的扬州,尽管未必同源,但疆域大体一致。这提示我们,岭南在天文分野中的位置或可影响其在九州分野中的归属。

与唐代以前言及九州分野的文献相比,现存同时期天文分野相关文献则极为丰富。兹将迄今可见唐代中期以前文献所见岭南天文分野知识整理如下。

表 4-1　唐中期之前文献所记岭南天文分野

文　献	十二次	二十八宿	古代州国
《淮南子·天文训》①		斗、牵牛	越
		须女	吴
		翼、轸	楚

---

① 何宁《淮南子集释》卷三《天文训》,第 272—274 页。

续　表

文　献	十二次	二十八宿		古代州国	
银雀山汉简《占书》①		牵牛、婺女			
		翼、轸		楚	
《越绝书·记军气》②		南斗		越	
		都牛、须女		吴	
		翼、轸		楚	
《史记·天官书》		斗		江湖	
		牵牛、婺女		扬州	
		翼、轸		荆州	
纬书《洛书》③	星纪	斗	南斗十二度至须女七度	吴	扬州
		牛、女		越	
	鹑尾	张十八度至轸十一度		楚	荆州

---

① 《银雀山汉墓竹简（二）》，北京：文物出版社，2010 年，第 242 页，图版及摹本分别在第 118、313 页。

② 李步嘉《越绝书校释》卷一二《越绝外传记军气》，北京：中华书局，2013 年，第 330—331 页。关于《越绝书》成书时代，迄无定论，本书暂取李步嘉成书于东汉末年说。参李步嘉《〈越绝书〉研究》，上海：上海古籍出版社，2003 年，第 226—310 页。

③ 萨守真《天地瑞祥志》卷一《明分野》引，高柯立选编《稀见唐代天文史料三种》下册，北京：国家图书馆出版社，2011 年，第 23—24 页。关于《洛书》成书时间，陈槃认为秦始皇末年即有迹可寻，不过部帙则待光武以后，邱靖嘉亦判断此为汉代纬书。参陈槃《古谶纬研讨及其书录解题》，上海：上海古籍出版社，2010 年，第 478—483 页；邱靖嘉《"十三国"与"十二州"——释传统天文分野说之地理系统》，初刊《文史》2014 年第 1 辑，后更名《"十三国"与"十二州"：释传统二十八宿及十二次分野说之地理系统》，收入氏著《天地之间：天文分野的历史学研究》，第 130 页。

续　表

文　献	十二次	二十八宿	古代州国
《春秋元命苞》①		牵牛	扬州,越国
		轸	荆州,楚国
《汉书·地理志》		斗	吴
		牵牛、婺女	粤
		翼、轸	楚
《汉书·天文志》		斗	江湖
		牵牛、婺女	扬州
		翼、轸	荆州
《未央·分野》②	星纪	牛、斗 起斗十二度,自斗十度, 自斗六度	吴、越
	鹑尾	翼、轸 起张十八度,自张十三 度,自张十二度	楚
《周礼·保章氏》 郑玄注③	星纪		吴、越
	鹑尾		楚

①《艺文类聚》卷六《州部》"扬州""荆州"条引,第 111、112 页。关于《春秋元命苞》
　成书时间,邱靖嘉认为在东汉初年。参邱靖嘉《"十三国"与"十二州":释传统二
　十八宿及十二次分野说之地理系统》,《天地之间:天文分野的历史学研究》,第
　116 页。
②李淳风《乙巳占》卷三《分野》引,丛书集成初编本,上海:商务印书馆,1936 年,第
　55 页;《开元占经》卷六四《分野略例》引,长沙:岳麓书社,1994 年,第 645、650 页。
③《周礼注疏》卷二六《春官宗伯·保章氏》,阮元校刻十三经注疏本,北京:中华书
　局,1980 年,第 819 页中栏。

续　表

文　献	十二次	二十八宿	古代州国
蔡邕《月令章句》①	星纪	自斗六度至须女二度	越
	鹑尾	自张十二度至轸六度	楚
《淮南子·天文训》高诱注②	星纪	斗	吴
		牵牛、婺女	越
	鹑尾	翼、轸	楚
《汉纪》③		斗、牛	吴
		牵牛、须女	越
		翼、轸	楚
《广雅·释天》④		斗、牵牛、頺女	吴、越
皇甫谧《帝王世纪》⑤	星纪	自斗十一度至婺女七度	吴、越
	鹑尾	自张十八度至轸十一度	楚
《州郡躔次》⑥		斗、牵牛、须女	吴、越,扬州
		翼、轸	楚,荆州。

---

① 《续汉书·律历志下》注引,《后汉书》,第 3081 页。

② 何宁《淮南子集释》卷三《天文训》,第 181、183 页。

③ 《汉纪》卷六《高后纪》,北京：中华书局,2002 年,第 85 页。

④ 王念孙《广雅疏证》卷九上《释天》,上海：上海古籍出版社,2016 年,第 1431 页。

⑤ 《续汉书·郡国志一》注引,《后汉书》,第 3385—3386 页。

⑥ 《晋书》卷一一《天文志上》,北京：中华书局,1974 年,第 310、313 页。所谓"州郡躔次",邱靖嘉认为即西晋(或谓魏、吴或东晋)太史令陈卓所厘定的分野体系。参邱靖嘉《"十三国"与"十二州"：释传统二十八宿及十二次分野说之地理系统》,《天地之间：天文分野的历史学研究》,第 120—121 页。

续　表

文　献	十二次	二十八宿	古代州国
《魏书·张渊传》		斗、牛	吴国,扬州
		翼、轸	楚国,荆州
《史记正义》引《星经》①		南斗、牵牛	吴、越,扬州
		翼、轸	楚,荆州
《北堂书钞》②		牛、女	扬州
		翼、轸	荆州
《晋书·天文志》	星纪	自南斗十二度至须女七度	吴、越,扬州
	鹑尾	自张十七度至轸十一度	楚,荆州
《隋书·地理志》	星纪	自斗十二度至须女七度	吴、越,扬州
	鹑首	自张十七度至轸十一度	楚,荆州
李淳风《乙巳占》③	星纪	斗、牛 自斗十二度至女七度	吴、越,扬州
	鹑尾	翼、轸 自张十七度至轸十一度	楚,荆州
《初学记》④	星纪	斗、牵牛、婺女	吴、越,扬州
	鹑尾	翼、轸	楚,荆州

---

① 《史记》卷二七《天官书》注引,第 1346 页。此《星经》或认为即《石氏星经》,邱靖嘉认为非,其书大约成书于晋隋之间。参邱靖嘉《"十三国"与"十二州":释传统二十八宿及十二次分野说之地理系统》,《天地之间:天文分野的历史学研究》,第 123—124 页。

② 《北堂书钞》卷一五〇《天部二·星》,天津:天津古籍出版社,1988 年,第 681 页上栏。

③ 李淳风《乙巳占》卷三《分野》,第 45—46、50 页。

④ 《初学记》卷一《天部上·星》,北京:中华书局,1962 年,第 11 页。

文　献	十二次	二十八宿	古代州国
《开元占经》①	星纪	南斗、牵牛 自南斗十二度至须女七度	吴、越，扬州
	鹑尾	翼、轸 自张十八度至轸十一度	楚，荆州

如学者所论，在星次、星宿与州国的对应关系中，实际存在诸多难以理解的错乱。② 不过尽管如此，据上所见，大致从西汉时代的文献开始，即逐步形成以"星纪—斗、牵牛、婺女（或只有斗、牛）"对应于"吴越—扬州"的认识。固然，在"吴越—扬州"分野最初的语境中，"越"系指以今浙东绍兴地区为中心、曾与吴争霸的越国，③与岭南无关，扬州或其前身大约不包括岭南。不过最晚自《汉书·地理志》以降，分野理论中岭南渐被归于对应于牛、女或南斗的越（粤）。④《汉

---

① 《开元占经》卷六四《分野略例》，第 645、650—651 页。

② 这种错乱几乎遍及整个分野体系，参邱靖嘉《天地之间：天文分野的历史学研究》，第 138—154 页。

③ 《左传》"昭公三十二年"："夏，吴伐越，始用师于越也。史墨曰：'不及四十年，越其有吴乎！越得岁而吴伐之，必受其凶。'"杜预注云："此年岁在星纪。星纪，吴越之分也。岁星所在，其国有福，吴先用兵，故反受其殃。"（《春秋左传正义》卷五三"昭公三十二年"，阮元校刻十三经注疏本，北京：中华书局，1980 年，第 2127 页中栏）又贾公彦疏释"星纪，吴越也"，亦称："吴、越二国同次者，亦谓同年度受封，故同次也。"（《周礼注疏》卷二六《春官宗伯·保章氏》，第 819 页中栏—下栏）二处"越"均显指越国。事实上，考虑到以国为名的分野体系以东周列国为据，则其中"越"指越国不言而喻。邱靖嘉亦略言及此，参《"十三国"与"十二州"：释传统二十八宿及十二次分野说之地理系统》，《天地之间：天文分野的历史学研究》，第 111 页。

④ 岭南之被对应于牛、女及归于越，大约与岭南被视为越地、岭南之人被视为越人有关，尽管事实上岭南之南越与越国之越并非一回事。关于"越"概念的演变，参鲁西奇《说"越"》，《清华元史》第 3 辑，北京：商务印书馆，2015 年，第 277—352 页。

书·地理志》《隋书·地理志》《乙巳占》《开元占经》均明确以岭南为牛、女分野，①前引《南越志》也说："南越之地，牛女分野，扬州之末土。"此外还有一些文献，如表4-1所列，虽未明确揭举岭南，但其所论对应于斗、牛、女三宿的"越"恐怕亦包括岭南在内。② 事实上，即便不以岭南属九州的《通典》，也承认南越"在天文，牵牛、婺女则越之分野"，且明确称："汉之苍梧、郁林、合浦、交阯、九真、南海、日南，皆其分也。"③

可以补充的是，岭南在天文分野上对应于牛、女或南斗，并非停留在纯粹知识层面，在星占实践中也有体现。《汉书·天文志》载："元鼎中，荧惑守南斗。占曰：'荧惑所守，为乱贼丧兵；守之久，其国绝祀。南斗，越分也。'其后越相吕嘉杀其王及太后，汉兵诛之，灭其国。"④在此叙述中，南斗为荧惑所守被视为割据岭南的南越灭亡的征兆，其成立的背景即岭南对应于南斗。又《晋书·天文志下》载东晋安帝义熙六年（410）八月月掩斗、牛，地处岭南的始兴太守徐道覆反被视为事验之一，十年（414）五月或八月月奄牵牛南星，翌年林邑寇交州被视为事验；《宋书·天文志四》载前废帝永光元年（465）正月丁酉太白掩牵牛，三月甲申月入南斗，包括会稽太守寻阳王子房、广州刺史袁昙远等藩镇起兵反被视为事验；《隋书·天文志下》载梁大同三年（537）三月乙丑岁星掩建星，五年（539）十月辛丑彗出南斗，交州刺史李贲举兵反及称帝被视为事验。⑤ 无待赘言，上述星占

----

① 《汉书·地理志》的叙述略显混乱，其叙述分野，以"粤地"为岭南，不过其下行文中，又称越国封于会稽。这大约是《地理志》尝试将岭南纳入分野体系后的无奈之举。
② 这之中仅《州郡躔次》明确未将岭南包括在天文或九州分野之内。
③ 《通典》卷一八四《州郡十四·古南越》，北京：中华书局，1988年，第4910—4911页。
④ 《汉书》卷二六《天文志》，第1306页。
⑤ 分见《晋书》卷一三《天文志下》，第384—385、386页；《宋书》卷二六《天文志四》，第754页；《隋书》卷二一《天文志下》，北京：中华书局，1973年，第595页。

得以成立,同样源自岭南天文分野与斗、牛相应。

及至唐宋,尤其是宋代以降,随着天人相应思想的消退和转型,①文献中对于星占事验的记载趋于减少,不过仍有一些星占文字显示岭南被与牛、女、斗建立关联。唐代宗大历二年(767),桂州山獠攻占州城。此事在《新唐书》及《资治通鉴》等的记载中,均未与星象发生联系,②不过在《旧唐书》及北宋景祐年间杨惟德等撰《景祐乾象新书》中,则被视为六天前荧惑犯南斗之星象的事验。③ 又《旧五代史》载后周显德五年(958)据有岭南的南汉主刘晟"以六月望夜宴于甘泉宫,是夕月有蚀之,测在牛女之度,晟自览占书,既而投之于地,曰:'自古谁能不死乎!'纵长夜之饮,至是而卒"。④ 在刘晟看来,月蚀发生于牛女之度,正与岭南相对。⑤

又岭南天文分野属星纪,对应牛、斗、女宿,这在文学表达中也有体现。王勃《广州宝庄严寺舍利塔碑》有"国惟瓯骆,郡实番禺……上

---

① 沟口雄三《论天理观的形成》,龚颖译;小岛毅《宋代天谴论的政治理念》,龚颖译,二文皆收入沟口雄三、小岛毅主编《中国的思维世界》,南京:江苏人民出版社,2006年,第220—240、281—339页;陈侃理《儒学、数术与政治:灾异的政治文化史》,北京:北京大学出版社,2015年,第259—304页。当然,天人相应思想乃至最极端的事应说在宋代并未完全消退,时人仍或秉持此说。参刘耘《宋代士大夫灾异论再认识——以苏轼为切入点》,《史学理论研究》2021年第6期;《政治与思想语境中的宋代〈尚书〉学》,北京:中国社会科学出版社,2022年,第154—190页。
② 《新唐书》卷六《代宗纪》,第173页;《资治通鉴》卷二二四《唐纪四十》"代宗大历二年",北京:中华书局,1956年,第7197页。
③ 《旧唐书》卷一一《代宗纪》,北京:中华书局,1975年,第287页;杨惟德等《景祐乾象新书》卷一七《斗宿》,《续修四库全书》第1050册,上海:上海古籍出版社,1996年,第126页上栏。《乾象新书》系此事于七月,考《旧唐书》《通鉴》皆作"九月",《新唐书》作"是秋","七月"疑讹。
④ 《旧五代史》卷一三五《僭伪传·刘陟传附刘晟传》,北京:中华书局,1976年,第1809—1810页。
⑤ 除上述星占实践外,清人屈大均认为还有更多历史事件表明岭南天文分野对应于牛、女、斗宿,参屈大均《广东新语》卷一《天语·星》,北京:中华书局,1985年,第5—7页。

当星纪，下裂坤维"；苏味道《使岭南闻崔马二御史并拜台郎》云"远从南斗外，遥仰列星文"；杜甫《衡州送李大夫七丈勉赴广州》称颂李勉任广州刺史、岭南节度使系"北风随爽气，南斗避文星"；《成王李千里墓志》隐晦描述李千里流放岭南为"年在总角，职委荒隅；亟环星纪，载康夷落"；韩愈《送窦平从事序》认为"逾瓯、闽而南，皆百越之地。于天文，其次星纪，其星牵牛"；杨万里《答广东唐宪》称唐弼任职广南东路提点刑狱，"出使而占二星，不离南斗之次"。① 诸如此类还有许多，兹不赘举。在这些文字中，岭南均与星纪之次或牛、斗、女之宿相应。

要之，如果说唐代之前由于文献寡少，岭南九州分野属扬多少还有些隐晦不明，那么至迟自东汉初以降，岭南于天文分野对应星纪之次，斗、牛、女之宿，在彼时分野知识中毫无疑问已是常识。岭南既与星纪或斗、牛、女对应，后者在天文分野中又常与"吴越—扬州"相配，岭南遂极为自然地与扬州建立关联。尽管这里扬州乃是州国分野之扬，但由于九州分野中扬州与之名号相同、地域相当，因此当时人试图界定岭南在《禹贡》九州中的位置时，岭南之被归于扬州也就不足为奇了。

三、九州境域与岭南属扬

天文分野外，扬州能成为辖领岭南的"幸运儿"，当还得益于《禹

---

① 分见王勃撰，蒋清翊注《王子安集注》卷一八《碑》，上海：上海古籍出版社，1995 年，第 529 页；《全唐诗（增订本）》卷六五，北京：中华书局，1999 年，第 751 页；杜甫撰，仇兆鳌注《杜诗详注》卷二二，北京：中华书局，1979 年，第 1942 页；周绍良主编《唐代墓志汇编》景云 005，上海：上海古籍出版社，1992 年，第 1119 页；韩愈撰，刘真伦、岳珍校注《韩愈文集汇校笺注》卷九，北京：中华书局，2010 年，第 1003 页；杨万里撰，辛更儒笺校《杨万里集笺校》卷五六《启》，北京：中华书局，2007 年，第 2550 页。

贡》对九州境域的安排。如前所述，扬州辖领岭南的最大对手是荆州，单看地理位置，扬州位置偏东，荆州地当正南，距岭南更近，辖领岭南更为合适。不过在境域设定上，荆州则显现劣势。

案荆州境域，《禹贡》描述为"荆及衡阳惟荆州"，伪孔传注曰："北据荆山，南及衡山之阳。"①这一认识诸家皆无异议，即荆州是以位于今湖北南漳之荆山及湖南衡阳南岳区及衡山县之间的衡山之阳为北、南两界。荆州既以衡山之阳为南界，其南固可越过衡山，但不会去之太远，岭南无由包括其中。②

至于扬州境域，《禹贡》称"淮、海惟扬州"，"淮"及"海"分别构成北、南两界。"淮"指淮水，对此诸家没有分歧，但对"海"所指，则存不同意见。一种意见认为，"海"指东海。郑玄注《禹贡》，以为"扬州界自淮而南，至海以东也"，③既称"至海以东"，则应指东海。不过核以汉唐文献，当时更流行的看法则是以"海"为南海。譬如对扬州疆界，伪孔传、裴骃《史记集解》、颜师古《汉书注》并称"北据淮，南距海"，孙炎、郭璞《尔雅》注云"自江至南海也"，《初学记》作"自岭而南至海，尽其地"。④ 诸书表述虽有差异，但无论哪种表述，"海"均指南海。扬州既以南海为南界，而岭南正在南海之北，岭南归属扬州可谓理所当然。

扬州以南海为南界对于岭南属扬的意义，这一点从后人围绕

①《尚书正义》卷六《禹贡》，第149页上栏。
②顾颉刚《荆州境界问题》，《尚书研究讲义》，《顾颉刚古史论文集》卷八，第227—231页。
③《春秋公羊传注疏》卷七"庄公十年"疏引，阮元校刻十三经注疏本，北京：中华书局，1980年，第2232页上栏。
④《尚书正义》卷六《禹贡》，第148页中栏；《史记》卷二《夏本纪》注，第58页；《汉书》卷二八上《地理志上》颜师古注，第1528页；《春秋公羊传注疏》卷七"庄公十年"，第2232页上栏；《初学记》卷八《州郡部》"岭南道"条，第192页等。

"海"之争议也看得很清楚。对于伪孔传等"北据淮，南距海"的扬州疆界描述，唐人杜佑称"扬州北据淮，东南距海"，且小字注云："北自淮之南，东南距于海，闽中以来地。"①对比可知，二者不同之处即是前者中的"南距海"，后者变为"东南距海"。杜佑何以改"南距海"为"东南距海"？如果联系杜佑将岭南置于九州之外，②不难推知，杜佑改"南"为"东南"，不仅只是方位变动，实则伴随"海"之词义的调整——"南距海"，海为南海；"东南距海"，则海为东海矣。换言之，杜佑以海为东海，构成扬州边界，与他对岭南九州分野的认识是分不开的。

与杜佑类似，南宋人傅寅（1148—1215）也将"海"理解为东海。在所撰《禹贡说断》中，傅氏论述道：

> 荆州南境，至衡山之阳，故杜氏以南越为非九州之域，是也。南越非九州之域，则闽越亦当非，而杜氏犹以隶扬州，何也？考禹治水之迹，止及震泽，而史传称其巡狩止及会稽，则会稽而南，为要、荒之地可知矣。故言扬州之境者，当曰"东距海"，不当曰"南距海"。③

较之杜佑，傅寅更为激进，不仅将岭南斥于九州之外，向无争议的闽越亦不纳入九州。为了配合这一点，傅氏认为伪孔传"南距海"不当，应改作"东距海"。无待赘言，"东距海"之"海"，更为明确地指向东海，而傅氏如此调整，同样服务于他对岭南九州分野的认识。

与之相对，若认同岭南属扬，论者则强调"海"为南海。譬如宋

①《通典》卷一七二《州郡二·序目下》，第4486页。
② 参本书第六章。
③ 傅寅《禹贡说断》卷二，丛书集成初编本，上海：商务印书馆，1936年，第46—47页。

代《尚书》学中影响深远、持岭南属扬说的林之奇（1112—1176）撰
《尚书全解》，在注释《禹贡》扬州"岛夷卉服"时即宣称："岛夷者，南
海之岛夷也。"①又南宋人黄度（1138—1213）《尚书说》中的论述也
颇典型，兹引如下：

> 扬州吴、越之域，地尽南海，皆扬土也。杜佑分岭南为古南
> 越，以为非《禹贡》九州之域，何所据依哉？《禹贡》冀北界标碣
> 石而著岛夷，则地穷沙漠，凡今云、朔、燕、蓟诸夷居于山者，皆
> 是也。扬南界表海而著岛夷，则地穷涨海，凡瓯、闽、交、广诸夷
> 居于山者，皆是也。是盖声教所暨，闻盛德而皆徕臣，为唐虞之
> 盛，安有四海之内而非《禹贡》九州之域者！②

黄度不同意杜佑将岭南置于九州之外，认为四海之内皆属九州。故
在黄氏看来，扬州境域乃是"地尽南海"或"地穷涨海"——涨海亦即
南海。黄度判断扬州以南海为界，显然也与他对岭南九州分野的认
识密不可分。

明乎此，汉唐时期流行以南海为扬州南界之于岭南属扬的意义
也就不难理解了。当《禹贡》九州之扬州涵括南至南海的大片地域
时，南海之北的岭南不可避免地落于扬州范围之内，岭南九州分野
也就必然属于扬州。由此可见，尽管《禹贡》对荆、扬二州境域的描
述仍有暧昧模糊之处，但与岭南相关的二州南界，却是清楚的，荆州
南界不过衡山之阳，后者南界则跨越南岭，远抵南海。这样的境域
设定，势必有助于扬州在与荆州的竞争中脱颖而出，成为九州分野
辖领岭南的"幸运儿"。

---

① 林之奇《尚书全解》卷八，《景印文渊阁四库全书》第 55 册，台北：台湾商务印书馆，
　1986 年，第 161 页上栏。
② 黄度《尚书说》卷二，《景印文渊阁四库全书》第 57 册，第 491 页下栏。

四、结　语

通过以上叙述可知,在以《禹贡》九州框架界定岭南古典位置时,与荆州相比,扬州确具有先天优势。一方面,在分野知识内部,天文分野与九州分野中扬州从名称到范围的重合,使得前者中的扬州所指很自然会传导给后者;另一方面,《禹贡》对荆州衡山之阳、扬州南至海的南界设定,使得在《禹贡》自身逻辑上,扬州辖领岭南也更为合理。明乎此,则岭南在九州分野中归属扬州,某种意义上可以说是岭南进入华夏世界后具有一定必然性的选择。天文分野的启示,九州境域的设定,都使得扬州成为岭南九州分野的不二之选,这也是促成唐代之前主流认识将岭南归属扬州的重要原因。[1]

不过,客观地说,岭南九州分野属扬亦非完美无憾。仔细思忖,这一分野言说至少存在三点瑕疵。其一,《禹贡》叙述各地山川贡赋,并未明确提及岭南,杜佑即以此力拒岭南属扬之说。[2] 其二,岭南虽与扬州接壤,但与扬州核心地区距离遥远,故杜佑假定岭南若属九州,则"以邻接宜属荆州";清人胡渭也倡言"禹分九州,扬地不

---

[1] 岭南在分野层面隶属扬州,并不意味着实际政治层面亦需如此。建安十八年(213),曹操恢复《禹贡》九州之制,岭南并未归于扬州,而是分属荆、益二州。学者认为,曹操如此安排,乃是基于政治考虑,即试图挑起荆、益统治者之间的冲突。参吴修安《先秦"九州"说及其对后世的影响——从两汉刺史部到唐代地理文献编纂》,《台湾师大历史学报》第 55 期,2016 年,第 27—28 页。

[2] 也有学者宣称《禹贡》曾提及岭南山川贡赋,不过均非明确叙述。参蔡沈《书经集传》卷二,《景印文渊阁四库全书》第 58 册,第 30 页下栏;曾运乾《尚书正读》,北京:中华书局,1964 年,第 59—60 页;顾颉刚、刘起釪《尚书校释译论》,第 635—639 页等。

当斗入西南数千里"，二氏论述中，岭南距离扬州遥远均成为岭南尤其是岭南西部不属扬州的重要依据。① 其三，岭南族群结构复杂，广泛分布着各类非华夏族群。② 而在分野言说中，则盛行所谓"分野止系中国"——中国乃是"内诸夏而外夷狄"，并不包括非华夏族群在内，③岭南华夷杂居的族群结构与此不合。由于存在这样的瑕疵，使得岭南属扬说虽长期占据分野言说主流，但并非牢不可破。随着唐代以降新的天文分野说提出，以及时人对《禹贡》九州境域的重新检讨等，岭南属扬说遭受巨大冲击，岭南九州分野的新言说亦在此过程中酝酿而生。

唐宋时期，岭南属扬说受到冲击，不再一家独大，但仍不失为岭南分野言说中的重要构成。及至明清，岭南属扬说则已是明日黄花。在唐僧一行始倡的岭南东部属扬、西部属荆之岭南二分说及唐人杜佑始倡的岭南不属九州说等的冲击下，岭南属扬说毫无还手之力，"阵地"日益萎缩。不仅地理文献中几乎难觅踪迹，即便保守袭旧的经学著述，采用岭南属扬说者也寥寥无几，仅李光地（1642—1718）《尚书七篇解义》、侯桢（1816—1863）《禹贡古今注通释》、简朝亮（1851—1933）《尚书集注述疏》数部或将岭南归于扬州。且这之中，李氏书不过因循传统，以扬州南及南海隐约表明岭南属扬，对于其他岭南分野言说视若无睹，只有侯、简二氏书曾

---

① 《通典》卷一七二《州郡二·序目下》，第 4490—4491 页；胡渭《禹贡锥指》卷六，上海：上海古籍出版社，2013 年，第 149 页。

② 关于岭南族群结构，较近论述参屈文军、许文燕《宋代以前岭南地区的族群社会变迁》，刘正刚主编《历史文献与传统文化》第 25 辑，芜湖：安徽师范大学出版社，2021 年，第 93—106 页；屈文军《宋元时期岭南地区的族群社会变迁》，刘迎胜、姚大力主编《清华元史》第 7 辑，北京：商务印书馆，2022 年，第 204—238 页。

③ 关于"分野止系中国"，参邱靖嘉《天地之间：天文分野的历史学研究》，第 257—265 页。

着意批驳杜佑、胡渭等人的岭南不属九州说，算是对其他分野异说的正面回应。① 明清文献中采用岭南属扬说既少，回应其他岭南言说者复极罕见；且即便回应，也只是针对争议较多的岭南不属九州说。凡此种种，均表明源远流长的岭南属扬说在明清时期已经日薄西山，式微至极，取而代之的则是以岭南二分及岭南不属九州说为代表的其他岭南分野言说的众声喧哗，争奇斗艳。

---

① 分见李光地《尚书七篇讲义》卷二《禹贡》，李勇先主编《尚书禹贡篇集成》第 4 册，上海：上海交通大学出版社，2009 年，第 151 页下栏；侯桢《禹贡古今注通释》卷二，李勇先主编《禹贡集成》第 7 册，上海：上海交通大学出版社，2009 年，第 441 页下栏—442 页下栏；简朝亮《尚书集注述疏》卷三《禹贡》，李勇先主编《尚书禹贡篇集成》第 7 册，第 71、73—75 页。

第五章　西部属荆：一行分野学说的产物

　　唐宋地理文献中，将岭南西部地区划归荆州、进而形成岭南分属荆扬的九州分野言说大致存在两种类型。其一是以单州列举的方式将岭南西部，尤其是西部北侧若干州归属荆州。如《舆地纪胜》和《方舆胜览》列入荆州的连州、桂州、贺州、昭州、梧州，均位于宋代广南东、西路毗邻荆湖南路的位置；《元和郡县图志》和《太平寰宇记》所举属荆之桂州、富州及贺州、桂州、蒙州、山州、严州，也大抵位于岭南西部北侧；《十道志》虽不那么纯粹，但所举属荆四州中仍有桂州、环州位于岭南西部北侧。由此可见，以岭南西部北侧若干州归属荆州，在唐宋地理文献中具有一定共识。其二，以广域比附的方式将岭南西部整体归属荆州，允为代表者即《宋史·地理志》。尽管由于《宋史·地理志》仅云"广南东、西路，盖《禹贡》荆、扬二州之域"，[1]其是否即以广南东、西路分属扬州、荆州，尚无法断言，不过至少宽泛的岭南西部被归属荆州，殆无疑问。本章所关注的西部属荆，即指后者，亦即将传统上属扬之岭南一分为二，东部仍属扬州，

────────────

[1]《宋史》卷九〇《地理志六》，北京：中华书局，1977年，第2248页。

西部转属荆州，由此形成岭南分属荆、扬二州的格局。

　　单看前举地理文献，与单州列举岭南西部若干州属荆相比，以岭南西部整体归属荆州的分野言说接受度似乎不高，能够确认采纳此说的文献仅《宋史·地理志》一部。且即便《宋志》，叙述也多少有些语焉不详，并未划出明确的分界所在。唐宋时期岭南西部属荆之说是否即如此寥落？彼时是否还有其他文献采纳此说？这样一种分野言说是如何出现的？后世影响如何？本章将尝试回答这些问题。

一、岭南西部属荆言说再确认

　　检核现存唐人文献，明确在九州分野言说中将岭南西部归属荆州者迄未见到，不过在宋人文字中，则不难见到采纳此说的论断。譬如南宋前期蔡戡（1141—？）撰《分野论》，即明确以岭南西部属荆州。其文颇长，摘录如下：

> 凡迁、固以来，谓斗、牛、女为吴越之分野，并属扬州者，皆指越之东界，以累世立国之地言之。至于两汉《地理志》，遂并以郁林、苍梧所属之郡在越之西界者，尽为牛、女之分野，则差之毫厘，而谬以千里矣。……列宿在天，所主之分野，随方所向，皆当逾海际天而后止。《周礼》："东南为扬州，正南为荆州。"其接吴者为扬州，则星纪之分，并在东南方也。固不应罄折而西转，以抵正南之方、荆楚之界，而并为星纪之分野也。且翼、轸所向正南之方，亦不应至始安而终止，而始安以南遽属斗、牛之分也。

　　《通典》之说曰："按荆州南境至衡山之阳，若五岭之南在九州封域，则以邻接宜属荆州，岂有舍荆而属扬？斯不然矣。此则近史之误也。"其大概以为岭南之地分野所属，其西界当属荆州，翼、轸之次耳。《唐书·天文志》曰："后世之言星分者，据《汉书·地理》推之，是守甘、石之遗术，而不知变通之数。"东坡《指掌图》中，其《天象分野图》，亦援《唐志》之说以为证。而《唐书·地理志》则以韶、广、康、端、封、梧、藤、罗、雷、崖以东为星纪分，桂、郁林、富、昭、蒙、龚、绣、容、白、罗（应作"廉"）以西为鹑尾分。又一行禅师用李淳风之说为《分野图》，云："自韶、广、康、封、梧、藤、罗、雷州南及珠崖，自北以东为星纪，其西北属鹑尾之次。"以此参订，则越之东界，其北接吴者属星纪，实斗、牛、女之分野；而越之西界，其北抵楚者属鹑尾，实翼、轸之分野。前史之差谬，至是而后，较然明甚。①

蔡戡主要讨论天文分野，九州分野只是在混淆州国分野之州与九州分野之州时附带提及——和扬州一样，州国分野与九州分野之荆州，州名、疆域亦基本重合。不难看出，蔡戡引述虽不尽准确（如认为《通典》以岭南西部属荆州、一行与李淳风观点相同，皆不确，详后），但观点还是较为明确的，即反对《汉书·地理志》以岭南全体属扬州的认识，而赞成《唐书·地理志》及一行分野理论，以岭南东部属星纪，西部属鹑尾，由此将岭南西部划归对应于鹑尾的荆州。

　　和蔡戡一样，稍晚一些的李曾伯（1198—1268）也以岭南西部归属荆州，其《桂阃谢赐历日表》云：

---

① 蔡戡《分野论》，汪森编辑，黄盛陆等校点《粤西文载校点》第4册，南宁：广西人民出版社，1990年，第215—216页；又见《全宋文》第276册，上海：上海辞书出版社、合肥：安徽教育出版社，2006年，第309—310页。标点有所调整。

> 赐书北阙，君临用九之乾；授历南交，民遇登三之泰。……
> 臣敢不祗服蕃宣，奉行宽大！仰占鹑尾，相安《禹贡》之山川；远
> 暨龙编，同禀汉家之正朔。①

据《宋史》本传，李曾伯时任知静江府、广西经略安抚使。表中，李曾
伯以鹑尾与广南西路对应于鹑尾之次，反映到九州分野，地处岭南
西部之广南西路即属荆州。

与李曾伯类似，北宋词人毛滂（1060—1125）也将广南西路归属
荆州。在《代王运判到任谢执政启》中，毛氏提到：

> 人言仅白，初假临民；突色未黔，亟趋度岭。谢鱼鸟相安之
> 乐，涉山川甚远之勤；尽忠义之皭然，虽蛮貊其行矣。蚕丛绝
> 壁，既摇叱驭之鞭；鹑尾寒芒，又照观风之节。②

运判即转运使判官，王运判其人不详，不过据启文可知，其所任职的
地区应在岭南。而岭南两路，广南东路例属星纪，故这里"鹑尾寒
芒"描述的只能是广南西路情形。亦即在此文字中，广南西路也与
鹑尾相对。广南西路既与鹑尾相对，其九州分野自然归属荆州。

以上所举大抵为宋人议论及书启中的文字，事实上，即便在相
对保守、率多因循的经学注释中，也不乏将岭南西部归属荆州的例
子。譬如宋元之际名儒、传朱熹之学的金履祥（1232—1303）注解
《禹贡》"淮海惟扬州""荆及衡阳惟荆州"，称扬州"北至淮，东南至
海，得今淮南、江南东西、二浙之地，福建、广东亦属焉"，荆州"北抵
荆山，南跨衡山以南。荆山在今襄阳府南漳县，衡山在今衡州之北
九十里，属潭州湘潭县。荆州得今荆湖南、北路，北接京西，西侵夔、

---

① 李曾伯《桂阃谢赐历日表》，《全宋文》第339册，第36页。
② 毛滂《代王运判到任谢执政启》，《毛滂集》卷七，杭州：浙江古籍出版社，1999年，
　第167页。

峡,南控广西",①明确以岭南分属荆、扬,位于西侧的广南西路归属荆州。时代稍晚、同样继承朱子之学的熊禾(1247—1312)在同处注中,判断扬州"北距淮,东至南海(疑为"东南至海"),闽粤虽上古未通,亦当在要荒之服",荆州"北接雍豫之境,南逾五岭,即越之南徼也。越虽上古未通,亦当在要荒之服"。② 案熊氏所论较之金氏虽显暧昧,但既云"闽粤"属扬而荆州"南逾五岭"、囊括越地,则当也以岭南西部属于荆州。

又一些宋人绘制的地图,也将岭南二分,以西部属荆。图5-1《唐一行山河分野图》,出自南宋唐仲友(1136—1188)撰《帝王经世图谱》;图5-2《分野图》,出自南宋时成书的《六经奥论》;③图5-3《二十八舍辰次分野之图》,出自北宋税安礼(生卒年不详,元符中撰成此书)编《历代地理指掌图》。④ 图5-1中,岭南被划为两个部分,其中连、贺、藤、梧、高、窦、化、雷以下迄海南岛以东,与东南沿海相接,其宿斗、牛,其次星纪;昭、龚、容、白、廉诸州以西,与两湖相连,其宿翼、轸,其次鹑尾。尽管图中并未明确标示荆、扬二州,但如表4-1所列,至晚在汉代,即已形成"星纪—扬州""鹑尾—荆州"的对应关系,然则该图系以岭南西部属荆殆无疑问。图5-2岭南分界

---

① 金履祥《书经注》卷三《禹贡》,李勇先主编《尚书禹贡篇集成》第2册,上海:上海交通大学出版社,2009年,第51页下栏、53页下栏。

② 熊氏说见董鼎《书传辑录纂注》卷二《禹贡》,《景印文渊阁四库全书》第61册,台北:台湾商务印书馆,1986年,第626页上栏、627页下栏。

③ 关于《六经奥论》作者,旧题郑樵撰,四库馆臣辨其非,余嘉锡疑或是郑樵与其从兄郑厚同撰。《四库提要辨证》卷二《经部二·六经奥论》,北京:中华书局,1980年,第66—71页。

④ 案《历代地理指掌图》,旧本或题苏轼撰,不过学者多认为苏轼乃坊本托名,实际撰者乃税安礼。最新讨论参郭声波《〈历代地理指掌图〉作者之争及我见》,《四川大学学报(哲学社会科学版)》2001年第3期;成一农汇编《中国古代舆地图研究》,北京:中国社会科学出版社,2018年,第15页。

虽不十分清晰，不过图注却明确称"吴越，扬州，星纪，今两浙福建二广江南等路"，"楚，荆州，鹑尾，今荆湖二广夔荆京西南淮南等路"；类似图5-3吴越—扬州、楚—荆州下亦分别列有"二广"，在此论述中，地处岭南的"二广"也被分属荆、扬——尽管岭南具体何处属荆并未明言，但西部属荆的可能性更大。

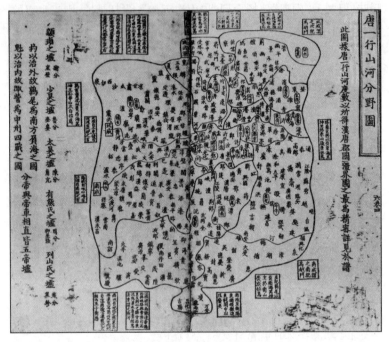

图5-1 《唐一行山河分野图》

曹婉如等编《中国古代地图集（战国—元）》，北京：文物出版社，1990年，图121。①

---

① 此图出自宋嘉泰元年（1201）刻本《帝王经世图谱》，《四库全书》本《帝王经世图谱》亦收录此图，略有小异，图注文字亦较少。宋刻本《帝王经世图谱》卷六，《北京图书馆古籍珍本丛刊》第76册，北京：书目文献出版社，1998年，第80页；四库本见《帝王经世图谱》卷七，《景印文渊阁四库全书》第922册，第510页上栏。

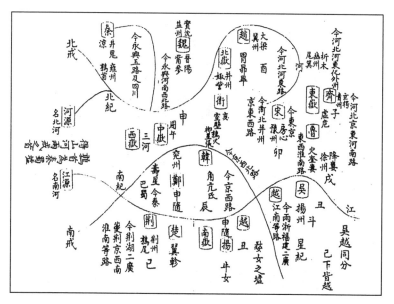

图 5-2 《分野图》

《六经奥论》，《景印文渊阁四库全书》第 184 册，第 110 页。

除上述在广域地理空间上论及岭南九州分野的文献外，宋代一些以局地某州为叙述范围的文献，譬如地方志，亦不乏采纳岭南西部属荆说者。譬如治今广西玉林的郁林州，《舆地纪胜·广南西路·郁林州》"古南越地。《前汉》为牛、女分野，至《唐志》乃以南越分属翼、轸"注云：

> 其曰韶、康、广、端、封、梧、藤、罗、雷、崖以东为星纪，星纪，斗、牛、女分也。其曰桂、柳、郁林、富、昭、蒙、龚、绣、容、白而西及安南为鹑尾，鹑尾，翼、轸分也。一越之地，而两隶星分，岂非以韶、广诸州近东而以属牛、女，桂、柳、郁林诸州近西而以属翼、轸乎？此据《图经》。①

---

① 《舆地纪胜》卷一二一《广南西路·郁林州》，北京：中华书局，1992 年，第 3497 页。

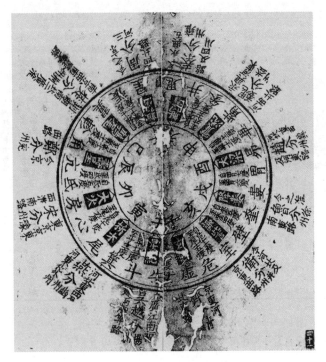

图 5‑3 二十八舍辰次分野之图

《宋本历代地理指掌图》，上海：上海古籍出版社，1989 年，第 82—
83 页。①

据此可知，撰者不详的郁林州《图经》②在确定本地天文分野时，系引
《唐志》（应为《新唐书·地理志》）对岭南分野的论述作为依据。而

---

① 同图又见于南宋章如愚编《山堂考索》，参《群书考索前集》卷五九《地理门·州郡
类》，明正德十三年（1518）建阳刘氏慎独书斋刊本，叶 2 右。

② 关于《舆地纪胜》引郁林州《图经》，张国淦、顾宏义、刘纬毅推断为宋志，然撰者及
成书时间皆不可考，桂始馨认为或即施埤纂《（郁林州）新志》。参张国淦《中国古
方志考》，上海：上海古籍出版社，2019 年，第 571—572 页；顾宏义《宋朝方志考》，
上海：上海古籍出版社，2010 年，第 468 页；刘纬毅等辑《宋辽金元方志辑佚》，上
海：上海古籍出版社，2011 年，第 936—937 页；桂始馨《宋代方志考证与研究》，上
海：上海人民出版社，2021 年，第 417 页。

在《唐志》中，岭南东部的韶、康、广、端、封诸州为星纪，西部的桂、柳、郁林、富、昭诸州为鹑尾，故《图经》亦以鹑尾为本地分野。由此可见，郁林州《图经》在确定本地分野属鹑尾亦即荆州时，实际是以岭南东部属扬、西部属荆为背景的，这自然意味着《图经》对岭南西部说的接受。

又治今广西容县附近的容州，成书于宋代的《容州志》①亦以岭南西部属荆判定本地分野属鹑尾。如《永乐大典》引《容州志》佚文所见：

> 按《汉·地理志》：古粤地，牵牛、婺女之分野，今之苍梧、蔚林、合浦、交趾，俱号粤地。《后汉志》：牵牛十一度，至婺女七度。《晋志》：自南斗十三度，北斗十度，皆曰星纪，吴越之分野。《春秋元命苞》曰：牵牛流为荆州，分为粤国。及考《唐志》，亦以岭南道为扬州之境，且析封梧以东至广为星纪分，柳桂以西并容为鹑尾分。又《天文志》谓星纪、鹑尾，以负南海。而韩退之《送南海从事窦平序》亦曰逾瓯闽而南，皆百越之地，于天文，其次星纪，其星牵牛。则知南涉越闽，讫苍梧，逾岭表，皆不外星纪、鹑尾之墟也。汉元鼎中，荧惑守南斗，占曰南斗越分也。其后越相吕嘉反，汉举兵诛之。候证不差，以是知容在岭右，介扬州之南，应鹑尾之分，无可疑矣。②

《容州志》对容州分野的描述略显混乱，既称"介扬州之南"，又云"应鹑尾之分"，未能注意到二者并不对应。不过从"应鹑尾之分"可

---

① 关于《永乐大典》引《容州志》，参张国淦《中国古方志考》，第 570—571 页；刘纬毅等辑《宋辽金元方志辑佚》，第 864 页。

② 《容州志·建置沿革》，马蓉等点校《永乐大典方志辑佚》第 5 册，北京：中华书局，2004 年，第 3082—3083 页。

知，《容州志》虽然备引《汉书·地理志》《后汉志》等书，但实际因袭的乃是将岭南一分为二的《新唐书·地理志》及《天文志》，由此将容州分野确定为鹑尾之次。亦即《容州志》判定本地分野，同样以岭南东部属扬、西部属荆为前提。

此外，治今广西藤县的藤州，《舆地纪胜》引《图经·分野门》云："《汉地理志》曰'粤地，牵牛之分野'，即《唐志》所谓诏南以西珠崖以东为星纪之分是也。"①案《舆地纪胜》引文颇有讹误，《图经》原文或有出入，但无论如何，藤州《图经》②当同样是以岭南东部属扬、西部属荆为基础，而将本地分野对应于星纪、扬州，这一点毋庸置疑。

要之，由于文献散佚，我们看不到更多明确采纳岭南西部属荆说的宋代文字，不过如果注意到宋代不少岭南西部诸州地方志都将本地分野对应鹑尾、荆州或兼属荆扬，③不难想见岭南西部属荆说在彼时应被广泛接受。固然，这些地方志并非都在岭南西部属荆框架下判定本地九州归属——譬如宋人江文叔纂《桂林志》，④即以曾辖属位于荆州的行政区为理由，但总体而言，立足岭南西部属荆进而判定本地分野者应占多数。这也就意味着，岭南西部属荆在宋代绝非偏僻冷门之说，而是有着很高的接受度。

---

① 《舆地纪胜》卷一〇九《广南西路·藤州》，第3303页。

② 关于《舆地纪胜》引藤州《图经》，参张国淦《中国古方志考》，第569—570页；顾宏义《宋朝方志考》，第467页；刘纬毅等辑《宋辽金元方志辑佚》，第924页；桂始馨《宋代方志考证与研究》，第416页。

③ 如《舆地纪胜》引《桂林志》、象州《图经》、《昭州志》，分见《舆地纪胜》卷一〇三《广南西路·静江府》，第3148页；《舆地纪胜》卷一〇五《广南西路·象州》，第3215页；《舆地纪胜》卷一〇八《广南西路·梧州》，第3283页。

④ 关于《舆地纪胜》引《桂林志》，张国淦以为鲍同纂，顾宏义、刘纬毅、桂始馨判断江文叔纂。后者是，张氏盖以鲍同作序而误以为鲍氏纂修。参张国淦《中国古方志考》，第560—561页；顾宏义《宋朝方志考》，第457—458页；刘纬毅等辑《宋辽金元方志辑佚》，第861页；桂始馨《宋代方志考证与研究》，第407页。

二、西部属荆与一行分野新说

如前章所述,自汉代以降,岭南属扬说就一直占据岭南九州分野言说的主体构成,甚至在新说陆续出现的唐代,岭南属扬说的主流知识地位仍未被撼动。是什么促使部分宋人一反此前岭南属扬的主流认识而将岭南西部划归荆州,且不约而同地以大致相同的中界线将岭南一分为二? 显然,这绝非巧合,而是应有共同的理论来源。这一理论来源在前举一些文献中已有表明,即唐僧一行的天文分野学说——蔡戡《分野论》、《唐一行山河分野图》自不待言,至于《六经奥论》载《分野图》,从图中标有"北戒""南戒""北纪""南纪"不难看出,其同样依据一行分野说。关于一行分野学说中对岭南的划分,两《唐书》均有叙述,兹引如下。

《旧唐书·天文志下》:

> 翼、轸,鹑尾之次。……其分野:自房陵、白帝而东,尽汉之南郡、江夏,东达庐江南郡,滨彭蠡之西,得汉长沙、武陵、桂阳、零陵郡。又逾南纪,尽郁林、合浦之地。郁林县今在贵州。定林县今在廉州。合浦县今为桂州。今自富、昭、蒙、龚、绣、容、白、罕八州以西,皆属鹑尾之墟也。
>
> 南斗、牵牛,星纪之次也。……其分野:自庐江、九江,负淮水之南,尽临淮、广陵,至于东海,又逾南河,得汉丹阳、会稽、豫章郡,西滨彭蠡,南涉越州,尽苍梧、南海。又逾岭表,自韶、广、封、梧、藤、罗、雷州,南及珠崖,自北以东为星纪,其西皆属鹑尾之次。[1]

《新唐书·天文志一》:

---

[1]《旧唐书》卷三六《天文志下》,北京:中华书局,1975年,第1314、1316页。

翼、轸，鹑尾也。……自房陵、白帝而东，尽汉之南郡、江夏，东达庐江南部，滨彭蠡之西，得长沙、武陵，又逾南纪，尽郁林、合浦之地。……自富、昭、象、龚、绣、容、白、廉州已西，亦鹑尾之墟。

南斗、牵牛，星纪也。……自庐江、九江，负淮水，南尽临淮、广陵，至于东海，又逾南河，得汉丹杨、会稽、豫章，西滨彭蠡，南涉越门，迄苍梧、南海，逾岭表，自韶、广以西，珠崖以东，为星纪之分也。①

不难看出，尽管二志表述略有差异，②且文意亦不乏难解处，③但大意还是较为明晰的，即大致以北迄昭、富，南至白、廉一线为界，包括昭、富诸州在内的岭南西部属"翼、轸—鹑尾"，其线以东区域则属"南斗、牵牛"，即如图 5-4 所示。岭南既在天文分野上被划分为鹑尾、星纪两个星次，其九州分野分属荆、扬二州也就顺理成章。④

---

① 《新唐书》卷三一《天文志一》，北京：中华书局，1975 年，第 823、825 页。

② 这种差异或为抄写讹误所致。如二志所列八州，富、昭、龚、绣、容、白六州同，《旧唐志》之"蒙"，《新唐志》作"象"，字形相近；又《旧唐志》之"罕"，《新唐志》作"廉"，校勘记引《十七史商榷》认为"罕"当作"牟"，而无论"罕""牟"，字形与"廉"亦有相近处，故不排除因形近而讹。

③ 曾广敏《两〈唐书·天文志〉十二次分野考校》，《古典文献研究》第 21 辑下卷，2018 年，第 276—278 页。

④ 需要说明的是，《宋史·地理志》称广南东、西路分属荆、扬二州，却又称其天文分野"当牵牛、婺女之分"，显示出天文分野与九州分野的错位。这种错位在唐宋文献中并不罕见，如《通典》以岭南不属九州，但仍承认岭南"在天文，牵牛、婺女，则越之分野，兼得楚之交"；《舆地纪胜》载岭南诸州，天文分野与九州分野亦多有不合。如邕州、琼州，认为地处《禹贡》九州外，昭州、梧州，属《禹贡》荆州之域，但天文分野仍记作对应于星纪或牵牛、婺女（《舆地纪胜》卷一〇六《广南西路·邕州》，第 3237 页；卷一二四《广南西路·琼州》，第 3553 页；卷一〇七《广南西路·昭州》，第 3259 页；卷一〇八《广南西路·梧州》，第 3283 页）。这种错位，盖系综合抄录之前不同文献时不审所致，并不妨碍一般认识中天文分野与九州分野的对应。《宋史·地理志》以岭南"当牵牛、婺女之分"，大约远溯《汉书·地理志》；认为岭南分属荆、扬，则极有可能受到一行分野学说的影响。

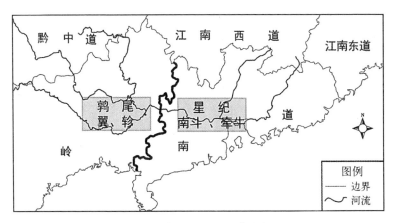

图5-4 两《唐书·天文志》岭南分野

底图据《中国历史地图集》(谭其骧主编,北京:中国地图出版社,1987年)第5册
《隋·唐·五代十国时期》"岭南道东部",图69—70。由林昌丈绘制。

如前所述,在一行提出新的天文分野说的开元年间之前,一般
认为岭南在天文分野上为一整体,其次星纪,其宿斗、牛,或包括婺
女。一行何以要在主流认识外别出心裁,另将岭南一分为二?这与
他发明的山河两戒理论密切相关。据《新唐书·天文志》记载,一行
将天下山河分为两戒、两河,其中两河系两条自然河流,北河黄河,
南河长江;两戒则为一行主观构建的山系,北戒"自三危、积石,负终
南地络之阴,东及太华,逾河,并雷首、底柱、王屋、太行,北抵常山之
右,乃东循塞垣,至濊貊、朝鲜,是谓北纪,所以限戎狄也";南戒"自
岷山、嶓冢,负地络之阳,东及太华,连商山、熊耳、外方、桐柏,自上
洛南逾江、汉,携武当、荆山,至于衡阳,乃东循岭徼,达东瓯、闽中,
是谓南纪,所以限蛮夷也"。一行将两戒、两河视为具有标志性意义
的地理界限,进而按照其走向,将全国划分为若干区域,其中"南纪
之东,至南河之南,为荆楚","自南河下流,北距岱山为邹、鲁,南涉
江、淮为吴、越","自江源循岭徼南,东及海,为蛮越",荆楚、吴越、蛮

越均以两戒、两河走向为坐标,获得相应的地理空间。

两戒、两河只是划定了地理分区,地理与天文的对应还有待于对云汉(银河)升降的观察。一行声称:"观两河之象,与云汉之所始终,而分野可知矣。"而在云汉走向中,"星纪得云汉下流,百川归焉,析木为云汉末派,山河极焉。故其分野,自南河下流,穷南纪之曲,东南负海,为星纪","升阳进逾天关,得纯乾之位,故鹑尾直建巳之月,内列太微,为天廷。其分野,自南河以负海,亦纯阳地也"。亦即在一行看来,星纪对应于东南沿海,鹑尾对应于长江正南。这样,通过对星纪、鹑尾等星次位置的设定,一行将荆楚与鹑尾、吴越与星纪相连,并结合其他分野设定,由此形成颇异于之前天文分野模式的新分野学说(表5-1)。①

如表5-1所见,与《乙巳占》代表的传统分野言说相比,一行分野新说大的变动除岭南一分为二、兼属荆扬外,还包括其下几处:1. 琅琊、城阳等自玄枵转入降娄,2. 上党、太原、西河自大梁转入实沈,3. 代郡、雁门自析木转入大梁,4. 河南、汝南、颍川部分地区自实沈转入鹑火,5. 南阳、弘农分别自寿星、鹑首转入鹑火。检核几处变动依据,大抵均与以两戒、两河为代表的山川相关。譬如1,考《新唐书·天文志一》,"降娄、玄枵与山河首尾相远,邻颛顼之墟,故为中州负海之国也。其地当南河之北、北河之南,界以岱宗,至于东海",亦即在一行分野中,降娄、玄枵系以泰山至东海一线为界,北为玄枵,以黄河为北界,南为降娄,以淮水为南界——一行认为淮水、汉水与长江相为表里,亦可视为"南河",琅琊、城阳位于界南,故自玄枵转入降娄。又2、3,按照一行规划,实沈西以南流黄河为界,东与

---

① 《新唐书》卷三一《天文志一》,第817—825页。关于一行山河两戒理论,清人徐文靖有详细注解。参徐文靖《天下山河两戒考》,清雍正元年(1723)当涂徐氏刊本,又见《四库全书存目丛书·史部》第173册,济南:齐鲁书社,1996年,第646—828页。

表5-1　一行分野与传统十二次分野对照

星次	一行分野			《乙巳占》所记分野①		
	星宿	星　度	地　理　区　域	星宿	星　度	地　理　区　域
玄枵	须女、虚、危	初，须女五度，余二千三百七十四，秒四少。中，虚九度，危十二度。终，危十二度。	自济北东逾济水，涉平阴，至于山茌，循岱岳众山之阴，东南及高密，又东尽莱夷之地，得汉北海、千乘、淄川、济南，齐郡及平原、渤海，九河故道之南，滨于碣石。	女、虚	自女八度至危十五度。	东莱，琅琊，高密，胶东，淄川，城阳，千乘，渤海之高乐、高城、重合，阳信，济南，平原。
娵訾	营室、东壁	初，危十三度，余二千九百二十六，秒一太。中，营室十二度。终，奎一度。	自王屋、太行而东，得汉河内，至北纪之东隅，北负漳、邺，东及馆陶、聊城，又自河、济之交，涉荥波，滨济水而东，得东郡之地。	危、室、壁	自危十六度至奎四度。	东郡，魏郡之黎阳，河内之野王、朝歌。

① 李淳风《乙巳占》卷三《分野》，丛书集成初编本，上海：商务印书馆，1936年，第44—50页。文字据《汉书·地理志》略有调整。

续 表

星次	一行分野			《乙巳占》所记分野		
	星宿	星 度	地 理 区 域	星宿	星 度	地 理 区 域
降娄	奎、娄	初,奎二度,余干二百一十七,秒十七少。中,娄一度。终,胃三度。	自蛇丘、肥成,南届巨野,东达梁父,循岱岳众山之阴,经方与、沛、留、彭城,东至于吕梁,乃东南抵淮,并淮水而东,尽徐夷之地,得汉东平、鲁国、琅邪、东海、泗水、城阳。	奎、娄	自奎五度至胃六度。	东海、泗水,临淮之下相、睢陵、僮、取虑。
大梁	胃、昴、毕	初,胃四度,余二千五百四十八,秒八大。中,昴六度。终,毕九度。	自魏郡浊漳之北,得汉赵国、广平、巨鹿、常山,东及清河、信都,北据中山、真定,全赵之分。又北逾众山,尽代郡、雁门、云中,定襄之地与北方群狄之国。	胃、昴	自胃七度至毕十一度。	赵国,信都,真定,常山,中山,涿郡之高阳、鄚、州乡,广平、巨鹿、清河、河间、文安,海之东平舒、中邑、文安、魏武、成平、章武,束州、成平、斥丘、魏郡之繁阳、内黄,太原、定襄,云中,五原,上党。

星次	一行分野			《乙巳占》所记分野		
	星宿	星度	地理区域	星宿	星度	地理区域
实沈	觜嶲、参伐	初,毕十度,余八百四十一,秒四之一。中,参七度。终,东井十一度。	自汉之河东及上党,太原,尽西河之地。	毕、觜、参	自毕十二度至井十五度。	左冯翊之高陵以东,河东,河内,陈留,汝南之部陵,濦强,新汲,西华长平,颍川之舞阳,郾,许,鄢陵,河南之开封,中牟,阳武,酸枣,卷。
鹑首	东井、舆鬼	初,东井十二度,余二千一百七十二,秒十五太。中,东井二十七度。终,柳六度。	自汉三辅及北地,上党,安定,西自陇坻至河右,西南尽巴蜀,汉中之地,及西南夷犍为,越嶲,益州郡,极南河之表,东至牂柯。	井、鬼	自井十六度至柳八度。	弘农故关以西,京兆,扶风,冯翊,北地,上郡,西河,安定,天水,陇西,巴郡,汉,广汉,犍为,蜀郡,金城,武威,张掖,酒泉,敦煌,牂牁,越嶲,益州。
鹑火	柳、七星、张	初,柳七度,余百六十四,秒七少。中,七星七度。终,张十四度。	北自荥泽,荥阳,并京,索,暨山南,得新郑,密县,至外方东隅,斜至颍川,叶,南踰汉,尽汉南阳之地。又自雉邑负北河之阴,西及函谷,尽弘农,达武当,汉水之阴,尽淮源,以淮柏,桐柏,东阳,弘农为限,而申州属寿星。	柳、星、张	自柳九度至张十六度。	河南之洛阳,谷成,平阴,偃师,巩县,缑氏。

续表

星次	一行分野			《乙巳占》所记分野		
	星宿	星度	地理区域	星宿	星度	地理区域
鹑尾	翼、轸	初,张十五度,余千七百九十五,秒二十二太。中,翼十二度。终,轸九度。	自房陵、白帝而东,尽汉之南郡、江夏,东达庐江南部,滨彭蠡之西,得长沙、武陵,又逾南纪,尽郁林、合浦之地,自沅、湘上流,西达黔安之左,皆全楚之分。自富、昭、象、龚、绣、容、白、廉州已西,亦鹑尾之墟。	翼、轸	自张十七度至轸十一度。	南郡、江夏、零陵、桂阳、武陵、长沙、汉中、汝南。
寿星	角、亢	初,轸十度,秒十四少。中,角八度。终,氐一度。	自原武、管城、滨河、济之南,东至封丘、陈留,尽陈、蔡、汝南之地,逾淮源至于弋阳,西涉南阳郡,至于桐柏,又东北抵嵩之东阳,中国地络在南北河之间,首自西倾,极于陪尾,故随、申、光皆豫州之分,宜属鹑火。	角、亢	自轸十二度至氐氏四度。	南阳郡、颍川之父城、定陵、襄城、颍阳、颍阴、长社、阴翟、郏鄏、淮阳、弘农之新安、宜阳、河南之新郑、成皋、荥阳、颍川之高阳、阳城。

续　表

星次	一行分野			《乙巳占》所记分野		
	星宿	星度	地理区域	星宿	星度	地理区域
大火	氐、房、心	初，氐二度，余干四百一十九，秒五太。中，房二度，终，尾六度。	自雍丘、襄邑、小黄而东，循济阴，界于齐、鲁，右泗水，达于吕梁，乃东南接大吴之墟，尽汉济阴、山阳、楚国，丰、沛之地。	氐、房、心	自氐五度至尾九度。	沛、梁、楚、山阳、东平、济阴，东郡之须昌、寿张。
析木	尾、箕	初，尾七度五十，余二千七百四十，秒二十一少。中，箕五度，南斗八度。	自渤海、九河之北，得汉河间，涿郡、广阳及上谷、渔阳、右北平、辽西、辽东、乐浪、玄菟。	尾、箕	自尾十度至斗十一度。	渔阳、右北平、辽东、辽西、上谷、代郡、雁门、涿郡之易、容城、范阳、北新城、固安、涿县、良乡、新昌、渤海之安次、乐浪、玄菟、朝鲜。
星纪	南斗、牵牛	初，南斗九度，余千四百一十二，秒一太。中，南斗二十四度。终，女四度。	自庐江、九江，负淮水，南尽临淮、广陵，至于东海，又逾南河，得汉丹阳、会稽、豫章，南涉越门，迄苍梧、南海，逾岭南，自韶、广以西，珠崖以东，为星纪之分也。	斗、牛	自斗十二度至女七度。	会稽、九江、丹阳、豫章、庐江、广陵、六安、临淮、苍梧、郁林、合浦、交趾、九真、日南、南海。

大梁隔王屋、太行等北戒众山相望，大梁得"全赵之分"，又"北逾众山"，东与地处"北河末派，穷北纪之曲"的析木接壤。上党、太原、西河地处南流黄河以东，王屋、太行北戒诸山西北，故自大梁划归实沈；代郡、雁门地理偏西，不在北河末派，故自析木转属大梁。至于4、5，一行设定"自鹑首逾河，戒东曰鹑火，得重离正位，轩辕之祗在焉。其分野，自河、华之交，东接祝融之墟，北负河，南及汉，盖寒燠之所均也"，亦即鹑火北抵黄河，南达汉水，西以华山为界，由此地处黄河以南的河南、汝南、颍川相关地区，华山以东的弘农，汉水所在的南阳，纷纷由原先星次转归鹑火。要之，尽管一行分野并未完全以宣称的两戒、两河为界，甚至如大梁且跨越北戒，但总体而论，其说大抵是以两戒、两河为代表的名山大川构成分野疆界，此即一行所谓"但据山河以分耳"。①

以山川划定分野，并不始于一行，《禹贡》九州分野即相当程度地依据了山川界限，但几乎完全以自然山川的脉络走势划定分野区域，则为一行首创。一行"但据山河以分"，使得其分野理论得以摆脱因疆域变动而造成的天文与地理不相对应的问题——这一点在主要依据十二（三）州、国进行分野的分野体系中极为常见；另一方面，随着云汉升降作为分野依据的加入，以往分野理论中常被批评的星次、星宿与地理不相配的问题也随之获得规避。② 不过，云汉升降乃至《周易》等多种定界元素的加入，也使得一行分野理论复杂玄妙，并不易懂。而抛开深奥晦涩的分野原理不论，有一点可以明确，即一行根据星次与云汉的位置将十二星次分为两类——"在云汉之阴者八，为负海之国；在云汉之阳者四，为四战之国"。而星纪、鹑尾均为"负海之国"，其中星纪"东南负海"，鹑尾"自南河以负海"，另

---

① 参《新唐书》卷三一《天文志一》，第817—825页。
② 陈藻《分野》，《全宋文》第287册，第115—117页。

一处文字更明确指"星纪、鹑尾以负南海"。① 而若按传统分野模式以岭南全体属星纪,鹑尾无法"负海"。固然,一行所谓"负海",未必都是实指——譬如一行称鹑首、实沈以负西海,大梁、析木以负北海,西海、北海均非真实存在,不过岭南南方真实存在的南海一行肯定不会放过。基于此,一行遂将邻近鹑尾的岭南西部划归鹑尾,由此满足了鹑尾对应地理空间"以负南海"的需求。而随着岭南西部划归鹑尾,岭南天文分野之被二分及岭南西部归属荆州,也就不可避免了。

不过,岭南何以会以昭、富以下一线为界一分为二,由于一行分野在此未记划分依据,缘由尚不得而知。从地形上看,昭、富以下一线并不具备将岭南一分为二的山川形便——如果说白、廉以下,尚与斜贯岭南、且明清以降一直作为粤桂两省分界线的云开大山相合,昭、富至容、牢一线,位置明显偏西,与云开大山拉开距离。又在此前地方行政建置中,孙吴两晋曾于岭南分设交、广,但二州分界线与昭、富以下一线迥异;②唐代前期设置三分或五府格局,位于岭南东部的广州统府或广州都督府,与相邻诸府的分界线也与昭、富以下一线颇有出入。③ 以此而言,一行分野将岭南分界线设置为昭、富以下一线,或有其随意性的一面。但无论如何,由于这条分界线的存在,传统分野模式中多视为一体的岭南遂被一分为二,岭南分野

---

① 参《新唐书》卷三一《天文志一》,第 818—820 页。

② 吴大帝黄武五年(226),分交州南海、苍梧、郁林、高凉四郡立广州,俄复旧;景帝永安七年(264)复分,晋平吴后沿袭不改;至刘宋明帝泰始七年(471)分设越州,岭南遂三分。参《晋书》卷一五《地理志下》,北京:中华书局,1974 年,第 464—468 页;《宋书》卷三八《州郡志四》,北京:中华书局,1974 年,第 1189—1209 页。

③ 三分格局见于唐初高祖、太宗时期,五府格局见于高宗、武后时期。关于唐代前期岭南地方行政建置的变化,参艾冲《论唐代"岭南五府"建制的创置与演替——兼论唐后期岭南地域节度使司建制》,《唐都学刊》2011 年第 6 期;罗凯《唐代容府的设置与岭南五府格局的形成》,《中国边疆史地研究》2015 年第 2 期;《从三分到归一:唐朝前中期岭南政治地理格局的变迁》,《中国历史地理论丛》2018 年第 1 辑。

言说亦因此迎来新的格局。

三、划省分疆：明清时期的
岭南二分言说

　　一行分野新说在唐代似未掀起大的波澜。据《旧唐书·天文志》，一行提出分野说是在开元初，[①]开元六年（718）完成、由瞿昙悉达奉敕撰述的《开元占经》，仍基本沿用李淳风在《乙巳占》中的分野模式，更晚成书的《唐六典》《通典》《元和郡县图志》等，其分野体系也很难辨识出一行分野说的因子，其他唐代文献也很少见到依据一行学说进行天文或地理分野的文字——《旧唐书·天文志》是个例外，如果按照杜希德（Denis C. Twitchett）的意见，此篇系以柳芳等人于肃宗时期续修的唐国史《天文志》为基础，则是唐人文献中罕见地采纳了一行学说。[②]

　　不过到宋代，一行分野学说的影响逐渐显现，不仅获得学者如唐仲友、林希逸（1193—1271）等的极高评价，不少分野文字也采纳其说。[③]

---

① 《旧唐书》卷三六《天文志下》，第 1311 页。
② 杜希德《唐代官修史籍考》，黄宝华译，上海：上海古籍出版社，2010 年，第 199 页。谢保成认为《旧唐书·天文志》主要采自唐宣宗初年以前成书的《会要》《续会要》，虽然年代略晚，但仍属唐人文字。《〈旧唐书〉的史料来源》，《唐研究》第 1 卷，北京：北京大学出版社，1995 年，第 362—363 页。
③ 唐晓峰、潘晟、邱靖嘉也注意到一行分野说在唐代以后影响较大，不过邱靖嘉认为唐代以后星占实例及地志撰述较少直接采用一行之说判定分野区域，或可商。参唐晓峰《从混沌到秩序——中国上古地理思想史述论》，北京：中华书局，2010 年，第 145 页；潘晟《宋代地理学的观念、体系与知识兴趣》，北京：商务印书馆，2014 年，第 310—316 页；邱靖嘉《山川定界：传统天文分野说地理系统之革新》，初刊《中华文史论丛》2016 年第 3 期，后收入氏著《天地之间：天文分野的历史学研究》，北京：中华书局，2020 年，第 172 页。

如略晚于《新唐书》、由王安礼（1034—1095）等删定的《灵台秘苑》，以及题南宋初李季撰《乾象通鉴》，虽然星次宿度大抵袭用《乙巳占》《开元占经》，但分野则基本同于一行说，岭南被分属星纪、鹑尾二次。① 在此背景下，九州分野中岭南被一分为二，也就不难理解了。②

及至明清，一行分野说影响更甚，多部官方主持编纂的全国性地理文献均袭用一行说，将岭南西部划归荆州，如《大明清类天文分野之书》、《大明一统志》、康熙、乾隆、嘉庆三朝《大清一统志》、《清史稿·地理志》等，莫不如此，③一些区域地理文献，如嘉靖、康熙、雍正、嘉庆四朝《广西通志》等亦持此论，④几部《广东通志》也可觅得一行分野的影子，⑤至于府州县地方志中，以一行分野构成主要证据或证据

① 庚季才原撰，王安礼等删定《灵台秘苑》卷三《十二分野》，《景印文渊阁四库全书》第 807 册，第 25—28 页；李季《乾象通鉴》卷一二《十二次分野论》，《续修四库全书》第 1050 册，上海：上海古籍出版社，1996 年，第 323—327 页。

② 需要说明的是，宋代文献中也有天文分野从一行而九州分野不同者，如《新唐书·地理志》以岭南天文分野分属星纪、鹑尾，但九州分野则为"古扬州之南境"。《新唐书》卷四三上《地理志七上》，第 1095 页。

③ 《大明清类天文分野之书》卷一《吴分野》、卷一八《楚分野》，《四库全书存目丛书·子部》第 60 册，济南：齐鲁书社，1995 年，第 405、667 页；《大明一统志》卷八三《桂林府》等，成都：巴蜀书社，2018 年，第 3658 页等；康熙《大清一统志》卷二七四《广东布政使司》，乾隆九年（1744）武英殿刊本，叶 1，卷二九〇《广西布政使司》，叶 1；乾隆《大清一统志》卷三三八《广东统部》，《景印文渊阁四库全书》第 481 册，第 789 页上栏，卷三五四《广西统部》，《景印文渊阁四库全书》第 482 册，第 312 页下栏；嘉庆《大清一统志》卷四四〇《广东统部》、卷四六〇《广西统部》，上海：上海古籍出版社，2022 年，第 16353、17250 页；《清史稿》卷七二《地理志十九》、卷七三《地理志二十》，北京：中华书局，1977 年，第 2269、2293 页。

④ 嘉靖《广西通志》卷四《分野》，《四库全书存目丛书·史部》第 187 册，第 54—60 页；康熙《广西通志》卷四《分野》，康熙二十二年（1683）刻本，叶 1—5；雍正《广西通志》卷一《星野》，《景印文渊阁四库全书》第 565 册，第 16—27 页；嘉庆《广西通志》卷八四《舆地略五·分野》，南宁：广西人民出版社，1988 年，第 2699—2700 页。

⑤ 嘉靖《广东通志初稿》卷一《分野》，《北京图书馆古籍珍本丛刊》第 38 册，北京：书目文献出版社，1998 年，第 14 页；嘉靖《广东通志》卷一《图经上·广东总图经》，广州：广东省地方史志办公室，1997 年，第 2 页上栏；万历《广东通志》卷一（转下页）

之一判定本地分野者更是不胜枚举。① 不夸张地讲，一行分野首创的岭南二分，在明清时期俨然已是岭南分野言说的主流模式。

不过另一方面也应注意到，宋代以降持岭南二分说的文献中，如果说部分文献尚遵从一行分野原意，以昭、富以下一线中分岭南，那么在更多文献中，东西分界所在已经发生了明显的位移。譬如在洪武十七年(1384)成书的《大明清类天文分野之书》中，广东之广州、惠州、肇庆、南雄、潮州、雷州、琼州、高州八府，德庆、崖、儋、万、化五州，及广西梧州府所统苍梧、藤、容、岑溪四县，被设定为属扬之地，属荆之地则包括广东之廉州、韶州二府，连、钦二州，广西之桂林、南宁、浔州、柳州、庆远、平乐、思明、太平、田州、来安、镇安十一府，以及龙、利、郁林等四十二州，其东西分界与一行设定的岭南分界存在较大差异。②

(接上页)《藩省志一·分野》，万历三十年(1602)刊本，叶5—8；康熙《广东通志》卷一《星野》，康熙三十六年(1697)刻本，叶1—11；雍正《广东通志》卷二《星野》，《景印文渊阁四库全书》第562册，第81—84页。

① 如嘉靖《南宁府志》、光绪《镇安府志》、嘉庆《临桂县志》、嘉庆《续修兴业县志》、道光《龙胜厅志》、光绪《郁林州志》等所论属荆，都与一行分野学说存在直接或间接联系。分见嘉靖《南宁府志》卷一《分野》，《日本藏中国罕见地方志丛刊》，北京：书目文献出版社，1992年，第349页下栏；光绪《镇安府志》卷八《舆地志一·分野》，《中国方志丛书·广西省》第14号，台北：成文出版社，1967年，第158—160页；嘉庆《临桂县志》卷一《星分》，《中国方志丛书·广西省》第15号，第10页上栏；嘉庆《续修兴业县志》卷一《地理·星野》，《中国方志丛书·广西省》第16号，第11页；道光《龙胜厅志·分野》，《中国方志丛书·广西省》第17号，第40—41页；光绪《郁林州志》卷四《舆地略·星野》，《中国方志丛书·广西省》第23号，第62页。

② 《大明清类天文分野之书》的叙述间有矛盾之处，如书中一方面称"斗牛在丑，自斗三度至女一度，属吴越分，扬州"(第405页上栏)，"翼轸在巳，自张十六度至轸九度，属楚分，荆州"(第667页下栏)，意识到星宿与九州存在对应，并以梧州属牛女，韶州属翼轸，但另一方面又称梧州府"《禹贡》荆州之域，粤地，牛女之分"(第485页下栏)，韶州府"《禹贡》扬州之域，楚粤之交"(第716页上栏)，其间龃龉显而易见。考虑到书中州之下的具体分野叙述多不严谨——如称南宁府"古粤地，《禹贡》扬州之南境，翼轸之分"(第701页下栏)，思明、太平、田州、镇安诸府州"荆州徼外之地"(第710—712页)等，这里暂以卷一《吴分野》、卷一八《楚分野》开篇之总体叙述为准。

　　《大明清类天文分野之书》奠定了明清两代岭南分野二分言说的基本格局，此后以二分言说岭南分野的文献中，或完全依循《大明清类天文分野之书》，或在其说基础上斟酌损益，前者如《明史·天文志》，[1]后者见诸《大明一统志》及康熙、乾隆、嘉庆《大清一统志》等。明英宗天顺五年（1461）纂成的《大明一统志》，不满《大明清类天文分野之书》以韶州府九州分野属荆，转而将韶州府划归扬州之域，天文星纪—牛女分野；此外不知是有意调整还是无意疏漏，《大明清类天文分野之书》中分属星纪、鹑尾的梧州府被一总归于星纪，尽管九州分野仍被视为《禹贡》荆州之域。[2] 及至三部《大清一统志》，一方面继承《大明一统志》以韶州府归属星纪、扬州，另一方面又纠正《大明一统志》中梧州府天文分野与九州分野不对应之讹，判定梧州府"天文翼轸分野，鹑尾之次，《禹贡》荆州徼外地"，由此形成新的岭南二分格局。[3]

　　无待赘言，上述文献将岭南分野一分为二，或确曾受到一行分野启示，不过诸书对分界线的调整却又表明，它们并非真心服膺一行分野。在诸书建构岭南分野二分的过程中，一行分野更像是附会对象，其意义乃在文饰，借以彰显分野言说合理可信，岭南分野之被一分为二，其实另有主导因素。这个主导因素是什么？笔者注意到，无论是一行分野，还是明清地理文献所见岭南分野二分说，其东西分界线大抵都以现实行政区为界，或以州，或以府，打破州、府疆

①《明史》卷二五《天文志一》，北京：中华书局，1974年，第367—369页。
②《大明一统志》卷七九《韶州府》、卷八四《梧州府》，第3521、3718页。
③康熙《大清一统志》卷二七七《韶州府》，叶1左，卷二九八《梧州府》，叶1左；乾隆《大清一统志》卷三四〇《韶州府》、卷三六二《梧州府》，《景印文渊阁四库全书》第482册，第56页下栏、440页下栏；嘉庆《大清一统志》卷四四四《韶州府》、卷四六九《梧州府》，第16539、17622页。

界者极为罕见。这提示我们，宋代以降岭南分野二分说渐盛，或许还与彼时地方行政建置相关。而恰自唐懿宗咸通三年（862）开始，岭南地方行政亦如分野一般多被分为两地，唐末设岭南东道、西道节度使，宋代设广南东、西路，明清以降设广东、广西两省。这种一致应非偶然。王象之曾说：

> 《唐地理志》乃以南越分属翼、轸。翼、轸，楚分，属荆州，其星鹑尾，盖指韶、广以东为星纪，星纪，牛、女之分也。桂、柳以西及安南为鹑尾，鹑尾，翼、轸之分也。一越之地，而两隶星分，岂非以二广之东、西而分牛女、翼轸之异乎？不知班固分诸州分野之时，交、广尚合为一郡（州），未分东西也，不应反因后之分路而使与班固之分野而强合乎？[①]

虽然王象之旨在质疑前人因岭南地方行政建置划分东西而将岭南分野一分为二，不过其议论却提示地方行政建置与分野言说之间可能存在关联。观一行分野或明清地理文献所设岭南分界线，尽管与唐代岭南东西道、宋代广南东西路、明清广东广西省的分界线未必尽皆吻合，但大体都位于岭南东西向的中线位置，且越到后期，二者重合度越高。这不禁令人怀疑，或许正是得益于地方行政建置中的东西二分，由一行首倡的岭南分野二分说才能在宋代以降渐居主流，岭南东部属扬、西部属荆也在关于岭南九州分野的诸学说中脱颖而出。

尽管没有直接证据指向宋代以降将岭南分野二分系以岭南地方行政建置的二分为前提，不过，若干岭南二分言说径以广东、广西中分岭南，至少表明前者极有可能受到后者影响。前引金履祥注解

---

① 《舆地纪胜》卷一一〇《广南西路·浔州》，第 3315 页。

《禹贡》"淮海惟扬州""荆及衡阳惟荆州"，称扬州"北至淮，东南至海，得今淮南、江南东西、二浙之地，福建、广东亦属焉"，荆州"北抵荆山，南跨衡山以南。荆山在今襄阳府南漳县，衡山在今衡州之北九十里，属潭州湘潭县。荆州得今荆湖南北路，北接京西，西侵夔、峡，南控广西"，①既云"广东亦属"扬州而荆州"南控广西"，显然金氏以岭南分属荆、扬，即是以宋代广南东路、广南西路为基准的。明人郝敬（1558—1639）、清人王心敬（1656—1738）判断"扬在徐南，即今南京、浙江、江西、福建、广东境"，"荆在扬西，即今湖广连广西、贵州境"，区分岭南属扬、属荆同样也以广东、广西为据。② 此外，明人朱朝瑛（1605—1670）认为荆州包括广西，清人朱鹤龄（1606—1683）设定衡山之南为广西，周阆仙（生卒年不详）确认扬州包括广东，三人对岭南分野的论述虽显暧昧，甚至不无歧义，但结合前后文意，大约也是以广东、广西为据划分岭南九州归属。③ 不过，揆以一行分野，诸书以现实行政区的广东、广西二分岭南九州分野，并不准确。首先，无论是宋代的广南东、广南西路，明代的广东、广西布政使司，还是清代的广东、广西省，其分界线均与一行分野划定的岭南分界线存在出入；与后者相比，岭南地方高层行政区的东西分界线明显更为偏东。其次，即便同为现实行政区，宋代广南东路、广南西路与

---

① 金履祥《书经注》卷三《禹贡》，李勇先主编《尚书禹贡篇集成》第 2 册，第 51 页下栏、53 页下栏。

② 郝敬《尚书辨解》卷二《禹贡》，李勇先主编《尚书禹贡篇集成》第 3 册，第 135 页下栏、136 页下栏；王心敬《丰川今文尚书质疑》卷三《禹贡》，李勇先主编《尚书禹贡篇集成》第 5 册，第 36 页。

③ 朱朝瑛《读尚书略记》，李勇先主编《尚书禹贡篇集成》第 3 册，第 199 页下栏；朱鹤龄《禹贡长笺》卷六，李勇先主编《禹贡集成》第 3 册，上海：上海交通大学出版社，2009 年，第 431 页；周阆仙《禹贡图说》，李勇先主编《禹贡集成》第 8 册，第 218 页下栏。所谓暧昧，如朱鹤龄《禹贡长笺》、周阆仙《禹贡图说》各自仅及荆、扬一州所属；所谓歧义，如朱朝瑛《读尚书略记》列举扬州所统，包括南直、浙江、江西，未及岭南。

明清广东、广西的分界线也不一致。较之宋代广南东、西路，明清广东、广西显著变动有二：其一，位于宋代广南西路东南部的钦、廉、雷、化、高五州及海南岛所置州军，明清时期其地大抵归于广东；其二，宋代广南东路所属广州之怀集县，明清时期入于广西梧州府。经此消长，明清时期的广东、广西疆域变化较大，与宋代广东、广西并不等同。再者，在明清岭南二分说的通行版本中，隶属广东的廉州府、连州大抵被认为属于荆州，而隶属广西梧州府之怀集（今广东怀集）、苍梧（今广西梧州）、藤县（今广西藤县）、容县（今广西容县）、岑溪（今广西岑溪）诸县，则或被视为分野属扬。因此严格说来，在岭南分野二分体系下，明清广东、广西均兼有荆扬，并不专属一州。① 由此可见，无论是按照一行原始分野，抑或退一步言之，按

---

① 连州属荆唐代已然，至于廉州府及梧州府诸县分野归属，参《大明清类天文分野之书》卷七《梧州府》、卷二〇《廉州府》，《四库全书存目丛书·子部》第 60 册，第 485、714 页下栏—715 页上栏；《大明一统志》卷八二《廉州府》，第 3615 页；《明史》卷二五《天文志一》，第 368、369 页；康熙《大清一统志》卷二七四《广东布政使司》，叶 1，卷二八四《廉州府》，叶 1，卷二九〇《广西布政使司》，叶 1，卷二九八，叶 1 左；乾隆《大清一统志》卷三四八《廉州府》，《景印文渊阁四库全书》第 482 册，第 214 页上栏，卷三五四《广西统部》，《景印文渊阁四库全书》第 482 册，第 312 页下栏；嘉庆《大清一统志》卷四四〇《广东统部》、卷四六〇《广西统部》，第 16353、17250 页；万历《广东通志》卷一《藩省志一·分野》，叶 5 右、叶 7 右；康熙《广东通志》卷一《星野》，叶 4 左、叶 8 右—叶 9 左；雍正《广东通志》卷二《星野》，《景印文渊阁四库全书》第 562 册，第 84 页上栏；嘉靖《广西通志》卷四《分野》，《四库全书存目丛书·史部》第 187 册，第 57 页下栏；雍正《广西通志》卷一《星野》，《景印文渊阁四库全书》第 565 册，第 22 页下栏；光绪《广西通志辑要》卷一《分野》，《中国方志丛书·广西省》第 70 号，第 17 页上栏；崇祯《廉州府志》卷一《分野》，广东省地方史志办公室编《广东历代方志集成·廉州府部》第 1 册，广州：岭南美术出版社，2008 年，第 8 页；康熙《廉州府志》卷一《舆图志·分野》，广东省地方史志办公室编《广东历代方志集成·廉州府部》第 1 册，第 302 页；乾隆《廉州府志》卷一《分野》，广东省地方史志办公室编《广东历代方志集成·廉州府部》第 2 册，第 18 页；道光《廉州府志》卷二《舆地二·分野》，广东省地方史志办公室编《广东历代方志集成·廉州府部》第 3 册，第 42 页上栏等。

照宋代以降与时俱进的分野通说，岭南分野属扬、属荆均与作为现实行政区的广东、广西无法一一对应。上举诸书无视这一差别，率意牵合现实行政区与一行分野，将广东、广西与属扬、属荆简单对应，分野言说背后现实行政区的影响可谓昭然若揭。

　　以上为注解《禹贡》的经学著述所见岭南分野言说受到现实行政区的影响，在地理文献中，类似影响也不难看到。一些地理文献，如前举经学著述一般，简单以广东、广西构成判断分野的基准。譬如现存最早的广东通志——刊刻于嘉靖十四年（1535）的戴璟修、张岳等纂《广东通志初稿》，尽管意识到广东所属连州分野属荆，但对包括廉州府在内的广东其他府州，则一律视为扬州之地。① 嘉靖《广东通志初稿》这一异于通论的分野言说，当是受到广东作为一独立完整的岭南地方高层行政区干扰所致。又《清史稿·地理志》梳理各省九州分野，断言"广东，《禹贡》扬州之南裔"，"广西，《禹贡》荆州南徼之域"，更是直接以广东、广西判断属扬、属荆。② 此外，基于宋朝国史纂修而成的《宋史·地理志》，宣称"广南东、西路，盖《禹贡》荆、扬二州之域"，③虽未直接以广南东路、广南西路为据判断属扬、属荆，但这一表述惹人遐想，认为广南东路、广南西路分别与扬州、荆州之间存在对应关系。这些分野言说背后，均不难看出现实行政区的影响。事实上，即便那些注意到岭南分野属荆、属扬之分界线与地方高层行政区疆界存在出入的分野言说，如前所述，其所设定的分野界线也与后者分界线大致重合，这也足以证明宋代以降岭南分野二分说的盛行应与岭南地方行政建置一分为二密切相关。

---

① 嘉靖《广东通志初稿》卷一《分野》，《北京图书馆古籍珍本丛刊》第 38 册，第 15 页上栏。

②《清史稿》卷七二《地理志十九·广东》，第 2269 页；卷七三《地理志二十·广西》，第 2293 页。

③《宋史》卷九〇《地理志六》，第 2248 页。

若上述不误，则岭南西部属荆，从源头来说，系知识世界导夫先路，但在宋代以降影响日甚，却是和汉代以降将岭南归属扬州一样，乃是知识世界对政治世界的一种应对和回响。

四、山川形便：岭南二分
言说的另一原理

另一方面，也不应忽视，明清通行的岭南二分说，不少并未严格遵循广东、广西二省界线，以广东、广西完全对应扬州、荆州，最重要的出入表现在以下三处：其一，广东所辖连州分野隶属荆州；其二，广东所辖廉州府分野属荆；其三，广西梧州府所辖苍梧、藤、容、岑溪四县分野属扬。案连州属荆至迟在唐代已然，可谓由来已久；廉州府西入岭南西部三百余里，分野属荆也颇合理；①唯独位于岭南中线附近的苍梧、藤、容、岑溪四县，属扬、属荆均不为无据，秉持岭南二分的分野言说或特意将其从属荆的梧州府划出，单独归于扬州，不得不说是很特殊的。

现存明清文献中，最早申述四县属扬者即为前述奠定明清两代岭南分野二分言说基本格局的《大明清类天文分野之书》，其书于斗牛分野下，列有广西梧州府所辖苍梧、藤、岑溪、容四县，梧州府所辖其余州县则归于翼轸分野。② 这之后，如《明史・天文志》"分野"，

---

① 万历《广东通志》卷一《藩省志一・分野》论广东分野，云："《天官书》独主南斗，语稍阔略，迨明兴，诸臣之作《一统志》也，始考镜于班固与僧一行之说，以广州九郡并属牛女而旁蠡翼轸为廉州，灿然辨矣。"（叶 5 右）据此，廉州府之地虽然在一行分野中已属荆州，但将廉州从广东分出、单独归于荆州，则应为明人始创。

② 《大明清类天文分野之书》卷七、卷二〇，《四库全书存目丛书・子部》第 60 册，第 485 页下栏—486 页下栏、712 页下栏—714 页上栏。

不仅于星纪之次处明确表示"广西布政司所属梧州府之苍梧、藤、岑溪、容四县，皆牛、女分"，鹑尾之次处也再次强调"广西所属除梧州府之苍梧、藤、容、岑溪四县属牛、女分，余皆翼、轸分"。① 三朝《大清一统志》亦持此说，均在阐述广西分野"天文翼、轸分野，鹑尾之次"时注明"古荆州为翼、轸分野，惟梧州府之苍梧、藤、容、岑溪四县为牛、女，余俱属翼、轸，故当以翼轸为主"，特别指出四县分野属扬。②

　　地理总志外，四县属扬在明清地方志中也留有痕迹。林富修、黄佐纂嘉靖《广西通志》梳理广西分野，称"东界北接吴者为扬域，属星纪、牛女之分"，于下即列有平乐府贺县与梧州府苍梧、藤县、岑溪、怀集、容县五县。③ 所论虽然与《大明清类天文分野之书》略有不同——贺县、怀集于《分野之书》均属荆州，但苍梧等四县属扬则是一脉相承。又光绪《广西通志辑要》："志载不一，按《明史·天文志》，广西除梧州府之苍梧、藤、容、岑溪四县属牛女分，余皆翼轸分。"④既引《明史·天文志》，则大约也赞成四县归属扬州。此外，同治《怀集县志》判断"广西为翼轸分野，由连、阳、怀集、梧州南及珠崖皆牛女分野"，⑤虽然语焉不详，但既称梧州南，容县、岑溪等应包括其中，以此而言，同治《怀集县志》大约也倾向于四县分野对应扬州。要之，尽管并非所有论及广西分野的明清地理文献都赞成将梧州府所属苍梧等四县单独处理、归于扬州——譬如影响深远的《大明一统志》即未表示

① 《明史》卷二五《天文志一》，第 368、369 页。
② 康熙《大清一统志》卷二九〇《广西布政使司》，叶 1；乾隆《大清一统志》卷三五四《广西统部》，《景印文渊阁四库全书》第 482 册，第 312 页下栏；嘉庆《大清一统志》卷四六〇《广西统部》，第 17250 页。
③ 嘉靖《广西通志》卷四《分野》，《四库全书存目丛书·史部》第 187 册，第 57 页下栏。
④ 光绪《广西通志辑要》卷一《分野》，《中国方志丛书·广西省》第 70 号，第 17 页上栏。
⑤ 同治《怀集县志》卷一《舆地志·分野》，光绪元年（1875）贵葊校刻本，叶 14。

四县属扬，康熙、雍正、嘉庆三朝《广西通志》及不少府志、县志也未承袭此说，但前引《大明清类天文分野之书》及三朝《大清一统志》等采用此说仍可表明，苍梧等四县属扬，彼时至少是一种较为通行的言说。

遗憾的是，对于四县何以要从属荆的梧州府划出、单独归于扬州，上述诸书均未有明确说明，不过值得注意的是，四县县治，要么位于珠江（大江）两侧，如苍梧城"南绕大江"，藤县城"在大江南、绣江东"，要么位于北流江（容江、绣江）沿岸或东侧，如容县城"在绣江上游"，岑溪城在北流江之东。① 这提示我们，自西向东的珠江与自南向北的北流江，似乎构成诸书将四县分野另外处理的地理基础，梧州府境内珠江、北流江两岸及其东南，分野归于扬州。

这么猜测并非毫无依据。明清文献中最早将四县分野属扬的《大明清类天文分野之书》，曾提及一份更早的分野言说，即"钦天监原定十二分野"，其中关于扬、荆分野列述如下：

今淮南自庐今庐州府、舒今安庆府、濠今凤阳府、和、滁并州、真今仪真县、扬扬州府、楚淮安、泰、通、无为并州，两浙苏苏州府、秀嘉兴府、湖湖州府、杭杭州府、常常州府、润镇江府、明宁波府、越绍兴府、严、处、温、台、衢并府、婺金华府，江南之江宁应天府、饶饶州府、信广信府、洪南昌府、抚抚州府、筠瑞州府、袁袁州府、虔赣州府、吉吉安府、宣宁国府、歙徽州府、江九江府、池池州府、太平府、广德州、南康府、兴国府、临江府、建昌府、福府、建宁府、漳、泉、汀并府、南剑延平府、兴化、邵武并府，广南循惠州归善县、潮、惠、广并府、端肇庆府、康德庆府、封封川县、梧今广西梧州府、新肇庆府新兴县、恩阳江县、春阳春县、藤梧州府藤县、高今州、窦并入高州、雷雷州府、化今州、容今梧

① 乾隆《梧州府志》卷五《建置志·城池》，《中国方志丛书·广西省》第119号，第117页下栏、118页下栏、119页上栏。

州府容县、白广西郁林州博白县、南仪梧州府浔溪县、琼琼州府、崖今州、
万安万州、昌化儋州，皆吴分也。

　　今襄襄阳府、房房县、安德安府、郧安陆州、蕲州、江陵荆州府、澧
今州、鼎常德府、衡衡州府、潭长沙府、岳岳州府、鄂武昌府、全州、邵宝
庆府、辰辰州府、沅州、永永州府、郴、连、道今并州、贺县、归州、峡夷
陵州、英英德县、韶韶州府、昭平乐府、桂桂林府、融县、柳柳州府、象
州、浔浔州府、宜庆远府、贵县、宾州、横、钦并州、廉廉州府、邕南宁府、
郁林州、溪洞蛮貊，皆楚分也。[①]

案小字注文为《大明清类天文分野之书》撰者提示的明初地名，据此
可知，在"钦天监原定十二分野"中，苍梧、藤、容、岑溪四县，已被明
确归于扬州。比较"钦天监原定十二分野"与《大明清类天文分野之
书》可知，二者的分野言说并不完全等同，譬如梧州府怀集县，前者
属扬州，后者属荆州，又如郁林州所属北流（今广西北流，原属容
州）、陆川（今广西陆川，原属容州）、博白（今广西博白，原属白州）
三县，前者属扬州，后者属荆州，这也就意味着，"钦天监原定十二分
野"乃是独立于《大明清类天文分野之书》的一种分野言说。

　　那么，"钦天监原定十二分野"究竟是何时的文本？考钦天监是
在明洪武三年（1370）方自司天监更名而来，然则所谓"钦天监原定
十二分野"似乎见于明初。不过，张兆裕注意到其中所列举的州郡
名称与明初府州县名称及行政区划不尽相合，譬如出现一些明代不
再正式使用的地名称谓，一些当时行政区划中已不存在的地名也被
列入，行政区划存在错位问题等，对此提出质疑；张氏进而据一些州
郡称谓为宋代所独有，政区及其名称符合宋代行政区划，以及提到

---

①《大明清类天文分野之书》卷一《吴分野》、卷一八《楚分野》，《四库全书存目丛
　书·子部》第60册，第405页上栏、667页下栏。

177

"大辽"和"夏国"这些宋代才有的情况，认为所谓"钦天监原定十二分野"应来自北宋的某部天文分野之书。① 张氏的判断是准确的，这里想稍作三点补充。第一，"钦天监原定十二分野"应非官方编纂，这一点从其列举北宋府州军监多有遗漏可获得印证。如吴分野下遗漏梅州、高邮军、南安军，卫分野下遗漏通利军，鲁分野下遗漏涟水军，晋分野下遗漏平定军，秦分野下遗漏京兆府、乾州、黎州、雅州、施州、梁山军，楚分野下遗漏复州、龚州、荆门军、汉阳军、桂阳监，郑分野下遗漏陈州、蔡州等。这些府州军监均在北宋长期存在，甚至贯穿北宋一朝始终，如此大量遗漏，出现于官方文献是很难想象的。第二，没有明确年代断限。从所述地名看，"钦天监原定十二分野"所举地名大多为神宗熙宁以后称谓，徽宗朝新改地名基本不被提及，因此总体而言，其行政体系本自北宋中后期行政区划，殆无疑问。不过，所述地名中也出现若干熙宁以前的地名，譬如吴分野下提及春州，废于熙宁六年（1073），窦州、南仪州，废于熙宁四年（1071），崖州，熙宁六年更名朱崖军；秦分野下提及集州、壁州，废于熙宁五年（1072）；燕分野下提及永定军，天圣七年（1029）更名永宁军等，以此而言，"钦天监原定十二分野"列举地名时似乎又没有统一系年。第三，今存"钦天监原定十二分野"并非宋人原本，而是曾经明人修改，最为直接的证据即是宋分野下列举的归德。案归德即应天府，置归德军节度使，原为宋州，景德三年（1006）升为应天府，大中祥符七年（1014）建为南京。② 据此可知，在北宋地名体系下，归德应称应天府或南京，"钦天监原定十二分野"以"归德"称呼此地，应是为了区别明初作为京师的南京应天府。

① 张兆裕《〈大明清类天文分野之书〉索隐》，《明史研究论丛》第12辑，北京：中国广播电视出版社，2014年，第243—251页。
② 《宋史》卷八五《地理志一》，第2110页。

178

　　尽管存在上述不周之处，但"钦天监原定十二分野"出自北宋，这一点毋庸置疑；而这一文本也是迄今所见岭南二分说中最早将苍梧、藤、容、岑溪四县一起归于扬州的分野言说。值得注意的是，除了将珠江、北流江沿岸或东侧的四县归属扬州外，"钦天监原定十二分野"还将北流江沿岸的北流及南流江沿岸的陆川、博白三县也一并归于扬州。换言之，北流江、南流江一线，除去廉州境内的合浦不论外，仅郁林州州治（今广西玉林）分野属荆，①其余均被划入扬州，这与将容县、北流、博白归入荆州的一行分野显有不同。"钦天监原定十二分野"在沿用一行分野将岭南二分时又大费周章地调整其说，将北流江、南流江一线州县划入扬州，这不禁令人怀疑其就是以几乎相连的两江为界，划分岭南分野，西侧属荆，沿线及东侧属扬。若此说不误，则"钦天监原定十二分野"在划分岭南分野时，于珠江以南地区，乃是和一行分野一样以山川为据，亦即山川形便构成了此地分野言说的基本原理，尽管事实上二者设定的界线并不一致。而苍梧等四县即在此分野原理之下，被从属荆的梧州府划出，单独归入扬州。

　　如果说苍梧等四县分野属扬基于山川形便尚属隐约之间，那么明清若干地方志中明确以珠江、北流江、南流江为界划分岭南南部分野，便是确凿无疑地以山川形便作为分野原理了。雍正《广西通志》综述广西各地分野：

> 桂林府，轸宿十一度。
>
> 平乐府，轸宿六度。
>
> 梧州府，轸宿六度。大江以南、绣江以东入于女。

---

① 郁林州分野属荆，或与其州城位于南流江北一里、距南流江尚有些距离相关。参光绪《郁林州志》卷二《舆地略·山川》，《中国方志丛书·广西省》第 23 号，第 42 页上栏。

　　　　浔州府，轸宿十一度。

　　　　南宁府，轸宿十三度。

　　　　太平府，轸宿十三度。思明邻于女。

　　　　镇安府，轸宿。

　　　　柳州府，轸宿三度。

　　　　庆远府，轸宿十一度。

　　　　思恩府，轸宿。

　　　　泗城府，轸宿。

　　　　郁林州，轸宿十一度。南流江东入于女。①

如上所见，雍正《广西通志》认为广西诸府州大抵对应轸宿，亦即属于荆州。不过，在梧州府及郁林州下，却特地以小字注明，两处部分地区对应女宿，亦即属于扬州，具体就是梧州府境内"大江以南、绣江以东"，郁林州境内"南流江东"。显然，这里已经撤弃行政区划限制，完全以山川形便设定岭南分野。

　　雍正《广西通志》的处理并非孤例，之后修成的梧州、郁林两地方志不少均蹈袭其说。譬如乾隆《梧州府志》对分野之说虽不无疑惑，但从评语"江南、绣东入于女，亦姑存其说耳"可知，其对梧州府境内珠江以南、北流江以东地区分野属扬并不完全排斥。② 又嘉庆、同治两朝《藤县志》"今考梧郡当轸六度，大江以南、绣水以东入于女，窃意郡治漓，与湘异流同源，当为轸六，而藤邑正值绣水东、大江南，洵扬州婺女分也，则星纪之次，为得其实云"；乾隆《岑溪县志》"按唐僧一行两戒之说，宋蔡戡主以立论，谓粤西东南境属牛女。

①雍正《广西通志》卷一《星野》，《景印文渊阁四库全书》第 565 册，第 22 页下栏。
②乾隆《梧州府志》卷一《星野》，《中国方志丛书·广西省》第 119 号，第 45 页下栏—46 页上栏。

《省志》梧州府轸宿六度，大江以南、绣江以东入于女，岑地正当大江南、绣江东，其分野当属女，旧志似误"；道光《桂平县志》"桂平在绣水之西，牂江之北，故知其非应牛女矣"，均明确表达了对于雍正《广西通志》据珠江、北流江划定分野的赞同。① 此外，乾隆《苍梧志》（即雍正《苍梧县志》）备引诸说后也施加按语云："合诸说观之，苍梧界荆扬之交，为轸、女之分欤乎？贺为轸六度，案苍梧一邑，为乡十一，其在大江之南者五，在大江之北者六，一水之间三里许。考之风俗，验之种植，大有不同者。其南之五乡，接连东广西宁、信宜诸县，种植收成，与东一色，谓之扬州、牛女之分也，可。若北之六乡，山水产黄金，栽植与永、平无异，谓之荆、轸之分，庶其似乎！此亦《唐书》西翼、鹑尾之次之义也。上稽《禹贡》分州为界，必以山川，不更有足征者。"②《苍梧志》这里虽仅论苍梧一县，且从风俗、作物加以佐证，但以珠江划分苍梧南北分野，其旨趣与雍正《广西通志》可谓一脉相承。

　　毋庸讳言，从明清地方志整体看，雍正《广西通志》等以珠江、北流江、南流江为界设定梧州府、郁林州分野的处理方式并未构成主流话语，甚至还存在明确的反对声音。譬如乾隆《博白县志》即在比较雍正《广西通志》及某部《廉州府志》后指出前者于"郁林州轸宿分野"之下注"南流江东入于女"不妥，声称要遵从一行分野，以位于南流江之东的博白分野属荆。③ 不过，上述几部省志、府志、县志的

① 嘉庆《藤县志》卷二《舆地志·星野》，嘉庆二十一年（1816）刻本，叶7；同治《藤县志》卷二《天文志·星野》，《中国方志丛书·广西省》第124号，第56页；乾隆《岑溪县志·天文志·分野》，《中国方志丛书·广西省》第133号，第4页；道光《桂平县志》卷二《地理一·星野》，道光二十三年（1843）刻本，叶1。

② 雍正《苍梧县志》卷一《天文志·星野》，乾隆二十五年（1760）刻本，叶5。关于此书修纂状况，参金恩辉、胡述兆主编《中国地方志总目提要》，台北：汉美图书有限公司，1996年，第20—19。

③ 乾隆《博白县志》卷一《天文·分野》，乾隆年间抄本，叶3。

存在,仍表明以三江划分岭南局部地区不乏接受空间。而这种处理方式也进一步佐证前文推测,即苍梧等四县被从梧州府分出、单独归于扬州乃是基于山川形便,应非无稽之谈。

与涉及岭南多数区域、构成大的分野原则的划省分疆相比,作为岭南分野二分原理之一的山川形便只涉及极小部分地区,影响不可同日而语。不过,如果注意到作为二分岭南"始作俑者"的一行分野正是"但据山河以分",以此而言,以三江为界划分岭南分野,未尝不是向岭南分野东西两分"初心"的回归。事实上,如前所述,一行分野所设定的岭南分野中界线昭、富以下一线并不具备将岭南一分为二的山川形便,因此毋宁认为以三江为界的处理方式才是真正践行了一行所宣扬的"但据山河以分"。换言之,以三江为界将岭南部分地区分属荆扬,虽然追根溯源,本自一行分野,但其核心精神某种意义上已经完成了对一行分野处理岭南方式的超越。

五、结　语

通过以上梳理,至此可以确认,将岭南九州分野一分为二,这一分野言说迟至唐代中期方始出现,其理论依据即一行对天文分野的重新诠释。一行结合山河两戒与云汉升降,对传统分野言说进行了大刀阔斧的改革,由此其分野言说呈现出许多有别于传统分野之处,岭南一分为二即是其中之一。尽管受制于分野原理——仅需满足鹑尾"南负海"的基本需求,一行对岭南东西分界的处理略显随意,但无论如何,传统分野模式中被视为一个整体的岭南自此被一分为二,这一点毋庸置疑。而随着岭南天文分野一分为二,分别对应星纪、鹑尾,岭南九州分野也相应地一分为二,东部仍属扬州,西部转归荆州。

　　与传统分野相比，一行分野淡化与十二(三)州、国的比附，从而摆脱了因时过境迁而导致的天文与地理不相对应的问题；"但据山河以分"，也使得其分野能够较长时间保持稳定。由于一行分野具有这些优点，故而问世后颇受好评，其说亦在后世被广泛使用。不过，具体到岭南分野，从明清地理文献所设岭南分野东西分界线并不完全吻合于一行分野可知，后世将岭南一分为二，固然受到一行影响，但非完全依赖一行分野，更可能的情形是，它们只是以一行分野为基础，另选择其他分野原理对局部地区进行调整，由此形成新的岭南二分格局。这之中，有两个原理影响最大：其一是划省分疆，亦即随着唐后期以降岭南长时期分设两个行政区，时人越来越习惯于将岭南分为东西两个单元，于是在分野层面也逐渐以省界进行划分；其二是山川形便，围绕局部地区，横亘东西的珠江与几乎相连、贯穿南北的北流江、南流江，构成当地属扬属荆的分界线。二者中，无疑又以构成大的分野原理的前者更为重要，从明清通行的岭南二分言说看，尽管存在若干与省界出入之处，但岭南分野对应荆扬总体系以广西、广东为界。而随着新的分野原理的加入，明清岭南二分言说中的一行分野传统也就变得名不副实，某种意义上，常被征引、视作根据的一行分野更像是附会、文饰，岭南一分为二的地方行政建置以及珠江、北流江、南流江的地理区隔，才是真正决定明清岭南各地分野分属荆扬的重要因素。

　　明清岭南二分言说传承中所显现的知识酝酿时的理据与后世接受时的考虑出现分化，这在岭南九州分野言说中并非孤例，岭南不属九州说的传承也可见这一面向。如本书第六章所见，唐宋以降对于岭南不属九州的论述中，杜佑所持岭南山川贡赋不见于《禹贡》《职方》并非唯一依据，岭南于《禹贡》五服地处荒服构成另一理解路径,促成此说流传。在后者的场合,知识生成与流传时的理据同样存在偏差。固然,与岭南不属九州说传承中理据偏差源自理想的族群结构理论不同,岭南二分说传承中的理据偏差更多由于后世接受此说之际受到现实地理的影响——不论是现实行政地理,还是现实自然地理,前者衍生划省分疆,后者引发山川形便,无论如何,二者均展现知识流传时可能另有依据。这也提醒我们,知识的生成与流传并非总在同一脉络之上,同一史相背后可能隐藏着不同史实,想当然地认为知识生成与流传的依据一定始终如一,忽视知识流传时接受者作为主体的一面,便可能掩盖知识生成与流传时的复杂多歧,遮蔽知识丰富多变的生命历程。

尽管一行分野或许并非推动岭南分野二分说盛行的真正力量,但岭南分野一分为二肇始于一行对天文分野的重新诠释,这一点毋庸置疑。而如前章所述,天文分野与九州境域乃是支撑岭南属扬的两点理据,如果说传统天文分野的解构酝酿了岭南东部属扬、西部属荆的岭南九州分野新说,那么对《禹贡》九州境域的重新检讨又会催生什么? 关于此,杜佑《通典》对岭南分野的处理提供了一种可能,即岭南不属九州。

第六章 不属九州：杜佑的《禹贡》原典主义

唐宋时期衍生的几种岭南九州分野新说中，无疑以岭南不属九州最为耸人听闻。毕竟分野在中国古代并非纯粹的地理知识，在划分区域空间外往往还具有显著的政治文化意涵，在"分野止系中国"的意识下，①将岭南排除在九州之外，也就意味着岭南在兼具政治和文化双重意义的"中国—华夏"中的位置遭受动摇，这对时人习以为常的岭南认知是一个挑战。秉持岭南不属九州说的清人胡渭（1633—1714）即曾提到："余谓（岭南）不在九州之限，或警余，粤产多才，将释憾于子。"②亦即当他申述岭南不属九州时，时人尤其是岭南地方士人多有不满。胡渭所说虽是较晚的例子，但在唐宋，类似质疑当同样存在；甚而如果考虑到胡渭所处时代岭南不属九州说流传已久，时人无论接受与否当不陌生，则在该说初生的唐宋时期，其对时人认知的冲击当更为激烈。

那么，是谁甘冒天下之大不韪，将岭南排除在九州之外？披览

① 关于"分野止系中国"，参邱靖嘉《天地之间：天文分野的历史学研究》，北京：中华书局，2020年，第257—265页。

② 胡渭《禹贡锥指》卷一九，上海：上海古籍出版社，2013年，第698页。

唐宋岭南分野言说可知，率先大张旗鼓地揭举此说者即唐中叶名臣，曾在德、顺、宪三朝为相的杜佑。在所撰《通典》中，杜佑明确将岭南排除在九州之外，且不止一处地再三申述。首先在《州郡二》中，杜佑列叙《禹贡》九州在唐代包括的地理范围，于"扬州北据淮，东南距海"条下注云：

> 北自淮之南，东南距于海，闽中以来地。……自晋以后，历代史皆云，五岭之南至于海，并是《禹贡》扬州之地。按：《禹贡》物产贡赋，《职方》山薮川浸，皆不及五岭之外。又按：荆州南境至衡山之阳，若五岭之南在九州封域，则以邻接宜属荆州，岂有舍荆而属扬，斯不然矣，此则近史之误也。则岭南之地非九州之境。①

针对《晋书》《隋书》等"历代史"将岭南九州分野归于扬州，杜佑以《禹贡》所论物产贡赋及《周礼·职方》所举名山大川均未涉及岭南，判断"岭南之地非九州之境"。而为了消除扬州包括岭南的可能，杜佑还将《尚书·禹贡》伪孔传注"淮海惟扬州"时所云"南距海"改为"东南距海"，以东海为扬州东南边界，由此将岭南排除在传统所属的扬州之外。

在专门记述岭南郡县设置的《州郡十四》中，杜佑再次将岭南斥于九州之外，称：

> 自岭而南，当唐、虞、三代为蛮夷之国，是百越之地，亦谓之南越，古谓之雕题，非《禹贡》九州之域，又非《周礼·职方》之限。②

---

① 《通典》卷一七二《州郡二·序目下》，北京：中华书局，1988 年，第 4486 页。
② 《通典》卷一八四《州郡十四·古南越》"古南越"条，第 4910 页。

基于此,杜佑专门设置"古南越"编排岭南地理,以与《禹贡》九州所覆盖的其他地区相区别。要之,在《通典·州郡门》中,从"序目"到最末一篇"古南越",杜佑一再宣称岭南不属九州,可见其将岭南排除在九州外的态度是贯彻始终的。

案岭南被置于九州之外,杜佑并非"始作俑者"。西晋陈卓《州郡躔次》列州郡分野,岭南诸郡即不在其列;《续汉书·天文志上》刘昭注引《星经》,岭南亦不见于九州。① 不过,二说只是罗列分野所属时不及岭南,并非如《通典》般明确宣称岭南不属九州,而从杜佑的叙述看,似乎也不认为其所论与《州郡躔次》或《星经》存在关联。这就意味着,杜佑将岭南排斥在九州之外,并非源自他人,而是基于他自己对岭南九州分野的理解。那么,杜佑为何要一反常识地将岭南置于九州之外? 这样一种另类知识在后世能否获得传承? 如获传承,其依据又是什么? 带着这些疑问,本章尝试对岭南分野不属九州说在唐宋以降创立和流衍的过程进行梳理,进而以此为基础,思考知识生成与传播理据的可能性差异。

一、回归《禹贡》与岭南
不入九州

杜佑之所以将岭南置于九州之外,前引《州郡二》文字已说得很明白,"《禹贡》物产贡赋,《职方》山薮川浸,皆不及五岭之外",《州郡十四·古南越》也云"稽其封略,考其镇薮,则《禹贡》《职方》皆不及此",亦即在杜佑看来,《禹贡》《周礼·职方》列举物产贡赋、名山

---

① 《晋书》卷一一《天文志上》,北京:中华书局,1974 年,第 309—313 页;《续汉书·天文志上》,《后汉书》,北京:中华书局,1965 年,第 3213—3214 页。

大川均未涉及岭南,故岭南非九州之境。① 尽管从《州郡门》全篇来看,针对岭南的这一标准并非尽能执行,不少未见于《禹贡》《职方》的地区仍被留在九州之中,但这一标准无疑透露出如下倾向,即杜佑试图在《禹贡》《职方》的经典文本内确认唐代州郡的九州分野。

杜佑的这一倾向,在《通典·州郡门》中还能找出许多内证。譬如《通典》以江州浔阳郡九州分野兼属荆、扬,据《州郡十二·古扬州下》"浔阳郡"条记载:

> 江州,《禹贡》荆、扬二州之境。《禹贡》扬州曰"彭蠡既潴",荆州曰"九江孔殷"。今彭蠡湖在郡之东南,九江在郡之西北。则彭蠡以东为扬州,九江以西为荆州。②

很明显,《通典》以江州二分,直接依据就是《禹贡》于扬州、荆州下分别提及江州境内的两处地名——彭蠡湖与九江,结合两地具体位置,于是判定"彭蠡以东为扬州,九江以西为荆州"。

又《通典》以冀州信都郡、贝州清河郡分属冀、兖二州,如下所见:

> 冀州,古冀、兖二州之域。禹导河自大伾山北过洚水,至于大陆。按《地理志》,洚水南自清河郡经城县界入当郡南宫县界,又东北入信都县界。《水经》云:"洚故渎又东北经辟阳亭北,又经信都城东,散入洚渚。"按:辟阳亭在今郡理东南三十五里,今县乃汉信都国城,则郡理东入兖州之域,郡理西入冀州之域焉。
>
> 贝州,兖、冀二州之域。河自大伾山北过绛水,至于大陆。按检地

---

① 有趣的是,认为岭南属九州者,则云岭南贡赋见于《禹贡》,如《大德南海志·土贡》即称:"广为禹迹所奄,扬州之地,厥篚织贝,厥包橘柚,载之《禹贡》,历历可稽。"《大德南海志》卷六《土贡》,《宋元方志丛刊》第 8 册,北京:中华书局,1990 年,第 8415 页上栏。

② 《通典》卷一八二《州郡十二·古扬州下》"浔阳郡"条,第 4840 页。

志云："枯绛渠在经城县界，北入信都郡界。"又按：经城县在郡理西北五十四里，今郡理乃在绛水之东，古兖州之域。其在绛水之西诸县，是古冀州之域。①

所谓"禹导河自大伾山北过洚水，至于大陆"，出自《禹贡》，原文作"导河积石……东过洛汭，至于大伾，北过降水，至于大陆"，②亦即在《禹贡》叙述中，黄河在流经大伾（坯）山后北折沿洚水汇入大陆泽。大伾山具体位置众说纷纭，或谓在成皋（今河南荥阳汜水镇），或谓在黎阳（今河南浚县境），或谓在修武、武德之界（修武在今河南获嘉县境，武德在今河南武陟县东），孔颖达备引三说，最后赞成黎阳说。大陆泽又名巨鹿泽，在今河北巨鹿、南宫、冀县、束鹿、宁晋、隆尧、任县间，唐代约当邢、冀、赵三州交界地。③ 在杜佑看来，连接大伾山与大陆泽的黄河（洚水），在冀州、贝州境内，系自贝州西北的经城县入冀州南宫县，复流经冀州治所信都县东南三十五里之辟阳亭北。由此可见，尽管杜佑并未完整复原黄河（洚水）在贝州、冀州的流向，但黄河（洚水）系贯穿二州，这一点毋庸置疑。而在《禹贡》语境中，黄河正是作为九州之冀、兖二州分界线而存在的，《通典》也因循此说，④明乎此，《通典》将唐代贝、冀二州分属冀、兖，也就不难理解了。值得注意的是，杜佑在论述贝州分野时，特别提到"诸家所说地理者，皆云今清河郡《禹贡》冀州之域"，⑤这也就意味着，杜佑对贝州

①《通典》卷一七八《州郡八·古冀州》"信都郡"条，第4700页；卷一八〇《州郡十·古兖州》"清河郡"条，第4766页。
②《尚书正义》卷六《禹贡》，阮元校刻十三经注疏本，北京：中华书局，1980年，第151页下栏。
③顾颉刚、刘起釪《尚书校释译论》，北京：中华书局，2005年，第789、790页。
④《通典》卷一七二《州郡二·序目下》，第4484—4485页；卷一八〇《州郡十·古兖州》"古兖州"条，第4755页。
⑤《通典》卷一七二《州郡二·序目下》，第4485页。

的分野言说乃是自出机杼。不难想见，如果没有《禹贡》黄河流向为依据，杜佑大概不会做出此与众不同的分野论断。

杜佑将兖州鲁郡分属徐、兖二州，也可以找出《禹贡》渊源。《州郡十·古徐州》"鲁郡"条记载：

> 兖州，理瑕丘县。始禹导兖水而为济，截河南渡东流，与荷泽、汶水会，又北东入于海。兖州在济河之间，因济水发源为名，今郡理乃非境也。至周置兖州，始县兼得今郡之地。而济水自王莽末入河，同流于海，则流河南之地无济水矣。自后所立，皆集旧名，兼有济南、济北、济阳、济阴郡国，盖建置之际，未之审详。古少皞之墟也。《禹贡》徐、兖二州之域。任城、龚丘县即兖州界，余并徐州域。①

不难看出，杜佑对兖州分野的判断，与济水息息相关，而济水正是《禹贡》九州兖州之东南界，所谓"济河惟兖州"，杜佑也认为兖州"东南据济水，西北距河也"。② 而对于济水流向，据《州郡二·序目下》：

> 兖州旧为济河之间，孔安国云："东南据济，西北距河。"《禹贡》云："导沇水东流为济，入于河，溢为荥，东出于陶丘北，又东至于菏，又东北会于汶，又北东入于海。"颜师古云："导沇流而为济，截河又为荥泽，陶丘在济阴定陶西南。菏即荷泽。过荷泽又与汶水会，北折而东入海也。"按：沇水出今河南府王屋县山，东流济源县而名济水。荥泽在今荥阳郡荥泽县也。定陶，今济阴郡也。菏泽在今鲁郡县。汶水，今鲁郡莱芜县。③

如上所见，杜佑结合《禹贡》、伪孔传及颜师古注等，简略勾勒了济水的大致流向，其中在唐代兖州境内，"过荷泽又与汶水会"的济水，经兖州治所瑕丘（"鲁郡县"）流向位于州境东北的莱芜。案杜佑此说

---

① 《通典》卷一八〇《州郡十·古徐州》"鲁郡"条，第 4781 页。
② 《通典》卷一八〇《州郡十·古徐州》"古兖州"条，第 4755 页。
③ 《通典》卷一七二《州郡二·序目下》，第 4484—4485 页。

未必成立，①但这并不妨碍他据此划定《禹贡》兖州边界。唐代兖州境内位置偏西的任城、龚丘被划入《禹贡》兖州，余为徐州，当即基于此的结果。

地处辽东的安东都护府，杜佑判定为青州之域，同样于《禹贡》有迹可循。《州郡十·古青州》记载：

> 《禹贡》曰："海岱惟青州。孔安国以为东北据海，西南距岱。此则青州之界，东跨海矣。其界盖从岱山东历密州，东北经海曲莱州，越海分辽东乐浪三韩之地，西抵辽水也。……"舜分青州为营州，皆置牧。郑玄云："舜以青州越海分置营州。"其辽东之地安东府，宜《禹贡》青州之域也。②

关于青州疆域，《禹贡》语焉不详，伪孔传仅云"东北据海，西南距岱"，孔颖达则明确称："海非可越而言'据'者，东莱东境之县，浮海入海曲之间，青州之境，非至海畔而已，故言'据'也。汉末有公孙度者，窃据辽东，自号青州刺史，越海收东莱诸郡。尧时青州当越海而有辽东也。舜为十二州，分青州为营州，营州即辽东也。"③据《通典》引文，孔颖达以尧时青州越海而有辽东，舜分辽东为营州，当本自郑玄"舜以青州越海分置营州"，亦即孔颖达极有可能受郑玄影响，将伪孔传"据海"理解为"越海而据"，进而将辽东归属青州；杜佑承此，遂将地处辽东的安东都护府归于青州。若上述不误，则杜佑以安东都护府属青州，亦植根于《禹贡》，尤其是伪孔传、郑玄注、孔颖达疏等后人对《禹贡》相关文字的注疏。

以上数例，由于有小字注文，可明确判断系直接依据《禹贡》或

---

① 后人考订的《禹贡》济水流向与此不符，参胡渭《禹贡锥指》卷一五，第587—609页；刘起釪《〈禹贡〉兖州地理丛考》，《文史》第30辑，1988年，第26—28页。

②《通典》卷一八〇《州郡十·古青州》"古青州"条，第4768页。

③《尚书正义》卷六《禹贡》，第147页下栏—148页上栏。

杜佑所接受的《禹贡》知识，《通典》中还有一些分野论断，虽然杜佑没有注明依据，但同样可追溯至《禹贡》。譬如《通典》以洛州河南府、陕州陕郡分属豫、冀二州：

> 洛州。凡河北诸县，并冀州之域，余则荆河州之域。
>
> 陕州。凡河北诸州县，并冀州之域，余则荆河州之域。①

所谓"荆河州"即豫州，避代宗讳改。如上所见，《通典》以黄河为界，将洛、陕二州河南部分属豫州，河北部分属冀州。而在《禹贡》中，豫、冀二州正是隔黄河为界，《通典》也秉承此说，②以此而言，《通典》以洛州、陕州分属豫、冀二州，应即本自《禹贡》。值得注意的是，同样以单州列举形式论述唐代州郡九州分野的《十道志》与《元和郡县图志》，二书均仅将洛州、陕州归于豫州，③与之相比，《通典》的归属可谓标新立异。而《通典》之所以能别出心裁地将两地分野两属，无疑正得益于《禹贡》的启示。

与此类似，《通典》对襄州襄阳郡、随州汉东郡分野的处理，亦与《禹贡》对九州边界的设定相关。如《州郡七·古荆河州》所见：

> 襄州，《禹贡》荆河州之南境。南漳一县则荆州之域，余并荆河州之域。
>
> 随州。光化县在今郡东南三十余里，则荆州之域，余则荆河州之域。④

---

① 《通典》卷一七七《州郡七·古荆河州》"河南府""陕郡"条，第 4651、4658 页。

② 《通典》卷一七二《州郡二·序目下》，第 4484 页；卷一七七《州郡七·古荆河州》"古荆河州"条，第 4649 页。

③ 夏婧《唐梁载言〈十道志〉辑校》，《国学研究》第 30 卷，北京：北京大学出版社，2012 年，第 321、322 页；《元和郡县图志》卷五《河南道一·河南府》，北京：中华书局，1983 年，第 129 页；卷六《河南道二·陕州》，第 155 页。

④ 《通典》卷一七七《州郡七·古荆河州》"襄阳郡""汉东郡"条，第 4675、4677 页。

《通典》以随州光化县、襄州南漳县为界，将光化、南漳以南属荆，余则属豫。杜佑二分随州以光化县为界，原因尚不明，不过以南漳县为界划分襄州，则与《禹贡》"荆及衡阳惟荆州"的设定相关——包括杜佑在内，一般认为作为荆、豫二州分界的荆山即位于南漳县境内。① 由此可见，杜佑以南漳为界将襄州两属，同样是以《禹贡》为依归。

又《通典》以商州上洛郡属梁州，极有可能亦本自《禹贡》。考《州郡二》云梁州边界，以"梁州东据华山之阳，西距黑水"，且注云"华山之南，今华阴之西南"，《州郡五》亦引伪孔传解释《禹贡》"华阳黑水惟梁州"，云"孔安国以为东据华山之南，西距黑水也"。② 案梁州以华山之南为东界，乃是经注通说，杜佑接受了这一看法。而华山之南正是商州，大约基于此，杜佑遂将地处华山之南的商州划归梁州。此外，《通典》以洮州临洮郡、岷州和政郡归属雍州，考《元和郡县图志》在论述岷州属雍时提到："《禹贡》'西倾、朱圉、鸟鼠'，按西倾山在洮州之西，今州处其东北，此则雍州之域明矣。"③准此，《通典》将洮、岷二州划归雍州，或是基于同样考虑。若此说不误，则此一调整仍是向《禹贡》回归。

《通典》之中，除岭南外，另一被排除在九州之外的大面积区域是伊州伊吾郡以西广大地区。《州郡三·古雍州上》"古雍州"条云：

> 其伊吾以西，并雍州之封域外羌胡地也。临洮、武威、张掖、西

① 《通典》卷一七二《州郡二·序目下》，第4484页；卷一七七《州郡七·古荆河州》"古荆河州"条，第4649页；同卷"襄阳郡"条，第4677页；卷一八三《州郡十三·古荆州》"古荆州"条，第4861页。
② 《通典》卷一七二《州郡二·序目下》，第4486页；卷一七五《州郡五·古梁州上》"古梁州"条，第4574页。
③ 《元和郡县图志》卷三九《陇右道上·岷州》，第995页。

平、宁塞、酒泉、晋昌、燉煌，古雍州域内地，而非秦所置郡之境也。伊吾、交河、北庭、安西，则雍州域外。①

尽管自河西以西均非"秦所置郡之境"，但杜佑认为这一地区仍可区分，其中河西诸地尚在九州之内，更西的伊州伊吾郡、西州交河郡、庭州北庭郡及安西都护府则不在九州中。

又《州郡二·序目下》亦称：

　　今辨《禹贡》九州并南越之地，历代郡国，析于其中。其有本非州之区域，则以邻接附入云尔。雍州伊吾、交河、北庭、安西，梁州临翼、归诚、静川、恭化、维川、云山、蓬山。②

如上所见，伊州等地虽未像岭南那样被置于九州之外单独名目的"古南越"下进行论列，而是附于"古雍州"下，但这不过是"以邻接附入云尔"，伊州等地在《通典》论注中不属九州，这一点确切无疑。

杜佑何以要将伊州以西地区排除在九州之外？上述两处均未道明缘由，不过结合《通典》其他文字可知，这一处理与杜佑对《禹贡》雍州西界的判断相关。在杜佑看来，雍州西界有两个重要地理标识。其一是黑水，《州郡三·古雍州上》引《禹贡》"黑水、西河惟雍州"，注云："西据黑水，东距西河，即龙门之河也，在冀州西，故曰西河。黑水出今张掖郡鸡山，南流至今燉煌郡，经三危山，过今南溪郡而入南海。"③据此可知杜佑判断黑水乃是确认雍州西界的标志之一。尽管事实上对于黑水的源出及流向，学界迄今也无定论，④但杜佑倾向于认为黑水源出张掖（甘州），流经敦煌（沙州）后再南流入

①《通典》卷一七三《州郡三·古雍州上》"古雍州"条，第4506—4507页。
②《通典》卷一七二《州郡二·序目下》，第4495页。
③《通典》卷一七三《州郡三·古雍州上》"古雍州"条，第4505页。
④关于黑水的争论，参顾颉刚、刘起釪《尚书校释译论》，第680—713页。

海。这也意味着，在以黑水为雍州西界的前提下，雍州最西端乃是
黑水流经的甘、沙二州，位置更西的伊州等自然也就不属雍州。其
二是流沙。《州郡二·序目下》称："其雍州西境，流沙之西，荆州南
境，五岭之南，所置郡县，并非九州封域之内也。"《州郡四·古雍州
下》亦云："伊州，在燉煌北大碛之外，为戎狄之地，非九州之限。"①
所谓"大碛"即指流沙，亦即在杜佑看来，流沙构成雍州西界的另一
标志。杜佑以流沙为雍州西界，应与《禹贡》论述五服时称九州"东
渐于海，西被于流沙，朔南暨声教，讫于四海"相关。雍州于九州位
置最西，流沙遂成雍州西界，地处流沙之西的伊州等被排除在九州
之外，也就势所必然。

在杜佑所理解的《禹贡》语境中，自北南流汇入南海的黑水不仅
构成雍州西界，同时还充当了梁州西界的标识，前述同样被"以邻接
附入云尔"处理的翼州临翼郡、悉州归诚郡、静州静川郡等被排除在
九州之外，恐怕即与此认知相关。② 关于黑水经三危山后南流的具
体流向，杜佑也一头雾水，不过值得注意的是，在引伪孔传解释《禹
贡》"华阳黑水惟梁州"后，杜佑又引郑玄注"按三危在鸟鼠之西，而
南当岷山，又在积石之西，南当黑水祠，黑水出其南胁"，其中云及三
危山的位置"南当岷山"。③ 尽管杜佑对于孔、郑之说不无疑惑，但郑
玄所谓三危山之南为岷山的论述似乎影响到杜佑对黑水流经的判
断，即黑水可能南经岷山。寻岷山位置，《通典》屡有明言，在茂州汶
山县，④而翼、悉诸州正在茂州以西，大约基于此，杜佑遂将翼州等从

---

① 《通典》卷一七二《州郡二·序目下》，第 4487 页；卷一七四《州郡四·古雍州下》
"伊吾郡"条，第 4557 页。
② 前引《州郡二·序目下》凡列七州，考《州郡六·古梁州下》编排，结合空间位置，被
置于九州之外者似还包括当州江源郡。
③ 《通典》卷一七五《州郡五·古梁州上》"古梁州"条，第 4574 页。
④ 《通典》卷一七五《州郡五·古梁州上》"古梁州"条，第 4574 页。

梁州剔除。若此说不误，则翼、悉诸州不被列入九州，同样源自杜佑对《禹贡》的认识。

以上我们以《通典·州郡门》所记若干分野言说为例，确认杜佑对这些州府九州分野的判定均程度不等地与《禹贡》本文或注文存在关联。而除上述外，《通典》在确认其他郡县分野时，也或显或隐地援引《禹贡》为据。① 可以认为，正是基于《禹贡》本文及以伪孔传、郑玄注、孔颖达疏为代表的诸家注释，杜佑构建起自己对《禹贡》的认识，进而据此划定大唐疆域分野。这样的分野势必流露出显著地回归《禹贡》、确切地说是杜佑所接受和理解的《禹贡》的倾向。《通典》这一倾向不仅体现在上述分野言说之处，在《州郡门》其他文字中也有体现。譬如《州郡四》讨论黄河源流，驳斥《水经》经注并及《汉书》，坚持《禹贡》所说为是；《州郡五》分梳黑水流向，反对顾野王《舆地志》描述，称《禹贡》为实录，②凡此种种，均表明杜佑《通典·州郡门》行文具有强烈的《禹贡》原典主义色彩，其以《禹贡》九州为纲进行分野的态度是非常坚决的。

关于《通典》的这一倾向，我们还可从其分野言说与唐代其他分野体系的比较中窥见端倪。案唐代流传的几种分野体系，《乙巳占》《开元占经》系沿用汉代以来的十二（三）州国分野体系，一行分野学说虽建立在一行本人独特的分野理论之上，但同样以十二次划分；至于《晋书·地理志》、《十道志》、《初学记·州郡部》、《唐六典》"十道贡赋"、《元和郡县图志》等，虽采用九州分野，但均以现实广域政区比附《禹贡》九州；唯《隋书·地理志》与《通典》一样，以《禹贡》九

---

① 如陇西郡、西平郡龙支县、张掖郡、敦煌郡等十余郡县下，都曾引《禹贡》以明其在九州中的位置，兹不赘述。

② 《通典》卷一七四《州郡四·古雍州下》，第4560—4563页；卷一七五《州郡五·古梁州上》"古梁州"条，第4574页。

州为纲设定分野。这也就意味着,在诸种分野体系中,《隋志》与《通典》最为接近。不过,与出现在先的《隋志》相比,《通典》对于一些具体地域的分野也有变动,其要者除将岭南斥于九州外之外,还有以下十一处。

1. 江州(浔阳郡,隋九江郡),《隋志》属荆州,《通典》分属荆、扬二州。

2. 兖州(鲁郡,隋鲁郡),《隋志》属徐州,《通典》分属徐、兖二州。

3. 随州(汉东郡,包括隋汉东、春陵二郡)、襄州(襄阳郡,隋襄阳郡),《隋志》属荆州,《通典》分属荆、豫二州。

4. 商州(上洛郡,隋上洛郡),《隋志》属豫州,《通典》属梁州。

5. 洮州(临洮郡,隋属临洮郡)、岷州(和政郡,隋属临洮郡),《隋志》属梁州,《通典》属雍州。

6. 贝州(清河郡,隋属清河郡)、博州(博平郡)之清平、高唐、博平等(隋属清河郡)、冀州(信都郡,隋信都郡),《隋志》属冀州,《通典》博州属兖州,贝州、冀州分属兖、冀二州。

7. 黔州(黔中郡)、播州(播川郡)、费州(涪川郡)、珍州(夜郎郡)、夷州(义泉郡)、业州(龙标郡)、溱州(溱溪郡)等地,大致相当于隋黔安、明阳、牂柯三郡,《隋志》属梁州,[①]《通典》属荆州。

8. 安东都护府,《隋志》不列于九州,《通典》属青州。

9. 伊州(伊吾郡)、西州(交河郡)、庭州(北庭郡)、安西都护府,《隋志》敦煌以西伊吾、鄯善、且末三郡入于雍州,[②]《通典》置于九州外。

---

① 《隋志》仅载黔安、牂柯二郡,因《隋志》以大业五年(609)为断,明阳郡置于大业七年,故不载,考其位置,当归于梁州。

② 伊吾郡因置于大业六年,《隋志》不载,考其地理,当列于雍州。

10. 隋河源郡、西海郡，《隋志》列于雍州，《通典》未载。

11. 翼州（临翼郡）、当州（江源郡）、悉州（归诚郡）、静州（静川郡）、柘州（蓬山郡）、恭州（恭化郡）、维州（维川郡）、奉州（云山郡），隋多属汶山郡，《隋志》属梁州，《通典》置于九州外。[①]

案《通典》上述变动，其中 1、2、3、4、5、6、8、9、11 前已论及，均源自杜佑对《禹贡》的理解，仅 7、10 两则或与《禹贡》无关。[②]《通典》较之《隋志》的变动绝大多数都与《禹贡》相关，这再次确认《通典》九州分野乃是向《禹贡》回归。

回过来看，《隋志》与《通典》虽然同以《禹贡》九州划分疆界，但二者旨趣可谓大相径庭。《隋志》中，凡王朝统治所及、设郡置县之地皆被纳入九州，不管该地事实上与《禹贡》九州是否存在关联，且《隋志》叙述九州疆界以当下郡县为准，罕见打破郡县境域。与之相对，《通典》则坚决回归《禹贡》九州，为此不惜将当朝疆土划归九州之外，内部州郡疆域也或被打破。因此，《隋志》虽以《禹贡》九州为纲，实际却是将九州嵌入当朝疆域，是在当朝疆域的框架下划分九州，其九州分野本质上仍属当朝疆界主义；《通典》尽管也不能完全摆脱当朝疆域的影响，但其基本立场是以《禹贡》九州统括当朝疆域，九州"原始"疆界构成分野的基本准则，由此呈现出强烈的《禹

[①] 伊州、西州、庭州、安西都护府四州府及翼州、当州、悉州等八州，《通典》虽列于古雍、古梁州下叙，但只是"邻接附入"，并不表示诸州归属雍州、梁州。《通典》卷一七二《州郡二·序目下》，第4495页。

[②] 第七则所涉诸州介于荆、梁二州之间，关于二州界线，《禹贡》没有明确说明。《通典》卷一八三《州郡十三·古荆州》云："汉武置十三州，此为荆州。其五溪中地，归汉以后，历代开拓。今播川、涪川、夜郎、义泉、龙标、溱溪等郡地。"（第4863页）玩味文字，杜佑似以诸地为自荆州方向拓土而立，或许基于此，杜佑将诸州归于荆州。至于第十则，应与二郡不在作为《通典·州郡门》地方行政建置年代断限的天宝元年（742）版图内相关。关于《通典·州郡门》所记郡县建置以天宝元年为准，参翁俊雄《〈通典·州郡门〉所载唐代州县建置与户口数字系年考》，《历史研究》1986年第4期。

贡》原典主义色彩。

两种立场的差异还影响到《隋志》和《通典》对天文分野中十二

(三)州国的处理。

表6-1　《隋志》《通典》九州分野

九州	隋　志		通　典	
	星　宿	州　国	星　宿	州　国
雍州	东井十〔六〕度至柳八度	秦	东井、舆鬼	秦、魏、赵之交
梁州	参		参	秦、楚之交
豫州	柳九度至张十六度	周—三河之河南	柳、七星、张	周
			房、心	宋
	氐五度至尾九度	宋	觜觿、参	魏
			角、亢、氐	韩，秦、楚之交
冀州	胃七度至毕十一度	冀州	昴、毕	赵
	尾十度至南斗十一度	幽州		
	危十六度至奎四度	并州	尾、箕	燕，秦、魏、卫之交
	柳九度至张十六度	三河之河内、河东		
兖州	轸十二度至氐四度	郑，邹、鲁、齐、卫之交	营室、东壁	卫，魏、宋、齐、赵之交
青州	须女八度至危十五度	齐	虚、危	齐

九州	隋　志		通　典	
	星　宿	州　国	星　宿	州　国
徐州	奎五度至胃六度	楚、宋、鲁之交	奎、娄	鲁,宋、齐、吴之交
荆州	张十七度至轸十一度	楚	翼、轸	楚、韩、秦之交
扬州	斗十二度至须女七度	吴、越	斗	吴、楚及南越之交
南越			牵牛、婺女	越、楚之交

不难发现,较之《隋志》,《通典》叙述中出现大量某国"之交",亦即国与国之间的地域。这显示出,《通典》在将九州与传统州国对照时并未遵从后者的疆域划分,而是多有打破;①与之相对,《隋志》除兖、徐二州出现"之交"、略有损益外,其余皆大体沿用州国疆域。因此,《隋志》九州分野只是在原有州国分野框架下,大致按照《禹贡》九州范围简单归并而成,②《通典》则力持《禹贡》原典主义,对州国疆域进行大刀阔斧的整合。在此旨趣下,物产贡赋和名山大川完全不见于《禹贡》的岭南被剔除在九州之外,也就不足为奇了。当然,或许由于岭南地广,且北近荆、扬,西邻梁州,与三州相接,因此《通典》无法像处理伊州以西或翼州等地那样"以邻接附入"某州,而是单独设置"古南越",以此方式确认岭南在《禹贡》九州中的位置。

---

① 《通典》的打破也与杜佑对传统州国分野不满相关,参《通典》卷一七二《州郡二·序目下》,第4490—4491页。
② 邱靖嘉《山川定界:传统天文分野说地理系统之革新》,初刊《中华文史论丛》2016年第3期,后收入氏著《天地之间:天文分野的历史学研究》,第161—163页。

对于《禹贡》描摹的九州地理体系，古人有一种观点认为九州止系中国，即九州之内均为华夏，非华夏族群不在其中。① 唐人犹持此论。神功年间狄仁杰上疏请弃疏勒等四镇，云"臣闻天生四夷，皆在先王封疆之外，故东拒沧海，西隔流沙，北横大漠，南阻五岭，此天所以限夷狄而隔中外也"；德宗时宰相贾耽进《海内华夷图》及《古今郡国县道四夷述》表也称："中夏则五服、九州，殊俗则七戎、六狄"，②华夏、戎狄居地明确区分。李淳风在《乙巳占》还进行了学理性论证，以老生常谈的夷夏之别解释何以"分野独擅于中华，星次不霑于荒服"。③ 杜佑将作为蛮夷之国、百越之地的岭南排除在九州之外，很容易令人将之与此观点联系起来。不过如前所述，杜佑以岭南不属九州，却是旨在回归《禹贡》、坚持原典主义的产物。事实上，杜佑本人并不排斥《禹贡》九州存在蛮夷。《通典》称梁州"当夏殷之间为蛮夷之国，所谓巴賨彭濮之人也"，"杂以夷獠"，扬州"古荒服之国"，荆州"州境之内，含带蛮蜒"，若干在九州之内的郡县也多谓其地本古蛮夷之地；④《边防序》甚至认为"缅惟

① 葛兆光《何为"中国"？——疆域、民族、文化与历史》，香港：牛津大学出版社，2014年，第37—38页；《历史中国的内与外——有关"中国"与"周边"概念的再澄清》，香港：香港中文大学出版社，2017年，第7—10页；唐晓峰《从混沌到秩序——中国上古地理思想史述论》，北京：中华书局，2009年，第208—237页；邱靖嘉《天地之间：天文分野的历史学研究》，第257—265页。
② 《旧唐书》卷八九《狄仁杰传》，北京：中华书局，1975年，第2889页；卷一三八《贾耽传》，第3785页。
③ 李淳风《乙巳占》卷三《分野》，丛书集成初编本，上海：商务印书馆，1936年，第57页。
④ 《通典》卷一七五《州郡五·古梁州上》"古梁州"条，第4574页；卷一七九《州郡九·古冀州下》"风俗"条，第4745页；卷一八一《州郡十一·古扬州上》"古扬州"条，第4800页；卷一八三《州郡十三·古荆州》"古荆州"条，第4863页。具体郡县的例子，扬州、荆州、梁州及古南越外，雍州、冀州下均有若干郡被界定为古蛮夷之地，兹不赘举。

古之中华,多类今之夷狄",宣称中华与夷狄乃具有共通之处。①《通典》的类似表述,均佐证杜佑将岭南刊落在九州之外,应与岭南族群状况无关。

二、王者不以土地为大：杜佑的边疆保守主义

通过以上检讨可知,杜佑将岭南分野排除在九州之外,并非特意针对岭南,而是坚持《禹贡》原典主义的结果,这一点从伊州、西州、庭州、安西都护府四州府及翼州、悉州、静州等同样被刊落在九州外也可获得佐证。然则杜佑在论定各地九州分野时何以要坚持回归《禹贡》,尤其是他所理解和接受的《禹贡》知识？ 如所周知,杜佑并不崇尚复古,②朱熹在评价杜佑所撰《通典》节要本《理道要诀》时甚至用了"非古是今"一词,③重视制度胜于文本的杜佑对儒家经典并非亦步亦趋。④ 至于《通典》,性质上也非单纯学术著作,而是经

① 《通典》卷一八五《边防一》"边防序"条,第 4979 页。
② 参李之勤《杜佑的历史进化论》,吴泽主编《中国史学史论集》第 2 集,上海：上海人民出版社,1980 年,第 170—190 页；谢保成《论〈通典〉的性质与得失》,《中国史研究》1992 年第 1 期；《隋唐五代史学》,北京：商务印书馆,2007 年,第 254—263 页；邓国光《杜佑〈通典〉的经学本质》,初刊《新亚学报》第 22 卷"新亚研究所 50 周年纪念专号",2003 年,后收入氏著《经学义理》,上海：上海古籍出版社,2011 年,第 425—443 页；《礼建皇极：杜佑〈通典·礼典〉要论》,彭林主编《中国经学》第 30 辑,桂林：广西师范大学出版社,2022 年,第 32—41 页；郭锋《杜佑评传》,南京：南京大学出版社,2004 年,第 335—345 页等。
③ 《朱子语类》卷一三六《历代三》,北京：中华书局,1986 年,第 3250 页。
④ 冯茜在对杜佑礼学的考察中认为杜佑属于以制度为本位的礼学,故不迷信经书,常常对礼经学进行历史化的改造。《唐宋之际礼学思想的转型》,北京：生活·读书·新知三联书店,2020 年,第 5—23 页、74—88 页。

世致用之书，杜佑自己的期许就是"将施有政，用乂邦家"。① 这样一部出自非尊经复古者之手的经世之书，其不同寻常的分野处理是否仅出自回归《禹贡》的学理追求，不得不说是有疑问的。

解决此问题的关键是杜佑如何看待《禹贡》九州所代表的地方统治形式。有证据显示，《禹贡》九州在杜佑的地方统治论中至少具有两层意义。首先，杜佑认为《禹贡》九州为中国古代地方行政建置之滥觞。《州郡二·序目下》"九州之区域，在昔颛顼及于陶唐，分而为九，其制最大"小字注云：

> 颛顼置九州，尧时洪水分绝，使禹理水，还为九州。舜分为十二州，夏殷周并为九州，则不同《禹贡》。按周之本制起于颛顼，辨其疆界始于《禹贡》，今分别地理，故以为首。②

其中说得很明白，《禹贡》九州乃中国古代画野分疆之始，故论述历代地方行政建置沿革，需以《禹贡》为首。又在后文中，针对《史记》《汉书》所云禹开九州在舜置十二州之后，杜佑复引《尚书》伪孔传、马融说等，确认九州早于十二州。③

其次，在杜佑看来，《禹贡》九州还代表着地方行政建置的理想形态。如《州郡一·州郡序》所见：

> 天下之立国宰物尚矣，其画野分疆之制，自五帝始焉。道德远覃，四夷从化，即人为治，不求其欲，斯盖羁縻而已，宁论封域之广狭乎！尧舜地不过数千里，东渐于海，西被流沙，朔南暨

---

① 斯为学界共识，兹不赘举，最新讨论参白悦波《政术与学术：关于〈通典〉的创作初衷及其相关问题的考察》，《唐史论丛》第 31 辑，西安：三秦出版社，2020 年，第 225—248 页。

② 《通典》卷一七二《州郡二·序目下》，第 4484 页。

③ 《通典》卷一七二《州郡二·序目下》，第 4487 页。

声教，五帝之至德也。武丁、成王东则江南，西氐羌，南荆蛮，北朔方，三代之大仁也。秦氏削平六国，南取百越，北却匈奴，筑塞河外，地广而亡，逮战国之酷暴也。①

从"五帝之至德"到"三代之大仁"再到"战国之酷暴"，杜佑眼中的历代地方行政建置随时间推移每况愈下。而代表"五帝之至德"的地方行政建置，从"东渐于海，西被流沙，朔南暨声教"可知，正是《禹贡》九州。

《禹贡》为古代地方行政建置滥觞，这可以说是"客观"事实，与个人倾向无关；而《禹贡》为地方行政建置之理想形态，则属于主观认定，表明杜佑本人对《禹贡》九州的向往和推崇。杜佑何以推崇《禹贡》九州？前引《州郡序》文实际已有所展示，一言以蔽之，即王者不以土地为大，理想的统治在德不在地。换言之，对于历代帝王汲汲以求的开疆拓土，杜佑是持保守态度的。

杜佑的这一态度在《州郡序》如下文字中也一览可见。

汉武灭朝鲜、闽越，开西南夷，通西域，逐北狄，天下骚然，人不聊生，追悔前失，引咎自责，下诏哀痛，息戍轮台，既危复安，幸能觉悟也。隋炀逐吐谷浑，开通西域，招来突厥，征伐高丽，身弑祀绝，近代殷鉴也。夫天生烝人，树君司牧，是以一人治天下，非以天下奉一人，患在德不广，不患地不广。秦汉之后，以重敛为国富，卒众为兵强，拓境为业大，远贡为德盛，争城杀人盈城，争地杀人满野，用生人膏血，易不殖土田。小则天下怨咨，群盗蜂起；大则殒命歼族，遗恶万代，不亦谬哉！②

文中，杜佑以汉武帝、隋炀帝开疆拓土导致政权危殆乃至丧家亡国

---

① 《通典》卷一七一《州郡一·州郡序》，第4450页。
② 《通典》卷一七一《州郡一·州郡序》，第4450—4451页。

为例,论述王者治国"患在德不广,不患地不广"。不过显而易见的是,并非所有帝王开疆拓土都会导致危局,通过开疆拓土创立盛世者不乏其人,因此杜佑举证毋宁说是选精集萃式的。杜佑亦非不明于此,但他仍然有选择地使用历史材料进行诠释,只能说明这里并非历史叙述,而是政治说辞,亦即对于王者开疆拓土,务以地广为大,他不以为然。

在《通典·边防门》中,杜佑再次阐明上述态度。《边防一·边防序》云:

> 历代观兵黩武,讨伐戎夷,爰自嬴秦,祸患代有。始皇恃百胜之兵威,既平六国,终以事胡为弊。汉武资文景之积蓄,务恢封略,天下危若缀旒。王莽获元始之全实,志灭匈奴,海内遂至溃叛。隋炀帝承开皇之殷盛,三驾辽左,万姓怨苦而亡。夫持盈固难,知足非易,唯后汉光武,深达理源。建武三十年(54)人康俗阜,臧宫、马武请殄匈奴,帝报曰:"舍近而图远,劳而无功;舍远而谋近,逸而有终。务广地者荒,务广德者强。有其有者安,贪人有者残。"自是诸将莫敢复言兵事。于戏!持盈知足,岂特治身之本,亦乃治国之要道欤!宋文元嘉中,比西汉文景,分命诸将,经略河南,致拓跋瓜步之师,因而国蹙身弑。陈宣令主,江湖乂安,吕梁二十万卒,悉为周师所虏,由是力殚财竭,旋为隋氏削平。是皆昧持盈,不能知足故也。我国家开元、天宝之际,宇内谧如,边将邀宠,竞图勋伐。西陲青海之戍,东北天门之师,碛西怛逻之战,云南渡泸之役,没于异域数十万人。向无幽寇内侮,天下四征未息,离溃之势岂可量耶!前事之元龟,足为殷鉴者矣。①

序中,杜佑列举了历史上更多穷兵黩武、伐夷开边而招致祸患的事

---

① 《通典》卷一八五《边防一·边防序》,第4980—4981页。

例，甚至无所顾忌地将唐朝失败的开边之举也包括在内，试图充分论证王者"务广地者荒"，反对开疆拓土。不过，杜佑的举例依然是选精集萃式的，且一些例子不乏故意曲解，故上述文字仍是政治修辞而非历史叙事，旨在陈述对开拓边疆的反对态度。而如学者所论，纵观《边防门》全文，杜佑常常故意回避或淡化中国王朝开疆拓土事迹，主战征伐之论绝少援引，息兵罢战、断绝交往之论则多有摘录，①凡此种种，均可看出杜佑对于边疆的保守态度是极为突出的。

关于杜佑对边疆的保守态度，或认为乃是针对唐中后期乃至德宗朝时局而发，这种可能固不能排除，②不过值得注意的是，主张王者务德不务地，反对开疆拓土，实际也是传统士大夫累代相承的治边理念。③ 在唐代，这种声音仍不绝于世。前引狄仁杰上疏请弃疏勒等四镇即为其例，李吉甫《元和郡县图志序》也以秦皇、汉武穷兵黩武为反面典型，认为"圣人疆理之治，固不在荒远矣"。④ 因此，杜佑的边疆保守主义，究竟是立足特定时局，抑或只是传统治边思想的老生常谈，此点已难确知，不过，杜佑反对开疆拓土并以《禹贡》所展现的地方统治形式——更确切地说是核心理念——为理想地方统治的模板，这一点毋庸置疑。事实上直到晚年，元和元年（806），针对边将请讨党项，七十一岁的杜佑仍坚持"盖圣王之理天下也，唯务绥静蒸人，西至流沙，东渐于海，在南与

① 张文俭《杜佑民族史学研究——以〈通典·边防门〉为中心》，兰州大学硕士学位论文，2010年，第13—18页。
② 张文俭《杜佑民族史学研究——以〈通典·边防门〉为中心》，第13—18页；赵杨《〈通典·边防典〉研究》，安徽大学硕士学位论文，2012年，第50—52页。
③ 薛小荣《华夷秩序与中国古代国防》，《人文杂志》2004年第3期；方铁《古代"守中治边"、"守在四夷"治边思想初探》，《中国边疆史地研究》2006年第4期等。
④ 李吉甫《元和郡县图志序》，《元和郡县图志》，第1页。

北,亦存声教",重申对《禹贡》上古圣王"不以土地为大"的统治理念的推崇。①明乎此,杜佑在《通典·州郡门》书写中向《禹贡》回归也就不难理解了。在边疆保守主义的推动下,务德不务地的《禹贡》九州构成杜佑理想地方统治的模板,由此在论述与《禹贡》九州密切关联的九州分野时,杜佑坚决向《禹贡》回归,无论是宏观体例编排还是具体分野言说,都坚决贯彻《禹贡》原典主义,以《禹贡》及后世对《禹贡》的注疏为准,《禹贡》所不载的岭南遂在此原则下被排除在九州之外。要之,尽管杜佑确曾表示对放弃岭南局部地区的支持——譬如海南岛,杜佑高度赞赏西汉元帝时贾捐之罢撤珠崖的提议,②但岭南分野不入九州,应非杜佑专门针对岭南之举,某种意义上,岭南被刊落在九州之外,不过是杜佑基于边疆保守主义而酝酿的《禹贡》原典主义下不幸被殃及的"池鱼"。

三、杜佑岭南分野言说的
后世传承

尽管杜佑将岭南排除在九州之外可能只是"误伤",但理由却很充分,这也使得其说颇有继承。披览唐宋以降文献可知,如果说杜佑以岭南不属九州,这一认识在唐代尚未引起大的波澜,那么自宋代以降,则在相当范围内获得传播。宋代地理文献如《舆地广记》

---

① 《旧唐书》卷一四七《杜佑传》,第3980页。
② 《困学纪闻》:"贾捐之上书罢朱崖。杜佑云:'捐之,谊之孙,高见实类其祖。'"王应麟撰,翁元圻辑注《困学纪闻注》卷一二《考史》"贾捐之高见类贾谊"条,北京:中华书局,2016年,第1580页。案此条不见于《通典》,考杜佑另一部著作《理道要诀》,多为王应麟著述所引,或出该书。关于《理道要诀》,参岳珍《杜佑〈理道要诀〉辑考》,《文献》2004年第3期。

《文献通考·舆地考》等均和《通典》一样，九州之内不列岭南，后者更明确赞赏《通典》做法"条理明备"，故包括岭南在内的九州分野，《通考》一从《通典》。① 又北宋人钱惟演（977—1034）撰《金坡遗事》，据《宋会要辑稿》所引佚文，书中列叙各地九州分野时以容州、桂州、邕州属古南越域，当也本自《通典》。② 甚而，倾向于岭南分属荆扬的《太平寰宇记》，考其论述广州九州分野称"古南越之分"，从中亦不难窥出《通典》的影子。③

宋代岭南地方志中亦间或可见不以本地属九州的言说。譬如治今广西南宁的邕州，《舆地纪胜》引乐公明修、尹安中纂《建武志》及《永乐大典》引宋人《重修邕州志》并以本地在《禹贡》九州之外；④治今广西容县附近的容州，《舆地纪胜》引《普宁郡志序》也称"五岭以南，《禹贡》《职方》所不载，由汉以来始登版籍"。⑤ 固然，上述分野言说未必都源出《通典》——譬如《建武志》与《重修邕州志》判定本地不属九州，系据北宋诗人唐庚（1071—1121）诗句"山川《禹贡》

---

① 《文献通考》卷三一五《舆地考一·总叙》，北京：中华书局，2011 年，第 8541—8542 页。

② 《宋会要辑稿·方域五·节镇升降》，上海：上海古籍出版社，2014 年，第 9355 页上栏。

③ 《太平寰宇记》卷一五七《岭南道一·广州》，北京：中华书局，2007 年，第 3009 页。

④ 《舆地纪胜》卷一〇六《广南西路·邕州》，北京：中华书局，1992 年，第 3237 页；《重修邕州志》，马蓉等点校《永乐大典方志辑佚》第 5 册，北京：中华书局，2004 年，第 2846 页。关于两种方志，参见张淦《中国古方志考》，上海：上海古籍出版社，2019 年，第 574 页；顾宏义《宋朝方志考》，上海：上海古籍出版社，2010 年，第 449—450 页；刘纬毅等辑《宋辽金元方志辑佚》，上海：上海古籍出版社，2011 年，第 885 页；桂始馨《宋代方志考证与研究》，上海：上海人民出版社，2021 年，第 404—405 页。

⑤ 《舆地纪胜》卷一〇四《广南西路·容州》，第 3198 页。关于《舆地纪胜》引《普宁郡志》，参张淦《中国古方志考》，第 571 页；顾宏义《宋朝方志考》，第 471—472 页；刘纬毅等辑《宋辽金元方志辑佚》，第 880 页；桂始馨《宋代方志考证与研究》，第 418 页。

外,城郭汉兵余",但如《普宁郡志》,依据"《禹贡》《职方》所不载",
与《通典》判定岭南不属九州如出一辙,推测系受《通典》影响,当不
算无稽。

又宋代地图中也多见将岭南排除在九州之外的例子。南宋人
唐仲友(1136—1188)编《帝王经世图谱》,其中所收《舜肇十有二州
之图》(图6-1)、《禹迹九州之图》、《禹贡九州山川之图》、《周职方
辨九州之图》、《职方九州山川之图》、《周保章九州分星之谱》等,岭
南均不在九州或自九州而来的十二州之内。① 北宋哲宗元符年间

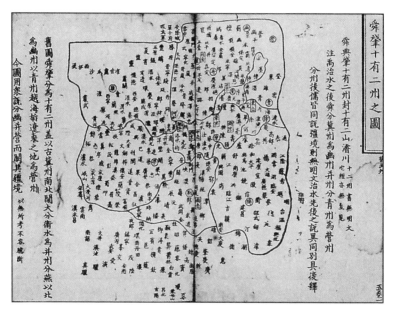

图6-1　《舜肇十有二州之图》

曹婉如等编《中国古代地图集(战国—元)》,北京:文物出版社,1990年,图119。

---

① 分见唐仲友《帝王经世图谱》卷五、卷六,《北京图书馆古籍珍本丛刊》第76册,北
京:书目文献出版社,1998年,第72页上栏、72页下栏、73页上栏、74页下栏、75
页上栏、79页上栏。

（1098—1100）税安礼（生卒年不详）编《历代地理指掌图》所收《帝喾九州之图》（图6-2），及南宋杨甲（生卒年不详，乾道二年［1166］进士）撰《六经图》所收《禹贡九州疆界之图》，九州也都不包括岭南。① 尽管这些地图多未明确标识其将岭南排除在九州之外系本自《通典》，但据《帝喾九州之图》附注"《晋书》《隋书》并以交、广之地为《禹贡》扬州之域，稽其封略，考其镇数，则《禹贡》《职方》皆不及此，故列于九州外"，文字与《通典》基本相同，据此不难推知，上举地图中至少有部分曾受《通典》影响。

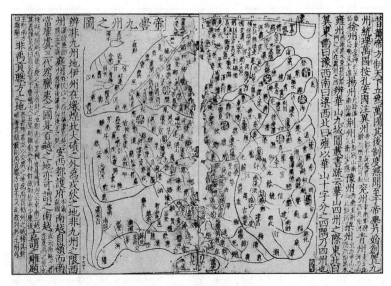

图6-2 《帝喾九州之图》

曹婉如等编《中国古代地图集（战国—元）》，图96。

---

① 《宋本历代地理指掌图》，上海：上海古籍出版社，1989年，第12—13页；杨甲撰，毛邦翰补《六经图》卷二，《景印文渊阁四库全书》第183册，台北：台湾商务印书馆，1986年，第209页下栏。关于二书成书时间，参成一农汇编《中国古代舆地图研究》，北京：中国社会科学出版社，2018年，第15、18页。

　　杜佑对岭南九州分野的定位还影响到宋人对岭南天文分野的处理。案与颇多创新的九州分野不同，《通典》天文分野一从旧说，岭南主体也仍被视为牵牛、婺女之分野。不过在宋代部分文献中，如《周保章九州分星之谱》（图6－3），岭南亦失去其在天文分野中的位置。《九州分星之谱》的处理并非孤例，《续资治通鉴长编》"哲宗绍圣四年（1097）"条记载：

> 　　（九月壬子）是日，彗入天市垣，辅臣早朝，上顾问："见彗否？"皆以实对。上曰："长丈余。"且曰："初起于氐，扫巴星，天变甚大，当避朝损膳，求言肆赦，以答天戒。"……曾布因言熙宁肆赦，自有故事。又言："熙宁乙卯岁十月，在翼、轸吴楚分野之外，寻有交州之变。……"[1]

所谓"交州之变"，是指神宗熙宁八年（1075）十一月至九年十二月宋朝与交阯围绕岭南西部钦、廉、邕等州展开的战争。[2] 对于发生在岭南西部的这场战争，曾布对其相应天象的位置却称"在翼、轸吴楚分野之外"，而没有如传统旧说一般对应于牛、女分野。这似乎表明，岭南至少岭南西部在曾布看来已不再对应于某星宿，否则他不至大费周章地将战争发生地定义为"翼、轸吴楚分野之外"。岭南在天文分野中失去位置，应非偶然，极有可能在岭南不属九州观念的推动下，宋人才酝酿出这一新认识。

　　及至明清，岭南不属九州说仍不时可见。地方志如明洪武七年（1374）时任同知梧州府藤州事金文仲修《古藤郡志》（又称《古藤志》），金氏所作序中即明言："古藤僻处遐荒，唐虞三代皆置之化外，

---

① 《续资治通鉴长编》卷四九一"哲宗绍圣四年"，北京：中华书局，2004年，第11647页。
② 关于此战的最新梳理，参陈朝阳《熙宁末年宋交战争考述》，《中国史研究》2012年第2期。

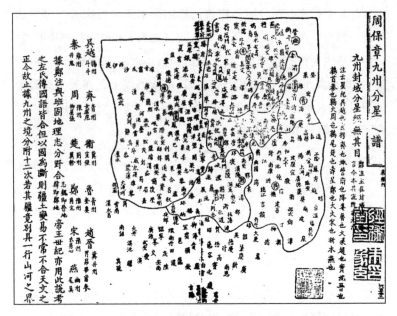

图6－3 《周保章九州分星之谱》

唐仲友《帝王经世图谱》卷六,《北京图书馆古籍珍本丛刊》第76册,第79页上。

吕肃开百粤,始与中国齿。"在此表述中,治今广西藤县的藤州未被列入《禹贡》九州。① 尽管据后文《建置沿革》"按旧志云:藤州,古《禹贡》九州之外,遐荒之地",②序中所说不过因袭旧志,但金序既存其说,表明此说在明初仍被流传。又清人关涵(生卒年不详,乾隆五十三年[1788]至广东为幕客或低级官吏)《岭南随笔》论述岭南分野,注意到关于岭南分野"言人人殊",其中"有谓粤本不隶职方,秦汉后始入中国,但以扬州分野当之,未知是否,《惠州郡志》

① 马蓉等点校《永乐大典方志辑佚》第5册,第2976页。关于《永乐大典》引《古藤郡志》,参张国淦《中国古方志考》,第570页;廖盛春《〈永乐大典〉地方志存目校订一则》,《广西地方志》1994年第6期。
② 马蓉等点校《永乐大典方志辑佚》第5册,第2978页。

说也",①既称"粤本不隶职方",则在《惠州郡志》看来,岭南不属九州。案此《惠州郡志》,关氏未言其详,考明嘉靖三十五年(1556)《惠州府志·地理志》于"惠州府,故粤地,秦汉为南海郡,斗牛女之分野也"后论曰：

> 分野所属,惟斗牛女之地极远,九州之域,扬独数倍而大,余皆不能究知其端委矣。然保章氏以星土辨九州,而粤为扬州之南境,其说所从来久远。夫粤至秦乃通中国,则保章氏时粤犹未入职方,而固以扬之分野概之,其果然与？即以占全粤,犹惧其疏阔矣,况惠一隅乎？故余不欲详之。②

所论与关氏所引正相一致,颇疑关氏所谓《惠州郡志》即嘉靖三十五年(1556)《惠州府志》,或之后采纳此说的一部惠州地方志。此外,明人黄佐修嘉靖《广东通志》,其书《图经上·广东总图经》谓广东"唐虞三代时在扬州之外境,大越之南裔",小字注曰："《禹贡》'淮、海惟扬州','海'谓南海,扬州之外境也。"既云"扬州之外境",又以"海"为南海,其间不无龃龉。考后文《事纪一》称"五岭虽逖在九州之外,而声教所暨,亦云久矣",表述相对明确,则嘉靖《广东通志》大约暧昧之余也倾向于岭南不属九州。③ 要之,碍于"分野止系中国"说的流行,岭南地方士人大抵对岭南不属九州说较为排斥,体现地方士人诉求的岭南地方志势必也难以将本地隔离在"九州—中国"之外。故在明清地方志所见岭南九州分野诸说中,岭南不属九州说

---

① 关涵《岭南随笔》卷一《南天管见上·分野》,《岭南随笔(外五种)》,广州：广东人民出版社,2015年,第5—6页。
② 嘉靖三十五年(1556)《惠州府志》卷五《地理志》,广东省地方史志办公室辑《广东历代方志集成·惠州府部》第1册,广州：岭南美术出版社,2008年,第358页上栏。
③ 嘉靖《广东通志》卷一《图经上·广东总图经》,广州：广东省地方史志办公室,1997年,第1页上栏;卷三《事纪一》,第33页上栏。

难免"曲高和寡",不仅用其说者较少,用了往往也不获继承。譬如嘉靖三十五年(1556)《惠州府志》首提惠州不属九州,今存数部《惠州府志》中,除万历《惠州府志》隐约接受外,[1]崇祯、康熙、光绪《惠州府志》均未见因循;而嘉靖《广东通志》暧昧表示广东或在九州外,万历、康熙、雍正《广东通志》也都毫不犹豫地弃之不论,仅受到西方天文学影响的道光《广东通志》承认岭南不属九州。[2]

与持有地方主义倾向的地方志不同,[3]立足《禹贡》原典的知识精英则对岭南不属九州说欣赏有加。案注释《禹贡》的知识精英以岭南不属九州,宋代已见端倪,譬如南宋人傅寅(1148—1215)《禹贡说断》即论述道:

> 荆州南境,至衡山之阳,故杜氏以南越为非九州之域,是也。南越非九州之域,则闽越亦当非,而杜氏犹以隶扬州,何也?考禹治水之迹,止及震泽,而史传称其巡狩止及会稽,则会稽而南,为要、荒之地可知矣。故言扬州之境者,当曰"东距海",不当曰"南距海"。[4]

---

① 万历《惠州府志·郡事纪》"虞帝命禹定方物,随扬州入贡",小字注云:"禹平水土,分为九州,则惠为扬州外徼,虽禹迹未经,而厥贡金三品。"见万历《惠州府志》卷二《郡事纪》,广东省地方史志办公室辑《广东历代方志集成·惠州府部》第 2 册,第 27 页上栏。一般认为禹迹所至,方为九州,所谓"芒芒禹迹,画为九州",此处既称惠州"禹迹未经",当是隐晦表示惠州不属九州。

② 万历《广东通志》卷一《藩省志一·分野》,万历三十年(1602)刊本,叶 5—8;康熙《广东通志》卷一《星野》,康熙三十六年(1697)刻本,叶 1—11;雍正《广东通志》卷二《星野》,《景印文渊阁四库全书》第 562 册,第 81—84 页;道光《广东通志》卷八九《舆地略八·分野》,《续修四库全书》第 669 册,上海:上海古籍出版社,1996 年,第 107 页上栏。

③ 关于地方志之地方主义,参本书第八章。

④ 傅寅《禹贡说断》卷二,丛书集成初编本,上海:商务印书馆,1936 年,第 46—47 页。

不难看出，较之杜佑，傅寅更为激进，在他看来，不仅岭南非九州之域，向无争议的闽越也在九州之外。又同为南宋人的毛晃（生卒年不详，绍兴二十一年[1151]年进士），所撰《禹贡指南》亦云：

> 荆、扬虽地接百越，然界以五岭诸山，连亘自川蜀至明越。山之北，水皆北流，其南皆南流，以入南海，亦不甚远，并为中国，故山川地理灼然可考。①

毛氏所论虽略显暧昧，但既称荆扬与百越"界以五岭诸山"，则岭南当也不在九州之内。

傅、毛之外，学者钱时（1175—1244）、应镛（生卒年不详）等亦将岭南排除在九州之外。② 不过，宋代尤其是南宋知识精英的主流认识大抵仍将岭南置于九州之内。譬如南宋反对王安石经说之健将林之奇（1112—1176），其所撰《尚书全解》虽意识到岭南距离王畿遥远，疑惑岭南在五服中的位置，但对九州包括岭南十分肯定，宣称"扬州之界南抵于海，则是后世闽、广数十州之地，皆在于《禹贡》之分域矣"。③ 汇采古今诸家注疏的黄度（1138—1213）撰《尚书说》、陈经（生卒年不详，庆元五年[1199]进士）撰《尚书详解》及熊禾（1253—1312）撰《尚书集疏》，也都判断岭南地在九州。其中黄度驳斥杜佑言说，强调"唐虞之盛，安有四海之内，而非《禹贡》九州之域者"，故以岭南归于"地尽南海"之扬州；陈经因循旧说，也认为扬州"南距海，则今之闽、广皆在其中"；熊禾所说略有差异，以岭南分

---

① 毛晃《禹贡指南》卷二，《景印文渊阁四库全书》第56册，第30页下栏。
② 前者参钱时《融堂书解》卷三《禹贡》，《景印文渊阁四库全书》第59册，第502页下栏—503页上栏；后者参陈栎《书集传纂疏》卷二《禹贡》，《景印文渊阁四库全书》第61册，第270页上栏。
③ 林之奇《尚书全解》卷八、卷一一，《景印文渊阁四库全书》第55册，第156页下栏—157页上栏及222页。

属荆、扬，但岭南属于九州，这一点并无不同。① 此外，蔡沈（1167—
1230）承朱熹命而撰述的《书集传》，推测禹迹广大，岭南应在其中；
同为朱学一脉的金履祥（1232—1303）撰《书经注》，以广东、广西分
属扬、荆；宋代《禹贡》学名著——程大昌（1123—1195）撰《禹贡论》，
论述禹曾统治交阯、西域等地，同样以岭南属九州。② 案上述诸书，
多部均在宋代《尚书》学史上享有重要地位，流传颇广，林之奇《尚书
全解》、蔡沈《书集传》更是堪称其中"顶流"。要之，尽管在今所见
宋代《尚书》或《禹贡》相关著述对岭南与九州关系的论述中，更多的
乃是不明确标出二者关联的"沉默的大多数"，但上述诸书的存在，
仍表明杜佑岭南不属九州说在宋代知识精英群体中并未获得广泛
接受。③

　　然而到明清，岭南不属九州说则在知识精英中大为盛行。披
览明清《尚书》或《禹贡》学著述可知，其中绝大多数均或隐或显地
采纳杜佑之说，不以岭南属九州。明代可考确切阐述岭南与九州关
系的 15 部《尚书》《禹贡》学著述，有 9 部均将岭南置于九州之外，包
括徐善述（1353—1419）撰《书经直指》，丰熙（1468—1537）集说《古
书世学》，郑晓（1499—1566）撰《尚书禹贡图说》，王樵（1521—1599）
撰《尚书日记》《书帷别记》，胡瓒（生卒年不详，万历二十三年

---

① 黄度《尚书说》卷二《禹贡》，《景印文渊阁四库全书》第 57 册，第 490 页下栏—491
　页下栏；陈经《尚书详解》卷六《禹贡》，《景印文渊阁四库全书》第 59 册，第 88 页上
　栏。熊氏说见董鼎《书传辑录纂注》卷二《禹贡》，《景印文渊阁四库全书》第 61 册，
　第 626 页上栏、627 页下栏。
② 蔡沈《书经集传》卷二《禹贡》，《景印文渊阁四库全书》第 58 册，第 30 页上栏、40 页
　上栏；金履祥《书经注》卷三《禹贡》，李勇先主编《尚书禹贡篇集成》第 2 册，上海：
　上海交通大学出版社，2009 年，第 51 页下栏、53 页下栏；程大昌《禹贡论》"夷夏"
　条，《景印文渊阁四库全书》第 56 册，第 105—107 页。
③ 关于宋代《尚书》学史，参刘起釪《尚书学史（订补修订本）》，北京：中华书局，2017
　年，第 222—290 页；蔡根祥《宋代尚书学案》，台北：花木兰文化出版社，2006 年。

[1595]进士)撰《禹贡备遗》，茅瑞徵（1575—1637）撰《禹贡汇疏》，潘士遴（生卒年不详，天启二年[1622]进士）撰《尚书莩钥》，以及夏允彝（1596—1645）撰《禹贡古今合注》。诸书大抵以列举《禹贡》扬州、荆州所统府州的方式揭橥岭南不属九州，王樵《尚书日记》《书帷别记》、茅瑞徵《禹贡汇疏》、潘士遴《尚书莩钥》等，且别引杜佑分野言说加以佐证。① 由此可见，尽管明代官定《尚书》注疏仍为主张岭南属九州的蔡沈《书集传》，胡广等奉敕编纂、作为官颁经学教材的《书经大全》采纳的也是岭南分属荆、扬的熊禾说，显示时人普遍接受的岭南九州分野大约仍为岭南地处九州说，②不过，在可考明示岭南与九州关系的《尚书》《禹贡》学著述中，多数则主张岭南不属九州，这表明对《尚书》《禹贡》有所钻研的知识精英更多接受的乃是岭南不属九州说。

及至清代，岭南不属九州在知识精英中的流传进一步扩大，俨然已经成为彼时知识精英关于岭南九州分野的主流言说。不仅主张此说的学者众多——清代可考明示岭南与九州关系的《尚书》《禹贡》学著述中，至少有三十部均声称岭南不属九州，远超持其他分野

① 徐善述《书经直指》卷二《禹贡》，李勇先主编《尚书禹贡篇集成》第2册，第368页下栏、369页下栏；丰稷正音，丰庆续音，丰熙集说，丰坊考补《古书世学》卷二《禹贡》，李勇先主编《尚书禹贡篇集成》第2册，第90页上栏、91页上栏；郑晓《禹贡说》，李勇先主编《禹贡集成》第1册，上海：上海交通大学出版社，2009年，第443页下栏—444页上栏、446页上栏；王樵《尚书日记》卷五《禹贡》，李勇先主编《尚书禹贡篇集成》第4册，第54页、61页下栏；《书帷别记》卷二上《禹贡》，李勇先主编《尚书禹贡篇集成》第2册，第446页下栏、447页上栏；胡瓒《禹贡备遗》卷一，李勇先主编《禹贡集成》第2册，第85页、87页上栏；茅瑞徵《禹贡汇疏》卷五、卷六，李勇先主编《禹贡集成》第2册，第238—239页、269页下栏；潘士遴《尚书莩钥》，李勇先主编《尚书禹贡篇集成》第3册，第279页；夏允彝《禹贡古今合注》卷二，李勇先主编《禹贡集成》第3册，第80页下栏。
② 胡广等《书经大全图说》卷三，《景印文渊阁四库全书》第63册，第338页上栏、341页上栏。关于明代《尚书》学史，参刘起釪《尚书学史（订补修订本）》，第290—341页。

言说者,且影响较大的《尚书》《禹贡》学著述大抵均持此说。譬如清代注解《尚书》的代表性著述中,明确言及岭南九州分野者包括王鸣盛(1722—1797)撰《尚书后案》、孙星衍(1753—1818)撰《尚书今古文注疏》及王先谦(1842—1917)撰《尚书孔传参正》,三者无一例外均将岭南置于九州之外。其中《后案》引杜佑说为据,指出岭南除广西桂林一地外,其余皆不属九州;《今古文注疏》围绕"淮、海惟扬州",判断"青、徐、扬之海皆东海也,故云'至海以东'也。伪传云'南距海',则远至闽、广,非经义";《孔传参正》也因循《后案》之说,将岭南主体排除在九州之外。① 至于治《禹贡》者,作为古代研究《禹贡》的集大成之作,胡渭《禹贡锥指》明确表示对杜佑说的认可,并以大段文字反驳黄度将岭南纳入扬州说。在胡氏看来,岭南如果细分,则东部南雄、韶州、广州、惠州四府在古扬州徼外,肇庆以西至浔州绵地千余里,在古荆州徼外,南宁以西至安南,在古梁州徼外,故整体而言,岭南全境皆不属九州。② 此外,由雍正朝重臣蒋廷锡(1669—1732)所撰、在清代《尚书》《禹贡》学中影响较大的《尚书地理今释》,详细标注扬州、荆州在清代所统府州县,其中两广仅广东潮州府属扬,广西桂林府之全州及兴安县越城岭北岭属荆,岭南同样不在其中。③ 据此可见,如果说岭南不属九州说在清代地方志中

---

① 王鸣盛《尚书后案》卷三《禹贡》,北京：北京大学出版社,2012年,第128—129、139页;孙星衍《尚书今古文注疏》卷三《禹贡中》,北京：中华书局,1986年,第158页;王先谦《尚书孔传参正》卷六《禹贡》,北京：中华书局,2011年,第269—271、277—278页。

② 胡渭《禹贡锥指》卷六,第147—150页。

③ 蒋廷锡《尚书地理今释》,丛书集成初编本,上海：商务印书馆,1936年,第11—12页。案蒋书在清代影响巨大,诸如杨陆荣(1669—1756)撰《禹贡臆参》、汤奕瑞(生卒年不详,雍正中官福建盐场大使)撰《禹贡方域考》、李兆洛(1769—1841)撰《禹贡地理考》、洪符孙(1784—?)撰《禹贡地名集说》、丁晏(1794—1875)撰《禹贡集释》、崔启晦撰(生卒年不详)《禹舆诗》、李慎儒(1836—1905)撰《禹贡易（转下页）

因意识形态所限而应者寥寥,那么在精研《尚书》或《禹贡》的知识精英那儿,则毫无疑问乃是作为主流学说而存在的。

要之,自唐到清,杜佑高调宣扬并首次进行学理性论证的岭南不属九州说,从不为人所知到逐渐被接受,再到成为一种颇具影响的分野言说,其间经历了漫长的流衍历程。而在此说传承过程中,接受语境亦出现分化。在渗透地方士人意识的方志文献中,此说接受无多,但在知识精英主导的《尚书》《禹贡》学中,却大获欢迎,清代甚至成为岭南九州分野的主流言说。不难想见,同出一源的岭南不属九州说之所以呈现这样的语境差异,应与两种语境背后各自的立场和追求密切相关。对地方士人而言,地方主义意识使得他们无法接受岭南被从兼具政治、文化双重意义的"中国—华夏"中剥离;而对知识精英来说,岭南与九州关系的学理依据则更为紧要。在这样

(接上页)知编)、姚彦渠(生卒年不详)撰《禹贡正诠》、洪兆云(生卒年不详)撰《禹贡汇解》、王顼龄(1642—1725)等奉敕撰《钦定书经传说汇纂》、黄文莲(1730—1790)撰《书传盐梅》、牟庭(1759—1832)撰《同文尚书》、杨钟泰(生卒年不详,嘉庆六年[1801]举人)撰《尚书今文二十八篇解》等,均或隐或显地照搬其说。参杨陆荣《禹贡臆参》卷上,李勇主编《禹贡集成》第5册,第148页下栏、151页上栏;汤奕瑞《禹贡方域考》,李勇主编《禹贡集成》第3册,第306页下栏、307页;李兆洛《禹贡地理考》,李勇主编《禹贡集成》第6册,第340页;洪符孙《禹贡地名集说》卷上,李勇主编《禹贡集成》第5册,第351页下栏—352页上栏、353页;丁晏《禹贡集释》卷一、卷二,李勇主编《禹贡集成》第6册,第428页下栏—429页上栏、432页下栏;崔启晦《禹舆诗》卷五、卷六,李勇主编《禹贡集成》第6册,第389页下栏、392页下栏;李慎儒《禹贡易知编》卷五、卷六,李勇主编《禹贡集成》第7册,第205页下栏—206页上栏、220页上栏;姚彦渠《禹贡正诠》卷二,李勇主编《禹贡集成》第8册,第50页下栏—51页上栏、53页上栏;洪兆云《禹贡汇解》卷二,李勇主编《禹贡集成》第8册,第116、121页;王顼龄等奉敕撰《钦定书经传说汇纂》卷四《禹贡上》,李勇主编《尚书禹贡篇集成》第4册,第350页下栏、354页上栏;黄文莲《书传盐梅》卷五《禹贡》,李勇主编《尚书禹贡篇集成》第5册,第103页上栏、107页上栏;牟庭《同文尚书》,李勇主编《尚书禹贡篇集成》第6册,第43、45页上栏;杨钟泰《尚书今文二十八篇解》,李勇主编《尚书禹贡篇集成》第6册,第136页下栏—137页上栏、137页下栏—138页上栏。

不同的立场和追求下，岭南不属九州说的传承出现语境差异，也就不可避免了。固然，从后世文本看，这一差异并未完全区隔地方士人与知识精英，地方士人既偶用其说，知识精英也不乏拒斥甚至大加批评者，①不过整体而论，岭南不属九州说在地方士人与知识精英中接受程度不同，确构成此说在清代传承过程中的显著现象。前举《禹贡锥指》的作者胡渭因主张岭南不属九州而引发岭南地方士人不满，正是这种传承分化的真实写照。

四、僻在要荒：岭南不属
九州的另一进路

　　上述采杜佑之说、以岭南不属九州的言说中，不少系直接将岭南排除在九州之外，或径称岭南非九州之域，或叙述九州范围不包括岭南，并未展示论证路径。而在展示论证路径的言说中，有一部分乃因循杜佑以《禹贡》《职方》不载岭南山川贡赋而将岭南排除在九州之外。除前举《舆地纪胜》引《普宁郡志》、《历代地理指掌图》收《帝喾九州之图》外，又如明人茅瑞徵撰《禹贡汇疏》，其卷五分梳扬州境域，云：

　　　　彭蠡，江右境也；三江、震泽，浙、直境也，此扬州之见于经

---

① 清代明确批评杜佑说的《尚书》《禹贡》研究者如朱鹤龄（1606—1683）、阎若璩（1636—1704）、侯桢（1816—1613），三人虽对岭南九州归属意见不一，但都认为杜佑将岭南排除在九州之外不妥。参朱鹤龄《尚书埤传》卷五《禹贡》，李勇先主编《尚书禹贡篇集成》第 4 册，第 259 页—260 页上栏；《禹贡长笺》卷五，李勇先主编《禹贡集成》第 3 册，第 410 页下栏—411 页；阎若璩《潜邱札记》卷三《释地余论》，北京：中华书局，2023 年，第 211—212 页；侯桢《禹贡古今注通释》卷二，李勇先主编《禹贡集成》第 7 册，第 441 页下栏—442 页。

者,而必旁引闽、粤以入四履,非其实矣。……当禹时,闽、广、滇、黔远在荒服,而扬州自"震泽底定"外不置一语,则两浙为吴越之境,亦未列王会也。今以闽、浙附入扬州,已为影响,唐十道图至以鄂、潭、衡、永、沣、朗、辰、锦等州并入扬州南境,而岭南一道东南际海,西极群蛮,凡七十州,亦以扬州南境括之,可谓淆杂棼沓,靡所适从矣。自杜佑于古九州外别分南越一条,庶几近之。①

在茅氏看来,扬州载于《禹贡》的山川仅有分布在江西、浙江及南直隶的彭蠡、三江、震泽,岭南乃至福建的山川均未见于《禹贡》,故岭南九州分野不属九州。可以看到,较之杜佑,茅氏论证更为具体、激进——九州分野较少争议的福建亦被质疑属于扬州的合理性,但论证路径与杜佑出于一辙。

值得注意的是,除上述路径外,后世论证岭南不属九州时,其实还存在另一路径,即岭南在五服中属荒服。所谓五服,是《禹贡》所设计的另一套地方行政建置,据《禹贡》描述,即:

> 五百里甸服,百里赋纳总,二百里纳铚,三百里纳秸服,四百里粟,五百里米;
>
> 五百里侯服,百里采,二百里男邦,三百里诸侯;
>
> 五百里绥服,三百里揆文教,二百里奋武卫;
>
> 五百里要服,三百里夷,二百里蔡;
>
> 五百里荒服,三百里蛮,二百里流。②

如果忽视各服内部的差异,五服即如图6-4所示,呈现为一种以王

---

① 茅瑞徵《禹贡汇疏》卷五,李勇先主编《禹贡集成》第2册,第238页下栏—239页上栏。

② 《尚书正义》卷六《禹贡》,第153页。

畿为中心、距离愈远而关系愈疏的圈层结构。①

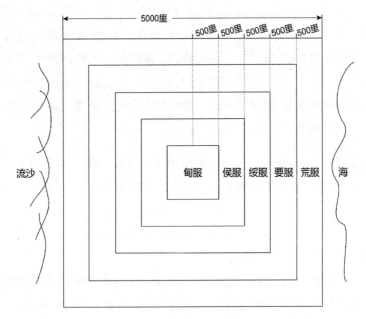

图 6-4　《禹贡》五服图

　　从地理空间看，五服之间相互承接，连续不断，不过在人群结构上，五服之间则存在明显断裂。由于《禹贡》要服中出现"三百里夷"及荒服中出现"三百里蛮"，加之《国语·周语上》载祭公谋父劝阻周穆王征讨犬戎时亦提到"蛮夷要服，戎狄荒服"，②故一般认为绥服以内为华夏所居，要服以外为蛮夷所在。五服兼容华夏、蛮夷的人群结构势必引发如下疑问，即五服与一般认为仅为华夏所居的九州究竟如何适配。

① 此为一般理解，贾逵、马融以为百里赋纳总至五百里米为甸服之外，是相距为方六千里，郑玄认为图中所示为尧时旧制，禹于每服之间更增五百里，是相距为方万里。参《尚书正义》卷六《禹贡》孔颖达疏，第 153 页。
② 徐元诰《国语集解》卷一《周语上》"穆王将征犬戎"条，北京：中华书局，2002 年，第 6—7 页。

　　按照现代学者的分析，五服与九州各成体系，并不相关。[①] 古代
学者虽也意识到五服、九州之间存在龃龉——譬如林之奇即发现，
四方均等的五服若施于南长北短的九州，不能尽合，所谓"以南言
之，则太赢；以北言之，则太缩"，[②]不过在他们看来，五服、九州既同
出《禹贡》，二者当有关联，故仍努力尝试接榫二者，其中最为通行的
认识就是五服中仅甸、侯、绥三服属九州，要、荒二服不属九州。

　　案五服不尽属九州，郑玄已有申论，不过如《尚书·皋陶谟》注
所见，"尧初制五服，服各五百里，要服之内方四千里曰九州，其外荒
服曰四海"，[③]郑玄仅认为荒服不属九州。及至后世，尤其是宋代以
降，大约由于要服、荒服属性相通，论者进一步将九州限定在绥服以
内，要、荒二服皆不属九州。前举林之奇即谓"自绥服之外，皆是夷
狄之地，中国礼乐正朔之所不及"，又云"自甸服至绥服，九州之内
也，要、荒二服，则在九州之外"；林氏门人吕祖谦（1137—1181）也说
"要服已皆蛮夷矣，然犹近中国"，[④]所谓中国亦即九州，二氏一自内
及外，一自外及内，皆指出要、荒不属九州。又张九成（1092—1159）：
"要者，以言在九州之外，非如九州可用详治也。"胡士行（生卒年不详，
官至临江军军学教授）："五百里九州之外。要服。"王炎（1138—1218）：
"舜之五服，侯、甸、绥三服在九州之内，要服有夷，荒服有蛮，在九州

[①] 参顾颉刚《史林杂识初编·畿服》，北京：中华书局，1963年，第5—8页；顾颉刚、刘
　　起釪《尚书校释译论》，第820—821页；唐晓峰《从混沌到秩序——中国上古地理思
　　想史述论》，229—230页等。

[②] 林之奇《尚书全解》卷一一《禹贡》，《景印文渊阁四库全书》第55册，第222页。林
　　之奇外，罗泌、蔡沈、应镛、金履祥等也提出质疑。参见王小红《宋代〈禹贡〉学研究》，
　　长春：吉林人民出版社，2010年，第100—103页。

[③]《尚书正义》卷五《益稷》，第143页下栏。

[④] 林之奇《尚书全解》卷一一《禹贡》，《景印文渊阁四库全书》第55册，第219页下
　　栏、222页上栏；吕祖谦《增修东莱书说》卷五《禹贡》，《景印文渊阁四库全书》第57
　　册，第199页上栏。

之外。"陈栎(1252—1334)《书集传纂疏》引马氏(推测或为马之纯,1133—?)①语:"甸、侯、绥为中国,要、荒已为夷狄。"等等。也都将蛮夷所居的要、荒二服排除在九州之外。② 固然,也有学者注意到荒服最南边界不超过衡山,以此对要、荒不属九州提出疑义,③不过总体而论,在多数学者看来,九州仅限甸、侯、绥三服,要、荒二服不在其列。

"不幸"的是,岭南在五服体系中正属荒服,极端者甚至认为且在荒服之外。④ 现存文献中,以"荒"加于岭南,至迟在西汉末扬雄撰《交州箴》中业已出现。《交州箴》开篇即称,"交州荒裔,水与天际,越裳是南,荒国之外",⑤不难想见,交州之被冠名"荒裔",当与岭南被视作荒服密切相关。自此以降,"荒"遂成为岭南最重要的标签之一,频频见诸修饰岭南的文字上,诸如"荒裔""荒域""荒服""荒徼"

---

① 此蒙中国社会科学院历史理论研究所刘力耘女史提示,谨致谢忱。
② 黄伦《尚书精义》卷一二,《景印文渊阁四库全书》第58册,第272页下栏;胡士行《胡氏尚书详解》卷三《禹贡》,《景印文渊阁四库全书》第60册,第326页上栏;王应麟《通鉴地理通释》卷一《历代州域总叙上》,北京:中华书局,2013年,第6页;陈栎《书集传纂疏》卷二《禹贡》,《景印文渊阁四库全书》第61册,第270页上栏。
③ 林之奇《尚书全解》卷一一《禹贡》,《景印文渊阁四库全书》第55册,第157页上栏、222页下栏;钱时《融堂书解》卷三《禹贡》,《景印文渊阁四库全书》第59册,第502页下栏—503页上栏。
④ 如《水经注》引《尚书大传》即称:"尧南抚交趾于《禹贡》荆州之南垂,幽荒之外,故越也。"林之奇也曾以岭南距王畿过远,疑惑岭南是否属五服。至于明人王樵、清人胡渭等,则明确断言岭南在荒服之外。分见杨守敬、熊会贞疏《水经注疏》卷三七《叶榆水》,南京:江苏古籍出版社,1989年,第3041页;林之奇《尚书全解》卷一一《禹贡》,《景印文渊阁四库全书》第55册,第221页下栏—222页;王樵《尚书日记》,李勇先主编《尚书禹贡篇集成》第4册,第54页上栏;胡渭《禹贡锥指》卷一九,第696—697页。
　　案《尚书大传》此条,陈寿祺《辑校》、皮锡瑞《疏证》均作"尧南抚交趾",无后文,盖以后文非《大传》本文。参陈寿祺辑校《尚书大传》卷一,丛书集成初编本,上海:商务印书馆,1937年,第13页;皮锡瑞《尚书大传疏证》卷一《唐传·尧典》,吴仰湘编《皮锡瑞全集》第1册,北京:中华书局,2015年,第45—46页。若此说成立,则判断交趾在幽荒之外系郦道元意见。
⑤《艺文类聚》卷六《州部·交州》,上海:上海古籍出版社,1999年,第116页。

等词亦常常被与岭南关联。蜀汉许靖《与曹操书》，提及时任交州刺史张津，称"虽临荒域"；孙吴薛综《上孙权书》，请求慎选交州刺史，谓交州"在九甸之外"，"荒流之表"；西晋陶璜上言岭南州郡兵不宜减，云"交土荒裔，斗绝一方，或重译而言，连带山海"；唐人苏诜为张九龄《开凿大庾岭路序》题铭，作"怀荒服兮走上京，迁（疑作"通"）万商兮重九译"；出身岭南的张九龄答唐玄宗责问，亦自认"荒徼微贱"；甚而杜佑也明言，"五岭之南，涨海之北，三代以前，是为荒服"，①诸如此类，文献中不胜枚举。事实上，考大德《南海志》以"史称苍梧、九疑、韶石皆舜迹所至之地，亦不得为荒之服"，试图为岭南的荒服属性辩护。② 不过，旨在宣示本地为华夏之区的《大德志》着意强调本地非荒服，恰恰说明岭南属于荒服乃时人通论。

　　岭南既属荒服，而荒服又不属九州，然则岭南在一些分野言说中被列于九州之外也就不难理解了。事实上，一些学者正是以岭南地处荒服而将岭南排除在九州之外。前引茅瑞徵《禹贡汇疏》提及"闽、广、滇、黔远在荒服"，已显示荒服之于诸地不属九州的意义；傅寅《禹贡说断》认为福建、岭南不属九州，也以两地为要、荒之地为证据之一；又林之奇私淑弟子夏僎（生卒年不详，淳熙五年［1178］进士）《尚书详解》质疑林氏关于扬州南抵海的说法，亦以要、荒不属九州为据。③至于王鸣盛判断交、广"必在九州之外"，从其论称"郑注下文'五

①《三国志》卷三八《蜀书·许靖传》，北京：中华书局，1959年，第965页；《三国志》卷五三《吴书·薛综传》，第1251—1253页；《晋书》卷五七《陶璜传》，第1560页；《张九龄集校注》卷一七《开凿大庾岭路序》，北京：中华书局，2008年，第891页；《旧唐书》卷一〇六《李林甫传》，第3237页；《通典》卷一八八《边防四·南蛮下》"岭南序略"条，第5079页。

②《南海志·建置沿革》，马蓉等点校《永乐大典方志辑佚》第4册，第2426页。

③傅寅《禹贡说断》卷二，第46—47页；夏僎《夏氏尚书详解》，《景印文渊阁四库全书》第56册，第541页上栏。

服'，并注《皋陶谟》'弼成'，皆以要服内方七千里，置九州，执玉帛者万国。此外连要服之弼与荒服，及荒服之弼，方得满万里，而不在九州之数"可知，岭南地处荒服同样构成重要前提。[①] 要之，尽管杜佑判定岭南不属九州，并非源自他认定岭南列于荒服，但岭南僻在要荒，确构成后世论证岭南九州分野不属九州的路径之一。[②]

在《禹贡》五服框架内，荒服系与蛮夷相关，这也是荒服被排除在九州之外的重要原因。杜佑判断岭南属荒服，从《通典》强调"自岭而南，当唐、虞、三代为蛮夷之国，是百越之地，亦谓之南越"，以及叙述要服称"南蛮，其在唐、虞，与之要质，故曰要服"，大约仍未脱离荒服的原初内涵。[③] 不过在宋代以降，论者似乎更倾向于从其他视角论证岭南的荒服属性，岭南华夷杂处的人群结构并未受到特别关注。譬如傅寅论证岭南为要、荒之地，系"考禹治水之迹，止于震泽，而史传称其巡狩止及会稽"，亦即以大禹未至岭南为依据；茅瑞徵则以与《通典》论述岭南不属九州相同的方式——岭南山川未见于《禹贡》，将岭南打入荒服；王鸣盛所论虽较暧昧，但玩味其文字，似乎岭南距离王畿较远乃是主要理由。从强调蛮夷居地到侧重禹迹未经或《禹贡》不载，岭南荒服论据的调整是否与岭南人群结构变动相关，此点尚难断言，不过可以确定的是，正如一行将岭南东西二分在后世传承过程中焦点发生变化一样，[④]岭南场合的荒服论，其论述重

---

① 王鸣盛《尚书后案》卷三《禹贡》，第 128 页。

② 也有学者认为岭南虽属荒服乃至五服之外，但仍不出九州，如钱肃润（1619—1699）、晏斯盛（？—1752）等，不过这类声音相对微弱。参钱肃润《尚书体要》卷二《禹贡》，李勇先主编《尚书禹贡篇集成》第 4 册，第 208 页下栏；晏斯盛《禹贡解》卷三，李勇先主编《禹贡集成》第 5 册，第 213 页下栏—214 页。

③《通典》卷一八四《州郡十四·古南越》"古南越"条，第 4910 页；卷一八七《边防三·南蛮上》"序略"条，第 5040 页。

④ 参本书第五章。

心在宋代以降也出现偏离。

五、结　语

和岭南东部属扬、西部属荆得益于知识精英一行所提出的分野理论一样，后世岭南分野言说中占据重要地位的岭南不属九州说，同样源自另一位知识精英——唐中叶名臣杜佑——的推动。不过，与一行只需突破传统分野模式不同，杜佑面临的阻碍不仅是传统分野模式，更大的挑战在于，将进入华夏已久、作为王朝稳定控制区的岭南剔除在九州之外，这对时人认知的冲击可想而知；胡渭所谓"余谓(岭南)不在九州之限，或警余，粤产多才，将释憾于子"——尽管唐代岭南尚不像清代那样文化昌明，人才辈出，但类似的批评、责难，杜佑大约也难逃避。由此可见，杜佑将岭南剔除在九州之外，阻力必定十分巨大。

为应付这一阻力，杜佑将目光转向经典，试图从经典中获得理论支持。幸运的是，九州原出的《尚书·禹贡》给了他足够支撑，在《禹贡》对九州自然地理和人文地理的描述中，无论是名山大川还是物产贡赋，均无一处明确指向岭南。有此支撑，杜佑终于可以直面新说可能引发的质疑，坦然将岭南放置在九州空间之外。正是在此意义上，笔者认为杜佑提出岭南不属九州，乃是《禹贡》原典主义的产物。事实上，考虑到《通典》分门设置原本即取自同出《尚书》的《洪范》八政，[1]毋宁认为杜佑在《通典·州郡门》编排天下地理时基于《禹贡》将岭南刊落在九州之外，乃是顺理成章。

---

[1] 邓国光《杜佑〈通典〉的经学本质》，《经学义理》，第430—438页。

不过，杜佑并非纯粹学人，《通典》也非单纯学术著作，杜佑生活的唐代中叶，儒家经典也已权威不再，①这就意味着，倘若没有别的动力，杜佑似乎没有必要挑战时人通论，将岭南排除在九州之外，毕竟无论以何种体例——广域政区为纲抑或《禹贡》九州为纲——编排历代地方行政建置，岭南九州分野不属九州均非必然结果。换言之，《禹贡》原典主义固然是杜佑将岭南不属九州的直接原因，但此原因背后，恐怕还有更为切实的经世致用目的。种种迹象显示，这个目的与杜佑的边疆保守主义相关，即对于历代帝王雄心勃勃的开疆拓土，杜佑像很多传统士大夫一样，并不赞成。在杜佑等人看来，真正的王者应担心"德不广"，而非"地不广"，王者不以土地为大。基于此，杜佑将《禹贡》所展现的"道德远覃，四夷从化，即人为治，不求其欲，斯盖羁縻而已"的统治方式视为地方行政的理想形态，进而以《禹贡》为模板编排历代地方行政建置，而岭南即在此过程中"城门失火，殃及池鱼"，不幸被刊落在九州之外。

尽管追根溯源，《通典》不以岭南属九州，"元凶"系杜佑的边疆保守主义，但直接依据乃《禹贡》原典主义，这一点毋庸置疑。而在分野原理上与时人通论以及岭南地方士人意识背道而驰的《禹贡》原典主义，必定使得基于此构建的岭南不属九州说传承受到制约。从后世接受状况来看，正是如此。在反映时人通论或体现地方士人诉求的文献中，岭南不属九州说接受较少，而在注释《尚书》或《禹贡》的著述中，岭南不属九州说则颇为盛行。亦即岭南不属九州说的后世传承，某种意义上折射出学术与政治、社会的分离，只有在相对纯学术的文本中，这一悖于常理的分野言说才获得较大程度接

---

① 关于此，参葛兆光《中国思想史》第 2 卷《七世纪至十九世纪中国的知识、思想与信仰》，上海：复旦大学出版社，2013 年，第 107—109 页；冯茜《唐宋之际礼学思想的转型》，第 24—58 页。

受。而恰在宋代以降，《尚书》学日趋繁盛，《禹贡》学也逐渐兴起，①不仅注释《尚书》《禹贡》的著述喷涌而出，即如前文所举地图，不少制作者也与《禹贡》相关，譬如编纂《帝王经世图谱》的唐仲友本人即为《禹贡》学名家。② 无待赘言，这一思潮提供了学术保障，使得杜佑基于《禹贡》原典主义、以岭南不属九州的新见得以在宋代以降岭南分野诸言说中占据一席之地，至清代甚至构成知识精英的主流认识。

除杜佑所论外，岭南不属九州在后世被接受或还得益于另一理解路径，即岭南于《禹贡》五服地处荒服。而在古人认识中，荒服大抵不属九州，由此厕身荒服的岭南遂被排除在九州之外。固然，在岭南不属九州的场合，后世理解岭南何以荒服的路径并不特意强调岭南华夷混杂的人群结构，③这一点与《禹贡》荒服的原初意涵或有偏差，但荒服与九州的纠结本身亦出自《禹贡》原典。以此而论，基于岭南荒服而将岭南排除在九州之外，未尝不是《禹贡》原典主义的产物。若上述不误，则岭南分野不属九州，无论是立足岭南山川贡赋不见于《禹贡》，抑或源自岭南僻在要荒，《禹贡》原典主义均可以视为促成此一认识酝酿和传承最为直接的原因。要之，岭南不属九

---

① 关于宋代以降《禹贡》学的整体状况，参刘起釪《尚书学史（订补修订本）》，第264—266、323—326、402—410 页。又宋代《禹贡》学，参潘晟《宋代的〈禹贡〉之学——从经学传注走向地理学》，初刊《历史研究》2009 年第 3 期，后收入氏著《宋代地理学的观念、体系与知识兴趣》，北京：商务印书馆，2014 年，第 364—403 页；王小红《宋代〈禹贡〉研究》。明代《禹贡》学，参王荣煜《明代〈禹贡〉学研究》，山东大学硕士学位论文，2019 年。清代《禹贡》学，参孔祥军《试论清代学者〈禹贡〉研究之总成绩》，《清史研究》2012 年第 1 期；华林甫主编《清儒地理考据研究》第 1 册《先秦卷》，孔祥军撰，济南：齐鲁书社，2015 年，第 48—88 页。
② 王小红《宋代〈禹贡〉学研究》，第 272—284 页。
③ 当然亦非完全不涉及，前引《帝喾九州之图》附注在揭举伊州、西州、安西都护府及岭南等地非九州之限时，着意标注其地为戎狄之地、蛮夷之国或百越之地，或许就有强调诸地因蛮夷而荒服、进而不属九州之意。

州说的提出，追究杜佑初衷，学理追求应非最终目的，不过杜佑立论所依据的《禹贡》原典主义，却为此说蒙上了理据分明的学术面纱。得益于这层学术面纱，岭南不属九州——这一有悖于时人通论及岭南地方士人意识的分野言说，最终获得部分追求学理的知识精英青睐，由此促成其说在宋代以降不绝如缕，在知识精英主导的《尚书》《禹贡》学中更是发扬光大。

　　在知识生成和传播的过程中，我们常常想当然地认为推动某一知识生成和传播的因素自始至终是一致的，知识生成的理据，往往也构成知识被接受并进一步传播的动力。另一方面，对于这些理据，我们也倾向于认可作者自述或表面所呈现的内容，相信它们就是主导知识生成和传播的实际动力。而作为一种分野异说的岭南不属九州，其最初提出及在后世流传，则向我们展示了知识生成和传播更为复杂的一面，不仅言说生成的表面原因与实际动力之间存在冲突，知识酝酿时的理据与后世接受时的考虑也有可能出现分化。岭南不属九州说的这一面向并非孤例，唐宋以降岭南九州分野的其他言说，其生成与传播同样如此，甚至放大言之，多数知识的生成和传播，可能都存在类似现象。这就提示我们，在知识史的研究中，追根溯源、刨根问底是不可或缺的，倘若止于表象，便可能隔雾看花，陷入历史的迷雾之中。

第七章 三分：零星九州分野知识的汇集与扩展

所谓三分,原则上应指像岭南东部属扬、西部属荆、中分岭南全土那样,将岭南整体一分为三,不过现存唐宋文献中迄未见到明确将岭南全土九州分野一分为三的记载。它们均是在以单州列举形式叙述岭南各地九州分野时,将其中一些地区归于扬州、荆州及九州外,由此形成岭南特定区域分别归属扬州、荆州及不属九州的三分格局。故本书所谓三分,包括两种形式,其一:将岭南整体一分为三;其二,以岭南特定地区分属扬州、荆州及九州外。

从时间上看,现存文献中最早将岭南三分的文献是李吉甫撰《元和郡县图志》,在此之前,传统的岭南属扬州说,基于一行分野理论的岭南东部属扬、西部属荆州说,以及杜佑倡言的岭南不属九州说均已问世。这不禁令人猜想,岭南九州分野三分,是否就是将前面诸说简单折衷?

答案是否定的。这么说依据有二。其一,三分说中无论是将岭南属荆或是不属九州,迄未见到引一行分野理论及杜佑论说为据。其二,如前所述,唐宋岭南三分说并非将岭南完整地一分为三,而是以单州列举形式说明部分州之归属。这些被列举的州在岭南只占极少比重,即便列举稍多的《舆地纪胜》和《方舆胜览》,如表7-1所见,言及九州分野的州也仅占岭南全部州之 57%,仍有近一半州之九州分野不明。因此,唐宋地理文献所呈现的岭南三分只是点缀式的,与岭南属扬、东部属扬/西部属荆及不属九州说显有不同。

表 7－1　岭南诸州分野分布

分　野	元和郡县图志		舆地纪胜		方舆胜览	
	州数	占比	州数	占比	州数	占比
扬　州	5	15%	10	26%	10	26%
荆　州	2	6%	5	13%	5	13%
九州外	1	3%	7	18%	7	18%
不　明①	25	76%	17	43%	17	43%

　　然则岭南三分说又是如何形成的? 解决这一问题的线索即是持岭南三分说的文献中那些失载极多的单州列举言说。文献在叙述岭南九州分野时为何仅列举部分州? 是无意疏漏还是无奈选择? 解决了这一问题,岭南九州三分说的生成路径也就水落石出。

一、地理总志所见九州 分野记述趋势

　　在检讨这一问题之前,不妨暂跳出岭南,首先观察一下以单州列举形式叙述全国九州分野的文献之整体趋势。案唐宋地理总志

---

① 《元和郡县图志》《舆地纪胜》及《方舆胜览》中均有大量古越地、古南越地、古百越地、古瓯骆越地甚或古夜郎国之地等描述,乍看似属九州外。不过如前文所述,《元和郡县图志》《舆地纪胜》中又不乏"某地,《禹贡》某州之地,古四夷之地"这样的描述,故仅称古越地、古南越地者,本书概归入九州分野"不明"栏。

中,《元和郡县图志》和《太平寰宇记》为现存仅见的两部相对完整的以单州列举形式叙述华夏全境九州分野的文献。① 如表7-2所见,无论《元和郡县图志》还是《太平寰宇记》,叙述都呈现详北略南的倾向。北方关内、河南、河东、河北诸道乃至相对偏远的陇右道所属州郡,其九州分野均少有遗漏;②南方淮南、山南、江南、剑南、岭南诸道所属州郡,九州分野则大量阙失,且地域越南失载越多。这一倾向并非偶然,稍早一些、以佚文存世的《十道志》,其中不记九州分野的州郡同样南方多于北方。诸书书写的这一倾向透露如下事实,即对置身京师的唐宋士人而言,北方地区的九州分野大抵熟悉,而南方,尤其是岭南州郡的九州分野似乎相对陌生。③

表7-2　《元和郡县图志》《太平寰宇记》
未记九州分野州郡统计

十　道	元和郡县图志			太平寰宇记④		
	总计⑤	未记⑥	占比	总计	未记	占比
关内道	25	2	8%	27	4	15%
河南道	32	1	3%	30	2	7%

① 《太平寰宇记》基本完帙,仅河南、江南西二道略有残缺;《元和郡县图志》除淮南道全佚外,河南、河北、山南、江南、岭南诸道亦有数目不等的阙文。
② 与《元和郡县图志》相比,《太平寰宇记》北方诸道未记九州分野的州郡略有增加,这与新设州郡相关,《太平寰宇记》对于唐末迄宋初新设州郡的分野,例不记载。
③ 时人对南方州郡九州分野相对陌生,除南方开发较晚、认识不足外,另一重要原因是《禹贡》自身对南方地理记载较为欠缺。参顾颉刚《扬州境界问题》,《尚书研究讲义》,《顾颉刚古史论文集》卷八,北京:中华书局,2011年,第221页。
④ 《太平寰宇记》原以宋初十三道为纲,今合为十道统计。
⑤ 文字阙失者及废州、羁縻州,不统计在内。又宋代与州同级的军、监,《太平寰宇记》例不记载其分野,亦不纳入统计。
⑥ 被视为记载九州分野者,除以"《禹贡》某州之域"标明者外,以"土地所属同某州"或"某星流为某州"等表述显示其九州分野者亦包括在内,其余则视为未记。

续　表

十　道	元和郡县图志			太平寰宇记		
	总计	未记	占比	总计	未记	占比
河东道	21	1	5%	19	2	11%
河北道	17	2	12%	35	7	20%
陇右道	21	4	19%	11	1	9%
淮南道	阙	阙	阙	14	4	26%
山南道	16	5	31%	31	8	26%
江南道	57	36	63%	55	23	42%
剑南道	38	14	37%	28	7	25%
岭南道	33	25	76%	67	57	85%

　　及宋室南渡，情况颇有改观。文献表明，对于华夏境内岭南外地区的九州分野，时人已大多可以掌握。如以华夏全境为记述对象的张洽《历代郡县地理沿革表》，现存文字中，除京西南路之枣阳军，成都府路之威州、永康军，京东东路之应天府，京西北路之颍昌府五地未云九州分野外，其余均一一言明。[1] 固然，见于《记纂渊海·郡县部》的《地理沿革表》并非全帙，其中列举宋代府州军监略有阙失，[2]

---

[1]《记纂渊海》卷一三《郡县部·京西南路》"枣阳军"条，卷一六《郡县部·成都府路》"威州""永康军"条，卷一七《郡县部·京东东路》"应天府"条，卷一九《郡县部·京西北路》"颍昌府"条，《景印文渊阁四库全书》第 930 册，台北：台湾商务印书馆，1986 年，第 319 页下栏、396 页上栏、397 页下栏、415 页上栏、433 页上栏。又卷一四《郡县部·荆湖北路》"靖州"条亦未言及九州分野，不过此系出自《舆地纪胜》，非《历代郡县地理沿革表》。《景印文渊阁四库全书》第 930 册，第 342 页上栏。

[2] 如潼川府路、利州路、夔州路即不见于《记纂渊海·郡县部》，其余诸路下也或有个别府州军失载。

故不排除书中岭南外未及九州分野的地区或还有一些。不过，考虑到现存《地理沿革表》业已覆盖宋代绝大多数府州及军，毋宁认为其书岭南之外没有记载九州分野的地区应极有限。又同以东南十六路为记述对象的《舆地纪胜》和《方舆胜览》，岭南外没有提及九州分野的地区更是仅余京西南路之枣阳军、成都府路之威州、夔州路之万州等地。① 无待赘言，这些偶未提及九州分野的地区应只是疏漏所致，这也意味着，对于华夏境内岭南以外的九州分野，时人已颇为熟悉。而与此形成鲜明对比的是，对于岭南各地的九州分野，时人仍多陌生。如表7－1所见，《舆地纪胜》《方舆胜览》仍有高达43％的府州军监未云分野，《历代郡县地理沿革表》所举岭南三十九地，云及九州分野者更是仅有七例，未云分野者占比超过82％。

明乎此，以单州列举形式叙述岭南九州分野的文献何以仅提及部分州郡分野，就不难理解了。概言之，这类文献之所以如此处理，并非由于漫不经心的记载疏漏，而是迫不得已的选择。在不认可岭南属扬或分属荆扬或不属九州等关于岭南九州分野的整体判断的前提下，出于对岭南各地九州分野的陌生，撰者只能通过搜检前史遗文，爬梳其中提及岭南某地九州归属之只言片语来建构岭南九州分野。这样的建构必然是零散不全的，是点缀式的。

---

① 《舆地纪胜》卷八八《京西南路·枣阳军》，北京：中华书局，1992年，第2807页；卷一四八《成都府路·威州》，第3995页；卷一七七《夔州路·万州》，第4587页。需要说明的是，本书所谓标明九州分野者，除常见的直云"《禹贡》某州之域（地）"外，还包括诸如某地"星土分野或沿革与（业已云及九州分野的）某地同""《春秋元命包》曰'轸星散为荆州'"（仅见于卷七一《荆湖北路·沅州》，第2399页；卷七二《荆湖北路·靖州》，第2415页；卷七五《荆湖北路·辰州》，第2485页）等。

二、前史遗文：三分说
建构的主要依据

依据前人只言片语建构岭南九州分野，这一点在交待文字出处的《舆地纪胜》中体现得最为明显。以书中对广州九州分野的记述为例，《舆地纪胜·广南东路·广州》"《禹贡》扬州之域"小字注云：

> 《晋》《隋书》并谓交、广之地为《禹贡》扬州之域，而《唐志》云岭南道盖古扬州之南境。《元和郡县志》亦云为《禹贡》扬州之域。《史记》谓扬越，《汉书》注云本扬州之分，故云扬越。而《通典》则以为非《禹贡》九州之域，又非《周礼·职方》之限，稽其封略，考其镇薮，而《禹贡》《职方》皆不及此，故列于九州之外。《皇朝郡县志》云："以今日之地里考之，潮州旧隶扬州，连州旧隶荆州，未可尽以为九州之外也，合行修正。"象之谓晋、隋、唐之志既作于《通典》之前，亦必有所据，未容尽废也，姑两存之。①

可以看到，在判定广州九州分野时，王象之先后列举了《晋书》、《隋书》、《新唐书·地理志》、《元和郡县图志》、《史记》、《汉书》注、《通典》、《皇朝郡县志》等八种前史文献进行比较、辨析，最后委婉判定广州九州分野属扬。《舆地纪胜》对岭南其他府州军监九州分野的判定虽不如广州这般旁征博引，但都同样有所依据，兹将可以明确的诸州分野依据列表如下。

———————
① 《舆地纪胜》卷八九《广南东路·广州》，第2820页。

表 7 - 3　《舆地纪胜》岭南诸州九州分野出处

九州分野	州郡	依　据	反证	取舍
扬州	广州	《晋书》、《隋书》、《新唐书·地理志》、《元和郡县图志》、《史记》、《汉书》注、《皇朝郡县志》	《通典》	两存
	韶州	《太平寰宇记》	图经	从《寰宇记》
	南雄州	《太平寰宇记》		
	英德府	旧经	新经	从旧经
	南恩州	《太平寰宇记》		
	潮州	《通典》		
	梅州	《通典》		
荆州	连州	《皇朝郡县志》		
	桂州	《元和郡县图志》		
	昭州	《元和郡县图志》		
	梧州	《元和郡县图志》		
	贺州	《太平寰宇记》	图经	
九州外	邕州	《建武志》		
	化州	图经	图经	
	钦州	《元和郡县图志》		
	琼州	《汉书·贾捐之传》引贾捐之《谏伐珠崖疏》		

九州分野	州郡	依　　据	反证	取舍
九州外	昌化军	《太平寰宇记》		
	万安军	图经		
	吉阳军	图经		

据上所见，《舆地纪胜》列出九州分野的岭南州郡，其分野文字绝大多数都能在前史遗文中觅得出处。这之中，多数系直接援引某种或数种文献；有的则是基于某一文献的简单推衍——如南雄州以州自《太平寰宇记》载属扬之韶州分出判定属扬，梅州以州自《通典》载属扬之潮州分出判定属扬，昭州以《元和郡县图志》载属荆之富州今属昭州判定属荆，梧州以州与《元和志》载属荆之富州同属汉代苍梧郡判定属荆；①此外还有存在不同记载的情况下通过考辨确认九州分野——除前举广州属扬外，韶州、英德府属扬，贺州属荆，亦是辨析不同记载而定。无论如何，这些判定九州分野的文字皆属前史有据。事实上，即便没有列出分野文字出处的端州和新州（循州分野文字阙失，暂不论），王象之推断二地"分野星土与广州同"，当也是分别依据了《元和郡县图志》和《皇朝郡县志》。

《舆地纪胜》的处理并非孤例，同样以岭南三分的《元和郡县图志》，其九州分野文字大约亦非李吉甫原创。案《元和志》明确以"《禹贡》某州之域"标注岭南九州分野者仅广州、桂州、富州、钦州四

---

① 《舆地纪胜》卷九三《广南东路·南雄州》，第 2959 页；卷一〇二《广南东路·梅州》，第 3135 页；卷一〇七《广南西路·昭州》，第 3259 页；卷一〇八《广南西路·梧州》，第 3283 页。

地,其中"桂州,《禹贡》荆州之域",在此之前的《十道志》已有同样
表述。又《元和志》以钦州"非九州之域",①钦州地理偏远,视为九
州外不为无据,不过值得注意的是,较之钦州更为偏远的地区,如和
钦州同属邕管经略使下的瀼州、泷州,以及辖属安南都护府的诸州,
《元和志》均未明确斥于九州之外。据此不难推知,《元和志》称钦州
"非九州之域",极有可能并非来自李吉甫的判断,而是率尔抄录前
人认识——遗憾的是,由于文献散佚,其更早出处今已不得而知。
要之,尽管《元和志》岭南九州分野文字大多未标明来源,不过草蛇
灰线,伏脉千里,若干蛛丝马迹仍显示这些文字应和《舆地纪胜》中
的相关记载一样沿自前人。②

　　事实上,不仅持岭南三分说者,以单州列举形式将岭南二分的
文献,其分野文字同样多为因袭,围绕贵州分野的一条表述颇能说
明这一点。在《十道志》中,贵州被描述为"虞舜暨周并为荒裔",与
其他不云九州分野的地区仅称"古越地"等迥然不同。而在《太平寰
宇记》及《舆地纪胜》《方舆胜览》中,贵州也被独一无二地标注"虞
舜暨周并为荒裔",《历代郡县地理沿革表》虽略有差异,但云"古荒
裔之地",仍与《十道志》等一脉相承。③ 贵州分野的独特表述在唐

---

① 《元和郡县图志》卷三七《岭南道四·桂州》,北京:中华书局,1983 年,第 917 页;
卷三八《岭南道五·钦州》,第 952 页。

② 学者已指出《元和志》征引前人著作,大致有一百余种,此外还有许多文字未标注
征引书名。《元和志》九州分野文字,盖即属此类。史念海、曹尔琴《李吉甫与〈元
和郡县图志〉》,史念海、曹尔琴《方志刍议》,杭州:浙江人民出版社,1986 年,第
172—174 页。

③ 《太平寰宇记》卷一六六《岭南道十·贵州》,北京:中华书局,2007 年,第 3177 页;
《舆地纪胜》卷一一一《广南西路·贵州》,第 3333 页;《方舆胜览》卷四〇《贵州》,
北京:中华书局,2003 年,第 728 页;《记纂渊海》卷一五《郡县部·广南西路》"贵
州"条,《景印文渊阁四库全书》第 930 册,第 370 页下栏。"舜",《方舆胜览》作
"商",或为文字讹误。

宋文献间的流动，表明分野知识具有较强的传承性，后世文献中出现的分野文字绝大多数都应渊源有自。①

遗憾的是，在对岭南九州分野较为陌生的大背景下，这类具体标注岭南各地九州分野的文字多是只言片语，即便到南宋，积累也不丰富，这就使得以单州列举形式描述岭南九州分野的文字必然只是点缀式地零星存在。固然，在一些文献中，我们也能看到撰者试图将这些只言片语予以扩张的努力。譬如《元和郡县图志》"广州"条在叙述广州"《禹贡》〔梁〕（扬）州之域"后小字注云"下言南海郡地，即《禹贡》（扬州）之域"，由此"秦南海郡地"的循、端、封、韶四州也获得"《禹贡》扬"的九州分野。②《舆地纪胜》以韶州、梅州属扬州，昭州、梧州属荆州，也是基于诸书记载广州属扬以及《元和郡县图志》云富州属荆的推衍。不过整体上看，这类推广极为有限，以单州列举形式呈现的岭南九州分野知识仍无法覆及岭南全土。

三、混乱与秩序：三分说建构的不足与努力

尽管通过汇集前史遗文所见零星涉及岭南九州分野文字而形成的岭南三分说无法覆及岭南全土，但至少为时人提供了岭南属

---

① 不仅九州分野，天文分野亦是如此，譬如《汉书·地理志》云"粤地，牵牛、婺女之分野也。今之苍梧、郁林、合浦、交阯、九真、南海、日南，皆粤分也"，两《唐书·天文志》载一行分野，以及韩愈《送窦平从事序》谓岭南"于天文，其次星纪，其星牵牛"，即是不少文献判定岭南天文分野之依据。

②《元和郡县图志》卷三四《岭南道一》"循州""端州""封州""韶州"条，第892、896、899、900页。

扬、东部属扬/西部属荆及不属九州之外另一幅关于岭南九州分野的整体图景，丰富了时人对岭南九州分野的认知。不过另一方面，这些出自不同时代、不同语境下的认识混杂在一起，也不可避免地会产生矛盾。《元和郡县图志》以钦州"非九州之域"与其他认识相悖已见前文，积历代认识所成的《舆地纪胜》中，此类矛盾更是比比皆是。对于这些矛盾，王象之偶加辨析，如以广州、韶州、英德府属扬，象之均在斟酌不同记载的基础上确认三地属扬的合理性；不过在另一些场合，象之则采取姑且两存的态度。譬如邕州，《建武志》①一云"《禹贡》九州之外"，一云"扬州之南境"，象之照抄原文；化州，象之在正文中引《图经》②云"《禹贡》《职方》之所载，不及五岭之外"，注文又摘录《图经》另一说法，以化州为"《禹贡》扬州之南境"。③《纪胜》更大的矛盾则在象之一方面接受传统天文分野体系，以扬州对应于牛、女—星纪，荆州对应于翼、轸—鹑尾，④另一方面在将某些州归属荆州或九州之外时，又执着地依据《汉书·地理志》及韩愈《送南海从事窦平序》等，以当地天文分野属牛女之宿，星

---

① 一般认为此即宋人乐公明、尹安中纂修之《建武志》。参张国淦《中国古方志考》，上海：上海古籍出版社，2019 年，第 574 页；顾宏义《宋朝方志考》，上海：上海古籍出版社，2010 年，第 449—450 页；刘纬毅等辑《宋辽金元方志辑佚》，上海：上海古籍出版社，2011 年，第 885 页；桂始馨《宋代方志考证与研究》，上海：上海人民出版社，2021 年，第 404—405 页。

② 一般认为此即宋人纂《化州图经》。参张国淦《中国古方志考》，第 550 页；顾宏义《宋朝方志考》，第 434 页；刘纬毅等辑《宋辽金元方志辑佚》，第 845 页；桂始馨《宋代方志考证与研究》，第 400 页。

③ 《舆地纪胜》卷一〇六《广南西路·邕州》，第 3237 页；卷一一六《广南西路·化州》，第 3411 页。按《纪胜》引《建武志》两属，盖一据《建武志序》引唐庚诗"山川《禹贡》外，城郭汉兵余"，一据《建武志》本文。此尤可见不同性质的文本叙述九州分野可能存在差异。

④ 《舆地纪胜》卷一〇五《广南西路·象州》，第 3215 页；卷一一一《广南西路·贵州》，第 3333 页。

纪之次,①其间乖违显而易见。

那么,这些混合历代岭南各地具体九州分野知识而成的岭南三分说是否即完全混乱无序呢? 事实也非如此,揣摩《元和郡县图志》《舆地纪胜》《方舆胜览》中分属三处的诸州所在,不难发现其中隐约也有规律可循。在《元和志》中,如前所述,李吉甫将和广州同属秦南海郡的循、端、封、韶四州归属扬州,这似乎暗示,《元和志》在确认岭南诸州九州分野时,其地在秦时所属或是重要标准。核以属荆的桂州、富州及不属九州的钦州,尽管《元和志》未言其秦时所属,不过据《通典》《太平寰宇记》等,桂州、富州及钦州恰分别在秦岭南三郡之另二郡桂林和象郡境内。② 以此而言,推测《元和志》在整理岭南九州分野、将部分地区分属三处时,秦岭南三郡辖境构成若隐若现的背景,恐怕不算无稽。

《元和志》的例证过少,我们再以列举稍多的《舆地纪胜》加以验证。

---

① 如昭州、梧州、邕州、化州、钦州、琼州均系如此,贺州则认为天文分野当星纪、鹑尾之间。《舆地纪胜》卷一○六《广南西路·邕州》,第 3237 页;卷一○七《广南西路·昭州》,第 3259 页;卷一○八《广南西路·梧州》,第 3283 页;卷一一六《广南西路·化州》,第 3411—3412 页;卷一一九《广南西路·钦州》,第 3467 页;卷一二三《广南西路·贺州》,第 3531—3532 页;卷一二四《广南西路·琼州》,第 3553—3554 页。案九州分野与天文分野不合,其他地区亦间或可见,不过大抵在交界之地(如蕲州,九州分野属扬州,天文分野为翼轸;房州,九州分野属梁州,天文分野属翼轸)。参《舆地纪胜》卷四七《淮南西路·蕲州》,第 1897 页;卷八六《京西南路·房州》,第 2771 页),与岭南诸州不同。

② 桂州见《通典》卷一八四《州郡十四·古南越》"始安郡"条,北京:中华书局,1988年,第 4924 页;《太平寰宇记》卷一六二《岭南道六·桂州》,第 3097 页;《舆地纪胜》卷一○三《广南西路·静江府》,第 3148—3149 页。富州见《通典》卷一八四《州郡十四·古南越》"开江郡"条,第 4927 页;《太平寰宇记》卷一六三《岭南道七·昭州》,第 3121 页;《舆地纪胜》卷一○七《广南西路·昭州》,第 3259 页。钦州见《通典》卷一八四《州郡十四·古南越》"宁越郡"条,第 4944 页;《太平寰宇记》卷一六七《岭南道十一·钦州》,第 3200 页;《舆地纪胜》卷一一九《广南西路·钦州》,第 3467 页。

表 7-4　《舆地纪胜》诸州分野与秦郡关联

九州分野	州　郡	秦　郡
扬　州	广　州	南海郡
	韶　州	
	南雄州	
	英德府	
	肇庆府	
	新　州	
	南恩州	
	潮　州	
	梅　州	
	循州①	
荆　州	连　州	长沙郡
	桂　州	桂林郡
	昭　州	
	梧　州	
	贺　州	南海郡
九州外	邕　州	桂林郡
	化　州	象　郡
	钦　州	

①《舆地纪胜》"循州"条相关文字原缺，此据《方舆胜览》卷三七《循州》，第 662 页。

续　表

九州分野	州　郡	秦　郡
九州外	琼　州	秦郡外
	昌化军	
	万安军	
	吉阳军	

如表7-4所见，《舆地纪胜》所列九州分野明确属扬的十处州府，无一例外均在秦南海郡境内，这表明王象之在判断诸州分野时"秦属南海郡"极有可能构成重要依据。尤其是《舆地纪胜》以端州、新州和广州一样属扬，前者称"《元和郡县志》以为本秦时南海郡地，则分野星土当同广州"，后者云"《皇朝郡县志》云在秦属南海郡，则星土分野宜与广州同"，①在此表述中，"秦属南海郡"确凿无疑地成为确认当地分野的凭据。不过需要注意的是，在判断属荆或不属九州时，诸州与秦郡的关联似乎不那么密切——秦桂林郡外，秦属长沙郡的连州及属南海郡的贺州也被归属荆州，秦属桂林郡的邕州及秦时尚未进入郡县的海南岛上所置州军，则被列入理应对应于象郡的九州外。当然，考虑到连州界于荆楚、岭南之间，地理之岭南属性尚存暧昧，②而贺州、邕州之九州分野又存不同认识，或许可以推测王象之在判断岭南诸州九州分野时仍隐约以秦岭南三郡为背景，即属秦南海郡者归扬州，属秦桂林郡者归荆州，属秦象郡及不属秦郡者

---

① 《舆地纪胜》卷九六《广南东路·肇庆府》，第3015页；卷九七《广南东路·新州》，第3041页。又二处称"星土分野"或"分野星土"，某些场合似不包括九州分野（《舆地纪胜》卷九〇《广南东路·韶州》，第2879页；卷一九一《利州路·大安军》，第4929页），不过在多数场合应包括九州分野在内。

② 如连州在唐代长期不隶岭南道。

不入九州。

推测王象之判断岭南九州分野或附会秦岭南三郡，还有一点佐证，即时人常在秦岭南三郡的格局下看待岭南地理。譬如北宋人张方平（1007—1091）作于熙宁九年（1076）六月的《论讨岭南利害九事奏》，开篇即云：

> 臣窃惟百粤之区，三代为荒服，正朔声教所不加。秦并天下，始开置三郡，曰南海、桂林、象郡，乃今广州、桂州、交州。①

其中明确将秦岭南三郡与彼时之广州（广南东路）、桂州（广南西路）、交州（安南府）进行关联，确认三者之间的对应关系。

又稍早于王象之的南宋人周去非（1135—1189），②其所撰《岭外代答》亦记载：

> 自秦皇帝并天下，伐山通道，略定扬粤，为南海、桂林、象郡。今之西广，秦桂林是也；东广，南海也；交阯，象郡也。汉武帝平南海，离秦桂林为二郡，曰郁林、苍梧；离象郡为三，曰交阯、九真、日南。又稍割南海、象郡之余壤，为合浦郡。乃自徐闻渡海、略取海南，为朱崖、儋耳二郡。置刺史于交州。汉分九郡，视秦苦多，其统之则一交州刺史耳。……本朝皇祐中，置安抚经略使于桂州，西道帅府始于此。至今八桂、番禺、龙编，鼎峙而立，复秦之故云。③

周去非历述岭南地方行政建置沿革，无论是称秦三郡分别对应西

---

① 张方平《论讨岭南利害九事奏》，《全宋文》第 37 册，上海：上海辞书出版社、合肥：安徽教育出版社，2006 年，第 182 页。

② 关于周去非生平，参杨武泉《周去非与〈岭外代答〉——校注前言》，周去非撰、杨武泉校注《岭外代答校注》，北京：中华书局，1999 年，第 1—6 页。

③ 周去非撰、杨武泉校注《岭外代答校注》卷一《地理门·百粤故地》，第 1 页。

广、东广、交阯，还是视"鼎峙而立"的八桂、番禺、龙编为"复秦之故"，都是以秦三郡为基准审视岭南地理空间。秦三郡既构成审视岭南地理的基本格局，然则王象之在判断岭南九州分野时或受秦三郡影响，也就不足为奇了。

以岭南附会秦郡，进而判断其九州分野，此意识在以只言片语形式单独论述岭南某地九州分野时是否存在，今已不得而知；不过至整合零星认识而成的《元和郡县图志》和《舆地纪胜》中，应已存在。当然，对于《元和志》和《舆地纪胜》中的这一意识，也不宜高估。一方面，如《舆地纪胜》中的反例可见，这种附会并不严格，各地九州分野与秦郡的对应时有龃龉，王象之推断梧州属荆，系以梧州与富州、昭州同属汉代苍梧郡而非秦桂林郡，也佐证秦郡并非确认分野的唯一依据。另一方面，这种附会又未彻底，基于与秦郡对应而明确九州分野的岭南府州仅占少数，多数府州均未因其与秦郡的历史关联获得九州分野，故仍不得不只以古越地、古南越地、古百越地等定位暧昧展示其在华夏历史中的位置。

四、"徼外之地"与明清
三分说的变体

通过附会秦三郡将岭南九州分野三分，这一论述方式在明清时期仍存余音。清人谭沄（生卒年不详，同治十三年［1874］任郴州学正）①撰《禹贡章句》，驳斥杜佑岭南不属九州及阎若璩岭南皆属扬州二说，判定"秦南海郡自属扬州，而桂林则荆梁二州之域，象郡必

---

① 寻霖、龚笃清编著《湘人著述表》（二），长沙：岳麓书社，2010年，第1196页。

徽外地"。① 所谓"扬州""荆梁二州"其义甚明,这里对"徽外"稍作解释。案"徽"有边界、边塞之意,《史记·平准书》"新秦中或千里无亭徽",裴骃《集解》引晋灼曰"徽,塞也";《司马相如列传》"南至牂柯为徽",司马贞《索隐》引张揖曰亦作此解;《汉书·佞幸传·邓通传》"人有告通盗出徽外铸钱",颜师古曰"徽犹塞也。东北谓之塞,西南谓之徽。塞者,以障塞为名。徽者,取徽遮之义也",则将"徽"之边塞之义解释得尤为详明。② "徽"既为边界、边塞,则"徽外"即指边界、边塞以外的地区。

由于"徽外"意指边界之外,因此在论述九州分野的场合,"徽外"又延伸出九州以外之义。《大清一统志》以广东琼州府"《禹贡》扬州西南徽外地",小字复引《汉书》贾捐之《谏伐珠崖疏》,"珠崖非《禹贡》所及,《春秋》所治",既称"非《禹贡》所及",则作为"扬州西南徽外地"的琼州自然不属九州。③ 又清人胡渭支持杜佑岭南不属九州说,认为岭南东部南雄、韶州、广州、惠州四府在古扬州徽外,肇庆以西至浔州绵地千余里,在古荆州徽外,南宁以西至安南,在古梁州徽外,"徽外"也明确指向九州以外地区。④ 明乎此,则谭沄所谓"象郡必徽外地",即是认为岭南原属秦象郡的地区皆不属九州,结合谭氏前文"秦南海郡自属扬州,而桂林则荆梁二州之域",显而易

---

① 谭沄《禹贡章句》卷二,李勇先主编《禹贡集成》第 7 册,上海:上海交通大学出版社,2009 年,第 113 页下栏—114 页上栏。

② 分见《史记》卷三〇《平准书》,北京:中华书局,1959 年,第 1438 页;卷一一七《司马相如列传》,第 3048 页;《汉书》卷九三《佞幸传·邓通传》,北京:中华书局,1962 年,第 3724 页。

③ 康熙《大清一统志》卷二〇六《琼州府》,乾隆九年(1744)武英殿刊本,叶 1;乾隆《大清一统志》卷三五〇《琼州府》,《景印文渊阁四库全书》第 482 册,第 244 页下栏;嘉庆《大清一统志》卷四五二《琼州府一》,上海:上海古籍出版社,2022 年,第 17008 页。

④ 胡渭《禹贡锥指》卷六,上海:上海古籍出版社,2013 年,第 147—150 页。

见，在谭氏看来，秦岭南三郡所属地区九州分野各有归属，其中南海郡所属归扬州，桂林郡所属归荆、梁二州，象郡所属则在九州外。固然，与岭南三分说相比，谭氏认为桂林郡所属尚有部分归属梁州，略有不同，且谭氏在具体罗列《禹贡》九州所统现实府州时，也未完全遵从这一论断（详下），但无论如何，谭氏大体是在附会秦岭南三郡的基础上将岭南九州归属一分为三，这一点毋庸置疑。

谭沄在论述岭南三分时，将分野不入九州的地区称为"徼外地"。循此线索，我们在明清岭南分野论述中可以辨识出更多将岭南一分为三的言说。譬如前述持岭南二分说的《大明清类天文分野之书》，整体描述虽以岭南分属荆、扬，不过在具体列叙各府州时，属荆、属扬者外，广西思明府以下八处府州却又被归入"荆州獥外之地"——所谓"獥外"即"徼外"，亦即这些府州不属九州。① 由此可见，《大明清类天文分野之书》对于岭南九州分野的论断乃是二说并存，一方面囿于岭南天文分野不出牛女、翼轸的言说，沿用自唐僧一行以来的岭南二分认识，另一方面又不能无视岭南偏远，故将其部分地区摈弃在九州之外，由此呈现若隐若现的岭南三分说。《大明清类天文分野之书》能够二说并存，大约与其不执着于牵合天文分野之荆、扬二州与《禹贡》九州之荆、扬二州相关，最明显的证据即是：其一，对于广西梧州府，书中一方面称《禹贡》荆州之域，另一方面又判断天文分野为牛女之分；其二，围绕广西南宁府，书中一方面将其归于《禹贡》扬州之南境，另一方面又以天文分野对应翼轸，二

____

① 《大明清类天文分野之书》卷二〇，《四库全书存目丛书·子部》第 60 册，济南：齐鲁书社，1995 年，第 710—712 页。需要补充的是，《大明清类天文分野之书》所述"徼外地"也有混乱之处，如云南所属云南、大理、永昌三府，《分野之书》一方面列其于《禹贡》梁州之域，另一方面又称作徼外或徼外之地。《大明清类天文分野之书》卷一五、卷一六，《四库全书存目丛书·子部》第 60 册，第 631 页上栏、647 页下栏、649 页下栏。

者的出入显而易见。① 既然天文分野之荆、扬二州与《禹贡》九州之
荆、扬二州并非一事，则由天文分野之荆、扬二州表现的二分说与由
九州分野之荆、扬二州表现的三分说并存，也就并无不妥。

将岭南某地列于"徼外之地"，这在持岭南二分说的《大清一统
志》中同样存在。与《大明清类天文分野之书》区分天文分野之荆、扬
二州与《禹贡》九州之荆、扬二州不同，三朝《大清一统志》则相信二者
至少在岭南地区是一致的。故在《大清一统志》对岭南各府州分野的
叙述中，如《大明清类天文分野之书》所见天文牛女、九州荆州或天文
翼轸、九州扬州的情形已不再见到，对广东、广西的整体叙述，广东"天
文牛、女、翼、轸分野，星纪、鹑尾之次"，"《禹贡》荆、扬二州之南裔"，广
西"天文翼、轸分野，鹑尾之次"，"《禹贡》荆州南徼"，天文分野与九州
分野也完全对应。② 固然，《大清一统志》是以某州之"南裔""南徼"界
定两地与《禹贡》九州的关联，与一般通称某州之"地（域）"仍有不同，
但"南裔""南徼"仍属九州，这一点殆无疑义。这也就意味着，在对
广东、广西的整体叙述层面，岭南分属荆扬乃是《大清一统志》对岭
南分野的唯一认识。然而吊诡的是，在具体府州叙述中，《大清一统
志》却不时出现与此不符的分野认识，整体叙述层面皆属九州的岭
南有两地被置于九州之外：其一是前文曾有提及的广东琼州府，其
二为广西梧州府，《大清一统志》明确称其地"《禹贡》荆州徼外地"。③

---

①《大明清类天文分野之书》卷七、卷二〇，《四库全书存目丛书·子部》第60册，第
485页下栏、701页下栏。

②康熙《大清一统志》卷二七四《广东布政使司》，叶1，卷二九〇《广西布政使司》，叶1；
乾隆《大清一统志》卷三三八《广东省》，《景印文渊阁四库全书》第481册，第789页
上栏，卷三五四《广西省》，《景印文渊阁四库全书》第482册，第312页下栏；嘉庆《大
清一统志》卷四四〇《广东统部》，第16353页，卷四六〇《广西统部》，第17250页。

③康熙《大清一统志》卷二九八《梧州府》，叶1；乾隆《大清一统志》卷三六二《梧州
府》，第440页下栏；嘉庆《大清一统志》卷四六九《梧州府》，第17622页。

《一统志》何以在具体府州叙述中与整体叙述相违，将两地，尤其是并不十分偏远的梧州府剔除在九州之外，其缘由已不可晓，无论如何，两处"徼外地"的分野归类，表明《大清一统志》在着重陈述岭南分野二分说的同时不经意地流露出将岭南分属扬州、荆州及九州外的认识。

以"徼外地"表达岭南三分认识的著述还有《明史·地理志》。较之《大明清类天文分野之书》及《大清一统志》，《明史·地理志》的分野言说相对简单，仅在省级行政区处提及，其中云广东"《禹贡》扬州之域及扬州徼外"，广西"《禹贡》荆州之域及荆、扬二州之徼外"。① 由此可见，《明史·地理志》对岭南分野的界定较为粗疏，广东、广西与扬州、荆州的对应关系并不像多数持岭南二分说的地理文献那般复杂，但无论如何，既然对应扬州、荆州的广东、广西各有一部分在徼外，则《明史·地理志》呈现的也是岭南三分言说。

除"徼外地"外，谭沄《禹贡章句》还展示了另一种陈述岭南分野一分为三的方式，即以《禹贡》九州为纲，列举其现实中所统府州。譬如谭氏于扬州下列举广东琼州府以外地区及广西梧州、平乐二府，荆州下列举广西桂林府，梁州下列举广西庆远、柳州二府，广东琼州府及广西上述五府以外的地区则未提及，当不在九州之列。② 尽管从地理空间看，这一分野言说与谭氏所宣称的岭南分野与秦三郡的对应关系——南海郡—扬州、桂林郡—荆州/梁州、象郡—九州外——并不完全吻合，但可以肯定的是，该说同样旨在表述岭南分属三地，将岭南分野一分为三。

明清注释《禹贡》九州的经学著述中，也不时可见以此方式陈述

---

① 《明史》卷四五《地理志六》，北京：中华书局，1974 年，第 1132、1148 页。
② 谭沄《禹贡章句》卷二、卷三，李勇先主编《禹贡集成》第 7 册，第 113 页下栏、118 页下栏、126 页上栏。

岭南三分的文字。譬如明代张居正（1525—1582）出于为万历皇帝日讲而撰述《书经直解》，于扬州所统，列举广东南雄、韶州、潮州、惠州、广州五府，荆州所统，列举广西桂林、平乐、梧州三府及广东连州，岭南还有大片府州未被提及。又清代库勒纳（1645—1708）等奉敕编撰的日讲教材《日讲书经解义》，于扬州所统，列举广东，荆州所统，一循《书经直解》，列举广西桂林、平乐、梧州三府及广东连州；芮日松（乾隆五十一年［1786］举人，曾任广西宜山知县）撰《禹贡今释》，以扬州包括"广东省广州府、惠州府、潮州府、嘉应府之北境"，荆州包括"广西省桂林、平乐、梧州三府、郁林州南境"，岭南同样有大片府州未被提及。① 显然，这些未被提及的地区均源自它们在作者的认识中不属九州，这就意味着，尽管上述诸书的初衷未必旨在陈述岭南分野一分为三，但客观结果却向读者传达出岭南于《禹贡》九州分属扬州、荆州及九州外的认识。

要之，与流传至明清的其他几种岭南分野言说相比，明清秉持岭南三分说的著述不算丰富，遍检明清文献，明确表达岭南三分说者，也不过表7-5所列寥寥数种。不过，正是这些著述的存在，显示即便理据相对欠缺，岭南三分说在历史后期仍有其生存土壤。它们或借助陈述岭南部分地区属"徼外地"，主动表达岭南分属扬州、荆州及九州外，或通过列举《禹贡》九州所统，被动呈现岭南九州分野一分为三。而值得注意的是，无论是陈述"徼外地"，还是列举《禹贡》九州所统，诸书所呈现的岭南三分均相连成片，遍及岭南全土——尽管诸书对于岭南具体如何三分并不一致，这与唐宋三分说只涉及岭南部

---

① 张居正《书经直解》卷三，李勇先主编《尚书禹贡篇集成》第3册，上海：上海交通大学出版社，2009年，第10页上栏、12页上栏；库勒纳等《日讲书经解义》卷三，李勇先主编《尚书禹贡篇集成》第4册，第312页下栏、313页下栏；芮日松《禹贡今释》卷上，李勇先主编《禹贡集成》第7册，第22页下栏、24页下栏。

分地区显有不同。这就意味着,尽管明清岭南三分说是在唐宋分野言说的基础上发展而来,但实际已发生巨大变异,岭南三分业已从零星、点缀式存在演变为连缀成片、覆盖岭南全土,唐宋岭南三分言说中大量分野空白地区,至明清已不再存在。

表 7 - 5　明清文献中的岭南分野三分说

表达方式	文　献	扬　州	荆州（及梁州）	九州外
陈述"徼外地"	《大明清类天文分野之书》	广东大部,广西梧州府之苍梧、藤、容、岑溪四县	广西大部,广东韶州府、廉州府、连州、钦州	广西思明府、太平府、田州府、来安府、镇安府、龙州、泗城州、利州
	《明史·地理志》	广东一部	广西一部	广东、广西之一部
	《大清一统志》	广东大部	广西大部,广东廉州府、连州	广东琼州府,广西梧州府
	《禹贡章句》	秦南海郡地	秦桂林郡地	秦象郡地
列举《禹贡》九州所统	《书经直解》	广东南雄州、韶州府、潮州府、惠州府、广州府	广西桂林府、平乐府、梧州府,广东连州	广东、广西之一部
	《日讲书经解义》	广东	广西桂林府、平乐府、梧州府,广东连州	广西一部
	《禹贡今释》	广东广州府、惠州府、潮州府、嘉应府之北境	广西桂林、平乐、梧州三府、郁林州南境	广东、广西之一部

表达方式	文　献	扬　州	荆州（及梁州）	九州外
列举《禹贡》九州所统	《禹贡章句》	广东大部，广西梧州府、平乐府	广西桂林府（荆州），广西庆远府、柳州府（梁州）	广东琼州府，广西一部

五、结　语

通过以上梳理，唐宋岭南九州分野诸言说中略显小众的岭南三分说，其形成及流衍的过程大抵显山露水，浮现真容。大致而言，至迟在唐中叶李吉甫撰《元和郡县图志》中，将岭南分属扬州、荆州及九州外的三分言说业已初见端倪。及至宋代，更多文献加入岭南三分说的行列，尤其是关系密切的《舆地纪胜》与《方舆胜览》，通过明确揭举更多府州的九州归属，展现更为确切的岭南三分言说。不过，由于唐宋岭南三分说大抵是汇集前史遗文所见零星涉及岭南九州分野的文字而成，且主要表现为单州列举，无法覆盖岭南全土，因此其存在更像是点缀式的，不免细碎散漫，甚至矛盾混乱。

唐宋文献中也曾出现试图推衍前史遗文中围绕分野的只言片语、确认更多府州分野进而扩展岭南三分说的努力，尤其是通过将现实地理比附秦三郡，以秦三郡分别对应扬州、荆州及九州外。不过，由于现实地理的龃龉，加之撰者可能也未真正有意愿完成此比附，因此，虽然宋人笔下的岭南三分说较之唐人稍具规模、更为显著，但岭南三分说零星、无序的状况并未彻底改变。及至明清，随着岭南更多具体府州的九州分野获得澄清，无论是通过将部分地区归入《禹贡》九州之"徼外地"，抑或借助列举《禹贡》九州所统现实政区时有意遗漏部分地区，岭南更多地区被明确设定为九州之外，由此岭南分属扬州、荆州及九州外的地区连缀成片，岭南三分说也终于覆及岭南全土。当然，考虑到一些陈述具体府州"徼外地"的文献在对广东、广西整体叙述层面仍秉持岭南分属荆扬的二分说，加之九州分野称古越地、古粤地、古百越地、古南越地等在《大明清类天文分野之书》《大明一统志》《大清一统志》等具体列叙各地九州分野的文字中仍或多或少存在，因此毋宁认为作为唐宋岭南三分说延伸的明清岭南三分认识，仍处于不完备的状态。

岭南三分说何以始终没有发展至成熟完备状态？不难想见，这应与该分野言说缺乏逻辑自洽、能够被接受的理论依据相关。如本书第四、五、六章所见，岭南属扬说，不仅得益于《禹贡》对荆、扬二州南界的设定，由二十八宿、十二星次及十二（三）州国构成的天文分野理论也提供了足够支撑；而岭南分属荆扬的二分说，追根溯源，乃立足唐僧一行的分野新论；至于杜佑始倡的岭南不属九州说，同样于《禹贡》有据可循。相比而言，岭南三分说则缺少相关理论依据，唐宋时期大抵只是汇集前史遗文的只言片语，明清时期虽然弃此不用，[①]但并未酝酿出新的理据。现实地理中的岭南二分及与此密切相关的岭南二分说广为流行，而岭南荒僻辽远的地理空间，以及非华夏族群众多的人群结构——"徼外地"多与蛮夷连用，则迫使时人不得不对岭南在九州中的位置产生疑惑，二者的汇合，共同催生了

[①] 明清时期也未完全放弃，三朝《大清一统志》判定琼州府属《禹贡》扬州西南徼外地，即是以《汉书》所见贾捐之《谏伐珠崖疏》"珠崖非《禹贡》所及，《春秋》所治"为据。

岭南分属扬州、荆州及九州外的三分认识,理论依据并未在此论述中登场。理论依据的缺乏,势必使得岭南三分说不成体系,难以完备,岭南三分说在唐宋以降岭南众多分野言说中相对不彰,恐怕与此不无关联。

第八章　北部诸州属荆：另一种"能夏则大"

　　自西汉武帝元鼎六年(前111)岭南为汉军攻占、较为稳定地进入华夏统治疆域以来,岭南在历代九州分野中的位置大抵归属扬州。不过从唐代开始,时人所论岭南九州分野,除部分沿用岭南属扬说外,又衍生出诸如岭南西部属荆、东部属扬,岭南不属九州,以及岭南分属荆、扬及九州外等新说。虽然这几种说法在唐宋以降影响大小不一,颇有参差,但都言之有据,各有渊源。其中岭南属扬,源自《禹贡》扬州南至海的疆域设定及岭南在天文分野中对应牛、女;岭南东部属扬、西部属荆,则与僧一行将岭南东西分属星纪、鹑尾两个星次的新分野理论密切相关;岭南不属九州,乃是杜佑旨在回归经典、坚持《禹贡》原典主义的产物;而岭南分属荆、扬及九州外,尽管理据相对欠缺,但附会秦岭南三郡或也在其中发挥了一定作用。正是这些或隐或显的理据的支撑,使得歧互纷纭、甚至截然对立的分野言说能够在唐宋以降长期共存。

　　不过,如果披览唐宋时期的地理文献,似乎还隐约可见关于岭南分野的另一种言说,即以岭南北部诸州属荆州。这种分野言说具体表现在何处? 它是如何产生的? 为何又如不登大雅之堂般隐约存在？对于这些疑问，本章将尝试回答，进而以此为基础，探讨地理差序格局下中国古代地方社会如何界定本地在王朝政治社会结构中的位置。

一、若隐若现：唐宋岭南北部
诸州分野属荆的言说

在成书于南宋理宗宝庆三年（1227）的地理总志《舆地纪胜》中，撰者王象之曾提到几部早已散佚的岭南地方志宣称本地九州分野属荆州。譬如韶州《新图经》，据《舆地纪胜·广南东路·韶州》"星土分野与广州同"小注：

> 《旧经》以为越地，牛、女之分，《新经》以为楚地，翼、轸之分，二者不同。韶地边楚，亦交涉荆、扬二州之境，姑两存之。然韶乃包在广州之东，当同广州。①

其中提到的《旧经》《新经》，指韶州旧、新两种图经，前者一般认为是北宋中前期成书的《（韶州）旧经》，后者为南宋曾任知韶州军州事的杨祐纂《韶州图经》抑或南宋光宗绍熙年间担任知韶州军州事的赵伯谦纂《韶州新图经》，学者尚存分歧，无论如何，其为南宋纂成的一部新《韶州图经》，此点殆无疑问。② 据引文所见，在韶州《新图经》中，治今广东韶关的韶州被归于"楚地，翼、轸之分"，九州

---

① 《舆地纪胜》卷九〇《广南东路·韶州》，北京：中华书局，1992年，第2879页。

② 张国淦《中国古方志考》，上海：上海古籍出版社，2019年，第541页；顾宏义《宋朝方志考》，上海：上海古籍出版社，2010年，第418页；刘纬毅等辑《宋辽金元方志辑佚》，上海：上海古籍出版社，2011年，第813—814、817页；桂始馨《宋代方志考证与研究》，上海：上海人民出版社，2021年，第389—390页。

分野属荆州。

与韶州《新图经》类似，南邻韶州、治今广东英德的英州（南宋宁宗庆元元年[1195]升为英德府），其《新图经》亦将本地列于荆州。《舆地纪胜·广南东路·英德府》"《禹贡》扬州之域"小注：

> 《旧经》以为扬州之域，《新经》以为荆州之域，二者不同。

其下"越地，牵牛、婺女之分野"条小注也称：

> 《旧图经》以为越地，牵牛、婺女之分野，《新图经》以为楚地，翼、轸之分野。《新经》言："十二次分野本于班固《地理志》，今据以为正。按真阳、浛光自汉晋南北朝以来皆隶荆楚之域，至隋开皇二十年（600）始分隶南海，岂可以后世隶南海而改前古之封域？"①

英州《旧经》，是指北宋时成书的《旧图经》，还是纂于南宋的某部《图经》，尚难断言；至于《新经》，学者判断应即南宋时成书的英州（英德府）《新图经》。② 可以看到，在这部后修的图经中，撰者也以与《旧经》相对的方式，将英州九州分野改属荆州。王象之还为我们留下了《新经》改易的依据，即英州所辖真阳、浛光二县在汉魏南北朝时期一直辖属荆楚之域，隋文帝开皇二十年才分隶属于扬州的南海郡，因此《新经》将英州九州分野改定为荆州。

将目光转向岭南西部。治今广西象州的象州，其《图经》亦以本地属荆州。《舆地纪胜·广南西路·象州》"古百粤之地，于天文属

---

① 《舆地纪胜》卷九五《广南东路·英德府》，第2989—2990页。
② 张国淦《中国古方志考》，第542—543页；顾宏义《宋朝方志考》，第421—422页；刘纬毅等辑《宋辽金元方志辑佚》，第815—817页；桂始馨《宋代方志考证与研究》，第383—384页。

翼、轸之度，鹑尾之次"注云：

> 此据《图经》，属楚分翼、轸。①

据此，王象之以象州属荆州，系本自象州《图经》。案象州《图经》撰者及编纂时间今已不可考，不过《舆地纪胜》引象州《旧经》，学者判断纂于宋，则此称"《图经》"之象州《图经》，要当亦在宋代成书。②

又治今广西桂林的桂州（南宋高宗绍兴三年［1133］升为静江府），宋人江文叔纂《桂林志》亦倾向于其地属荆。《舆地纪胜·广南西路·静江府》"翼轸之分，鹑尾之次"小注：

> 《前汉地理志》云零陵楚地，翼轸之分野，苍梧越地，牵牛之分野。今以《汉志》考之，始安属零陵，则始安为楚地，盖翼轸之分，鹑尾之次也。荔浦属苍梧，则荔浦为粤地，盖牛女之分，星纪之次也。已上《桂林志·星分门》。③

《桂林志》虽然注意到桂州在汉代分属零陵、苍梧，二郡在《汉书·地理志》中分别对应于翼轸、牵牛，故判断桂州亦兼属翼轸、牵牛。不过，由于桂州属苍梧部分仅是南部荔浦，北部、中部大部分地区均属零陵，故在《桂林志》看来，桂州整体仍为"翼轸之分，鹑尾之次"。桂州天文分野既对应翼轸，其九州分野当也归属荆州。

此外，治今广西玉林的郁林州，《图经》似乎也以九州分野属荆州。《舆地纪胜·广南西路·郁林州》"古南越地。《前汉》为牛、女分野，至《唐志》乃以南越分属翼、轸"条注云：

---

① 《舆地纪胜》卷一〇五《广南西路·象州》，第3215页。
② 张国淦《中国古方志考》，第564页；顾宏义《宋朝方志考》，第455—456页；刘纬毅等辑《宋辽金元方志辑佚》，第882—883页；桂始馨《宋代方志考证与研究》，第413页。
③ 《舆地纪胜》卷一〇三《广南西路·静江府》，第3148页。

其曰韶、康、广、端、封、梧、藤、罗、雷、崖以东为星纪，星纪，斗、牛、女分也。其曰桂、柳、郁林、富、昭、蒙、龚、绣、容、白而西及安南为鹑尾，鹑尾，翼、轸分也。一越之地，而两隶星分，岂非以韶、广诸州近东而以属牛、女，桂、柳、郁林诸州近西而以属翼、轸乎？此据《图经》。①

"其曰"云云，当即《唐志》语。案一行分野学说除见于新、旧《唐书·天文志》，《新唐书·地理志》亦概述其说。比较文字可知，《图经》所引当即《新唐书·地理志》。而从《舆地纪胜》行文看，纂于宋代的郁林州《图经》尽管表述略显暧昧，但大抵倾向于分野属荆。

分野属荆之外，岭南还有一些地方图经，虽未明确将本地分野归属荆州，但都以某种模糊方式与荆州建立关联，而与传统的岭南属扬说产生距离。譬如治今广西平乐的昭州，《舆地纪胜·广南西路·梧州》"越地，婺女、牵牛之分"小注：

《西汉志》苍梧郡越地，牵牛、婺女之分野，《昭州志》以为楚、越之交，与《元和志》不同。②

《舆地纪胜》正文采《元和郡县图志》，以昭州邻州、同属汉代苍梧郡的梧州（治今广西梧州）分野为越地，注文则提及《昭州志》以为"楚、越之交"。所谓《昭州志》，即宋代某部业已亡佚的昭州地志。③《昭州志》既将昭州判断为"楚、越之交"，则在其语境中，昭州之九州

---

① 《舆地纪胜》卷一二一《广南西路·郁林州》，第3497页。
② 《舆地纪胜》卷一〇八《广南西路·梧州》，第3283页。
③ 张国淦《中国古方志考》，第567页；顾宏义《宋朝方志考》，第463页；刘纬毅等辑《宋辽金元方志辑佚》，第906页。桂始馨认为此《昭州志》或即韦楫纂《昭潭志》，参《宋代方志考证与研究》，第411页。

分野也相应地属于荆、扬之交。

梧州之北，治今广西贺县附近的贺州，《舆地纪胜·广南西路·贺州》"《禹贡》荆州之域"条小注亦提到"《寰宇记》《图经》以为荆扬之南境"。①案此处如何理解，学者尚存歧义。李勇先点校本作"《寰宇记》、《图经》以为荆扬之南境"，赵一生点校本作"《寰宇记》。《图经》以为荆扬之南境"。②考包括中华书局点校本在内的今本《太平寰宇记》均作"《禹贡》荆州之域"，当以后者为是。亦即《舆地纪胜》系据《寰宇记》将贺州九州分野属荆，而在纂成于宋代的贺州《图经》看来，③贺州兼属荆扬。

《图经》以贺州兼属荆扬，这一点从《图经》对天文分野的叙述也可获得佐证。《舆地纪胜·广南西路·贺州》"于天文分野，当星纪、鹑尾之次"小注：

> 《图经》引《西汉地理志》云："粤地，牵牛、婺女之分野，今苍梧、郁林、合浦、交趾、九真、日南，皆粤分。"《东汉郡国志》注《帝王世纪》曰："自斗十一度至婺女七度，一名须女，曰星纪之次，于辰在丑，谓之赤奋若，今吴、越分野。"《唐地理志》云："韶、广、端、康、封、梧、藤、罗、雷、崖以东，为星纪分，桂、柳、郁林、富、昭、蒙、龚、绣、容、白、罗而西，为鹑尾分。"按今州境西接昭、桂，东接端、封，其星纪、鹑尾之间乎？④

---

① 《舆地纪胜》卷一二三《广南西路·贺州》，第3531页。
② 李勇先点校《舆地纪胜》卷一二三《贺州》，成都：四川大学出版社，2005年，第3899页；赵一生点校《舆地纪胜》卷一二三《广南西路·贺州》，杭州：浙江古籍出版社，2012年，第2783页。
③ 关于贺州《图经》成书，参张国淦《中国古方志考》，第568页；顾宏义《宋朝方志考》，第466页；刘纬毅等辑《宋辽金元方志辑佚》，第940—941页；桂始馨《宋代方志考证与研究》，第414页。
④ 《舆地纪胜》卷一二三《广南西路·贺州》，第3531—3532页。

据此可知，《图经》虽引《汉书·地理志》，但实际却以《新唐书·地理志》所述一行将岭南二分为据，推测贺州介乎星纪、鹑尾之间。这一判断与将贺州九州分野分属荆扬适相吻合。①

除《舆地纪胜》所列岭南地方志外，《永乐大典》引宋纂《容州志》亦展现出本地与荆州的关联，其《建置沿革》云：

> 按《汉·地理志》：古粤地，牵牛、婺女之分野，今之苍梧、蔚林、合浦、交趾，俱号粤地。《后汉志》：牵牛十一度，至婺女七度。《晋志》：自南斗十三度，北斗十度，皆曰星纪，吴越之分野。《春秋元命苞》曰：牵牛流为荆州，分为粤国。及考《唐志》，亦以岭南道为扬州之境，且析封、梧以东至广为星纪分，柳、桂以西并容为鹑尾分。又《天文志》谓星纪、鹑尾，以负南海。而韩退之《送南海从事窦平序》亦曰：逾瓯闽而南，皆百越之地。于天文，其次星纪，其星牵牛。则知南涉越闽，讫苍梧，逾岭表，皆不外星纪、鹑尾之墟也。汉元鼎中，荧惑守南斗，占曰南斗越分也。其后越相吕嘉反，汉举兵诛之。候证不差，以是知容在岭右，介扬州之南，应鹑尾之分，无可疑矣。②

据上可知，《容州志》牵合各种文献，既笃信容州九州分野在扬州之南，又判断天文分野应鹑尾之分，略显混乱。不过，容州既与鹑尾对应，其与荆州的联系也难以尽皆抹杀。

以上即为迄今所见唐宋时期的岭南地方志将本地九州分野归属荆州或与荆州存在关联的文字，概言之，明确宣称本地属荆州者

---

① 又有融州，《舆地纪胜》卷一一四《广南西路·融州》"《汉志》以为牛女之分野，《唐志》以为翼轸之分野"，小注提及《图经》云"汉唐二志不同，当考"（第3379页）。据此，融州《图经》虽未确认融州即属荆州，但其犹疑表述也与属扬说显有差异。
② 《容州志·建置沿革》，马蓉等点校《永乐大典方志辑佚》第5册，北京：中华书局，2004年，第3082—3083页。

凡五：韶州、英州、象州、桂州、郁林州，认为本地与荆州存在关联者
有三：昭州、贺州、容州。如果将这些州投射到地图上，即如图 8－1
所见，除郁林州、容州外，其余大抵皆位于岭南北部地区。这似乎暗
示，在岭南所辖数十州中，北部诸州之九州分野有更大几率隶属荆州。

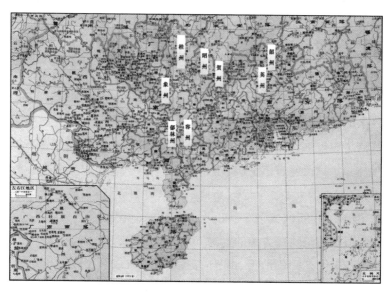

图 8－1　唐宋方志所见岭南属荆之州示意图

循着这一发现，我们再来看以单州列举形式叙述九州分野的唐
宋地理总志。

表 8－1　唐宋地理总志所见岭南属荆之州

地 理 总 志	属 荆 之 州
十道志	桂州、环州、严州、瀼州
元和郡县图志	桂州、富州

续　表

地 理 总 志	属 荆 之 州
太平寰宇记	贺州、桂州、蒙州、严州、山州
舆地纪胜	桂州、昭州、梧州、贺州
方舆胜览	桂州、昭州、梧州、贺州
历代郡县地理沿革表	桂州

如表 8－1 所见，岭南先后有十州被单次或数次列于属荆之州，具体包括：桂州（《十道志》《元和郡县图志》《太平寰宇记》《舆地纪胜》《方舆胜览》《历代郡县地理沿革表》）、①环州（《十道志》）、严州（《十道志》《太平寰宇记》）、澴州（《十道志》）、富州（《元和郡县图志》）、贺州（《太平寰宇记》《舆地纪胜》《方舆胜览》）、蒙州（《太平寰宇记》）、山州（《太平寰宇记》）、昭州（《舆地纪胜》《方舆胜览》）、梧州（《舆地纪胜》《方舆胜览》）。②案桂、梧、贺，唐宋间无大变化，富、蒙，宋代省入昭州，严、山、环、澴，宋代或省或降，分别为象、宜、邕接管。如果不考虑上述变化，则唐宋地理总志以单州列举形式提及的属荆之州即如图 8－2 所示。

---

① 唐人莫休符撰《桂林风土记》引《地里志》，亦称"桂州，《禹贡》荆州之域"，所引《地里志》未审何书。莫休符《桂林风土记》，丛书集成初编本，北京：商务印书馆，1936年，第 1 页。

② 除上述外，《通典》卷一八四《州郡十四·古南越》称："汉零陵、桂阳，今始安之北境及始兴，皆宜属楚。"（北京：中华书局，1988 年，第 4911 页）亦即以唐代桂州北境及韶州分野属楚，按照诸分野体系之间的对应关系，则二州九州分野也应部分或全部属荆州。不过，《通典》并不寻求九州分野与其他分野一致，其书虽承认岭南分野属越，兼得楚之交，但于九州分野则坚决将岭南弃于九州之外。以此而言，桂、韶二州在《通典》语境当不属荆州。

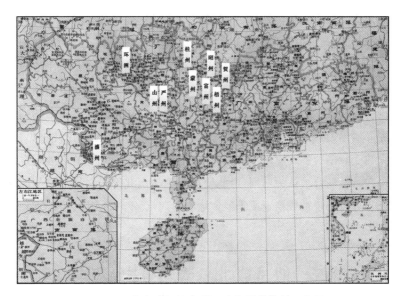

图 8－2 唐宋地理总志所见岭南属荆单州示意图

可以看到,除瀼州外,其余诸州亦都集中分布于岭南北部,尤其是与荆湖相邻的桂、昭、贺诸州,均不止一次被认为归属荆州。事实上,考虑到瀼州属荆仅见于以佚文传世的《十道志》,记载可靠性不无可疑,则能够确定的唐宋地理总志所举岭南属荆单州亦皆位于岭南北部毗邻荆湖及其延伸的地区,与地方志所见大抵一致。①

值得注意的是,自唐至宋,岭南北部的属荆之州似乎有一个逐渐东扩的进程。在唐代文献以及较多继承唐人认识的《太平寰宇记》中,所列属荆之州如桂、环、严、富、贺、蒙诸州,均位于岭南西部,

① 案唐代山州地望,诸书记载不同,罗凯考证大致在今越南清化省靖嘉县一带,介于唐前期的爱州与驩州之间,属安南都护府(《唐代山州地望与性质考——兼论岭南附贡州的建置》,《历史地理》第 26 辑,2012 年,第 97—108 页)。据此,山州与荆湖相去悬远。不过,《太平寰宇记》称山州"土地与严州同",则在《寰宇记》的语境中,山州应在严州附近。

而宋代文献中新见的属荆之州,部分如昭州、梧州,仍处岭南西部,但韶州、英州,则已地处岭南东部。如《舆地纪胜》所见,韶、英二州属荆,正始于宋代纂成的《新图经》。尽管在王象之看来,《新图经》将韶、英属荆并不可取,亦即韶、英属荆并未如岭南西部北境诸州属荆一般形成一种相对稳定的认识,不过这一认识并未因王象之的批驳而消退,直到明清,仍有文献将韶、英二州归属荆州。① 由此可见,大约受岭南西部北境诸州属荆影响,地处岭南东部北境的部分州也曾在一些场合被认为属荆,由此使得整个岭南北部毗邻荆湖诸州的九州分野都曾被或稳定或不稳定地归属荆州。

二、似是或非：诸州分野属荆
缘由言说的再辨析

将岭南部分地区九州分野属荆,在唐宋时期其他几种岭南分野言说中亦有体现。譬如一行分野,即将岭南西部归属荆州;附会秦岭南三郡,或也推动一些地理总志扩大岭南属荆之州的范围。事实上,前节所举属荆或与荆州关联之州,有些即得益于一行分野,如郁林州、贺州、容州,地方志均明确以《新唐书·地理志》及两《唐书·天文志》所载一行分野说为据,将诸州对应翼轸,由此与荆州建立关联。此外象州,据《舆地纪胜·广南西路·象州》"古百粤之地,于天文属翼、轸之度,鹑尾之次"小注:

---

① 《大明清类天文分野之书》卷一八,《四库全书存目丛书·子部》第 60 册,济南:齐鲁书社,1996 年,第 667 页下栏;《明史》卷二五《天文志一》,北京:中华书局,1974 年,第 369 页。不过,《大明清类天文分野之书》在对韶州府(明清韶、英二州合为韶州府)建置沿革的叙述中又称"《禹贡》扬州之域。楚粤之交"(卷二〇,第 716 页上栏),前后存在矛盾。

此据《图经》，属楚分翼、轸。然《汉志》以为粤地牵牛、婺女之分野，今之苍梧、郁林皆粤分也。今之象州，既为秦桂林、汉郁林之地，当属牵牛、婺女之分野。《晋志》南斗，吴越之分野，则不当以为翼、轸之分，盖翼、轸乃属荆州，而牵牛乃属扬州。《唐志》自沅湘上流达黔、安，皆全楚之分，自富、昭、象、龚、绣、容、白、廉州以西，亦鹑尾之墟。此二者俱不同，当考。①

虽然《图经》依据今已不可晓，但从王象之的叙述看，《图经》以象州属荆，极有可能亦本自一行分野。考虑到明清广西地方志中据一行分野以本地属荆者颇有其例，②唐宋时期岭南北部靠西诸州被归属荆州，与一行分野学说相关，无疑也是可能的。

一行分野之外，诸州曾统属荆楚，也被一些文献视为岭南北部诸州归属荆州的理由。前引英州《新图经》推测英州"楚地，翼轸之分野"，系以英州所属"真阳、洽光自汉晋南北朝以来皆隶荆楚之域"为据，《桂林志》认为桂州"翼轸之分，鹑尾之次"，也以桂州主体汉代属零陵为基础，二书在判断当地分野时，均相当程度地立足于该地曾统属荆楚。此外，《元和郡县图志》记载桂州：

---

① 《舆地纪胜》卷一〇五《广南西路·象州》，第 3215 页。

② 如嘉靖《南宁府志》、光绪《镇安府志》、嘉庆《临桂县志》、嘉庆《续修兴业县志》、道光《龙胜厅志》、光绪《郁林州志》等所论属荆，都与一行分野学说存在直接或间接联系。分见嘉靖《南宁府志》卷一《分野》，《日本藏中国罕见地方志丛刊》，北京：书目文献出版社，1992 年，第 349 页下栏；光绪《镇安府志》卷八《舆地志一·分野》，《中国方志丛书·广西省》第 14 号，台北：成文出版社，1967 年，第 158—160 页；嘉庆《临桂县志》卷一《星分》，《中国方志丛书·广西省》第 15 号，第 10 页上栏；嘉庆《续修兴业县志》卷一《地理·星野》，《中国方志丛书·广西省》第 16 号，第 11 页；道光《龙胜厅志·分野》，《中国方志丛书·广西省》第 17 号，第 40—41 页；光绪《郁林州志》卷四《舆地略·星野》，《中国方志丛书·广西省》第 23 号，第 62 页。

> 《禹贡》荆州之域。汉元鼎六年置零陵郡,今州即零陵郡
> 之始安县也,吴归命侯甘露元年(265),于此置始安郡,属
> 荆州。①

案无论汉之零陵郡还是吴之始安郡,均辖属荆州。玩味上引文字,
似乎桂州之地早期属荆,也是促使《元和志》将桂州定为“《禹贡》荆
州之域”的重要原因。类似,《舆地纪胜》以昭州、梧州属荆,据《舆地
纪胜·广南西路·梧州》》“《禹贡》荆州之域”小注:

> 《元和志》富州为荆州之域,富州、昭州及梧州同属苍梧郡,
> 当为荆州之域。②

也是以昭州、梧州与富州同属汉代苍梧郡为据,尽管这一论断与《汉
书·地理志》将苍梧郡列为越地背道而驰。③ 由此可见,历史上曾统
属荆楚,确在某些场合构成唐宋地理文献将若干州分野属荆的重要
依据。

不过,无论是一行分野新说还是曾经统属荆楚,均只适用于岭
南部分属荆之州,岭南北部多数州之分野属荆,仍无法获得解释。
譬如一行分野,如果注意到如下事实:其一,早在一行分野说提出之
前,《十道志》已将桂州、环州等归属荆州,一行分野诞生后成书的
《元和郡县图志》《太平寰宇记》《舆地纪胜》等,其岭南分野与一行
分野亦非合辙,诸书将部分州属荆,也很难说与一行分野相关;其
二,固然岭南北部属荆之州多数位于一行中分岭南的分界线之西,
但诸如贺州、梧州、韶州、英州等则位于分界线东,尤其是韶州、英

---

① 《元和郡县图志》卷三七《岭南道四·桂州》,北京:中华书局,1983 年,第 917 页。
② 《舆地纪胜》卷一〇八《广南西路·梧州》,第 3283 页。
③ 除昭州、梧州外,《舆地纪胜》在判定广州、南雄州、英州、端州、新州、梅州、桂州、化
  州等地分野时,亦或多或少地以曾经统属为据。

州,不仅去分界线甚远,且被二州《新图经》明确视为归属荆州。基于此,岭南北部诸州属荆很难尽皆归因于一行分野。

至于早期辖属荆楚与诸州属荆的关联,同样应当注意到能够凭借统属荆楚而与荆州建立关联者仅限于少数州,唐宋地理文献所见绝大多数属荆之州,历史上均与楚地不存在相对明确的统属关系。另一方面,即便某地曾统属荆楚,也不意味着该地分野必然属荆。案岭南曾经统属荆楚的州大抵位于楚越之交,其统属关系或在属楚与属越间变动,这就使得基于统属关系难以建立固定的分野认识,常常引发争议,英州新、旧图经的分歧即很能显示这一点。《舆地纪胜·广南东路·英德府》"《禹贡》扬州之域"小注:

> 《旧经》以为扬州之域,《新经》以为荆州之域,二者不同。象之谨按《史记》谓尉佗能集扬越以保南藩,而西汉《赵佗传》亦谓秦并天下,略定扬越,颜注云:"扬州之分,故曰扬越。"今南雄、英、韶皆在五岭之南,皆古越地,不应属楚,则不宜谓为"荆州之域"。范晔《后汉书·卫飒传》云:"先是洭光、真阳、曲江三县,越之故地,武帝平之,内属桂阳。"是洭光、真阳、曲江三县之地,非素属桂阳郡为属县也。盖桂阳郡乃置于高帝之时,自武帝平南越,取赵佗之地,创置三县,跨据岭表,远属桂阳郡,以控制南越耳。今乃欲因汉武之更张,而遂以定荆扬之封域,其时则不同矣。当从《旧经》曰"扬州之域"。

其下"越地,牵牛、婺女之分野"小注亦称:

> 《旧图经》以为越地,牵牛、婺女之分野,《新图经》以为楚地,翼、轸之分野。《新经》言:"十二次分野本于班固《地理志》,今据以为正。按真阳、洭光自汉晋南北朝以来皆隶荆楚之

域，至隋开皇二十年始分隶南海，岂可以后世隶南海而改前古之封域？"《新经》之说似有所据。象之谨按《舆地广记》于江西之虔、抚、袁、吉四郡，皆以为古百越之地，谓战国时吴起相楚悼王，南平百越，而四州之地始属于楚。自袁、吉、虔、抚南去千里而方至英、韶、南雄①三郡，又隔在五岭之南，乃谓其越袁、吉、虔、抚而属于楚，则非其实矣。《新经》第知罪《旧经》引隋地理以证汉晋之地理，而不知《旧经》所引者乃秦汉已前春秋战国之疆域钦。当从《旧经》为越地，牵牛、婺女之分野。②

不难看出，王象之推测《新经》之所以以英州星属翼轸，地属荆州，一个重要原因就是英州在汉晋南北朝长期隶属荆楚。而在王象之看来，《旧经》以英州对应牵牛、婺女，九州分野属扬州，亦非无据，甚至乃是更具说服力的证据，即英州在秦汉以前本属越地。由此可见，对不同时期统属关系的强调，势必使得分野论述出现分歧，从而引发争议。

类似英州分野的争议，在桂州同样存在。如前所见，在唐宋诸多地理文献中，桂州分野均被视为归属荆州，《桂林志》还明确其缘由，即桂州主体在汉代辖属零陵楚地。不过，在南宋人蔡戡（1141—?）看来，这一缘由未必成立，其《分野论》称：

> 静江③在唐为桂州，属岭南道；在汉为始安，属零陵郡。今支邑之荔浦，汉属苍梧郡。桂林新旧志不尽考诸家之说，遂以始安属荆州，为翼、轸之分，荔浦以南属越，遂以为牛、女分，盖承前史之误尔。按《史记》，勾践灭吴，并有其地，与中国会

---

① 原作"南容"，今改。
② 《舆地纪胜》卷九五《广南东路·英德府》，第2989—2990页。
③ 原作"靖江"，今改，下同。

盟。逮王无疆时，北伐齐，西伐楚，与中国争强，其境土之广可
知矣。……则楚越之旧疆，不复可以西汉郡县所分为正矣。故
翰林承旨宋公白等七人之《续通典》，亦以桂州为《禹贡》荆州之
域，春秋时越地，七国时复为楚，战国时为楚国及越之交境。此
盖历考前载，而其说进退可据者。然则静江府在汉虽属零陵
郡，其实古之越地，于星文则皆属鹑尾、荆州之分，固不当以始
安、荔浦一时之所属为别也。①

可以看到，蔡戡不仅质疑桂林新旧志将桂州二分，甚至从根本上质
疑以曾经辖属判断分野的认知方式——他承认桂州"其实古之越
地"，但却坚持桂州"于星文则皆属鹑尾、荆州之分"。亦即在他看
来，桂州历史上为楚为越，与其地分野属荆并不存在关联。事实上，
如果注意到位于楚越之交的连州虽然自唐代以降行政上长期隶属
岭南，但分野始终属荆，毋宁认为蔡戡所揭示的分野归属与行政统
属无关是正确的。由此可见，适用范围的有限，加之论断易生分歧，
使得曾经统属荆州楚无法构成推动岭南北部诸州属荆的普适性原理，
岭南北部诸州分野属荆当另有缘由。

要之，尽管一些言论显示岭南北部诸州九州分野之被归属荆
州，与一行分野学说或诸州曾辖属荆楚存在关联，不过从唐宋地理
文献的具体论述看，两点缘由大约仅对某些州属荆发挥效用，岭南
北部其余州属荆仍需借助其他动力。这个动力是什么？这里不妨
先跳出分野问题，观察一下唐宋时人如何书写岭南北部诸州的地理
景象。

---

① 蔡戡《分野论》，《全宋文》第276册，上海：上海辞书出版社、合肥：安徽教育出版
社，2006年，第310—311页。

三、攀附荆湖：岭南北部诸州
地理的书写策略

　　披览时人对岭南北部诸州地理的叙述，一个极为突出的印象是这些叙述往往倾向于将本地与荆楚相关联。譬如叙述当地地理位置，毗邻荆湖往往成为着重表述的内容。韶州，余靖（韶州曲江人）《修州衙记》云其"唇齿江湘"；昭州，《昭潭志序》叙其"居苍梧、始安之间，与全、道地犬①牙相入"，同志《风俗门》亦称"与九疑清湘接境"；象州，《象郡志》以其"密近湖湘"；柳州，《图经·风俗门》称其"虽古荒服，而实连湖湘"；又连州，詹砺（生平不详）《西园记》称其"地控荆湖"，蔡齐基（连州人）《梁守祠堂记》视"连为荆湖冲要"，刘禹锡（曾任连州刺史）《赴连州途经洛阳诸公置酒相送张员外贾以诗见赠率尔酬之》则直接以连州为"三湘最远州"；梧州，邱翔（生平不详）《苍梧郡赋》称其"唇齿湖湘"，《郡县纪原序》亦云"北接湖湘，而为唇齿之邦"；而岭南北部重镇桂州，类似表述尤多，戎昱（曾在桂州刺史、桂管防御观察使李昌巙幕府任职）《桂州西山登高上陆大夫》谓其"风烟连楚郡"，《虞衡志》称"与湖南犬牙"，郭见义（曾任广西经略司主管机宜文字）《修城记》云"左控荆衡"，至于韩愈（时任京职）《送桂州严大夫》"苍苍森八桂，兹地在湘南"，丁谓（曾任崖州司户参军，诗作于自岭南北返途中）"八桂提封接九疑"，孙觌（生平不详）"旁连九疑高，远控三湘大"等，则径将桂州视为荆

---

① 犬，原作"大"，李勇先以为当作"犬"，从之。李勇先点校《舆地纪胜》卷一〇七《广
　　南西路·昭州》，第 3602 页。

湖之地的延伸。①

不仅地理相连,在唐宋地方志及地方士人(包括岭南出身和因任官、迁徙等留住岭南者,无论后者实际如何看待岭南,在编纂诸如地方志这类地方文献时,往往与岭南出身者论调一致)②的描述中,岭南北部的气候、风俗亦与荆湖相近。韶州,谭太博(即谭掞,韶州曲江人)《清淑堂》称"地有九嶷清淑气";连州,刘禹锡《连州刺史厅壁记》云"观民风与长沙同祖习";桂州,刘禹锡《送人之桂州》"旌旆过湘潭,幽奇得遍探。莎城百粤地,苻路九疑南。有地多生桂,无家不养蚕。听歌难辨曲,风俗自相谙",表明桂州与湘潭风俗相去不远;象州,《象郡志》以其地"密近湖湘,稍接中州清淑之气";昭州,《昭潭志序》云"风声气习,布衣韦带之士肩摩袂属,视沅湘以南犹伯仲",同志《风俗门》又称"与九疑清湘接境,其风俗大率相似";梧州,陶商翁(生平不详)《梧州苍梧郡诗》以"水有潇湘色";柳州,《图经·风俗门》云"风俗与全、永间不相违";贺州,《图经》以为"气候稍近湖外";融州,《图经·风俗门》亦称"气候与荆湖不殊",等等。③

---

① 分见《舆地纪胜》卷九〇《广南东路·韶州》,第 2887 页;卷一〇七《广南西路·昭州》,第 3264 页;卷一〇五《广南西路·象州》,第 3221 页;卷一一二《广南西路·柳州》,第 3353 页;卷九二《广南东路·连州》,第 2942、2944、2955 页;卷一〇八《广南西路·梧州》,第 3290、3302 页;卷一〇三《广南西路·静江府》,第 3159、3158、3180、3183、3184 页。戎昱诗见《全唐诗(增订本)》卷二七〇,北京:中华书局,1999 年,第 3011 页。案蔡齐基,各本或作蔡齐、蔡齐台,皆误;刘禹锡,原作刘梦得,今改。

② 诸如地志等地方文献,或由本土士人编纂,或由地方官编纂,不过即便后者,也大多有地方士人参与,故可以认为二者取向并无差异。关于地志等的编纂者情况,参陈振孙《直斋书录解题》卷八《地理类》,上海:上海古籍出版社,1987 年,第 241—261 页。

③ 分见《舆地纪胜》卷九〇《广南东路·韶州》,第 2912 页;卷九二《广南东路·连州》,第 2941 页;卷一〇三《广南西路·静江府》,第 3180 页;卷一〇五《广南西路·象州》,第 3221 页;卷一〇七《广南西路·昭州》,第 3264 页;卷一〇八《广南西路·梧州》,第 3300 页;卷一一二《广南西路·柳州》,第 3353—3354 页;卷一二三《广南西路·贺州》,第 3536 页;卷一一四《广南西路·融州》,第 3384 页。

　　无待赘言，以上主要出自岭南士人之手的文字，并非尽皆虚妄。譬如诸州地理毗邻荆湖，从地形上看，南岭南北诸州同属南岭山地，岭南桂、昭、贺、连、韶诸州确与荆湖紧密相连；且将这些地区视为荆湖之地的延伸，如称桂州为湘南乃至纳入三湘，亦为时人通论。[①] 至于风俗近乎荆湖，考虑到南岭并非完全隔绝式的存在，其多个小规模山脉东西排列、且崇山峻岭间又分布着多处相对平衍的丘陵地形构造，以及连通两大水系的地理位置，使得南岭也是南北人群交往和商品流通的重要孔道，[②]以此而言，岭南、岭北风俗或有相近，也在情理之中。柳宗元自永州写给李吉甫的书信称"潇湘参百越之俗"，《太平寰宇记》谓桂州与一岭之隔的全州、永州风俗相近，均为其证。[③]《舆地纪胜》于湖南南部州军下引录文字，也多论述其地颇杂越风。如郴州，《许荆传》称"郡滨南州，风俗脆薄"；道州，掌禹锡《壁记》"地居越徼，俗兼蛮左"；全州，《图经·风俗门》"州当湖南穷处，接畛二广，风俗陋俭，狱讼希简"，又张某"壤接炎荒，尚蛮猺之错杂"；桂阳军，石景立《游鹿山》"峰对九疑闻鹤唳，地连五岭杂蛮风"；武冈军，《都梁记·风俗门》"军当湖南僻处，接畛广西，绵亘湖北，风俗陋俭，狱讼希简"，等等。[④] 事

---

① 户崎哲彦《韩愈〈送桂州严大夫〉诗对宋代桂林的影响——唐宋时期之"八桂"与"湘南"的变化》，杨勇译，《桂学研究》第 6 辑，桂林：广西师范大学出版社，2020年，第 45—48 页。

② 刘志伟《天地所以隔内外》，吴滔、于薇、谢湜主编《南岭历史地理研究》第 1 辑，丛书总序，广州：广东人民出版社，2016 年，第 1—33 页。

③ 柳宗元《谢李吉甫相公示手札启》，《柳宗元集》卷三六，北京：中华书局，1979 年，第 921 页；《太平寰宇记》卷一一六《江南西道十四·永州》，北京：中华书局，2007年，第 2347 页；同卷《江南西道十四·全州》，第 2352 页。

④ 分见《舆地纪胜》卷五七《荆湖南路·郴州》，第 2069 页；卷五八《荆湖南路·道州》，第 2093 页；卷六〇《荆湖南路·全州》，第 2138、2146 页；卷六一《荆湖南路·桂阳军》，第 2159 页；卷六二《荆湖南路·武冈军》，第 2166 页。关于湖南南部风俗与岭南相近，又可参张伟然《湖南历史文化地理研究（修订本）》，杭州：浙江古籍出版社，2021 年，第 263 页。

实上,直到今天,南岭南北气候、风俗仍有一致之处。① 不过,上述文字也有与事实不符之处,譬如象、柳、梧三州,与荆楚尚隔有桂州、贺州,恐怕很难称为密近湖湘。而风俗,如果说桂州风俗确近乎全州、永州,与桂州隔有大南山、天平山、驾桥岭、大瑶山等一系列多由非华夏族群聚居的大山,且行道艰难、开发较晚的融、柳二州,②其风俗是否也与全、永不殊,恐难置信。事实上,即便一般认为联系密切的岭北郴州与岭南韶州,如《太平寰宇记》所见,韶州风俗同广州,郴州风俗同潭州,其间差异也显而易见。③ 因此岭南北部诸州是否尽如上述文字所见近乎荆湖,恐怕不无疑问。

要之,岭南北部诸州地在楚越之间,文化上亦处于荆楚文化与越地文化的共轭之区,确存在倒向荆楚的可能,④然而无论是行政归属还是文化面貌,岭南北部诸州都更接近越地而非荆楚。以此而论,前引对岭南北部诸州自然和人文地理的描摹,一些文字与其说是事实叙述,不如说是刻意书写。而这样一种异乎寻常的地理书写,俨然传达出如下意象,即诸州虽辖属岭南,但实际却与荆楚犹如一地。换言之,其背后隐然可见一种脱离岭南的"心情"。

---

① 譬如气候,南岭南北同属中亚热带,植被亦同属南岭植被区。参丁一汇主编《中国气候》,北京:科学出版社,2013 年,第 410 页;陈灵芝主编《中国植物区系与植被地理》,北京:科学出版社,2014 年,第 188—189 页等。

② 关于桂州与两地交通,参廖幼华《唐代桂州相思埭之探讨》,《深入南荒——唐宋时期岭南西部史地论集》,台北:文津出版社有限公司,2013 年,第 112—130 页。

③ 《太平寰宇记》卷一五九《岭南道·韶州》,第 3053 页;卷一一七《江南西道·郴州》,第 2360 页。

④ 学者对嘉兴、湖州两地地域文化的考察即展示了文化共轭地区文化归属可能发生的变化。参宋可达《越韵吴风:吴越文化共轭中的嘉兴》,《历史地理》第 35 辑,2017 年;张伟然、宋可达《从吴地到越地:吴越文化共轭中的湖州》,《中国历史地理论丛》2018 年第 1 辑。

四、逃离"岭南"：岭南
士人的身份诉求

关于唐宋时期岭南士人意欲将本地从岭南剥离的"心情"，检索唐宋岭南相关文献，不难发现这样的"心情"极为普遍。譬如一般认为岭南多瘴，《隋书·地理志下》称"自岭已南二十余郡，大率土地下湿，皆多瘴厉，人尤夭折"；范成大《桂海虞衡志》谓"瘴，二广惟桂林无之，自是而南，皆瘴乡矣"；即便按照周去非《岭外代答》的说法，"岭外毒瘴，不必深广之地，如海南之琼管，海北之廉、雷、化，虽曰深广，而瘴乃稍轻。昭州与湖南、静江接境，士夫指以为大法场，言杀人之多也。若深广之地，如横、邕、钦、贵，其瘴殆与昭等"，岭南各地瘴气也仅存有轻重之分，并非有无之别，因此岭南多瘴乃是时人共识。① 然而针对这一"污名"，不少岭南地方文字却宣称本地清旷少瘴，无土山浊水。如韶州，谭太博《清淑堂》称"地有九嶷清淑气，人无五岭郁蒸愁"；连州，刘禹锡《连州刺史厅壁记》云"故罕罹呕泄之

①《隋书》卷三一《地理志下》，北京：中华书局，1973年，第887页；范成大《桂海虞衡志·杂志》，《范成大笔记六种》，北京：中华书局，2002年，第128页；周去非撰，杨武泉校注《岭外代答校注》卷四《风土门》"瘴地"条，北京：中华书局，1999年，第151页。今人研究也指出岭南乃是瘴的最主要分布地，甚至即原生地。参萧璠《汉宋间文献所见古代中国南方的地理环境与地方病及其影响》，《历史语言研究所集刊》第63本第1分册，1993年，第67—171页；龚胜生《2000年来中国瘴病分布变迁的初步研究》，《地理学报》1993年第4期；范家伟《六朝时期人口迁移与岭南地区瘴气病》，《汉学研究》第16卷第1期，1998年，第27—58页；《地理环境与疾病——论古代医学对岭南地区疾病的解释》，《中国历史地理论丛》2000年第1辑；左鹏《汉唐时期的瘴与瘴意象》，《唐研究》第8卷，北京：北京大学出版社，2002年，第257—275页；《宋元时期的瘴疾与文化变迁》，《中国社会科学》2004年第1期等。

患,亟有华皓之齿",武阳震(生平不详)《新学记》也以"地接湖、湘,
无土山浊水,秀澈之气,凛然浮空";桂州,白居易《送严大夫》谓"桂
林无瘴气,柏署有清风";昭州,《庐陵志》徐俯《昭潭诗》云"两岁昭
潭无瘴疠,清秋郁郁望神岗";浔州,《浔江志·庆历建学记》称"土无
氛恶";贵州,陈谠(曾任知贵州)《知贵州谢宰执》云"喜无瘴疠";贺
州,《图经》称"民少瘴疠";柳州,《龙城图志》称"地近桂林,号无
瘴";①乃至相对偏远的化州、廉州、郁林州,在地方士人笔下也或被
描绘为清旷无瘴之地。② 强调本地无瘴,显然意在凸显本地与岭南
其他地区不同。

事实上,彼时有些文字直接宣称本地殊于岭南其他地区。譬如
韶州,韩亚卿(生平不详)认为"其去炎州,此为乐土";连州,刘禹锡
《连州刺史厅壁记》许为"荒服之善部,而炎裔之凉墟",朱葆(生平不
详)《石路记》称赞"谿山钟美,风俗醇厚,视南方为佳郡";又桂
州,《岭外代答》谓"此尽南方之风气,桂林气候与江浙颇类,过桂林
南数十里,则大异矣";梧州,吴兴《苍梧七公祠堂记》称"苍梧于南纪
为善地";而浔州,《浔江志·风俗门》曰"浔虽为古荒服,沃壤颇多,
山水奇秀,民淳讼简,人多业儒",同志《庆历建学记》亦称"桂林之

① 分见《舆地纪胜》卷九〇《广南东路·韶州》,第2912页;卷九二《广南东路·连
州》,第2942、2943页;卷一〇三《广南西路·静江府》,第3180页;卷一〇七《广南
西路·昭州》,第3281页;卷一一〇《广南西路·浔州》,第3320页;卷一一一《广南
西路·贵州》,第3348页;卷一二三《广南西路·贺州》,第3537页;卷一一二《广南
西路·柳州》,第3353页。陈谠《知贵州谢宰执》"喜无瘴疠","喜"原作"苦",李
勇先以为当作"喜",从之。李勇先点校《舆地纪胜》卷一一一《广南西路·贵州》,
第3683页。

② 化州,《图经序》称"炎风不蒸,三水绕城,以泄岚瘴,民少疠疫";廉州,陶弼《寄石康
县曹元道》云"屡与南僧谈瘴溪,独推君县好封圻";郁林州,《政绩堂记》谓"前引长
江,北背原皋,形泄势坦,无岚雾烟瘴之患"。分见《舆地纪胜》卷一一六《广南西
路·化州》,第3417页;卷一二〇《广南西路·廉州》,第3494页;卷一二一《广南西
路·郁林州》,第3501页。

南,州郡以十数,浔为善地",石应孙(曾任职岭南)《题南山》"岭外此州为道院,风烟殊弗类南蛮",姚嗣宗(曾任知浔州)《寒亭留题》"井邑倦炎酷,西岩境独清",也都强调本地与他州不同;至于贵州,陈谠《知贵州谢宰执》以为"南冠之乐土";柳州,汪藻《学记》称"弦诵为岭南诸州最";宾州,《图经》推"为一路佳阙,视他州为乐土";化州,《图经序》云"滨海数郡,惟此地为最";廉州,陶弼(长期任职岭南)《寄石康县曹元道》"不同合浦人民众,虽接交州寇盗稀",则以交州多盗为背景,渲染其地独美;此外郁林州,《图经·风俗门》亦引《倦游录》宣称"郁林风土,比诸郡为盛"。① 类似叙述,文献中仍有许多,兹不赘举。要之,在这些文字中,岭南往往被视为炎州、荒服,构成映衬某地自然、人文地理兼美的暗淡背景,借助这样的对比,某地遂从原始落后的岭南脱颖而出。

与"风烟殊弗类南蛮"相应,唐宋地方志和地方士人又针对所谓"中州清淑之气至岭而穷"的说法,②标榜本地有中州清淑之气,借以凸显本地不同于岭南其他地区。兹举数例。

韶州 梁安世(曾任韶州刺史)《整冠亭记》:"井邑不异江浙。"

连州 刘勃(生平不详)《鼓角楼记》:"地大民众,过于诸郡。山川之秀,风气之和,与中土相似。"

南雄州 洪勋《学记》:"其俗一而不杂,其风淳而不漓,其

---

① 分见《舆地纪胜》卷九〇《广南东路·韶州》,第 2916 页;卷九二《广南东路·连州》,第 2941、2943 页;卷一〇三《广南西路·静江府》,第 3185 页;卷一〇八《广南西路·梧州》,第 3290 页;卷一一〇《广南西路·浔州》,第 3319、3330 页;卷一一一《广南西路·贵州》,第 3348 页;卷一一二《广南西路·柳州》,第 3354 页;卷一一五《广南西路·宾州》,第 3398 页;卷一一六《广南西路·化州》,第 3417 页;卷一二〇《广南西路·廉州》,第 3494 页;卷一二一《广南西路·郁林州》,第 3502 页。

② 袁燮《韶州重修学记》,《全宋文》第 281 册,第 221 页。

人所训习,多诗书礼乐之业。……衣冠文物之盛,殆未愧乎齐鲁之风也。"

余崇龟《贺南雄州孔武博》:"维凌江之为郡,有内地之遗风。"

英州　《图经》:"其地文通经史,武便弓弩,婚嫁礼仪,颇同中夏。"

桂州　萧昕《送桂州刺史序》:"俗比华风,化同内地。"

容州　《容州志·风俗门》:"渡江以来,北客避地留家者众,俗化一变。今衣冠礼度,并同中州。"

象州　《象郡志跋》:"虽地居岭表,然民富鱼稻,水泉甘洁,不减中州。"

《象郡志》:"地连八桂,密近湖湘,稍接中州清淑之气。"

梧州　《苍梧志》:"乐音节闲美,有京洛遗风。"

浔州　《旧经》:"自唐大中以后,并服礼仪,衣服巾带,如中国焉。"

贺州　《图经》:"贺之为州,士知为学,民知力田,虽溪洞蛮徭,亦皆委顺服役,而无剽敚之患。风清气淑,与中州等。"①

不难看出,以上表述文字虽有差异,但要旨一致,都着力强调本地有中州清淑之气。而如元人马端临论述所见,"自荔浦以北为楚,以南为越,今静江有中州清淑之气,荔浦相距才百余里,遂入瘴乡,是天所

---

① 分见《舆地纪胜》卷九〇《广南东路·韶州》,第 2888 页;卷九二《广南东路·连州》,第 2942 页;卷九三《广南东路·南雄州》,第 2963、2976 页;卷九五《广南东路·英德府》,第 2993 页;卷一〇三《广南西路·静江府》,第 3157 页;卷一〇四《广南西路·容州》,第 3197—3198 页;卷一〇五《广南西路·象州》,第 3221 页;卷一〇八《广南西路·梧州》,第 3289 页;卷一一〇《广南西路·浔州》,第 3319 页;卷一二三《广南西路·贺州》,第 3537 页。

以限楚、越也"，①岭南某地是否有中州清淑之气，乃是其区隔于"越乡"亦即岭南的重要指标。在此意识下，强调本地"俗比华风，化同内地"，自然也就意味着其地与岭南其他地区不同。②

要之，尽管岭南在唐宋基本稳定地处于中央王朝控制之下，但原始蛮荒的标签并未被揭去。在此标签下生活的当地士人，大约难免会有"二等公民"之感，在地理空间无法改变的情况下，他们只能诉诸文化，意图通过文化面貌的"修饰"摆脱岭南身份。因此，唐宋地方志和地方士人多强调本地与岭南其他地区有别，并着意渲染本地文明开化，固然或有现实基础——譬如桂柳、连韶两块地方，文化面貌确接近中原，③不过，这类文字被如此集中甚至或与事实不符地侧重书写，其中也隐约可见一种意欲脱离岭南的"心情"，而此"心情"背后，则是与带有原始蛮荒标签的岭南相隔离的心理和文化诉求。

岭南诸州试图脱离岭南的"心情"，我们还可以元代佚名纂《三阳志》④中的一则记载作为佐证，其《州县总叙》云：

> 潮州于《禹贡》为扬州之域，于天文为牵牛、婺女之分。……州自陈、隋间南海为一都会，唐初置十五部，隶江南道。开元二

---

① 《文献通考》卷三二三《舆地考九·古南越》，北京：中华书局，2011年，第8870页。
② 与标榜中土之气相关，唐宋岭南图经或地方士人叙述中亦多推崇教化，如《容州志·风俗门》所见，教化与岭南中土之气的形成密切相关。
③ 张伟然《唐人心目中的文化区域及地理意象》，李孝聪主编《唐代地域结构与运作空间》，上海：上海辞书出版社，2003年，第317—319页；《中古文学的地理意象》，北京：中华书局，2014年，第17—19页；赵仁龙《唐代宦游文士之南方生态意象研究》，南开大学博士学位论文，2012年，第131—133页。
④ 关于《三阳志》的编纂时间，《永乐大典》不详，今人考订应为元代。刘纬毅等辑《宋辽金元方志辑佚》，第699页；顾宏义《金元方志考》，上海：上海古籍出版社，2012年，第210—211页。

十一年(733)，置福建经略使，徙州隶之。明年，复隶岭南。天宝元年(742)，又隶福建。越九年，乃隶岭南，迄今焉。柳宗元作《愚溪对》，元和间也，州已岭南属。恶溪，州所有也，宗元乃曰"闽有水曰恶溪"，杜佑作《通典》，亦曰古闽越地，则未可以岭外视之。①

潮州在唐代或隶福建，或隶岭南，不过若以上述文字写成的时间为终端，潮州隶属福建只发生在极短的时间内，不过方志作者仍固执地认为对于潮州，"未可以岭外视之"。细细揣摩，从中不难体会作者不乐隶属岭南的倾向。固然从中原的立场看，闽越、岭南俱是偏远之地，不过二者之间仍有高下，与闽越相比，唐宋人心目中的岭南更为原始蛮荒——曾巩、洪迈都曾以岭南、四川、闽越三地相比较，指出岭南最为落后。② 大约正是基于此，《三阳志》作者更愿意将潮州归为闽越之地。

　　岭南士人对祖先谱系的追溯，也可印证他们汲汲于摆脱岭南的心态。学者注意到，不少岭南士人对其祖源的叙述中，都声称是北

① 《三阳志》，马蓉等点校《永乐大典方志辑佚》第 4 册，第 2717 页。
② 曾巩《送李材叔知柳州序》，《全宋文》第 57 册，第 318 页；洪迈《重建梧州府学记》，《全宋文》第 222 册，第 103 页。关于唐宋岭南较之闽越更为荒僻，这一点从贬官地点的选择及各地进士人数也可获得佐证。关于贬官地点，参尚永亮《唐五代贬官之时空分布的定量分析》，《上海大学学报(社会科学版)》2007 年第 6 期；姜立刚《唐代流贬官员分布研究》，西南大学博士学位论文，2013 年，第 37—65 页。关于各地进士人数，参吴宗国《唐代科举制度研究》，北京：北京大学出版社，2010 年，第 248—251 页。具体到闽越、岭南二地科举情况，前者参冻国栋《唐代闽中进士登场与文化发展管见》，初刊《魏晋南北朝隋唐史资料》第 11 辑，武汉：武汉大学出版社，1991 年，第 157—166 页，后收入氏著《中国中古经济与社会史论稿》，武汉：湖北教育出版社，2005 年，第 322—339 页；陈弱水《中晚唐五代福建士人阶层兴起的几点观察》，张国刚主编《中国社会历史评论》第 3 卷，北京：中华书局，2001 年，第 88—106 页；后者参王承文《唐后期岭南科举进士与文化发展论考》，纪宗安、马建春主编《暨南史学》第 15 辑，桂林：广西师范大学出版社，2018 年，第 29—60 页。

方移民家族的后裔。① 这些叙述固然不排除有其真实性，不过考虑到北朝隋唐时期北族祖先谱系叙述中较多攀附华夏，②且明清岭南族谱中亦广为流传诸多建构的北人南迁至岭南的珠玑巷传说，③唐宋岭南士人的谱系追溯大约也不无可疑之处。④ 而岭南士人之所以倾向于将家族渊源追溯至北方，如学者所论，其背后亦包含与"蛮荒"之地的岭南相区分的意图。⑤

---

① 王承文《唐代环南海开发与地域社会变迁研究》，北京：中华书局，2018 年，第 52—103、541—873 页。

② 何德章《伪托望族与冒袭先祖——以北族人墓志为中心》，《魏晋南北朝隋唐史资料》第 17 辑，武汉：武汉大学出版社，2000 年，第 137—143 页；龙成松《中古时期北方族裔谱系建构与民族认同》，《西南边疆民族研究》第 23 辑，昆明：云南大学出版社，2017 年，第 67—80 页。

③ 关于珠玑巷传说，参陈乐素《珠玑巷史事》，《学术研究》1982 年第 6 期；牧野巽《中国の移住伝说—特にその祖先同乡伝说を中心として》，《牧野巽著作集》第 5 卷，东京：御茶水书房，1985 年，第 54—83 页；科大卫（David Faure）《明清社会和礼仪》，曾宪冠译，北京：北京师范大学出版社，2016 年，第 162—166 页；刘志伟《附会、传说与历史真实——珠江三角洲族谱中宗族历史的叙事结构及其意义》，初刊《中国谱牒研究——全国谱牒开发与利用学术研讨会论文集》，上海：上海古籍出版社，1999 年，第 149—162 页，后收入饶伟新编《族谱研究》，北京：社会科学文献出版社，2013 年，第 317—329 页；井上徹《中国の系谱与伝说——以珠玑巷传说为线索》，王标译，《传统中国研究集刊》第 2 辑，上海：上海人民出版社，2006 年，第 226—244 页等。

④ 事实上，学者已有部分辨析，如始兴张氏、钦州宁氏、宾州韦氏，或认为即岭南土著。始兴张氏参戴伟华《张九龄"为土著姓"发微》，《文学遗产》2011 年第 4 期；钦州宁氏参刘美崧《〈新唐书·南平僚（獠）传〉辨误——兼论钦州酋帅宁猛力及其家族的活动地域与族属》，中国历史文献研究会编《历史文献研究》北京新 3 辑，北京：北京燕山出版社，1992 年，第 239—260 页；郑维宽、梁玮羽《王朝制度渐进视角下岭南土酋族属的建构——以钦州宁氏家族为中心》，《成都理工大学学报（社会科学版）》2014 年第 2 期；宾州韦氏参户崎哲彦《广西上林县唐代石刻〈韦敬辨智城碑〉考》，《唐代岭南文学与石刻考》，北京：中华书局，2014 年，第 334—360 页。尽管这些辨析未必允属定论，但至少表明这些族源或祖先谱系的叙述存在诸多疑点。

⑤ 刘晓《唐代南方士人的身份表达与士族认同——兼谈中古时期"南北之别"的内涵演变》，《人文杂志》2020 年第 1 期。

　　与迁客逐臣着意渲染岭南原始蛮荒的景象相比,岭南士人对岭南的心态更为复杂。一方面,岭南原始蛮荒的固有标签会让他们感到屈辱、自卑。《旧唐书·李林甫传》载出生韶州的张九龄谏阻唐玄宗委任牛仙客,当玄宗以"卿以仙客无门籍耶？卿有何门阀"相责时,张九龄对云"臣荒徼微贱,仙客中华之士",从中不难感受到张九龄无以言表的自卑感。又唐后期同样出生韶州的文化名人刘轲,其在仕宦未显时写给主持宪宗元和十三年(818)科考的中书舍人权知礼部侍郎庾承宣之《上座主书》云及"轲本沛上耕人,代业儒,为农人家。天宝末,流离于边,徙贯南鄙。边之人,嗜习玩味异乎沛。然亦未尝辍耕舍学,与边俗齿",更是透露出浓浓的对岭南不满却又无可奈何的自卑情结。① 这种以出身岭南为耻的心态甚至还影响到割据岭南的统治者。如《旧五代史·僭伪传·刘陟传》所见,刘陟"每对北人自言家本咸秦,耻为蛮夷之主",所谓"耻为蛮夷之主",亦即因统治岭南而屈辱、自卑。②

　　不过另一方面,对于生长于斯的岭南士人而言,乡土之情又使他们不免怀有恋地情结,对熟悉的乡土热爱有加。薛爱华（Edward Hetzel Schafer）曾注意到,在岭南地方士人（"克里奥人"）如张九龄的笔下,岭南亦不乏清新可爱。③ 刘晓也指出,张九龄作《荔枝赋》,为荔枝正名,体现出张九龄对岭南故土的热爱与认同。④ 这种认同、热爱岭南乡土的情结在其他岭南士人身上亦不难发现。譬如东汉时出身岭南的杨孚（南海人）编撰了首部记述岭南风土的志书——

---

① 王承文《唐代环南海开发与地域社会变迁研究》,第 572—576 页。
② 《旧五代史》卷一三五《僭伪传·刘陟传》,北京：中华书局,2015 年,第 2107 页。
③ 薛爱华《朱雀——唐代的南方意象》,程章灿、叶蕾蕾译,北京：生活·读书·新知三联书店,2014 年,第 89—94 页。
④ 刘晓《唐代南方士人的身份表达与士族认同——兼谈中古时期"南北之别"的内涵演变》,《人文杂志》2020 年第 1 期。

《南裔异物志》,①尽管如明人欧大任《百越先贤志》所说,"时南海属交趾部,刺史夏则巡行封部,冬则还奏天府,举刺不法。其后竞事珍献,孚乃枚举物性灵悟,指为异品以讽切之,著为《南裔异物志》",②杨孚编撰是书似乎旨在讽谏岭南地方长官"竞事珍献"。不过这类多出自本籍人士之手的地志文献,如刘知幾所论"人自以为乐土,家自以为名都",其背后往往还有矜夸家乡的地域意识推动。③ 以此而言,杨孚撰《南裔异物志》,未尝不是热爱、认同岭南故土的产物。④

① 又称《异物志》或《交州异物志》,关于此书编撰,参罗晃潮《杨孚及其〈异物志〉考述》,《广东图书馆学刊》1983 年第 1 期;杨孚撰,吴永章辑佚校注《异物志辑佚校注》,前言,广州:广东人民出版社,2010 年,第 1—26 页。

② 欧大任撰,刘汉东校注《百越先贤志校注》卷二《杨孚》,南宁:广西人民出版社,1992 年,第 46 页。

③ 刘知幾撰,浦起龙通释《史通通释》卷一〇《杂述》,上海:上海古籍出版社,2009 年,第 256 页。关于地志文献的这一旨趣,又可参青山定雄《六朝之地记》,颐安译,北平《中和月刊》第 4 卷第 2 期,1943 年,第 41—42 页;邢义田《东汉孝廉的身份背景》,初刊许倬云、毛汉光、刘翠溶主编《第二届中国社会经济史研讨会论文集》,台北:汉学研究中心,1983 年,后收入氏著《天下一家:皇帝、官僚与社会》,北京:中华书局,2011 年,第 320—321 页;王琳《六朝地记:地理与文学的结合》,《文史哲》2012 年第 1 期。

④ 可以类比的是岭南封州人、后退居桂林的莫休符撰《桂林风土记》。案《桂林风土记》成于唐光化二年(899),据书前自序,"前贤撰述,有事必书,故有《三国志》《荆楚岁时记》《湘中记》《奉天记》,惟桂林事迹,阙然无闻。休符因退居,粗录见闻,曰《桂林风土记》,聊以为叙",可见该书撰述带有标榜、宣传乡土的意味,这一点从其主要记录山水名胜和前贤事迹,而与大体同时成书的他乡人撰《北户录》(僖宗乾符年间[874—879]成书,东牟人段公路撰)、《岭表录异》(唐哀帝至后梁末帝年间成书,鄱阳人刘恂撰)主要记载奇物异俗不同也可获得佐证。关于《桂林风土记》,参郑铁巨《〈桂林风土记〉校读记》,《中南民族学院学报(哲学社会科学版)》1988 年第 4 期;户崎哲彦《莫休符〈桂林风土记〉佚文考》,《古籍研究》2001 年第 1 期。关于《北户录》,参铃木正弘《段公路撰〈北戸録〉について一唐末期の嶺南に関する博物学的な著述》,《立正史学》第 69 号,1996 年,第 15—30 页;钟无末《〈北户录〉研究》,复旦大学硕士学位论文,2013 年;侯先栋《段公路〈北户录〉研究》,华中师范大学硕士学位论文,2013 年。关于《岭表录异》,参刘恂撰,商壁、潘博校补《岭表录异校补》,序论,南宁:广西民族出版社,1988 年,第 1—17 页。

又东汉末士燮请改交阯为州，据黄恭《交广记》：

> 汉武帝元鼎中，开拓土境，北开朔方，南置交阯刺史。建安二年（197），南阳张津为刺史。交阯太守士燮表言："伏见十二州皆称曰州，而交独为交阯刺史，何天恩不平乎？若普天之下可为十二州者，独不可为十三州？"诏报所许，拜津交州牧。[①]

考士燮出身岭南豪族（苍梧广信人），兄弟布列岭南诸郡，他请求交阯称州，固然不排除或有政治意图。不过另一方面，交阯称州，由此与东汉境内其他州级行政区齐平，这对岭南在王朝行政版图内的地位，是一种提升。在此意义上，士燮请改交阯为州，其背后大约亦有认同岭南进而维护岭南的乡土意识在内。[②]

岭南士人这种热爱、认同乡土之情，在宋代岭南僧人契嵩（1007—1072，藤州镡津人）写给出莅浔州的姚嗣宗之《送浔阳姚驾部叙》中体现得尤为明显。在这封为姚氏介绍岭南山川习俗的文字中，契嵩盛赞岭南，云：

> 岭外自邕管之东，潮阳之西，桂林之南，合浦之北，环数千里，国家政教所被，即其霜露雪霰霑洽已繁，瘴疠之气消伏不发，秀民瑞物日出，其风土日美。香木桂林，宝花琦果，殊名异品，联芳接茂，而四时不绝。若梧若藤，若容若浔，凡此数郡者皆带江而戴山。山尤佳，江尤清，有神仙洞府，有佛氏楼观，村

---

① 刘纬毅《汉唐方志辑佚》，北京：北京图书馆出版社，1997年，第128页。案交阯改称交州，实为建安八年（203），参辛德勇《两汉州制新考》，《秦汉政区与边界地理研究》，北京：中华书局，2009年，第164—165页。

② 或认为交阯改州，可能旨在提升张津职权，借以制衡士氏，参江田祥《空间与政治：汉代交阯刺史部治所变迁及其原因》，《社会科学家》2017年第4期。不过若据《交广记》，交阯改州系由士燮主导，其背后体现的应为士燮意图，理解为意在制衡士氏，或不无疑问。

　　郭相望，而人烟缥缈。朝暾夕阳，当天地澄霁，则其气象清淑，
　　如张画图。然其俗质，其人淳，寡诤讼，而浸知向方。①

如上所见，在契嵩眼中，岭南非止不是蛮荒之地，相反却是王道乐
土，山川清新，民风淳朴，文字中所流露的对于乡土岭南的爱恋可谓
皎然可见。

　　学者注意到，在岭南士人笔下，对于岭南风土人情的叙述常见
一种书写模式，即本地原本原始蛮荒，经教化后风俗迁改，融入中州
礼乐，亦即岭南历史被描述为一种"向化"的过程。这样的书写模式
不仅见于屈大均《广东新语》、邓淳《岭南丛述》等岭南士人所撰私人
著述，在富有地方主义的岭南地方志中亦极常见，②极端者甚至出现
旧志载陋俗而新志不载或新志有意反驳旧志的情形。③ 这种渲染岭
南"向化"的书写模式，固然受到王朝中心意识的影响，但另一方面，
强调岭南文明开化，与华夏内地比肩而立，从中亦不难窥出浓浓的
维护岭南的乡土意识。

　　要之，唐宋时代对于尚较落后的岭南，彼时岭南士人的心态是

---

① 释契嵩《送浔阳姚驾部叙》，《全宋文》第 36 册，第 165 页。
② 关于地方志之地方主义，参程民生《宋代地域文化》，开封：河南大学出版社，1997
　年，第 393—398 页；滨岛敦俊《方志和乡绅》，《暨南史学》（台湾）第 6 辑，2003 年，
　第 239—254 页；包弼德（Peter K. Bol），The Rise of Local History: History, Geography,
　and Culture in Southern Song and Yuan Wuzhou, *Harvard Journal of Asiatic Studies*,
　Vol. 61, No.1, 2001, pp. 37 - 76,中译《地方史的兴起：宋元婺州的历史、地理和文
　化》，吴松弟译，《历史地理》第 21 辑，2006 年，第 432—452 页；戴思哲（Joseph
　Dennis）《中华帝国方志的书写、出版与阅读：1100—1700 年》，向静译，上海：上海
　人民出版社，2022 年，第 17—115 页。顺便说一下，地方志中充斥地方主义，并非中
　国古代地方志所独有，海外地方志撰写同样有此倾向，譬如英国地方志即包含强烈
　的地方认同感。参陈日华、邱迪《笔下故园：近代英国方志研究》，上海：上海人民
　出版社，2022 年，第 72—82 页。
③ 程美宝《地域文化与国家认同：晚清以来"广东文化"观的形成》，北京：生活·读
　书·新知三联书店，2006 年，第 44—110 页。

复杂的。一方面,岭南尚未剥离的原始蛮荒标签带给他们深深的自卑,使得他们以生长岭南为耻,甚或萌生逃离岭南之心;另一方面,熟悉环境催生的恋地情结,又使得他们对于乡土心生热爱,故而难以真正逃离岭南。① 在这种既舍又留的复杂心态之下,岭南士人遂酝酿出一种看似诡异却又顺理成章的乡土意识,即将本地从岭南脱离出来。这一乡土意识绝非笔者臆想,前述岭南地方志在自然地理或人文地理的书写上着意强调本地与岭南其他地区不同,已充分证明了这一点。而岭南北部诸州九州分野归属荆州,恰恰亦显示出与传统的岭南属扬相区分,这不禁令人怀疑,岭南北部诸州脱扬属荆,是否也是岭南士人身份诉求的产物?

五、脱扬属荆:岭南士人身份
诉求的分野回应

渺茫悬远的分野知识为何能体现岭南士人的上述意图?这与分野知识的政治属性是分不开的。中国古代的分野认识,从其诞生之日起就不是纯粹的地理知识,在划分空间外还具有显著的政治文化意涵。在"分野止系中国"的意识下,某地在分野中存在与否,往往标志着其在兼具政治和文化双重意义的"中国—华夏"中的位置。② 因此,某地进入分野,从中央王朝的立场看,是一种接纳、承认该地在王朝版图内的合法存在;从地方立场看,则是一种诉求,希望

---

① 这种复杂心态,在唐代福建地方士人中也有体现。参张隽、黄擎《从"蛮夷渊薮"到"富庶上国"——论唐宋文人对福建书写的嬗变》,《中国文学研究》2022年第2期,第49—55、111页。

② 关于"分野止系中国",参邱靖嘉《天地之间:天文分野的历史学研究》,北京:中华书局,2020年,第257—265页。

借助分野与周边地区相区别，寻求政治或文化的"能夏则大"。康熙二十二年（1683）清军攻占台湾，二十五年（1686）修成的《台湾府志》旋即将此前未进入分野的台湾设定为"在女、虚之交，为南纪之极，亦当附于扬州之境，以彰一统之盛焉"。① 由地方士人纂修的《台湾府志》亟于将台湾纳入分野，②除了"以彰一统之盛焉"，恐怕即不无标榜台湾在中国获得合法性位置的意图在内。③ 又道光二十五年（1845）《黎平府志·天文志序略》云"黎平系楚之边境，置郡隶黔则自有明始，故古之论星宿者未之及焉。我国家平承日久，海隅皆奉正朔。况黎郡与楚为邻，即可以楚之星野定黎之星野"，也明确表达了借分野确认当地在王化之内的意愿。④ 分野知识具有如此意义，岭南北部诸州对分野书写大费周章，也就不难理解了。

不过，与康熙《台湾府志》、道光《黎平府志》不同，二者分野的变化系赋予之前尚未取得分野地位的地区以合适的位置，乃是从无到有；岭南北部诸州分野的变化则表现为分野所属改换门庭，亦即从传统属地扬州脱离，转而归属荆州。固然，在《禹贡》九州体系中，田第八、赋第三的荆州，其土地高下肥瘠略胜于田第九、赋第七的扬

---

① 蒋毓英等纂康熙《台湾府志》卷一《分野》，《续修四库全书》第712册，上海：上海古籍出版社，1996年，第329页下栏。

② 据陈秉仁考辨，主修者为首任台湾知府蒋毓英，主要编纂者为台湾诸罗知县季麒光和凤山知县杨芳声。《第一部台湾府志考辨》，《图书馆杂志》1983年第1期。

③ 邱靖嘉《天地之间：天文分野的历史学研究》，第270—271页。有趣的是，康熙《台湾府志》虽然希望台湾"附于扬州之境"，进入九州，但清廷中央对此并不认可。三朝一统志虽承认台湾天文分野为牵牛、须女，但九州分野均以台湾"自古荒服之地，不通中国"。康熙《大清一统志》卷二七一《台湾府》，乾隆七年（1744）武英殿刊本，叶1；乾隆《大清一统志》卷三三五《台湾府》，《景印文渊阁四库全书》第481册，台北：台湾商务印书馆，1986年，第754页上栏；嘉庆《大清一统志》卷四三七《台湾府》，上海：上海古籍出版社，2022年，第22065页。

④ 光绪《黎平府志》卷八《艺文志·旧叙》，《中国地方志集成·贵州府县志辑》第18册，成都：巴蜀书社，2016年，第310页上栏。

州,地位似乎更高,①不过在唐代,有着"扬一益二"之称的首富之区扬州,应非让人避之唯恐不及的耻辱性名号。因此笔者怀疑,岭南北部诸州属荆,固然在分野层面表现为脱扬属荆,但重点毋宁说是脱粤属荆,逃离岭南才是分野变动的实质所在。而诸州脱粤属荆,并非九州分野的简单调整,而是和前述台湾、黎平一样,乃是寻求或重新确认自己在"中国—华夏"体系中的位置。当然,由于岭南并非完全与"中国—华夏"绝缘,只是身份相对暧昧,因此岭南北部诸州谋求属荆与历史或理论上游离在分野之外的台湾、黎平寻求被纳入分野仍有不同,如果说后者是希望在政治层面进入"中国—华夏"体系,前者则更像是试图借地理之便在文化层面获得一个更加确切不移的华夏身份。

　　关于岭南北部诸州脱扬属荆实质乃是脱粤属荆,我们还可以南岭附近传统属荆地区的分野处理作为佐证。首先岭北地区,前已述及,南岭北部属荆之州,不仅地理与岭南相接,风俗或也被认为近乎岭南。然而,上述诸州分野,迄未见一例声称其地属扬州者,仅道州、全州,因部分地区析自岭南,或称兼有越之分野。② 其次岭南地区,如连州,因早期为楚地,故分野属荆。不过自唐代以降,连州统属关系虽有反复,但统属于岭南的时间更长。然而于九州分野,连州却始终属荆,《湟川志》③为此还进行了辨析,云:

---

① 《尚书正义》卷六《禹贡》,阮元校刻十三经注疏本,北京：中华书局,1980 年,第 148 页下栏、149 页中栏。

② 《舆地纪胜》卷五八《荆湖南路·道州》,第 2089 页；卷六〇《荆湖南路·全州》,第 2135 页。

③ 关于《永乐大典》引《湟川志》,张国淦、桂始馨断作宋志,刘纬毅等判定为元志,顾宏义以为明初州志。参张国淦《中国古方志考》,第 545 页；桂始馨《宋代方志考证与研究》,第 385 页；刘纬毅等辑《宋辽金元方志辑佚》,第 818 页；顾宏义《宋朝方志考》,第 425 页。

连州古楚地，当为翼之墟，今隶广左，又粤地也，当在牛女之分。按刘宾客《壁记》，此郡天文与荆州同星分，壤制与番禺相犬牙，今属广，但以境跨番禺，而湟流入于南海耳。此以地理言也，若考之天文，实楚州分野，其星翼轸，夫奚疑。①

如上所见，《湟川志》虽承认连州地理隶属越地，但于天文却毫不退让，坚持连州星分翼轸，属于荆州。岭南诸州弃扬从荆，南岭附近的传统属荆之州则守荆不移，如此鲜明的对照足以彰显诸州对于归属的认同——显然，与岭南相较，岭北的荆楚是一个更有诱惑力的地方，而这正是岭南北部诸州分野脱扬属荆的实质所在。

从岭南北部诸州脱扬属荆的实质还可以看出，较之属荆，脱粤更为核心，也是推动诸州分野变动的直接动力。而在脱粤之后，荆州何以会成为分野归属的"幸运儿"？这与诸州地理位置邻近荆楚相关。事实上，古人确曾将岭南属荆与其地邻近荆楚联系起来。杜佑在反驳传统的岭南属扬认识时曾提到："荆州南境至衡山之阳，若五岭之南在九州封域，则以邻接宜属荆州，岂有舍荆而属扬？"②尽管杜佑并非真的认同岭南属荆，但至少在杜佑看来，若以岭南在九州封域内，地理与岭南"邻接"的荆州更有优势。承此，蔡戡认为岭南西部"属鹑尾，实翼、轸之分野"，虽然蔡氏另引一行分野说为据，但从他区分岭南东西分野以"接吴""抵楚"为准看，岭南与吴、楚的距离亦构成砝码。又具体到桂州，蔡氏反驳以曾经辖属判断分野，试图从星宿度数论证桂州属荆，云：

《晋志》以零陵为入轸十一度，而始安属零陵郡，靖江（即静江，下同）当轸之十一度矣。且轸四星之中，别有一星名长沙，

---

① 《湟川志·星分野》，马蓉等点校《永乐大典方志辑佚》第4册，第2570页。
② 《通典》卷一七二《州郡二·序目下》，第4486页。

而《礼记正义》所引纬书《考灵耀》云："一度二千九百三十二里有奇。"轸星共十七度，今长沙去此才一千余二十里，则靖江当轸之十一度，断可识矣。……靖江府者，于国为楚，于州为荆。①

不难发现，除星宿度数外，桂州与长沙的距离也被视为确定桂州属荆的因素。此外，《舆地纪胜》提到关于韶州分野："《旧经》以为越地，牛、女之分，《新经》以为楚地，翼、轸之分，二者不同，韶地边楚，亦交涉荆扬二州之境，姑两存之。"②揆其文意，似乎在王象之看来，"韶地边楚"亦是《新经》以韶州属荆的重要依据。

如果说上述联系还不明确，我们再举两个明清时期的例子作为佐证。嘉靖十七年（1538），时任提督广西学政的张岳在为《南宁府志》作序时称：

> 夫桂林，故衡、湘地也，天文分野，上属翼、轸，九疑、苍梧之山，形势曼衍，首起衡岳，腹蟠八桂，而尾达乎苍梧。③

张岳主张以南宁及周边"自为牧镇"，桂林与荆南诸州合为广西，而后者之所以可行，则是因为"形势曼衍"的九疑、苍梧之山将五岭南北连成一片，故桂林乃"故衡、湘地"，天文分野亦与荆楚同分，"上属翼、轸"。亦即在张氏看来，桂林分野属荆，与其邻近荆楚密切相关。

与张岳序相比，光绪《富川县志》在论述富川属荆时说得更为明确：

> 盖自昔论粤地者，皆以东北界接吴者为扬州之境，西北界

---

① 蔡戡《分野论》，《全宋文》第 276 册，第 311 页。
② 《舆地纪胜》卷九〇《广南东路・韶州》，第 2879 页。
③ 张岳《南宁府志前序》，嘉靖《南宁府志》，《天一阁藏明代方志选刊续编》第 67 册，上海：上海书店，1990 年，第 5—6 页。

接楚者为荆州之境。富川壤接湖南之江华萌渚界,其东萌渚,
五岭之第四岭也。《通典》谓"荆州南境至衡山之阳,若五岭之
南在九州封域,则以邻接宜属荆州",则富之属荆不属扬,明矣!
地为荆州,则星为翼、轸,又明矣!①

富川在清代属平乐府,唐宋辖于贺州。对于富川分野,《县志》明确
称其星属翼、轸,地属荆州,判定依据就是富川与湖南江华萌渚界接
壤,由此分野与荆楚同分。

明清地方志中将岭南北部诸州属荆归因于其地与荆楚相连的
例子还有一些,兹不赘述。② 无待赘言,这样的关联应非突然兴起,
前引蔡戡、王象之等的论述表明唐宋时期业已出现。不难想见,在
唐宋地方性文献如图经等中,类似认识应同样存在,只不过由于图
经多散佚而变得罕见。明乎此,岭南北部诸州在脱离扬州后选择归
属荆州,也就不难理解了。某种意义上言之,当岭南北部诸州选择
脱离粤地对应的扬州后,荆州也就成为九州分野的必然选择。

以上我们检讨了岭南北部诸州九州分野变动的脱粤实质与属
荆必然,其实类似岭南北部诸州分野变动这样,因嫌弃原有地理意
义上的身份属性而寻求改变者,历史上颇不乏其例。譬如汉武帝将
函谷关东移,《汉书·武帝纪》注引应劭曰:

时楼船将军杨仆数有大功,耻为关外民,上书乞徙东关,

---

① 光绪《富川县志》卷一《舆地·星野》,《中国方志丛书·广西省》第19号,第11页。
② 不仅岭南,但凡新进入九州或九州分野暧昧的地区,邻近地区的分野均是判断其地
　分野的重要依据。譬如今贵州省及湖南西部地区的分野,即多以邻近地区分野而
　定。参孟凡松《清代贵州郡县志"星野"叙述中的观念与空间表达》,《清史研究》
　2009年第1期;《清代贵州方志的星野岐议与政区认同》,《中国历史地理理论丛》
　2013年第4辑;田阡、孟凡松《空间表达与地域认同——以武陵地区清代方志星野
　为例》,《文化遗产》2013年第1期。

以家财给其用度。武帝意亦好广阔，于是徙关于新安，去弘农三百里。①

据此，函谷关东移是因为楼船将军杨仆"耻为关外民"，为了获得更为高贵的关内民身份，奏请获准所致。在此场合，杨仆显现出与岭南北部诸州士人近乎一致的身份诉求。尽管函谷关是否即因杨仆奏请东移，未必没有疑义，②但上述记载广为流传，至少表明此说绝非荒诞无稽之谈，相反却显示出寻求地理意义上的身份改变，对此大家是能够理解并认可的。

又《洛阳伽蓝记》也记载了一则改变地理意义上身份的事例，其书卷二《城东·景宁寺》记载：

> 孝义里东即是洛阳小寺（市），北有车骑将军张景仁宅。景仁，会稽山阴人。正光（景明）年初，从萧宝夤归化，拜羽林监，赐宅城南归正里，民间号为"吴人坊"，南来投化者多居其内。近伊洛二水，任其习御。里三千余家，自立巷市，所卖口味，多是水族，时人谓为鱼鳖寺（市）也。景仁住此以为耻，遂徙居孝义里焉。③

可以看到，当吴人坊成为一个蒙上歧视性色彩的地名后，身为吴人的张景仁以之为耻，遂徙居他地。④

---

① 《汉书》卷六《武帝纪》注，北京：中华书局，1962年，第183页。

② 辛德勇《汉武帝"广关"与西汉前期地域控制的变迁》，《中国历史地理论丛》2008年第2辑。

③ 杨衒之撰，范祥雍校注《洛阳伽蓝记校注》卷二《城东·景宁寺》，上海：上海古籍出版社，1978年，第117页。

④ 近代日本之脱亚入欧，也颇类似。"脱亚论"的始作俑者福泽谕吉1885年3月16日在自己主办的《时事新报》上发表社论称："我日本士人，断欲推倒旧政府而立新政府，国中朝野别无选择，一切万事皆采近时西洋之文明，此不仅独脱（转下页）

　　当然，与杨仆、张景仁可以在物理层面实现地理意义上的身份转换不同，岭南士人无法改变岭南在华夏版图内的现实空间位置，他们只能通过书写将岭南改头换面，借以实现身份转换。[①] 然而，在唐宋时期，岭南原始蛮荒的标签仍如影随形，甚至岭南在"中国—华夏"体系中的位置也不十分稳固。武则天神功年间狄仁杰上疏请弃疏勒等四镇，云及"臣闻天生四夷，皆在先王封疆之外，故东拒沧海，西隔流沙，北横大漠，南阻五岭，此天所以限夷狄而隔中外也"，即清晰展示了这一点，[②]彼时出现的将岭南排除在九州分野之外的声音，或也与此不无关联。[③] 因此，对于岭南北部诸州而言，将岭南整体在"中国—华夏"体系中的位置明确甚至提升是不现实的，它们只能依仗地利之便，将自身从岭南切割出来，通过改换门庭的方式实现获得确切无疑的华夏身份的目的。故在唐宋岭南士人笔下，我们可以看到自然地理或人文地理上攀附荆楚，看到民风土俗上标榜中州，看到文化心态上逃离"岭南"，而唐宋岭南北部诸州九州分野之脱扬属荆，极有可能亦是此一脉络下的产物。

（接上页）日本之旧套，而亚细亚全洲之中，将出一新转机，此主义唯在'脱亚'二字。……我日本国土地处亚细亚之东陲，其国民精神既脱亚细亚之固陋而移向西洋之文明。然不幸之有邻国，一曰支那，一曰朝鲜。……且以西洋文明人之眼观之，三国地理相接，时或视为同一。其影响之事实已现，成为我外交上之故障甚夥，此可谓我日本国之一大不幸也。如上所述，为今之谋，与其待邻国开明而兴亚洲之不可得，则宁可脱其伍而与西洋文明国共进退。亲恶友者不能免其恶名，吾之心则谢绝亚细亚东方之恶友。"译文参严绍璗《日本中国学史稿》，北京：学苑出版社，2009 年，第 116 页。揆其旨趣，与岭南士人寻求脱离原始蛮荒的粤地岭南可谓如出一辙。

① 另一个有所区别但又颇有相通的例子是祖先世系书写中的攀附与伪冒。
②《旧唐书》卷八九《狄仁杰传》，北京：中华书局，1975 年，第 2889 页。
③ 如杜佑即在《禹贡》原典主义的支配下将岭南排除在九州之外，参本书第六章。

六、余论：地理差序格局与
岭南脱扬属荆

在纯粹自然地理层面，拥有千差万别地形地貌的各地区之间本无优劣之分，不过在人文地理层面，各地区却有高下之别，呈现显著的等级地理制色彩。对于中国古代的政治地理结构——也包括经济地理、文化地理，学者常以"中心—边缘"一组概念把握其中一个维度。诚然，对于由王朝权力核心所在的中央和权力末梢所至的地方构成的古代地理整体，"中心—边缘"概念有其有效性，不过，一概归纳为中心、边缘两端，不免也有过度简化之嫌，不能充分体现中国古代政治地理结构的复杂性。事实上，中国古代政治地理结构中不仅有中心、边缘，中心与边缘之间还有若干层次的过渡地带，换言之，中国古代政治地理结构更像是以中央为原点的重层分级结构。这样的结构我们并不陌生，譬如《禹贡》五服或《周礼》九服，诸服与中央距离依次递增，关系逐渐疏远，即清晰展示了这一结构。固然，无论《禹贡》五服还是《周礼》九服，都是古人对理想政治地理结构的想象，不过从另一角度看，这一想象恰恰反映出古人认识地理的一种习惯模式，而这样一种模式，是单纯依靠中心、边缘无法涵括的。基于此，笔者借鉴费孝通差序格局理论，另提出地理差序格局，尝试以此把握中国古代政治地理结构。

如所周知，差序格局是费孝通在1947年出版的《乡土中国》中正式提出的，尽管费老并非以精确定义而是比喻的方式提出，称：

> 我们的社会结构本身和西洋的格局不相同的，我们的格局

> 不是一捆一捆扎清楚的柴，而是好像把一块石头丢在水面上所
> 发生的一圈圈推出去的波纹。每个人都是他社会影响所推出
> 去的圈子的中心。被圈子的波纹所推及的就发生联系。
>
> 以"己"为中心，像石子一般投入水中，和别人所联系成的
> 社会关系，不像团体中的分子一般大家立在一个平面上的，而
> 是像水的波纹一般，一圈圈推出去，愈推愈远，也愈推愈薄。①

通过这些叙述，我们不难提炼出差序格局理论的核心要义，即中国
的社会关系是以个人（自己）为中心，依据亲疏远近逐步延伸。这种
具有中心并以此为原点向外扩展的关系结构与重层的中国古代政
治地理结构确有近似之处，基于此，笔者提出地理差序格局。②

地理差序格局在中国古代大致存在两种类型，一种类型比较贴
合差序格局原义，即立足个人观察周边世界，常以个人为文明高点，
依据距离远近贬低四周。王明珂注意到，川西羌人族群中存在着一
种"一截骂一截"的社会现象，每一山沟中的人群都以自我为中心，
自称"尔玛"，而将上、下游村寨的人群分别蔑称为蛮子和汉人。③ 这
样一种地理差序格局今天依然存在，笔者个人亦有经历。笔者老家
是江苏泰州姜堰北部的一个小镇——溱潼，水网纵横，俗称里下河
地区。姜堰南部河道较少，老家人称那边的人为"旱鸭子"（大致这
个意思），姜堰更南尤其是长江以南的人为"蛮子"；往北，称姜堰北
部兴化沙沟一带的人为"水荡子"，更北地区的人为"侉子"；往西未

---

① 费孝通《乡土中国》，北京：北京大学出版社，2012 年，第 41—42、43—44 页。
② 郭声波曾以包括直接行政区、间接行政区及统治区三级政区的圈层结构界定中国
　古代行政与统治区划，亦是突破中心、边缘二分的一种视角，参郭声波《中国历史政
　区的圈层结构问题》，《江汉论坛》2014 年第 1 期。考虑到圈层结构并不能完全涵
　括中国古代政治地理的等级问题，笔者未从此说。
③ 王明珂《羌在汉藏之间——川西羌族的历史人类学研究》，北京：中华书局，2008
　年，第 71—76 页。

见歧视性称呼，往东则将沿海地区的人称为"海佬"。无论"旱鸭子""水荡子"还是"侉子""蛮子"，都是歧视性蔑称。不过，尽管都是蔑称，用于较近地区的旱鸭子、水荡子似乎又比稍远地区的蛮子、侉子略好一些。有趣的是，笔者太太的老家为盐城，当笔者到盐城时，则听盐城人称泰州人为"冒子"——大约即"貌子"，称长江以南的人为"蛮子"，盐城更北的人为"侉子"。不难想见，这种纯粹以个人为中心的地理差序格局，在中国古代当不罕见。①

　　与上述完全主观建构的地理差序格局相比，另一类地理差序格局虽然也存在主观建构成分，但相对稳定，不因人而异，具有一定的客观性。这类地理差序格局大抵以政治、经济或文化中心为原点，进而依据距离或差异划分层次。前述《禹贡》五服、《周礼》九服即属此类，中国古代王朝时代的都城—畿辅—内地—边疆—四夷地理格局，虽然不那么均匀分布，但大体包括中心地理及层级分明的各类地理空间，故也呈现为地理差序格局。此外如《禹贡》九州，其按照土壤高下肥瘠排列的九州序列——雍、徐、青、豫、冀、兖、梁、荆、扬，甚至不存在中心地理，但内含地理等级序列，同样应被视为一种地理差序格局。

　　两种地理差序格局，前一类多以口耳相传的方式流传于地方，虽然对于地方百姓的地理观有所塑造，但总体难登大雅之堂，文献中也较少见到。相对而言，后一种因相对客观而能为多数人接受，故而对中国古代地理书写影响深远。本章所关注的岭南北部诸州脱扬属荆即属此类。尽管在《禹贡》九州自身的体系中，九州亦存在土地高下肥瘠的等级序列，不过在岭南北部诸州分野变动的场合，九州更突出的表现为其在"中国—华夏"地理结构中的地位——如果说扬州构成指向原始蛮荒的岭南的标签，那么荆州则代表着文明

---

① 至迟到明清时期，诸如蛮子、侉子之类的蔑称业已出现。参周运中《苏皖历史文化地理研究》，复旦大学博士学位论文，2010年，第94—96页。

所在的华夏内地。正是在此地理差序格局中，岭南北部诸州脱粤属荆，试图以此在文化层面寻求一个更加确切不移的华夏身份。

当然，九州分野脱扬属荆，并未发生在岭南北部所有州上，如《舆地纪胜》引文所见，唐宋岭南北部诸州不少地方志，仍坚持本地分野属扬。[①] 另一方面，即便岭南北部那些分野发生变动的州，逃离"岭南"、寻求更为确切的"化内"身份也非唯一动力，一行分野、曾统属荆楚甚至与荆楚邻近，都曾在其中发挥效用。因此，逃离"岭南"仅是推动岭南北部诸州分野变动的一支力量，且最初极有可能只是一种地方性知识——虽然这之中有些知识侥幸躲过审查，被立足中央或全国立场的文献抄录，因缘际会上升为一种全国性知识，[②]但在此过程中，这些知识不足为外人道的原有内涵或也消解殆尽。

要之，在唐宋时期推动岭南九州分野变动的诸动力中，逃离"岭南"很大程度上只是一股若隐若现的潜流，其影响力无论与其他哪种动力比都相形见绌，甚至较之推动传统属扬的江西归属荆州之王勃遗误，[③]也有不及。职此之故，在唐宋以降岭南九州分野的诸论述中，岭南北部属荆的声音不免暗淡，即便偶见以本地属荆的文字，其中也很难识别出意欲逃离"岭南"的因子。[④] 不过，正是这一股潜流，让我们得以穿越重重迷雾，窥见千年之前岭南士人的身份窘迫与艰难应对，并为理解中国古代地理差序格局提示了线索。

[①] 除前引韶州、英州《旧图经》外，又如柳州、昭州、宜州等，参《舆地纪胜》卷一〇七《广南西路·昭州》，第3259页；卷一一二《广南西路·柳州》，第3349页；卷一二二《广南西路·宜州》，第3515页。

[②] 并非所有地方性知识都如此幸运，前述韶州、英州《新图经》以本地属荆即未通过王象之的审查。

[③] 参本书附录。

[④] 总体来看，明清时期岭南北部诸州属荆，其原因大抵不出一行分野、邻近荆楚及曾经统属荆楚三端。

附录　王子安的遗误
——宋人江西分野的新言说

　　分野或称星野,大约萌生于战国时期,其为中国自创还是境外传入,目前尚存异说。① 分野的核心是将天上星宿与地上某一地区对应,依据天象查看吉凶。《周礼·保章氏》言保章氏职掌"以星土辨九州之地,所封封域,皆有分星,以观妖祥",②即言简意赅地点明了分野言说的实质。

　　满天星斗,据何以分? 按照所据星宿的不同,战国以降曾出现多种分野理论,或据木星即岁星经停的十二星次,或据二十八星宿,或据北斗七星,或据金木水火土五星,此外还有天街二星分野、南北河戍星分野、南斗六星分野、天市垣墙二十二星分野等等,不一而足。③ 这之中,以十二次分野和二十八宿分野最为常见,两种分野理论也渐趋合流,由此形成最通行的分野体系。其与地上州、国的对

---

① 关于分野起源的最新梳理,参邱靖嘉《天地之间:天文分野的历史学研究》,北京:中华书局,2020 年,第 19—25 页。

② 《周礼注疏》卷二六《保章氏》,阮元校刻十三经注疏本,北京:中华书局,1980 年,第 819 页中栏。

③ 关于中国古代分野理论的类型,参邱靖嘉《天地之间:天文分野的历史学研究》,第35—91 页。

应关系，各类文献所载虽不乏差别，但大同小异，其中影响较大的唐初李淳风（602—670）撰《乙巳占》所记如下。①

附表-1　李淳风《乙巳占》分野体系

十二星次	二十八星宿	星度	十二辰	州	国
寿星	角、亢	轸十二度至氐四度	辰	兖州	郑
大火	氐、房、心	氐五度至尾九度	卯	豫州	宋
析木	尾、箕	尾十度至斗十一度	寅	幽州	燕
星纪	斗、牛	斗十二度至女七度	丑	扬州	吴、越
玄枵	女、虚	女八度至危十五度	子	青州	齐
娵訾	危、室、壁	危十六度至奎四度	亥	并州	卫
降娄	奎、娄	奎五度至胃六度	戌	徐州	鲁
大梁	胃、昴	胃七度至毕十一度	酉	冀州	赵
实沈	毕、觜、参	毕十二度至井十五度	申	益州	晋、魏
鹑首	井、鬼	井十六度至柳八度	未	雍州	秦
鹑火	柳、七星、张	柳九度至张十六度	午	三河	周
鹑尾	翼、轸	张十七度至轸十一度	巳	荆州	楚

投射到地图上，大致即如附图-1（葛少旗绘制）所示：

---

① 李淳风《乙巳占》卷三《分野》，丛书集成初编本，上海：商务印书馆，1936年，第44—50页。

附图-1　李淳风《乙巳占》分野体系图

江西在上述分野中,从汉至唐,大抵都对应于星纪之次,斗牛之宿。在汉代,江西约当豫章郡,《汉书·地理志》所定分野中,豫章即被置于斗宿之下。[①] 此后沿用汉郡之名设定分野者,如西晋太史令陈卓(生卒年不详,约孙吴、西晋时人)撰《州郡躔次》,唐人李淳风撰《乙巳占》,瞿昙悉达(682?—?)撰《开元占经》,以及僧一行(683—727)基于山河两戒说重新拟定的分野体系等,豫章均对应于星纪。[②] 而据彼时现实政区进行分野者,无论是基于广域行政区——如以晋州为分的

---

① 《汉书》卷二八下《地理志下》,北京:中华书局,1962 年,第 1666 页。

② 《晋书》卷一一《天文志上》,北京:中华书局,1974 年,第 310 页;李淳风《乙巳占》卷三《分野》,第 45 页;《开元占经》卷六四《分野略例》,长沙:岳麓书社,1994 年,第 645 页;《旧唐书》卷三六《天文志下》,北京:中华书局,1975 年,第 1316 页;《新唐书》卷三一《天文志一》,北京:中华书局,1975 年,第 825 页。

《晋书·地理志》，以唐道为分的《初学记·州郡部》、《唐六典》"户部郎中、员外郎"十道贡赋条，抑或是基于狭义行政区——如以隋郡为分的《隋书·地理志》，以唐州郡为分的《十道志》《通典·州郡门》及《元和郡县图志》，江西也无一例外被列入星纪，或星纪常所对应的扬州。① 固然，汉唐时期江西也有个别地区被与翼轸、荆州关联。譬如治今九江的江州，东南临彭蠡，西北抵九江，因《尚书·禹贡》扬州之域云"彭蠡既潴"，荆州之域称"九江孔殷"，故在一些文献中被一裂为二，分属荆、扬。② 不过总体而论，江西在汉唐诸分野言说中大抵归于星纪、扬州。然而奇怪的是，进入宋代，不少文字却申述江西乃属翼轸、荆州，它们或单称江西某地，或统论江西全体，境域虽有广狭，但例属星纪、扬州的江西或江西某地均被有意无意地对应于翼轸、荆州，由此呈现出与之前认识判然有别的江西分野的新言说。

一、属扬抑或属荆：宋人江西
分野言说的二元面向

在宋代主流分野言说中，江西仍归属星纪。譬如和前述汉唐文

---

① 《晋书》卷一五《地理志下》，第458—459页；《初学记》卷八《州郡部·江南道》，北京：中华书局，1962年，第186页；《唐六典》卷三《尚书户部》"户部郎中、员外郎"条，北京：中华书局，1992年，第69—70页；《隋书》卷三一《地理志下》，北京：中华书局，1973年，第886—887页；夏婧《唐梁载言〈十道志〉辑校》，《国学研究》第30卷，北京：北京大学出版社，2012年，第361—363页；《通典》卷一七二《州郡二·序目下》，北京：中华书局，1988年，第4490页，卷一八二《州郡十二·古扬州下》，第4839—4845页；《元和郡县图志》卷二八《江南道四》，北京：中华书局，1983年，第669—680页。

② 夏婧《唐梁载言〈十道志〉辑校》，《国学研究》第30卷，2012年，第362页；《通典》卷一八二《州郡十二·古扬州下》，第4840页；《元和郡县图志》卷二八《江南道四》，第675页。

献类似的地理总志，无论是按唐代疆域叙述的欧阳修（1007—1072）撰《新唐书·地理志》，还是据宋代不同时期疆域叙述的乐史（930—1007）撰《太平寰宇记》，欧阳忞（生卒年不详，欧阳修族孙）撰《舆地广记》，晏殊（991—1055）撰《类要》，王象之（生卒年不详，庆元元年[1195]进士）撰《舆地纪胜》，祝穆（1190？—？）撰、祝洙（1220—？）增订《方舆胜览》，张洽（1178？—？）撰《历代郡县地理沿革表》，以及虽为元人撰述、但基本依赵宋国史而成的《宋史·地理志》，在今江西境内设置的诸府州军监基本都对应于星纪—斗牛。① 一些仅以只言片语传世的宋代江西地方志，如筠州州志、题"学职雷公"编《蜀江志》，②抚州州志、成书于嘉定四年（1211）的徐天麟（1175？—？）纂《临川志》，③赣州（即虔州，绍兴二十三年[1153]改称赣州）州志、乾道年间曹训（生卒年不详，乾道七年[1171]知赣州）修、李盛（生卒

① 《新唐书》卷四一《地理志五》，第 1056 页；《太平寰宇记》，北京：中华书局，2007 年，第 2099—2273 页；《舆地广记》卷一《禹贡九州》，成都：四川大学出版社，2003 年，第 3 页；《晏元献公类要》卷一，《四库全书存目丛书·子部》第 166 册，济南：齐鲁书社，1995 年，第 159—183 页；《舆地纪胜》，北京：中华书局，1992 年；第 1133—1552 页；《方舆胜览》，北京：中华书局，2003 年，第 333—408 页；《宋史》卷八八《地理志四》，北京：中华书局，1977 年，第 2192 页。《历代郡县地理沿革表》其书久佚，南宋人宋惠父编《记纂渊海后集》多有征引，明人陈之燧重新编次、刊刻的《记纂渊海·郡县部》亦有节录。参《记纂渊海》卷一一《郡县部·江南西路》，《景印文渊阁四库全书》第 930 册，台北：台湾商务印书馆，1986 年，第 268 页下栏—282 页下栏。

② 《舆地纪胜》卷二七《江南西路·瑞州》注引《蜀江志》，第 1205 页。关于此志，参张国淦《中国古方志考》，上海：上海古籍出版社，2019 年，第 506 页；顾宏义《宋朝方志考》，上海：上海古籍出版社，2010 年，第 261—262 页；刘纬毅等辑《宋辽金元方志辑佚》，上海：上海古籍出版社，2011 年，第 496—497 页；桂始馨《宋代方志考证与研究》，上海：上海人民出版社，2021 年，第 216—217 页。

③ 《舆地纪胜》卷二九《江南西路·抚州》注引《临川志》，第 1265 页。关于此志，参张国淦《中国古方志考》，第 499—450 页；顾宏义《宋朝方志考》，第 274 页；刘纬毅等辑《宋辽金元方志辑佚》，第 568—569 页；桂始馨《宋代方志考证与研究》，第 200 页。

年不详,绍兴二十七年[1157]进士)纂《章贡志》,①临江军军志、李绅(生卒年不详)修《临江志》,②袁州州志、撰者不详的袁州新编图经,③也都倾向于本地分野属星纪、扬州(附图-2)。

又在宋代经学文献中,与江西大致相当的江南西路,也大抵被归于星纪、扬州。现存宋人《尚书》《禹贡》学著述,明确言及江南西路分野者凡三部。其中金履祥(1232—1303)撰《书经注》、熊禾(1247—1312)撰《尚书集疏》,均在列举《禹贡》扬州范围时将江南西路包含在内;曾旼(生卒年不详,熙宁六年[1073]进士)《尚书讲义》虽宣称江南西路半属荆州,但亦不否认其主体属于扬州。④ 要之,尽管现存言及江西分野的宋人《尚书》《禹贡》学著述并不丰富,但窥一斑足知全豹,可考的三部著述均将江西或江西太半归于扬州,表明在宋代经学知识领域,江西分野属扬州应是共识。

和唐代一样,宋人分野言说中江西也有部分府州被认为与翼轸、荆州存在关联。唐人已有列举的江州,《太平寰宇记》《类要》《舆地纪胜》《方舆胜览》《历代郡县地理沿革表》等均沿用唐人旧说,

① 《舆地纪胜》卷三二《江南西路·赣州》注引《章贡志》,第1405页。关于此志,参张国淦《中国古方志考》,第517页;顾宏义《宋朝方志考》,第290—291页;刘纬毅等辑《宋辽金元方志辑佚》,第532页;桂始馨《宋代方志考证与研究》,第229页。

② 《舆地纪胜》卷三四《江南西路·临江军》注引《临江志》,第1469页。关于此志,参张国淦《中国古方志考》,第504页;顾宏义《宋朝方志考》,第290—291页;刘纬毅等辑《宋辽金元方志辑佚》,第532页;桂始馨《宋代方志考证与研究》,第219页。

③ 《舆地纪胜》卷二九《江南西路·抚州》注引袁州新编图经,第1265—1266页。关于此志,参张国淦《中国古方志考》,第509页;顾宏义《宋朝方志考》,第257页;刘纬毅等辑《宋辽金元方志辑佚》,第507页。

④ 金履祥《书经注》卷三《禹贡》,李勇先主编《尚书禹贡篇集成》第2册,上海:上海交通大学出版社,2009年,第51页下栏。熊禾、曾旼二氏说见于董鼎《书传辑录纂注》卷二《禹贡》,李勇先主编《尚书禹贡篇集成》第2册,第175页下栏、177页上栏。

附图-2 宋代江南西路 徽宗政和元年(1111)

来源：中国历史地理信息系统(CHGIS)。

以彭蠡以东属扬州,九江以西属荆州。① 同样兼及彭蠡、九江的南康军——南康军虽属江南东路、但地处今江西境内,大致包括今九江

①《太平寰宇记》卷一一一《江南西道九·江州》,第 2248 页;《晏元献公类要》卷一,
 《四库全书存目丛书·子部》第 166 册,第 159 页;《舆地纪胜》卷三〇《江南西路·
 江州》,第 1293 页;《方舆胜览》卷二二《江西路·江州》,第 391 页;《记纂渊海》卷
 一一《郡县部·江南西路》,《景印文渊阁四库全书》930 册,第 268 页下栏。

东部、南昌西北部地区，《舆地纪胜》《方舆胜览》亦视之为荆、扬二州之域。① 又与今吉安相当的吉州，在《舆地纪胜》等的叙述中，因西汉时部分疆土属长沙，隶荆州，故亦被两属。② 治今南昌的洪州，《太平寰宇记》等一方面称其"扬州之域"，一方面又云"星分翼轸"，似乎也暗示其地两属。③ 此外，位于今抚州的抚州，大约撰成于南宋的《临川志》亦以其介于荆扬，暧昧判断其分野乃"星纪、鹑尾之交"。④ 要之，与唐代相比，地处荆扬之间、有"吴头楚尾"之称的江西，在宋代有更多府州被对应翼轸、荆州，显示出与后者更多的关联。但这些与翼轸、荆州相关的府州至多只是兼属荆、扬，且这些兼属之地也仅限于局部地区，就江西全境而论，在时人认识中，其分野仍大抵归于星纪之次、斗牛之宿，隶属《禹贡》九州中的扬州。

　　然而，检索宋人文辞，却发现一些与此分野不符的认识。首先被认为属扬、或至多两属的洪州，一些诗文径将其归于翼轸、荆州。

---

① 《舆地纪胜》卷二五《江南东路·南康军》，第 1087 页；《方舆胜览》卷一七《江东路·南康军》，第 298 页。

② 《舆地纪胜》卷三〇《江南西路·吉州》，第 1359 页；《方舆胜览》卷二〇《江西路·吉州》，第 359 页；《记纂渊海》卷一一《郡县部·江南西路》，《景印文渊阁四库全书》第 930 册，第 274 页下栏。

③ 《太平寰宇记》卷一〇六《江南西道四·洪州》，第 2099 页；《晏元献公类要》卷一，《四库全书存目丛书·子部》第 166 册，第 161 页下栏；《舆地纪胜》卷二六《江南西路·隆兴府》，第 1133—1134 页；《方舆胜览》卷一九《江西路·隆兴府》，第 333 页；《记纂渊海》卷一一《郡县部·江南西路》，《景印文渊阁四库全书》第 930 册，第 270 页上栏。

④ 《临川志·分野》，马蓉等点校《永乐大典方志辑佚》第 3 册，北京：中华书局，2004 年，第 1886—1891 页。关于《永乐大典》卷一〇九四九引《临川志》，顾宏义判断即徐天麟纂嘉定《临川志》。不过考《大典》引文叙述江西分野与嘉定《临川志》不无出入，则二者是否等同，或不无疑问，桂始馨即认为《大典》此处引《临川志》也包括景定《临川志》的内容。参顾宏义《宋朝方志考》，第 273 页；桂始馨《宋代方志考证与研究》，第 200—201 页。

哲宗元祐五年（1090），苏颂（1020—1101）为李常作墓志,云及常祖宗晦"占数于南康之建昌县",铭文遂称"翼轸之精,衡庐之灵"。① 案南康军建昌县,旧属洪州,太平兴国七年（982）南康军立,自洪州来属。在此表述中,旧属洪州的建昌被视为鹑尾—翼轸之次。

如果说上例中以洪州归属翼轸的意识仍不十分显晰,那么在接下来的几例中,这一意识就颇为显著了。周麟之（1118—1164）《施巨除知洪州制》"江山作镇,有如翼轸之区",倪思（1147—1220）《周必大判隆兴府制》"眷言江湖之都,上应翼轸之次",两份除授洪州地方长官（隆兴元年[1163]以孝宗潜藩升洪州为隆兴府）的制词均将洪州对应翼轸。② 杨万里（1127—1206）写于宁宗庆元二年（1196）六月的《与余丞相》,以"拂天之斾,万一有不鄙夷翼轸之墟,而降上台之末光以照临之",恭维余端礼罢相后以观文殿大学士判隆兴府（实际未到任）;作于庆元六年（1200）五月的《与隆兴府张尚书》,也将张孝伯履任隆兴府比喻为"芒寒翼轸,气淑湖山"。③ 又余日华（生卒年不详,嘉泰二年[1202]进士）《贺隆兴施帅侍郎》,云及"分翼轸,接衡庐,益壮于蕃之势",同样以翼轸描述洪州地理位置。④《舆地纪胜》还记载一部题为《新书》的著作称洪州"天开翼轸之疆,地扼江湖之固",且云"翼轸,洪州分野",更是明确将洪州分野设定为翼轸。⑤ 在这些文字中,洪州对应于翼轸的新认识已完全取代"其次星纪"的旧知识,翼轸被设定为洪州分野的唯一对应。

不仅如此,宋人还将此前整体上多被归于星纪的江西转隶鹑

① 苏颂《龙图阁直学士知成都府李公墓志铭》,《全宋文》第62册,上海:上海辞书出版社、合肥:安徽教育出版社,2006年,第77—81页。
②《全宋文》第217册,第61页;第282册,第283页。
③ 杨万里撰,辛更儒笺校《杨万里集笺校》,北京:中华书局,2007年,第3916、4059页。
④《舆地纪胜》卷二六《江南西道·隆兴府》,北京:中华书局,1992年,第1203页。
⑤《舆地纪胜》卷二六《江南西道·隆兴府》,第1201页。

尾，宋代江南西路即在不少文字中被设定为翼轸之次。这之中，尤以吉州吉水（今江西吉水）人杨万里描述最为频繁，兹引如下。

> 更枉盛名之下，来牧大江之西。落霞孤鹜之辞，照映翼轸；春生秋杀之政，弹压湖山。——《与洪帅吴明可启》
>
> 属者夜占天文，德星临于翼轸。——《答江西提刑俞大卿》
>
> 揭文星于南斗，俯照临翼轸之墟。——《答雷运使启》
>
> 使星之泛银汉，忽临翼轸之虚。……爰升内阁之邃，俾福大江之西。——《答本路陈漕宝谟大卿启》
>
> 卿士惟月，乃照临翼轸之虚。——《答本路陈漕送冬酒启》
>
> 平亭祥刑，德星临翼轸之虚；辉腾南斗，仙槎度云汉之表。福被西江，威惠滂流。——《答张判院提刑》
>
> 乘北斗之槎，临翼轸之分。——《答本路赵不迁运使》
>
> 恭惟判府安抚华学尚书听履星辰，移次翼轸。——《答本路安抚张尚书》①

上述题为"启""答"的书信尺牍除第一封外，其余均作于杨万里绍熙四年（1193）自官场退居乡里之后。写信对象，既有安抚使，又有转运副使，还有提点刑狱，身份虽不一，但皆为江南西路的路级行政长官。信中，杨万里称赞这些官员任职江南西路是"德星临于翼轸"。在此表述中，翼轸对应的不仅是诸司治所所在州，还包括广域的江南西路。

以江南西路分野为翼轸，在杨万里其他文字中也有展现，兹不赘举。② 杨万里外，这一意识还频见于其他宋人文字。如时任江南

---

① 杨万里撰，辛更儒笺校《杨万里集笺校》，第 2436、2553、2612、2626、2636、3906、3949、4198 页。

② 如《江西宗派诗序》称程叔达"帅江西"时"把酒赋诗"，是"以黼黻乎翼轸"。杨万里撰，辛更儒笺校《杨万里集笺校》，第 3232 页。

西路安抚制置大使的李纲(1083—1140)在《谢赐亲笔赈济诏书表》中称"顾兹江右,星分翼轸之躔",即以翼轸代指江南西路。又王质(?—1188)《代通邓安抚启》"物华天宝,第驰神翼轸之区",李刘(生卒年不详,嘉定元年[1208]进士)《代卫大参泾回沈安抚作宾启》"焕被宸纶,屈临藩服,都督居翼轸之分,龙光近映于越坛",戴翼(生卒年不详,嘉定十六年[1223]进士)《贺左史林侍郎出帅启》"星分翼轸,地接衡庐";马廷鸾(1222—1289)《回洪运使启》"十一州蒙福,星归翼轸之区",这些写给江西地方大员的书信同样将江南西路归于翼轸分野。[1] 南宋后期著名文人刘克庄(1187—1269)也受此认识影响颇深,其所作《曾颖茂依前集撰知隆兴府兼江西运副》《史绳祖直宝章阁江西提举》《汪立信除华文阁知江州主管江西安抚司公事》等制书,都出现以翼轸描述江南西路的文字。[2]

二、属荆新说溯源：王勃《滕王阁序》的经典效应

在浩如烟海的宋人文字中,上述以江西归属翼轸的表述或许并不突出,不过从上引跨越百年且泛及多人的例子不难看出,以江西归属翼轸在宋代尤其是南宋应已是具有一定公共性的知识。而如前所述,迄至宋代的主流分野知识中,江西一般归属星纪,至多也是星纪、鹑尾两属,以江西对应鹑尾——翼轸的认识并不寻常。那么,这

---

[1]《全宋文》第 170 册,第 178 页;第 258 册,第 277 页;第 318 册,第 307 页;第 335 册,第 137 页;第 353 册,第 432 页。

[2] 刘克庄撰,辛更儒笺校《刘克庄集笺校》,北京：中华书局,2011 年,第 3022、3043、3258 页。

一非主流的另类认识又是如何出现的呢？事实上，上引诸如"星分翼轸，地接衡庐""落霞孤鹜之辞，照映翼轸""都督居翼轸之分"等描述已经暗示了其出处，此即唐代王勃（650—676）所撰名篇《滕王阁序》，《舆地纪胜》以洪州"星分翼轸"，《临川志》以抚州"星纪、鹑尾之交，荆扬之分野"，更是直言系以王勃《滕王阁序》为据。①

的确，在《滕王阁序》中，王勃开篇宣称"南昌故郡，洪都新府，星分翼轸，地接衡庐"，明确以洪州分野对应翼轸。不过值得注意的是，在后文中，王勃又云"物华天宝，龙光射斗牛之墟"——这里用的是西晋张华命雷焕在豫章丰城（唐属洪州）发现龙泉、太阿二宝剑的典故，将丰城之剑对应斗牛之墟，亦即王勃并未遗忘洪州隶属星纪—牛斗的传统分野知识。因此，《滕王阁序》所呈现的分野知识是混乱的，翼轸并非洪州唯一对应。不过，或许是由于将洪州归属翼轸在《滕王阁序》中系开宗明义，令人印象深刻，这一认识逐渐成为后人对《滕王阁序》分野认识的唯一记忆，序中同时存在的另一认识反被遗忘。

清人蒋清翊（生卒年不详，约咸丰、同治、光绪朝人）给《滕王阁序》此句注释时曾提示，王勃之前，《越绝书》亦将包括豫章在内的楚地对应翼轸，以此而言，王勃将洪州入于翼轸可谓渊源有自。② 不过，至少在王勃时代，洪州对应牛斗乃是更具接受度的常识，王勃舍弃常识而另取仅见的豫章翼轸说，虽不为无据，但不得不说大约是为了迁就文学表达而产生的一个错误。③ 事实上，对于王勃这个错误，宋人并非没有认识。《舆地纪胜》虽依《滕王阁序》书洪州"星分

---

① 《舆地纪胜》卷二六《江南西道·隆兴府》，第 1134 页；《临川志·分野》，马蓉等点校《永乐大典方志辑佚》第 3 册，第 1887 页。

② 王勃撰，蒋清翊注《王子安集注》，上海：上海古籍出版社，1995 年，第 229 页。

③ 有趣的是，王勃在《广州宝庄严寺舍利塔碑》中称广州"甄陶设险，翼轸疏源"，以广州属翼轸，这同样是一个错误。参王勃撰，蒋清翊注《王子安集注》，第 544 页。

翼轸",但注文又据《汉书·地理志》提出疑义;①杨万里《问司马迁史记班固汉书欧宋唐书得失》也提到时人或讥《滕王阁序》"星分翼轸"为分野之误。②

宋人对《滕王阁序》分野的批评,可以王观国(生卒年不详,政和五年[1115]进士)在其学术笔记《学林》中的论述为代表:

> 王勃《滕王阁序》曰:"星分翼轸,地接衡庐。"观国按:《史记·天官书》《前汉·天文志》及诸史天文书,皆曰:"牵牛、婺女,扬州也。翼、轸,荆州也。"《前汉·地理志》曰:"楚地,翼轸之分野,南郡、江夏、零陵、桂阳、武陵、长沙、汉中、汝南也";"吴地,斗分野,会稽、九江、丹阳、豫章、庐江、广陵、六安、临淮也。"然则豫章实吴粤之分野,于星则属牛、女,于次则属星纪。滕王阁在豫章,而勃《序》以为"星分翼轸"者,误矣。盖翼轸乃荆州之地,于次则属鹑尾,古今州县虽有分割,而豫章未尝属荆州。至于天星,固有定次,亦不为州县分割而移改。勃《序》颇为唐人脍炙,而首误二字,何耶? 欧阳文忠公尝谓王勃《滕王阁序》类俳,盖唐人文格如此,好古文者不取也。③

不难看出,观国所论不出我们认识,即在通行的分野体系中,滕王阁所在的豫章地处吴越分野,属扬州,对应的星宿虽有牛、女或斗的不同,但均属星纪;王勃将豫章入于鹑尾——翼轸,由此将其地划入荆州,与一般认识不同,故为错误。

当然,亦不乏为王勃辩护者,如叶大庆(生卒年不详,约宁宗、理宗时人)即在《考古质疑》中为王勃鸣不平,云:

---

① 《舆地纪胜》卷二六《江南西道·隆兴府》,第 1134 页。
② 杨万里《问司马迁史记班固汉书欧宋唐书得失》,《全宋文》第 239 册,第 191 页。
③ 王观国《学林》卷六《翼轸》,北京:中华书局,1988 年,第 186 页。

　　王右军《兰亭序》不入《文选》，王勃《滕王阁记》不入《文粹》，世多疑之。……乃若王勃之文，或者谓"时当九月，序属三秋"，言九月则三秋可知，此与丝竹管弦同一病也。况丰城剑气，上冲牛斗，而星分翼轸，分野尤差。然大庆考之《唐书·勃传》："九月九日，都督大宴滕王阁时，勃乃作序。"夫唐人以上巳与重阳为令节，都督既于是日启宴，勃不应止泛举九月，盖月字乃日字之误也。……至于豫章之地，昔人所谓吴头楚尾，按《汉·地理志》，楚地翼轸分野，既曰楚尾，则"星分翼轸"，岂为深失！要之勃所作序，实近乎俳，然唐初之文，大抵如此。①

《滕王阁序》不入姚铉《唐文粹》，章如愚（1499—?）《山堂考索》也曾进行辨析。② 不过，章氏旨在论证《唐文粹》不收《滕王阁序》的合理性，叶大庆则试图说明前人对《滕王阁序》批评不确，举出的例子之一就是"星分翼轸"的问题。在叶氏看来，王勃以洪州"星分翼轸"，虽然与通行认识不合，但古人有豫章"吴头楚尾"的说法，因此王勃之说即便不精确，也非大错；且《滕王阁序》近乎骈文（"俳"），这样表述也是可以理解的。不过，这一辩护明显勉强。所谓"吴头楚尾"，系指豫章介于荆扬之间，至多表明其地两属，并不足以将豫章完全归属翼轸；而文章骈体，也不能成为分野错误的托辞。因此，叶大庆的辩护更多是倾向性的，并不具有多少学理性，自然也没什么说服力。③

① 叶大庆《考古质疑》卷五，北京：中华书局，2007年，第236—237页。
② 章如愚《山堂考索续集》卷一八《文章门》"滕王阁记不入文粹"条，北京：中华书局，1992年，第1023页。
③ 清人俞樾尝试从另一角度论证王勃"星分翼轸"之说不误，他以《汉卫尉卿衡方碑》有"州举尤异，迁会稽东部都尉，将继南仲邵虎之轨，飞翼轸之旌"，认为吴地会稽尚可被归入翼轸，故豫章"星分翼轸"，亦未可厚非（《读王观国学林》，王观国《学林》卷六附录，第383—384页）。不过，所谓"飞翼轸之旌"，实际描述的是南仲、邵虎南征荆蛮，并非形容衡方任职会稽东部都尉，因此不能据之得出会稽可入翼轸的结论。

故博学如杨万里,虽然极为推崇《滕王阁序》,誉之为"一段锦",但对"星分翼轸"不置一词,显是承认其为"小疵"。①

要之,对于王勃将洪州分野归入翼轸,唐宋时人并非不知其误。而这样一个"错误"的知识,如果发明者寂寂无名,或者所出文字平淡无奇,大约很快就会被历史长河湮没。偏偏王勃很早就被树为名人,《滕王阁序》问世后不久也被推为名篇,唐代韩愈已以撰《新修滕王阁记》与王勃《滕王阁序》并列为荣。② 乃至其创作过程,在后世传说中也趋于戏剧化,晚唐五代罗隐(833—910)撰《中元传》、王定保(870—941)撰《唐摭言》、宋人李昉(925—996)等编《太平广记》、曾慥(1092？—1155)编《类说》等均有相关描述,尤以《唐摭言》所记最为脍炙人口,兹引如下:

> 王勃著《滕王阁序》,时年十四。都督阎公不之信,勃虽在座,而阎公意属子婿孟学士者为之,已宿构矣。及以纸笔巡让宾客,勃不辞让。公大怒,拂衣而起,专令人伺其下笔。第一报云:"南昌故郡,洪都新府。"公曰:"亦是老先生常谈!"又报云:"星分翼轸,地接衡庐。"公闻之,沉吟不言。又云:"落霞与孤鹜齐飞,秋水共长天一色。"公矍然而起曰:"此真天才,当垂不朽矣!"遂亟请宴所,极欢而罢。③

从最初不以为意到最后惊为天才,《唐摭言》以都督阎公态度的反转戏剧性地展示了《滕王阁序》的创作过程。显然,这种戏剧化的

---

① 杨万里《问司马迁史记班固汉书欧宋唐书得失》,《全宋文》第 239 册,第 191 页。
② 韩愈《新修滕王阁记》,韩愈撰,马其昶校注《韩昌黎文集校注》卷二,上海:上海古籍出版社,1986 年,第 91—94 页。
③ 王定保《唐摭言》卷五《以其人不称才试而后惊》,上海:上海古籍出版社,1978 年,第 61 页。

创作过程更将王勃之才及文章之美渲染为经典。而随着王勃及《滕王阁序》的经典化，①这一错误知识也因缘际会，被人或有意或无意地接受。

值得注意的是，这一分野认识在宋代流行其实还获得宋朝官方的助力，此即哲宗绍圣元年（1094）始设之词科。所谓词科，亦称宏词科、词学兼茂科、博学宏词科、词学科等，是在罢诗赋取士后，为选拔起草诏诰以代王言的人才而特设的科举考试科目，主要考察制、诰、诏、表、露布、檄、记、序、箴、铭、赞、颂等应用型文体的写作。② 这类文体往往有其特殊性，亦形成一些表述模式，如偏重四六文，多用典故、套语等，而"星分翼轸"恰是描述洪州最常用的套语之一。王应麟（1223—1296）撰词文写作指南《词学指南》中即提到：

> 文臣领藩府，如建康、成都、绍兴，凡系帅藩之地，皆当考究其地理。如建康"龙蟠虎踞"、益州"天险"、会稽"北枕浙河"、洪都"星分翼轸"之类，《通典》及历代《地理志》、《九域志》皆可考，又有散见传记间者。③

亦即在云及洪州地理时，当以"星分翼轸"加以修饰。在另一本词科参考书《玉海》中，④王应麟于"隆兴"条下列举若干范文佳句，其中

---

① 关于《滕王阁序》经典化的过程，参刘城《王勃〈滕王阁序〉的经典化》，《古典文学知识》2014 年第 5 期；杨颖《〈滕王阁序〉经典化的历史嬗变》，莫道才主编《骈文研究》第 2 辑，桂林：广西师范大学出版社，2018 年，第 1—12 页。
② 祝尚书《宋代科举与文学》，北京：中华书局，2008 年，第 88—97 页；管琴《词科与南宋文学》，北京：北京大学出版社，2018 年，第 49—103 页。
③ 王应麟《词学指南》卷二《制》，《四明文献集（外二种）》，北京：中华书局，2010 年，第 422 页。
④ 《四库全书总目提要》卷一三五《子部四五·类书类一》"玉海"条，石家庄：河北人民出版社，2000 年，第 3461—3462 页。

也包括"星分翼轸,地接衡庐,襟江带湖,控荆引粤""天开翼轸之疆,地扼江湖之国""潜藩分阃,是为翼轸之区;连帅选才,无越台衡之旧"等。① 在这些文字中,源出王勃《滕王阁序》的"星分翼轸"均构成修饰洪州乃至江西的常用表述。固然,王应麟生活的时代已是南宋末,但上述显非一家之言,而是整个词文撰述的"常识",在此推动下,宋人多以江西对应翼轸也就不难理解了。事实上,上述提及江西"星分翼轸"的文字不少都是制、启、表等应用型文体,也表明这一分野认识在宋代广为传播应直接得益于词科、词文的推波助澜。

三、知识呈现与文学修辞:两种分野言说的并行与冲突

受益于王勃《滕王阁序》的经典效应,加上宋代科举考试中词科的推波助澜,与主流认识背道而驰的江西分野翼轸、荆州说得以在宋代江西分野言说中占据一席之地。不过值得注意的是,如前举文字所见,江西分野翼轸、荆州说,其出现场合是有限制的。绝大多数以江西"星分翼轸"的文字都出现在文学修辞的场合,而在诸如地理文献、经学著述等侧重知识呈现的场合,则绝少见到;即便见到,也常作为质疑乃至否定的对象出现。

似宋代这般、围绕江西分野所属的两种言说在不同类型文本中各自流传,在之后的历史中同样上演。在地理文献中,明清时期的几部官修地理总志,无论是明代纂成的《大明清类天文分野之书》《寰宇通志》《大明一统志》,还是清人修纂的康熙、乾隆、嘉庆三部

---

① 王应麟《玉海》卷一九《地理·州镇》"帅藩(宋中兴后)"条,扬州:广陵书社,2003年,第375页下栏。

《大清一统志》，江西除个别府州如南康、九江、吉安或被认为兼属荆、扬外，其余府州乃至江西整体均被视为星纪之次，扬州之域。①现存论及分野的几部明清江西通志，如嘉靖《江西通志》、康熙《江西通志》、康熙《西江志》、雍正《江西通志》、光绪《江西通志》等，也基本将江西列入星纪、扬州。② 至于数量众多的明清江西府州县志，除个别标新立异外，绝大多数也都宣称本地分野属星纪、扬州。又明清经学著述，但凡涉及江西分野者，也都归于星纪、扬州。譬如明代成祖时胡广等奉敕修、作为《五经大全》之一的《书经大全》，引宋人熊禾之说，于《禹贡》扬州下述及江西；进呈帝王的皇家《尚书》读本——徐善述（1353—1419）撰《书经直指》及张居正（1525—1582）撰《书经直解》，也将江西列于扬州下；明代《禹贡》学三部代表性著述——郑晓（1499—1566）撰《禹贡说》、茅瑞徵（1575—1637）撰《禹贡汇疏》、夏允彝撰（1596—1645）《禹贡古今合注》，同样视江西主体属扬州。③

---

① 《大明清类天文分野之书》卷五，《四库全书存目丛书·子部》第 60 册，第 446—461 页；《寰宇通志》卷三四至卷四四，中华再造善本影印明景泰七年（1456）刻本，北京：国家图书馆出版社，2014 年；《大明一统志》卷四九至卷五八，成都：巴蜀书社，2018 年，第 2158—2528 页；康熙《大清一统志》卷一八七至卷二〇四，乾隆九年（1744）武英殿刊本；乾隆《大清一统志》卷二三七至卷二五六，《景印文渊阁四库全书》第 479 册，第 438—825 页；嘉庆《大清一统志》卷三〇七至卷三三三，上海：上海古籍出版社，2022 年，第 11130—12123 页。

② 嘉靖《江西通志》卷一《藩省·建置沿革》，嘉靖四年（1525）刻本，叶 1；康熙《江西通志》卷四《星野》，《中国地方志集成·省志辑·江西》第 1 册，南京：凤凰出版社，2009 年，第 57 页下栏—59 页上栏；康熙《西江志》卷一《星野》，康熙五十九年（1720）刻本，叶 1—37；雍正《江西通志》卷一《星野》，雍正十年（1732）刻本，叶 1—22；光绪《江西通志》卷四三《星野》，《中国地方志集成·省志辑·江西》第 4 册，第 184 页下栏—191 页下栏。

③ 胡广等《书经大全》卷三《禹贡》，李勇先主编《尚书禹贡篇集成》第 2 册，第 392 页下栏；徐善述《书经直指》卷二《禹贡》，李勇先主编《尚书禹贡篇集成》第 2 册，第 368 页下栏；张居正《书经直解》卷三《禹贡》，李勇先主编《尚书禹贡篇集成》第 3 册，第 10 页上栏；郑晓《禹贡说》，李勇先主编《禹贡集成》第 1 册，上海：（转下页）

至于清代,官颁《尚书》讲义——库勒纳(1645—1708)等撰《日讲书经解义》及王顼龄(1642—1725)等辑《钦定书经传说汇纂》,均一仍旧说,以江西属扬州;《尚书》学著述的两部代表——王鸣盛(1722—1797)撰《尚书后案》与王先谦(1842—1917)撰《尚书孔传参正》,也都判断扬州包括"今舆地"之江西。又清代《禹贡》研究的集大成之作——胡渭(1633—1714)撰《禹贡锥指》,梳理扬州历代所属,同样以江西置于扬州之下。此外,雍正朝重臣蒋廷锡(1669—1732)撰、在清代《尚书》《禹贡》学中影响极大的《尚书地理今释》,详细标注扬州在清代所统府州,江西亦在其中。① 由此可见,和宋代一样,明清江西分野诸言说中,星纪之次、扬州之域仍允为江西分野的主流言说。

不过另一方面,那些侧重文学修辞的文字,却或依然表述江西星分翼轸。譬如在修辞意味浓厚的诗词中,以翼轸修饰江西便以极高频率出现。兹以数例为证:

> 昔我为郎日,功曹出武联。栋梁方大用,茅茹久相连。半剡风尘表,西江翼轸边。因君动归兴,何日问吴船。——赵孟頫《送王仲明同知建昌》

> 豫章古名郡,上应翼轸躔。山川互联络,直与荆蛮连。——

(接上页)上海交通大学出版社,2009年,第443页下栏、444页上栏、446页上栏;茅瑞徵《禹贡汇疏》卷五,李勇先主编《禹贡集成》第2册,第238页下栏—239页下栏;夏允彝《禹贡古今合注》卷二,李勇先主编《禹贡集成》第3册,第80页下栏。

① 库勒纳等《日讲书经解义》卷三《禹贡》,李勇先主编《尚书禹贡篇集成》第4册,第312页下栏;王顼龄等《钦定书经传说汇纂》卷四《禹贡》,李勇先主编《尚书禹贡篇集成》第4册,第350页下栏;王鸣盛《尚书后案》卷三《禹贡》,北京:北京大学出版社,2012年,第128—129页;王先谦《尚书孔传参正》卷六《禹贡》,北京:中华书局,2011年,第269—271页;胡渭《禹贡锥指》卷六,上海:上海古籍出版社,2013年,第150—151页;蒋廷锡《尚书地理今释》,丛书集成初编本,上海:商务印书馆,1936年,第11页。

袁华《送张师允铨选江西》（节录）

山暝烟岚合，城高晬晼齐。攀跻兴不极，旷望意还迷。风坏荆吴际，星文翼轸西。遗祠深木里，来客拜昌黎。——严嵩《晓登春台（之二）》

翼轸星分接九州，半生昔梦往来游。——冒辟疆《丙寅腊月从銮江倾盖自远先生重晤邗上述旧二诗奉赠兼以介寿》（节录）

荆扬江汉水朝宗，力扼中流此要冲。襟带十川归蠡泽，毗连三楚控邻封。星分翼轸风如虎，地涌波涛剑是龙。北望匡山南庾岭，郁葱佳气绕重重。——翁心存《洪州杂诗三十首（之二）》

旅客犹在旅，兵符未解兵。此间非易水，荆卿自不平。龙生三苗乱，鹤唳一军惊。横流时荡荡，魂路乃营营。地分翼轸地，城危兽角城。——王闿运《武羊渡》（节录）①

上举元明清六首云及江西分野的诗作，元人赵孟頫（1254—1322）诗以"西江翼轸边"形容王仲明即将赴任的建昌，元建昌州即宋建昌县，在今江西永修附近；袁华（1316—1373 以后）诗亦以翼轸与豫章相对，指代张师允即将赴任的江西。明代权臣严嵩（1480—1567）作于正德十五年（1520）之《晓登春台》，诗中所云春台盖即宜春台，位

---

① 赵孟頫《送王仲明同知建昌》，《全元诗》第 17 册，北京：中华书局，2013 年，第 288 页；袁华《送张师允铨选江西》，《全元诗》第 57 册，第 298 页；严嵩《晓登春台（之二）》，鄢文龙笺注《严嵩诗集笺注》卷五（使粤稿），扬州：广陵书社，2016 年，第 105 页；冒辟疆《丙寅腊月从銮江倾盖自远先生重晤邗上述旧二诗奉赠兼以介寿》，冒辟疆著辑《同人集》卷一〇，万久富、丁富生主编《冒辟疆全集》，南京：凤凰出版社，2014 年，第 1468 页；翁心存《洪州杂诗三十首（之二）》，张剑辑校《翁心存诗文集·翁心存诗集》卷八《南州集下》，南京：凤凰出版社，2013 年，第 293 页；王闿运《武羊渡》，王闿运《湘绮楼诗》卷二，《湘绮楼诗文集》第 3 册，长沙：岳麓书社，2008 年，第 38 页。

于严嵩故里袁州府宜春县(今江西宜春)东南隅,①"星文翼轸西"亦成为描述其地分野的文字。至于清人冒辟疆(1611—1693)、翁心存(1791—1862)、王闿运(1832—1916)三诗所见对应翼轸的地点,翁诗显指南昌;冒诗据"翼轸星分接九州"句后小注"先祖初令赣之会昌,会昌古名九州镇",为赣州府会昌县(今江西会昌);王诗所称"武羊渡"即武阳渡,据道光《南昌县志》,武阳渡又名辟邪渡,"在长定乡,去城三十五里",位于通往进贤、抚州的大路上,②三地同样都在江西。由此可见,尽管诸诗中翼轸对应的地区,或为江西全境,或仅是江西某地,但翼轸均构成其地唯一分野所属。

以上只是从元明清三朝提及江西星分翼轸的诗词中选取的若干例证,事实上在浩如烟海的三朝诗词作品中,这样的例子是非常多的。而在诗词之外,书信如元人刘埙(1240—1319)《贺安抚卢尚书》:"起镇价藩,宏开大阃。班高入座,本北斗喉舌之司;权重十连,临南昌襟带之地。……接衡庐,分翼轸,欢迎仁牧之来。"清人郝懿行(1757—1823)《奉答江西抚军璘傅崖》:"缅惟节下控镇衡庐,遥分翼轸,由开藩而登开府,八座依天,既允武而兼文,万家安堵。"曾国藩(1811—1872)《复许本铺③》:"敬惟政成第一,誉重无双。翼轸分星,开祥云于玉宇;羽觞醉月,承湛露于金樽。"在这些写给江西地方长官的书信中,翼轸同样被用作描述江西或江西某地的分野用词。④

---

① 《太平寰宇记》卷一〇九《江南西道七·袁州》,第 2199 页。关于正德十五年严嵩的活动,参曹国庆《严嵩年谱》,北京:中国人事出版社,1995 年,第 106—110 页。

② 道光《南昌县志》卷三《建置志·津梁》,道光六年(1826)刻本,叶 3。

③ 又作"许本塘",曾国藩此信作于同治三年(1864)八月十七日,许本塘时任南昌知府。参同治《南昌府志》卷二一《职官志·职官》,同治十二年(1873)刻本,叶 95。

④ 刘埙《贺安抚卢尚书》,《全元文》第 10 册,第 267 页;郝懿行《奉答江西抚军璘傅崖》,郝懿行《晒书堂集·外集》卷上《书》,安作璋主编《郝懿行集》第 7 册,济南:齐鲁书社,2010 年,第 5436 页;曾国藩《复许本铺》,《曾国藩全集(2 版修订本)》第 28 册《书信七》,长沙:岳麓书社,2012 年,第 111 页。

此外,光绪十年(1884)南昌重修湖南会馆,张岳龄(1818—1885)撰楹联:"旧馆辟乘时,历咸同光三朝,天耀将星临翼轸;名邦谐接壤,汇湘沅澧九派,泽回彭蠡控荆扬。"亦以翼轸对应控扼荆扬之江西。①要之,和宋代一样,元明清三朝尽管江西分野的主流言说仍为星纪、扬州,但在表现修辞的场合,作为异说存在的江西"星分翼轸",空间并未受到太多挤压,它们仍时露真容,不绝如缕。

如果说元明清江西分野言说与宋代有什么不同,那就是与宋代相比,三朝江西分野两种言说之间似乎出现更多交集。譬如在地理文献中,越来越多的江西地方志在叙述本地分野时提及源自王勃《滕王阁序》的"星分翼轸",甚至一些地志径引王勃说为据。明人郭子章(1543—1618)万历年间所编《豫章书》即称:

> 晋张华、雷焕见斗牛间紫气,求之,得宝剑于丰城,故王子安《滕王阁诗序》云"物华天宝,龙光射牛斗之墟",吴分也。又云"星分翼轸,地接衡庐",《玉海》云:"天辟翼轸之疆,地振江湖之国",则以其近于楚分也。而或者以子安为误,误矣。于次为星纪,为鹑尾。②

对于江西分野,郭氏一方面据《滕王阁序》认为斗牛—星纪,一方面又据《滕王阁序》及《玉海》判定乃翼轸—鹑尾。郭氏认识固然混乱,但《滕王阁序》"星分翼轸"构成其论述江西分野属鹑尾的主要依据,这一点毋庸置疑。

与《豫章书》相比,万历《南安府志》对《滕王阁序》"星分翼轸"表现出更为决绝的信任态度,云:

① 《续刊南昌湖南会馆条规·会馆楹联》,袁德宣编纂《湖南会馆史料九种》,长沙:岳麓书社,2012年,第377页。
② 雍正《江西通志》卷一《星野》,叶13。

翼轸,翼十二度,终轸九度。

唐王勃《滕王阁序》先云"(星)分翼轸",后云"牛斗之墟"。或云翼轸误也。按翼轸,鹑尾,初张十五度,余千七百九十五,秒三十二太,中翼十二度,终轸九度,自房陵、白帝、南郡,彭蠡之西暨长沙,又逾南纪,尽郁林、合浦。古长沙兼郴、桂,郁林、合浦在岭表。南康郡郴、桂壤错,极岭下,当时亦有翼轸之占,非误也。①

万历《南安府志》虽然也罗列其他记述南安分野入斗的文字,但对《滕王阁序》江西"星分翼轸"笃信不疑,并引两《唐书·天文志》所记一行分野加以佐证。在此论述中,《滕王阁序》"星分翼轸"同样构成万历《南安府志》将本地分野归于翼轸的基础。②

除了上引诸书,据《滕王阁序》论证本地分野属翼轸或与翼轸存在关联的三朝江西地方志还有一些,兹不赘举。当然,与据《滕王阁序》立说相比,三朝地方志引《滕王阁序》更多是基于批判、质疑的立场,③即便引以为据者,多数也仅承认其地或与翼轸存在关联,并非认为翼轸乃是唯一分野。要之,如果说《滕王阁序》"星分翼轸"在注重修辞的文学表达中大行其道,那么在偏于知识呈现的地理文献中,不得不说大抵是被拒斥的。

其实从地理文献的写作看,类似《滕王阁序》"星分翼轸"这样的名人名言不仅不是"弃儿",相反却是"宠儿"。譬如贾捐之(?—前

① 万历《南安府志》卷八《天文志·星野》,万历三十七年(1609)刻本,叶2。
② 康熙、光绪《上犹县志》也抄录了万历《南安府志》上述文字,可见据《滕王阁序》论证其地分野翼轸并非孤例。参康熙《上犹县志》卷二《天文志·星野》,康熙三十六年(1697)刻本,叶1—2;光绪《上犹县志》卷一《星野志·分野》,光绪十九年(1893)刻本,叶1—2。
③ 譬如康熙《南安府志》即对援引《滕王阁序》的万历《南安府志》提出激烈批评,参康熙《南安府志》卷一《天文志·星野》,乾隆年间刻本,叶3。

43)《谏伐珠崖疏》珠崖非"《禹贡》所及"，韩愈（768—825）《送窦平从事序》"逾瓯、闽而南，皆百越之地，于天文，其次星纪，其星牵牛"，刘禹锡（772—842）《连州刺史厅壁记》"此郡于天文与荆州同星分"，陶弼（1015—1078）《自邕州送唐观外生归洪州》"山川通益部，星斗近交州"，黄庭坚（1045—1105）《江西道院赋》"句吴之区，维斗所直"，唐庚（1071—1121）《送客之五羊》"山川《禹贡》外，城郭汉兵余"等，都曾被宋代以降的地理文献大量采用，用作分野叙述的直接依据；《滕王阁序》"龙光射斗牛之墟"，也被不少地理文献据以证明江西分野属斗牛、星纪。与之相较，《滕王阁序》"星分翼轸"在地理文献中不得不说是被冷落的。二者境遇何以会有如此反差？无待赘言，这绝非地理文献的撰者厚此薄彼，而是由名人名言所见分野认识是否"正确"所决定的。那些与主流认识契合或虽与主流认识有别、但在士人群体中具有较高接受度的分野言说，地理文献用之可以锦上添花，故而热衷采用；而诸如《滕王阁序》"星分翼轸"这类明显"错误"的分野言说，旨在表现知识的地理文献自然也就弃若敝履了。

不过，如果文本并非旨在知识呈现——譬如在更为注重修辞的文学文字中，《滕王阁序》"星分翼轸"的"错误"便不再构成障碍。文学文字中的分野言说，固然也与知识相关，但知识呈现在与文学修辞的竞争中退居次席，写作者的初衷也非表现知识，在此场合，知识是否准确有时并不重要，文学的审美趣味才是无上追求。譬如同样与分野相关，王维五言律诗《终南山》，颈联称"分野中峰变，阴晴众壑殊"。所谓"分野中峰变"，意指终南山分野对应不止一个星次，以此极言终南山广大，然而事实上终南山分野仅对应鹑首、雍州。①

---

① 对此明人唐汝询已有疑惑，参张进、侯雅文、董就雄编《王维资料汇编》五明代《唐汝询》，北京：中华书局，2014年，第706页。

显然在此诗作中,分野言说的知识呈现让位于文学修辞,如何借助分野实现修辞效果,才是作者优先考虑的问题。又苏轼词名作《江城子·密州出猎》:"会挽雕弓如满月,西北望,射天狼。"苏轼大约是以"主侵略"的天狼星喻指地处西北的西夏,故将南方夜空才能观测到的天狼星"错误"地纳入"西北望"的视野。这一表述虽然与分野无关,但文学修辞凌驾于知识呈现,这一点毋庸置疑。《滕王阁序》"星分翼轸"亦是如此。考《滕王阁序》与"星分翼轸"对仗的下文为"地接衡庐",衡、庐即衡山、庐山,前者分野正属翼轸,然则"星分翼轸"一句,其旨应即在此。若上述不误,则《滕王阁序》别出心裁地将洪州对应翼轸,乃是同样更多出自修辞需求的结果。

当然,我们也无法认为迁就文学表达即可对知识准确与否完全无视。具体到江西"星分翼轸",考虑到江西分野对应星纪、扬州已为常识,写作江西"星分翼轸"的饱学鸿儒对此不会不知——前引写作《贺安抚卢尚书》、以江西"接衡庐,分翼轸"的刘埙在写给另一位江西大员钟运使的书信中,称钟移镇江西是"兹移奎璧之躔,来莅斗牛之野",即表明他们对江西分野的主流言说并不陌生,[1]因此,他们表述江西"星分翼轸"时,未必没有压力。然则他们何以又坚持江西"星分翼轸"? 不难想见,作为名家名作的《滕王阁序》应是保证其正当、合法的重要因素,有了《滕王阁序》的加持,显是错误的分野言说因附会经典而"得道升天",具备了表达的合理性。写作江西"星分翼轸"的文字率皆使用翼轸,而非在分野层面与翼轸同义的鹑尾、荆州,似乎也印证了这一点,毕竟使用与《滕王阁序》相同的"翼轸",才能更好地凸显其与《滕王阁序》的关联。要之,尽管分野言说以江西"星分翼轸"并不准确,但《滕王阁序》的经典效应使得这一错误至少

---

① 刘埙《贺钟运使》,《全元文》第 10 册,第 268 页。

在文学表达层面并非那么不可接受，这就给这一分野异说的存续提供了空间。可以认为，正是得益于此，宋代以降时人能够在诗词、书信中大量采用江西"星分翼轸"，而彼此对立、无法兼容的江西分野两种言说也得以在不同类型的文本中各自流传，并行不悖。

四、结　语

从现存文字看，在诗文中采纳《滕王阁序》江西"星分翼轸"并不待宋人始，唐人符载（760—822 以后）《钟陵东湖亭记》已称"况是郡也，翼轸之所照烛"。① 钟陵即洪州州治豫章县，代宗时避讳改为钟陵，符载以钟陵对应翼轸，当是来自《滕王阁序》的启示。及至宋代，《滕王阁序》声名更甚，不仅传奇戏剧的创作过程因《唐摭言》等的反复"转载"而流传更广，其文也俨然成为唐代骈文之代表，而宋代词科更是直接带动了王勃"星分翼轸"说的流行。受此影响，现存宋人文字中出现更多将洪州入于翼轸的叙述——即便剔除唐宋文字留存多寡的因素，宋人对此分野认识的接受程度也超过唐人。

不仅如此，此认识在宋代的流传还出现两个新变化。其一，大约由于洪州长期作为江南西路转运司和安抚司的治所，宋人将江西对应翼轸的地区扩展至整个江南西路；其二，此认识不仅见于舞文弄墨的诗文，在一些地理文献中也有出现——尽管名人名言作为分野认识的出处并不罕见，但诸如江西"星分翼轸"这类显而易见的错误知识能在比肩史乘、理应严谨可信的地理文献中登场，不得不说颇显另类。无论如何，这两点都是此前未见的，二者的出现，加上以

---

① 《文苑英华》卷八二四《记》，北京：中华书局，1966 年，第 4351 页上栏。

洪州入于翼轸的普及，由此形成宋人对江西分野的新言说。

当然，从宋代分野知识的主流看，以江西对应翼轸仍不啻"异端邪说"。事实上直至明清，虽然仍有不少诗文、书信沿用此说，但诸如地理文献、经学著述等，绝大多数都将江西纳入星纪—斗牛之次。两种分野言说分布呈现这样的差异，与各自文献的撰述旨趣密不可分。对于地理文献、经学著述而言，知识呈现允为首要目标，作为"异端邪说"的江西"星分翼轸"，自然被拒之门外；而对诗文作品来说，文学修辞乃是优先追求，加之《滕王阁序》经典效应的护持，一些文学表达遂不惧于采纳明显"错误"的江西分野新言说。要之，滥觞于《滕王阁序》的江西分野新言说，似乎像是自主流分野知识歧出的一个枝节，虽与主流知识偶有交叉，但多数场合二者则是处于各自流传的平行状态——星纪、扬州流行于地理文献、经学著述，翼轸、荆州则仅在部分文学表达中具有一定接受度。

截然对立的两种分野言说能在宋代以降相当长的时间内并存，或许还与分野知识在中国古代知识结构中的地位相关。一方面，分野作为地方在王朝版图内地位的反映，具有显著的政治意涵，古人需得通晓；另一方面，至少在历史后期，随着天人相关理念的消退，分野在多数场合又变得不那么重要。亦即对于古人而言，分野犹如一类必须具备但又无关紧要的知识，正是后者，使得明清不少文献对于分野只是罗列前史记载，不置可否，甚至对分野本身提出质疑，而诸如江西"星分翼轸"这类"错误"分野言说能在一定范围内获得传播，大约也正得益于此无关紧要。

参考文献

一、史料文献

1. 传世文献

阿应麟、徐清选修,彭良裔等纂《道光南昌县志》,道光六年(1826)刻本。

白潢修,查慎行纂《康熙西江志》(又名《康熙江西通志》),康熙五十九年(1720)刻本。

白居易《白氏六帖》,董治安主编《唐代四大类书》,北京:清华大学出版社,2003年。

班固《汉书》,北京:中华书局,1962年。

班固撰,王先谦注《汉书补注》,上海:上海古籍出版社,2008年。

边其晋修,胡毓璠纂《同治藤县志》,《中国方志丛书·广西省》第124号,台北:成文出版社,1967年。

蔡呈韶等修,胡虔等纂《嘉庆临桂县志》,《中国方志丛书·广西省》第15号,台北:成文出版社,1967年。

蔡沈《书经集传》,《景印文渊阁四库全书》第58册,台北:台湾商务印书馆,1986年。

曹婉如等编《中国古代地图集(战国—元)》,北京:文物出版社,

1990 年。

陈大科、戴燿修,郭棐等纂《万历广东通志》,万历三十年(1602)
刊本。

陈大震《大德南海志》,《宋元方志丛刊》第 8 册,北京:中华书局,
1990 年。

陈公亮修,刘文富纂《淳熙严州图经》,《宋元方志丛刊》第 5 册,北
京:中华书局,1990 年。

陈经《尚书详解》,《景印文渊阁四库全书》第 59 册,台北:台湾商务
印书馆,1986 年。

陈栎《书集传纂疏》,《景印文渊阁四库全书》第 61 册,台北:台湾商
务印书馆,1986 年。

陈寿《三国志》,北京:中华书局,1959 年。

陈循等《寰宇通志》,中华再造善本影印明景泰七年(1456)刻本,北
京:国家图书馆出版社,2014 年。

陈奕禧修,刘文戣纂《康熙南安府志》,乾隆年间刻本。

陈振孙《直斋书录解题》,上海:上海古籍出版社,1987 年。

程镳《乾隆博白县志》,乾隆年间抄本。

程大昌《雍录》,《宋元方志丛刊》第 1 册,北京:中华书局,1990 年。

程大昌《禹贡论》,《景印文渊阁四库全书》第 56 册,台北:台湾商务
印书馆,1986 年。

崔启晖《禹舆诗》,李勇先主编《禹贡集成》第 6 册,上海:上海交通
大学出版社,2009 年。

戴德编,王聘珍解诂《大戴礼记解诂》,北京:中华书局,1983 年。

戴璟修,张岳等纂《嘉靖广东通志初稿》,《北京图书馆古籍珍本丛
刊》第 38 册,北京:书目文献出版社,1998 年。

丁晏《禹贡集释》,李勇先主编《禹贡集成》第 6 册,上海:上海交通

大学出版社,2009年。

董鼎《书传辑录纂注》,《景印文渊阁四库全书》第61册,台北：台湾商务印书馆,1986年。

杜甫撰,仇兆鳌注《杜诗详注》,北京：中华书局,1979年。

杜佑《通典》,北京：中华书局,1988年。

范成大《桂海虞衡志》,《范成大笔记六种》,北京：中华书局,2002年。

范成大纂修,汪泰亨等增订《吴郡志》,《宋元方志丛刊》第1册,北京：中华书局,1990年。

范晔《后汉书》,北京：中华书局,1965年。

房玄龄等《晋书》,北京：中华书局,1974年。

方瑜《嘉靖南宁府志》,《天一阁藏明代方志选刊续编》第67册,上海：上海书店,1990年。

丰稷正音,丰庆续音,丰熙集说,丰坊考补《古书世学》,李勇先主编《尚书禹贡篇集成》第2册,上海：上海交通大学出版社,2009年。

伏生撰,陈寿祺辑校《尚书大传》,丛书集成初编本,上海：商务印书馆,1937年。

伏生撰,皮锡瑞《尚书大传疏证》,吴仰湘编《皮锡瑞全集》第1册,北京：中华书局,2015年。

傅寅《禹贡说断》,丛书集成初编本,上海：商务印书馆,1936年。

冯德材等修,文德馨等纂《光绪郁林州志》,《中国方志丛书·广西省》第23号,台北：成文出版社,1967年。

冯惟讷编《诗纪》,中华再造善本影印明嘉靖三十九年(1560)刻本,北京：国家图书馆出版社,2009年。

高攀桂修,陈钥纂《嘉庆藤县志》,嘉庆二十一年(1816)刻本。

公羊寿传,何休解诂,徐彦疏《春秋公羊传注疏》,阮元校刻十三经注疏本,北京：中华书局,1980年。

顾国诰等修,刘树贤等纂《光绪富川县志》,《中国方志丛书·广西省》第 19 号,台北:成文出版社,1967 年。

顾野王撰,顾恒一、顾德明、顾久雄辑注《舆地志辑注》,上海:上海古籍出版社,2011 年。

关涵《岭南随笔(外五种)》,广州:广东人民出版社,2015 年。

郭楠《嘉靖南宁府志》,《日本藏中国罕见地方志丛刊》,北京:书目文献出版社,1992 年。

郭子章编《六语·谣语》,刘云、徐大军主编《历代方言俗语谣谚文献辑刊》第 33 册,扬州:广陵书社,2020 年。

韩非子撰,王先慎集解《韩非子集解》,北京:中华书局,1998 年。

韩愈撰,马其昶校注《韩昌黎文集校注》卷二,上海:上海古籍出版社,1986 年。

韩愈撰,刘真伦、岳珍校注《韩愈文集汇校笺注》,北京:中华书局,2010 年。

郝敬《尚书辨解》,李勇先主编《尚书禹贡篇集成》第 3 册,上海:上海交通大学出版社,2009 年。

郝懿行《晒书堂集·外集》,安作璋主编《郝懿行集》第 7 册,济南:齐鲁书社,2010 年。

郝浴修,王如辰等纂《康熙广西通志》,康熙二十二年(1683)刻本。

郝玉麟修,鲁曾煜纂《雍正广东通志》,《景印文渊阁四库全书》第 562—564 册,台北:台湾商务印书馆,1986 年。

何梦瑶纂修,刘廷栋续纂《乾隆岑溪县志》,《中国方志丛书·广西省》第 133 号,台北:成文出版社,1967 年。

和珅等《乾隆大清一统志》,《景印文渊阁四库全书》第 474—483 册,台北:台湾商务印书馆,1986 年。

洪符孙《禹贡地名集说》,李勇先主编《禹贡集成》第 5 册,上海:上海交通大学出版社,2009 年。

洪亮吉《东晋疆域志》,《二十五史补编》第 3 册,北京：中华书局,
　　1955 年。

洪迈《容斋随笔》,上海：上海古籍出版社,1978。

洪兆云《禹贡汇解》,李勇先主编《禹贡集成》第 8 册,上海：上海交
　　通大学出版社,2009 年。

侯桢《禹贡古今注通释》,李勇先主编《禹贡集成》第 7 册,上海：上
　　海交通大学出版社,2009 年。

胡广等《书经大全图说》,《景印文渊阁四库全书》第 63 册,台北：台
　　湾商务印书馆,1986 年。

胡榘修,方万里、罗濬纂《宝庆四明志》,《宋元方志丛刊》第 5 册,北
　　京：中华书局,1990 年。

胡士行《胡氏尚书详解》,《景印文渊阁四库全书》第 60 册,台北：台
　　湾商务印书馆,1986 年。

胡渭《禹贡锥指》,上海：上海古籍出版社,2013 年。

胡瓒《禹贡备遗》,李勇先主编《禹贡集成》第 2 册,上海：上海交通
　　大学出版社,2009 年。

黄度《尚书说》,《景印文渊阁四库全书》第 57 册,台北：台湾商务印
　　书馆,1986 年。

黄怀信、张懋镕、田旭东《逸周书汇校集注（修订本）》,上海：上海古
　　籍出版社,2007 年。

黄伦《尚书精义》,《景印文渊阁四库全书》第 58 册,台北：台湾商务
　　印书馆,1986 年。

黄文莲《书传盐梅》,李勇先主编《尚书禹贡篇集成》第 5 册,上海：
　　上海交通大学出版社,2009 年。

黄𡧑、齐硕修,陈耆卿纂《嘉定赤城志》,《宋元方志丛刊》第 7 册,北

京：中华书局，1990年。

黄佐《嘉靖广东通志》，广州：广东省地方史志办公室，1997年。

纪昀总纂《四库全书总目提要》，石家庄：河北人民出版社，2000年。

简朝亮《尚书集注述疏》，李勇先主编《尚书禹贡篇集成》第7册，上海：上海交通大学出版社，2009年。

蒋廷锡《尚书地理今释》，丛书集成初编本，上海：商务印书馆，1936年。

蒋廷锡原修，王安国等纂《康熙大清一统志》，乾隆九年（1744）武英殿刊本。

蒋毓英等《康熙台湾府志》，《续修四库全书》第712册，上海：上海古籍出版社，1996年。

金鉷修，钱元昌、陆纶编纂《雍正广西通志》，《景印文渊阁四库全书》第565—568册，台北：台湾商务印书馆，1986年。

金光祖修，莫庆元等纂《康熙广东通志》，康熙三十六年（1697）刻本。

金履祥《书经注》，李勇先主编《尚书禹贡篇集成》第2册，上海：上海交通大学出版社，2009年。

孔安国（署）传，孔颖达疏《尚书正义》，阮元校刻十三经注疏本，北京：中华书局，1980年。

库勒纳等《日讲书经解义》，李勇先主编《尚书禹贡篇集成》第4册，上海：上海交通大学出版社，2009年。

李步嘉《越绝书校释》，北京：中华书局，2013年。

李淳风《乙巳占》，丛书集成初编本，上海：商务印书馆，1936年。

李昉等《太平御览》，北京：中华书局，1960年。

李昉等《文苑英华》，北京：中华书局，1966年。

李光地《尚书七篇讲义》，李勇先主编《尚书禹贡篇集成》第4册，上海：上海交通大学出版社，2009年。

李季《乾象通鉴》，《续修四库全书》第 1050 册，上海：上海古籍出版社，1996 年。

李吉甫《元和郡县图志》，北京：中华书局，1983 年。

李林甫等《唐六典》，北京：中华书局，1992 年。

李慎儒《禹贡易知编》，李勇先主编《禹贡集成》第 7 册，上海：上海交通大学出版社，2009 年。

李泰等撰，贺次君辑校《括地志辑校》，北京：中华书局，1980 年。

李焘《续资治通鉴长编》，北京：中华书局，2004 年。

李贤等《大明一统志》，成都：巴蜀书社，2018 年。

李兆洛《禹贡地理考》，李勇先主编《禹贡集成》第 6 册，上海：上海交通大学出版社，2009 年。

林富修，黄佐纂《嘉靖广西通志》，《四库全书存目丛书·史部》第 187 册，济南：齐鲁书社，1995 年。

林国相、程有守修，杨起元纂，龙国禄增修《万历惠州府志》，广东省地方史志办公室辑《广东历代方志集成·惠州府部》第 2 册，广州：岭南美术出版社，2008 年。

林庭㭿修，周广纂《嘉靖江西通志》，嘉靖四年（1525）刻本。

林之奇《尚书全解》，《景印文渊阁四库全书》第 55 册，台北：台湾商务印书馆，1986 年。

刘安等撰，何宁集释《淮南子集释》，北京：中华书局，1998 年。

刘基（署）《大明清类天文分野之书》，《四库全书存目丛书·子部》第 60 册，济南：齐鲁书社，1995 年。

刘克庄撰，辛更儒笺校《刘克庄集笺校》，北京：中华书局，2011 年。

刘坤一等修，赵之谦纂《光绪江西通志》，《中国地方志集成·省志辑·江西》第 4 册，南京：凤凰出版社，2009 年。

刘纬毅辑《汉唐方志辑佚》，北京：北京图书馆出版社，1997 年。

刘纬毅等辑《宋辽金元方志辑佚》,上海:上海古籍出版社,2011 年。

刘昫等撰《旧唐书》,北京:中华书局,1975 年。

刘恂撰,商壁、潘博校补《岭表录异校补》,南宁:广西民族出版社,
　　1988 年。

刘以贵纂,李世瑞修雍正《苍梧县志》,乾隆二十五年(1760)刻本。

刘知幾撰,浦起龙通释《史通通释》,上海:上海古籍出版社,2009 年。

梁克家《淳熙三山志》,《宋元方志丛刊》第 8 册,北京:中华书局,
　　1990 年。

陆广微撰,曹林娣校注《吴地记》,南京:江苏古籍出版社,1999 年。

罗泌《路史》,《先秦史研究文献三种》第 8 册,北京:国家图书馆出
　　版社,2013 年。

罗叔韶修,常棠纂《澉水志》,《宋元方志丛刊》第 5 册,北京:中华书
　　局,1990 年。

吕不韦等撰,许维遹集释《吕氏春秋集释》,北京:中华书局,2009 年。

吕不韦等撰,王利器注疏《吕氏春秋注疏》,成都:巴蜀书社,2002 年。

吕祖谦《增修东莱书说》,《景印文渊阁四库全书》第 57 册,台北:台
　　湾商务印书馆,1986 年。

马端临《文献通考》,北京:中华书局,2011 年。

马光祖修,周应合纂《景定建康志》,《宋元方志丛刊》第 2 册,北京:
　　中华书局,1990 年。

毛晃《禹贡指南》,《景印文渊阁四库全书》第 56 册,台北:台湾商务
　　印书馆,1986 年。

毛滂《毛滂集》,杭州:浙江古籍出版社,1999 年。

冒辟疆著辑《同人集》,万久富、丁富生主编《冒辟疆全集》,南京:凤
　　凰出版社,2014 年。

茅瑞徵《禹贡汇疏》,李勇先主编《禹贡集成》第 2 册,上海:上海交

通大学出版社,2009 年。

梅鼎祚《古乐苑》,北京：中华书局,2022 年。

莫休符《桂林风土记》,丛书集成初编本,北京：商务印书馆,
　　1936 年。

牟庭《同文尚书》,李勇先主编《尚书禹贡篇集成》第 6 册,上海：上
　　海交通大学出版社,2009 年。

穆彰阿、潘锡恩等《嘉庆大清一统志》,上海：上海古籍出版社,
　　2022 年。

欧大任撰,刘汉东校注《百越先贤志校注》,南宁：广西人民出版社,
　　1992 年。

欧阳忞《舆地广记》,成都：四川大学出版社,2003 年。

欧阳修、宋祁《新唐书》,北京：中华书局,1975 年。

欧阳询《艺文类聚》,上海：上海古籍出版社,1999 年。

潘士遴《尚书苇钥》,李勇先主编《尚书禹贡篇集成》第 3 册,上海：
　　上海交通大学出版社,2009 年。

潘自牧编,宋惠父续编,陈文燨重编《记纂渊海》,《景印文渊阁四库
　　全书》第 930—932 册,台北：台湾商务印书馆,1986 年。

彭定求等编,陈尚君增辑,中华书局编辑部点校《全唐诗(增订本)》,
　　北京：中华书局,1999 年。

钱大昕《廿二史考异(附：三史拾遗 诸史拾遗)》,上海：上海古籍出
　　版社,2004 年。

钱可则修,郑瑶、方仁荣纂《景定严州续志》,《宋元方志丛刊》第 5
　　册,北京：中华书局,1990 年。

钱时《融堂书解》,《景印文渊阁四库全书》第 59 册,台北：台湾商务
　　印书馆,1986 年。

潜说友《咸淳临安志》,《宋元方志丛刊》第 4 册,北京：中华书局,

1990 年。

钱肃润《尚书体要》,李勇先主编《尚书禹贡篇集成》第 4 册,上海：
上海交通大学出版社,2009 年。

屈大均《广东新语》,北京：中华书局,1985 年。

瞿昙悉达《开元占经》,长沙：岳麓书社,1994 年。

芮日松《禹贡今释》,李勇先主编《禹贡集成》第 7 册,上海：上海交
通大学出版社,2009 年。

阮元修,陈昌齐等纂《道光广东通志》,《续修四库全书》第 669—675
册,上海：上海古籍出版社,1996 年。

萨守真《天地瑞祥志》,高柯立选编《稀见唐代天文史料三种》下册,
北京：国家图书馆出版社,2011 年。

商文昭修,谭一召纂《万历南安府志》,万历三十七年(1609)刻本。

沈秉成修,苏宗经、羊复礼纂《光绪广西通志辑要》,《中国方志丛
书·广西省》第 70 号,台北：成文出版社,1967 年。

沈约《宋书》,北京：中华书局,1974 年。

沈作宾修,施宿等纂《嘉泰会稽志》,《宋元方志丛刊》第 7 册,北京：
中华书局,1990 年。

史安之修,高似孙纂《剡录》,《宋元方志丛刊》第 7 册,北京：中华书
局,1990 年。

施谔《淳祐临安志》,《宋元方志丛刊》第 4 册,北京：中华书局,
1990 年。

史弥坚修,卢宪纂《嘉定镇江志》,《宋元方志丛刊》第 3 册,北京：中
华书局,1990 年。

史能之《咸淳毗陵志》,《宋元方志丛刊》第 3 册,北京：中华书局,
1990 年。

税安礼《宋本历代地理指掌图》,上海：上海古籍出版社,1989 年。

司马迁《史记》，北京：中华书局，1959年。

司马光编著，胡三省音注《资治通鉴》，北京：中华书局，1956年。

宋敏求《长安志》，《宋元方志丛刊》第1册，北京：中华书局，1990年。

苏勒通阿等修，彭焜基、蔡永亨等纂《嘉庆续修兴业县志》，《中国方志丛书·广西省》第16号，台北：成文出版社，1967年。

孙汝霖、赵准修，曾浤仁纂《同治怀集县志》，光绪元年（1875）贵蒸校刻本。

孙武撰，曹操等注，杨丙安校理《十一家注孙子校理》，北京：中华书局，1999年。

孙星衍《尚书今古文注疏》，北京：中华书局，1986年。

孙诒让《墨子间诂》，北京：中华书局，2001年。

孙应时纂修，鲍廉增补，卢镇续修《琴川志》，《宋元方志丛刊》第2册，北京：中华书局，1990年。

谈钥《嘉泰吴兴志》，《宋元方志丛刊》第5册，北京：中华书局，1990年。

谭沄《禹贡章句》，李勇先主编《禹贡集成》第7册，上海：上海交通大学出版社，2009年。

汤球辑，杨朝明校补《九家旧晋书辑本》，郑州：中州古籍出版社，1991年。

汤奕瑞《禹贡方域考》，李勇先主编《禹贡集成》第3册，上海：上海交通大学出版社，2009年。

唐仲友《帝王经世图谱》，《北京图书馆古籍珍本丛刊》第76册，北京：书目文献出版社，1998年；《景印文渊阁四库全书》第922册，台北：台湾商务印书馆，1986年。

脱脱等《宋史》，北京：中华书局，1985年。

王勃撰，蒋清翊注《王子安集注》，上海：上海古籍出版社，1995年。

王定保《唐摭言》,上海：上海古籍出版社,1978 年。

王观国《学林》,北京：中华书局,1988 年。

王闿运《湘绮楼诗》,《湘绮楼诗文集》第 3 册,长沙：岳麓书社,
　　2008 年。

王鸣盛《尚书后案》,北京：北京大学出版社,2012 年。

王谟辑《汉唐地理书钞》,北京：中华书局,1961 年。

王念孙《广雅疏证》,上海,上海古籍出版社,2016 年。

王溥《唐会要》,上海：上海古籍出版社,2006 年。

王樵《书帷别记》,李勇先主编《尚书禹贡篇集成》第 2 册,上海：上
　　海交通大学出版社,2009 年。

王樵《尚书日记》,李勇先主编《尚书禹贡篇集成》第 4 册,上海：上
　　海交通大学出版社,2009 年。

王钦若等撰,周勋初等校订《册府元龟(校订本)》,南京：凤凰出版
　　社,2006 年。

汪森编辑,黄盛陆等校点《粤西文载校点》,南宁：广西人民出版社,
　　1990 年。

王先谦《尚书孔传参正》,北京：中华书局,2011 年。

王象之《舆地纪胜》,北京：中华书局,1992 年。

王象之撰,李勇先点校《舆地纪胜》,成都：巴蜀书社,2005 年。

王象之撰,赵一生点校《舆地纪胜》,杭州：浙江古籍出版社,2012 年。

王心敬《丰川今文尚书质疑》,李勇先主编《尚书禹贡篇集成》5 册,
　　上海：上海交通大学出版社,2009 年。

王顼龄等《钦定书经传说汇纂》,李勇先主编《尚书禹贡篇集成》第 4
　　册,上海：上海交通大学出版社,2009 年。

王应麟《玉海》,扬州：广陵书社,2003 年。

王应麟《通鉴地理通释》,北京：中华书局,2013 年。

王应麟撰，翁元圻辑注《困学纪闻注》，北京：中华书局，2016 年。

魏收《魏书》，北京：中华书局，1974 年。

魏征等《隋书》，北京：中华书局，1973 年。

翁心存撰，张剑辑校《翁心存诗文集·翁心存诗集》，南京：凤凰出
    版社，2013 年。

吴九龄修，史鸣皋等纂《乾隆梧州府志》，《中国方志丛书·广西省》
    第 119 号，台北：成文出版社，1967 年。

吴潜修，梅应发、刘锡纂《开庆四明续志》，《宋元方志丛刊》第 6 册，
    北京：中华书局，1990 年。

夏僎《夏氏尚书详解》，《景印文渊阁四库全书》第 56 册，台北：台湾
    商务印书馆，1986 年。

夏允彝《禹贡古今合注》，李勇先主编《禹贡集成》第 3 册，上海：上
    海交通大学出版社，2009 年。

项公泽修，凌万顷、边实纂《淳祐玉峰志》，《宋元方志丛刊》第 1 册，
    北京：中华书局，1990 年。

谢公应修，边实纂《咸淳玉峰续志》，《宋元方志丛刊》第 1 册，北京：
    中华书局，1990 年。

谢旻等修，陶成、恽鹤生纂《雍正江西通志》，雍正十年（1732）刻本。

谢启琨修，胡虔纂《嘉庆广西通志》，南宁：广西人民出版社，1988 年。

徐坚等《初学记》，北京：中华书局，1962 年。

徐松辑《宋会要辑稿》，上海：上海古籍出版社，2014 年。

许应鑅、王之藩修，曾作舟、杜防纂《同治南昌府志》，同治十二年
    （1873）刻本。

徐元诰《国语集解》，北京：中华书局，2002 年。

薛居正等《旧五代史》，北京：中华书局，1976 年。

徐成栋修纂，孙焘校正《康熙廉州府志》，广东省地方史志办公室编

《广东历代方志集成·廉州府部》第 1 册,广州:岭南美术出版
　　社,2008 年。

徐善述《书经直指》,李勇先主编《尚书禹贡篇集成》第 2 册,上海:
　　上海交通大学出版社,2009 年。

徐文靖《天下山河两戒考》,雍正元年(1723)当涂徐氏刊本;《四库全
　　书存目丛书·史部》第 173 册,济南:齐鲁书社,1996 年。

晏殊初编,晏衷续编《晏元献公类要》,《四库全书存目丛书·子部》
　　第 166—167 册,济南:齐鲁书社,1995 年。

严嵩撰,鄢文龙笺注《严嵩诗集笺注》,扬州:广陵书社,2016 年。

杨孚撰,吴永章辑佚校注《异物志辑佚校注》,广州:广东人民出版
　　社,2010 年。

羊复礼修,梁年等纂《光绪镇安府志》,《中国方志丛书·广西省》第
　　14 号,台北:成文出版社,1967 年。

杨甲撰,毛邦翰补《六经图》,《景印文渊阁四库全书》第 183 册,台
　　北:台湾商务印书馆,1986 年。

杨镰主编《全元诗》,北京:中华书局,2013 年。

杨陆荣《禹贡臆参》,李勇先主编《禹贡集成》第 5 册,上海:上海交
　　通大学出版社,2009 年。

杨潜修,朱端常、林至、胡林卿纂《云间志》,《宋元方志丛刊》第 1 册,
　　北京:中华书局,1990 年。

杨守敬《隋书地理志考证》,谢承仁主编《杨守敬集》第 2 册,武汉:
　　湖北人民出版社,1988 年。

杨守敬、熊会贞疏《水经注疏》,南京:江苏古籍出版社,1989 年。

杨万里撰,辛更儒笺校《杨万里集笺校》,北京:中华书局,2007 年。

杨惟德等《景祐乾象新书》,《续修四库全书》第 1050 册,上海:上海
　　古籍出版社,1996 年。

杨衒之撰，范祥雍校注《洛阳伽蓝记校注》，上海：上海古籍出版社，
　　1978 年。

杨钟泰《尚书今文二十八篇解》，李勇先主编《尚书禹贡篇集成》第 6
　　册，上海：上海交通大学出版社，2009 年。

阎若璩《潜邱札记》，北京：中华书局，2023 年。

晏斯盛《禹贡解》，李勇先主编《禹贡集成》，上海：上海交通大学出
　　版社，2009 年。

姚良弼修，杨载鸣纂《嘉靖三十五年（1556）惠州府志》，广东省地方
　　史志办公室辑《广东历代方志集成·惠州府部》第 1 册，广州：
　　岭南美术出版社，2008 年。

姚彦渠《禹贡正诠》，李勇先主编《禹贡集成》第 8 册，上海：上海交
　　通大学出版社，2009 年。

叶滋澜修，李临驯纂《光绪上犹县志》，光绪十九年（1893）刻本。

佚名纂修，文廷式辑《寿昌乘》，《宋元方志丛刊》第 8 册，北京：中华
　　书局，1990 年。

于成龙等修，杜果等纂《康熙江西通志》，《中国地方志集成·省志
　　辑·江西》第 1 册，南京：凤凰出版社，2009 年。

虞世南《北堂书钞》，天津：天津古籍出版社，1988 年。

庾季才原撰，王安礼等删定《灵台秘苑》，《景印文渊阁四库全书》第
　　807 册，台北：台湾商务印书馆，1986 年。

俞渭修，陈瑜纂《光绪黎平府志》，《中国地方志集成·贵州府县志
　　辑》第 18 册，成都：巴蜀书社，2016 年。

袁德宣编纂《湖南会馆史料九种》，长沙：岳麓书社，2012 年。

袁珂《山海经校注》，成都：巴蜀书社，1992 年。

袁湛业修，黄体正、王维新纂《道光桂平县志》，道光二十三年（1843）
　　刻本。

乐史《太平寰宇记》,北京:中华书局,2007年。

曾国藩《曾国藩全集(2版修订本)》,长沙:岳麓书社,2012年。

张国经修纂,郑抱素订正《崇祯廉州府志》,广东省地方史志办公室编《广东历代方志集成·廉州府部》第1册,广州:岭南美术出版社,2008年。

张淏《宝庆会稽续志》,《宋元方志丛刊》第7册,北京:中华书局,1990年。

张津等《乾道四明图经》,《宋元方志丛刊》第5册,北京:中华书局,1990年。

张进、侯雅文、董就雄编《王维资料汇编》,北京:中华书局,2014年。

张九龄撰,熊飞校注《张九龄集校注》,北京:中华书局,2008年。

张居正《书经直解》,李勇先主编《尚书禹贡篇集成》第3册,上海:上海交通大学出版社,2009年。

章如愚《山堂考索》,北京:中华书局,1992年。

张廷玉等《明史》,北京:中华书局,1974年。

张堉春、陈治昌修纂《道光廉州府志》,广东省地方史志办公室编《广东历代方志集成·廉州府部》第3册,广州:岭南美术出版社,2008年。

章振萼《康熙上犹县志》,康熙三十六年(1697)刻本。

曾运乾《尚书正读》,北京:中华书局,1964年。

曾枣庄、刘琳主编《全宋文》,上海:上海辞书出版社、合肥:安徽教育出版社,2006年。

赵不悔修,罗愿纂《新安志》,《宋元方志丛刊》第8册,北京:中华书局,1990年。

赵翼撰,王树民校证《廿二史札记校证(订补本)》,北京:中华书局,1984年。

赵与泌修,黄岩孙纂《仙溪志》,《宋元方志丛刊》第 8 册,北京：中华
　　书局,1990 年。

郑樵《通志二十略》,北京：中华书局,1995 年。

郑樵(署)《六经奥论》,《景印文渊阁四库全书》第 184 册,台北：台
　　湾商务印书馆,1986 年。

郑晓《禹贡说》,李勇先主编《禹贡集成》第 1 册,上海：上海交通大
　　学出版社,2009 年。

郑玄注,贾公彦疏《周礼注疏》,阮元校刻十三经注疏本,北京：中华
　　书局,1980 年。

郑玄注,孔颖达疏《礼记正义》,阮元校刻十三经注疏本,北京：中华
　　书局,1980 年。

周诚之《道光龙胜厅志》,《中国方志丛书·广西省》第 17 号,台北：
　　成文出版社,1967 年。

周淙《乾道临安志》,《宋元方志丛刊》第 4 册,北京：中华书局,
　　1990 年。

周阆仙《禹贡图说》,李勇先主编《禹贡集成》第 8 册,上海：上海交
　　通大学出版社,2009 年。

周硕勋修,王家宪纂《乾隆廉州府志》,广东省地方史志办公室编《广
　　东历代方志集成·廉州府部》第 2 册,广州：岭南美术出版社,
　　2008 年。

周去非撰,杨武泉校注《岭外代答校注》,北京：中华书局,1999 年。

朱长文《吴郡图经续记》,《宋元方志丛刊》第 1 册,北京：中华书局,
　　1990 年。

朱朝瑛《读尚书略记》,李勇先主编《尚书禹贡篇集成》第 3 册,上海：
　　上海交通大学出版社,2009 年。

朱鹤龄《禹贡长笺》,李勇先主编《禹贡集成》第 3 册,上海：上海交

通大学出版社,2009 年。

朱鹤龄《尚书埤传》,李勇先主编《尚书禹贡篇集成》第 4 册,上海：
　　上海交通大学出版社,2009 年。

祝穆撰,祝洙增订《方舆胜览》,北京：中华书局,2003 年。

朱熹撰,黎靖德编《朱子语类》,北京：中华书局,1986 年。

左丘明传,杜预注,孔颖达疏《春秋左传正义》,阮元校刻十三经注疏
　　本,北京：中华书局,1980 年。

2. 出土文献

湖南省博物馆、湖南省文物考古研究所《长沙马王堆二、三号汉墓》
　　第一卷《田野考古发掘报告》,北京：文物出版社,2004 年。

裘锡圭主编《长沙马王堆汉墓简帛集成》,北京：中华书局,2014 年。

吴九龙《银雀山汉简释文》,北京：文物出版社,1985 年。

银雀山汉墓竹简整理小组编《银雀山汉墓竹简(一)》,北京：文物出
　　版社,1985 年。

银雀山汉墓竹简整理小组编《银雀山汉墓竹简(二)》,北京：文物出
　　版社,2010 年。

张家山二四七号汉墓竹简整理小组编《张家山汉墓竹简(二四七号
　　墓)》,北京：文物出版社,2001 年。

周绍良主编《唐代墓志汇编》,上海：上海古籍出版社,1992 年。

二、研究论著

1. 中文专著

卜工《卜工考古文存》,北京：科学出版社,2016 年。

蔡根祥《宋代尚书学案》,台北：花木兰文化出版社,2006 年。

曹国庆《严嵩年谱》,北京：中国人事出版社,1995 年。

陈高华、陈智超等《中国古代史史料学(第三版)》,北京：中华书局,

2016 年。

陈侃理《儒学、数术与政治：灾异的政治文化史》，北京：北京大学出版社，2015 年。

陈连庆《中国古代史研究——陈连庆教授学术论文集》，长春：吉林文史出版社，1991 年。

陈灵芝主编《中国植物区系与植被地理》，北京：科学出版社，2014 年。

陈梦家《尚书通论》，北京：中华书局，2005 年。

陈槃《古谶纬研讨及其书录解题》，上海：上海古籍出版社，2010 年。

陈日华、邱迪《笔下故园：近代英国方志研究》，上海：上海人民出版社，2022 年。

陈宇《伍子胥兵法破解》，北京：军事科学出版社，2003 年。

陈遵妫《中国天文学史》，上海：上海人民出版社，2016 年。

程美宝《地域文化与国家认同：晚清以来"广东文化"观的形成》，北京：生活·读书·新知三联书店，2006 年。

程民生《宋代地域文化》，开封：河南大学出版社，1997 年。

成一农汇编《中国古代舆地图研究》，北京：中国社会科学出版社，2018 年。

邓国光《经学义理》，上海：上海古籍出版社，2011 年。

丁一汇主编《中国气候》，北京：科学出版社，2013 年。

冻国栋《中国中古经济与社会史论稿》，武汉：湖北教育出版社，2005 年。

费孝通《乡土中国》，北京：北京大学出版社，2012 年。

冯倩《唐宋之际礼学思想的转型》，北京：生活·读书·新知三联书店，2020 年。

冯时《中国天文考古学》，北京：社会科学文献出版社，2001 年。

葛兆光《中国思想史》第 2 卷《七世纪至十九世纪中国的知识、思想与信仰》，上海：复旦大学出版社，2013 年。

葛兆光《何为"中国"？——疆域、民族、文化与历史》，香港：牛津大学出版社，2014 年。

葛兆光《历史中国的内与外——有关"中国"与"周边"概念的再澄清》，香港：香港中文大学出版社，2017 年。

顾宏义《宋朝方志考》，上海：上海古籍出版社，2010 年。

顾颉刚《顾颉刚古史论文集》，北京：中华书局，2011 年。

顾颉刚《史林杂识初编》，北京：中华书局，1963 年。

顾颉刚、刘起釪《尚书校释译论》，北京：中华书局，2005 年。

顾颉刚、史念海《中国疆域沿革史》，北京：商务印书馆，1999 年。

管琴《词科与南宋文学》，北京：北京大学出版社，2018 年。

桂始馨《宋代方志考证与研究》，上海：上海人民出版社，2021 年。

郭锋《杜佑评传》，南京：南京大学出版社，2004 年。

胡鸿《能夏则大与渐慕华风——政治体视角下的华夏与华夏化》，北京：北京师范大学出版社，2017 年。

华林甫主编《清儒地理考据研究》，济南：齐鲁书社，2015 年。

华林甫、赖青寿、薛亚玲《隋书地理志汇释》，合肥：安徽教育出版社，2019 年。

金恩辉、胡述兆主编《中国地方志总目提要》，台北：汉美图书有限公司，1996 年。

李步嘉《〈越绝书〉研究》，上海：上海古籍出版社，2003 年。

李零《〈孙子〉古本研究》，北京：北京大学出版社，1995 年。

李勇先《〈舆地纪胜〉研究》，成都：巴蜀书社，1998 年。

李裕民《四库提要订误（增订本）》，北京：中华书局，2005 年。

廖幼华《深入南荒——唐宋时期岭南西部史地论集》，台北：文津出版社有限公司,2013年。

林剑鸣《秦汉史》,上海：上海人民出版社,2003年。

林天人《战国时代泗上十二诸侯考》,永和：花木兰出版社,2009年。

林拓《文化的地理过程分析：福建文化的地域性考察》,上海：上海
书店出版社,2004年。

刘朝阳《刘朝阳中国天文学史论文选》,郑州：大象出版社,2000年。

刘力耘《政治与思想语境中的宋代〈尚书〉学》,北京：中国社会科学
出版社,2022年。

刘起釪《尚书学史(订补修订本)》,北京：中华书局,2017年。

鲁西奇《人群·聚落·地域社会：中古南方史地初探》,厦门：厦门
大学出版社,2012年。

鲁西奇《中国历史的空间结构》,桂林：广西师范大学出版社,
2014年。

罗新《黑毡上的北魏皇帝(修订本)》,上海：上海三联书店,2022年。

吕思勉《燕石札记》,《吕思勉全集》第9册《读史札记上》,上海：上
海古籍出版社,2016年。

马孟龙《西汉侯国地理(修订本)》,上海：上海古籍出版社,2021年。

马蓉等点校《永乐大典方志辑佚》,北京：中华书局,2004年。

苗润博《重构契丹早期史》,北京：北京大学出版社,2024年。

潘晟《宋代地理学的观念、体系与知识兴趣》,北京：商务印书馆,
2014年。

钱穆《古史地理论丛》,台北：东大图书有限公司,1982年。

邱靖嘉《天地之间：天文分野的历史学研究》,北京：中华书局,
2020年。

邵鸿《张家山汉简〈盖庐〉研究》,北京：文物出版社,2007年。

沈展如《新莽全史》,台北：正中书局,1977年。

史念海、曹尔琴《方志刍议》,杭州:浙江人民出版社,1986 年。

谭其骧《长水集》,北京:人民出版社,1987 年。

谭其骧《长水集续编》,北京:人民出版社,1994 年

谭其骧主编《中国历代地理学家评传》第一卷《秦汉魏晋南北朝唐》,
　　济南:山东教育出版社,1990 年。

唐雯《晏殊〈类要〉研究》,上海:上海古籍出版社,2012 年。

唐晓峰《从混沌到秩序:中国上古地理思想史述论》,北京:中华书
　　局,2010 年。

唐长孺主编《中国大百科全书·中国历史·隋唐五代史》,北京:中
　　国大百科全书出版社,1988 年。

田天《秦汉国家祭祀史稿》,北京:生活·读书·新知三联书店,
　　2015 年。

王承文《唐代环南海开发与地域社会变迁研究》,北京:中华书局,
　　2018 年。

王重民《中国目录学史论丛》,北京:中华书局,1984 年。

王明珂《华夏边缘:历史记忆与族群认同》,上海:上海人民出版社,
　　2020 年。

王明珂《羌在汉藏之间——川西羌族的历史人类学研究》,北京:中
　　华书局,2008 年。

王明珂《英雄祖先与弟兄民族——根基历史的文本与情境》,北京:
　　中华书局,2009 年。

王树民《史部要籍解题》,北京:中华书局,2003 年。

王小红《宋代〈禹贡〉学研究》,长春:吉林人民出版社,2010 年。

翁俊雄《唐后期政区与人口》,北京:首都师范大学出版社,1999 年。

吴宗国《唐代科举制度研究》,北京:北京大学出版社,2010 年。

谢保成《隋唐五代史学》,北京:商务印书馆,2007 年。

辛德勇《秦汉政区与边界地理研究》，北京：中华书局，2009 年。

邢义田《天下一家：皇帝、官僚与社会》，北京：中华书局，2011 年。

寻霖、龚笃清编著《湘人著述表》，长沙：岳麓书社，2010 年。

阎步克《中国古代政治制度史札记》，香港：香港中文大学出版社，
　　2024 年。

严耕望《严耕望史学论文集》，上海：上海古籍出版社，2009 年。

严绍璗《日本中国学史稿》，北京：学苑出版社，2009 年。

杨正泰《中国历史地理要籍介绍》，成都：四川人民出版社，1987 年。

张国淦《中国古方志考》，上海：上海古籍出版社，2019 年。

张怀通《〈逸周书〉新研》，北京：中华书局，2013 年。

张双棣《〈吕氏春秋〉史话》，北京：国家图书馆出版社，2019 年。

赵继宁《〈史记·天官书〉研究》，兰州：甘肃人民出版社，2015 年。

赵庶洋《〈新唐书·地理志〉研究》，南京：凤凰出版社，2015 年。

张伟然《中古文学的地理意象》，北京：中华书局，2014 年。

周生杰《〈太平御览〉研究》，成都：巴蜀书社，2008 年。

周振鹤主编《中国行政区划通史（第 2 版）》，上海：复旦大学出版
　　社，2017 年。

祝尚书《宋代科举与文学》，北京：中华书局，2008 年。

2. 中文论文

艾冲《论唐代"岭南五府"建制的创置与演替——兼论唐后期岭南地
　　域节度使司建制》，《唐都学刊》2011 年第 6 期。

白悦波《政术与学术：关于〈通典〉的创作初衷及其相关问题的考
　　察》，《唐史论丛》第 31 辑，西安：三秦出版社，2020 年。

曹尔琴《隋唐时期行政区划的演变》，《中国历史地理论丛》1992 年
　　第 1 辑。

曹锦炎《论张家山汉简〈盖庐〉》，《东南文化》2002 年第 9 期。

曹书杰《王隐家世及其〈晋书〉》,《史学史研究》1995 年第 2 期。

陈秉仁《第一部台湾府志考辨》,《图书馆杂志》1983 年第 1 期。

陈朝阳《熙宁末年宋交战争考述》,《中国史研究》2012 年第 2 期。

陈恒《知识史研究的兴起及意义》,《光明日报·理论版》2020 年 12
月 21 日。

陈健梅《从象郡到安南国——论历史时期中国对交州的地理认知与
地域解读》,《暨南学报(哲学社会科学版)》2015 年第 8 期。

陈乐素《珠玑巷史事》,《学术研究》1982 年第 6 期。

陈连开《中国古代第一部历史地图集——裴秀〈禹贡地域图〉初探》,
《中央民族学院学报》1978 年第 3 期。

陈弱水《中晚唐五代福建士人阶层兴起的几点观察》,张国刚主编
《中国社会历史评论》第 3 卷,北京:中华书局,2001 年。

陈思言、刘小朦《医疗史与知识史——海外中国医疗史研究的趋势
及启示》,《史林》2020 年第 3 期。

陈松长《帛书〈刑德〉分野说略考》,卜宪群、杨振红主编《简帛研究
(2006)》,桂林:广西师范大学出版社,2008 年。

戴伟华《张九龄"为土著姓"发微》,《文学遗产》2011 年第 4 期。

邓国光《礼建皇极:杜佑〈通典·礼典〉要论》,彭林主编《中国经学》
第 30 辑,桂林:广西师范大学出版社,2022 年。

窦秀艳《关于〈尔雅〉的成书时代和作者问题研究述评》,《东方论
坛》2005 年第 3 期。

范家伟《六朝时期人口迁移与岭南地区瘴气病》,《汉学研究》第 16
卷第 1 期,1998 年。

范家伟《地理环境与疾病——论古代医学对岭南地区疾病的解释》,
《中国历史地理论丛》2000 年第 1 辑。

冯雷《敦煌本〈诸道山河地名要略〉史源综考》,《中国历史地理论

丛》2019 年第 1 辑。

顾江龙《〈太康地记〉考——兼论王隐〈晋书·地道记〉和〈元康地记〉》,《文史》2018 年第 4 辑。

顾江龙《〈晋书·地理志〉小注"侯国"解》,《中国史研究》2019 年第 3 期。

关志国《论中国古代史籍对四夷的体系化记述模式》,《史学集刊》2014 年第 5 期。

郭声波《〈历代地理指掌图〉作者之争及我见》,《四川大学学报(哲学社会科学版)》2001 年第 3 期。

郭声波《中国历史政区的圈层结构问题》,《江汉论坛》2014 年第 1 期。

韩兴波《〈玉海〉成书考略》,《荆楚学刊》2015 年第 2 期。

何德章《伪托望族与冒袭先祖——以北族人墓志为中心》,《魏晋南北朝隋唐史资料》第 17 辑,武汉:武汉大学出版社,2000 年。

江田祥《空间与政治:汉代交趾刺史部治所变迁及其原因》,《社会科学家》2017 年第 4 期。

金洪源《〈吕氏春秋〉成书三题》,《安康学院学报》2019 年第 4 期。

金菊园《万历刻本〈记纂渊海·郡县部〉初探》,《历史地理》第 30 辑,2014 年。

孔祥军《试论清代学者〈禹贡〉研究之总成绩》,《清史研究》2012 年第 1 期。

李勃《扬越即南越而非东越辨》,《民族研究》1995 年第 6 期。

李荣华《"南方本多毒,北客恒惧侵":略论唐代文人的岭南意象》,《鄱阳湖学刊》2010 年第 5 期。

李勇先《范子长及其〈皇朝郡县志〉》,《宋代文化研究》第 11 辑,成都:四川大学出版社,2002 年。

李裕民《舆地纪胜续编研究》,《陕西师范大学学报(哲学社会科学版)》2002 年第 4 期。

李之勤《杜佑的历史进化论》,吴泽主编《中国史学史论集》第 2 集,上海:上海人民出版社,1980 年。

连劭名《张家山汉简〈盖庐〉考述》,《中国历史文物》2005 年第 2 期。

廖盛春《〈永乐大典〉地方志存目校订一则》,《广西地方志》1994 年第 6 期。

刘城《王勃〈滕王阁序〉的经典化》,《古典文学知识》2014 年第 5 期。

刘乐贤《马王堆汉墓星占书初探》,饶宗颐主编《华学》第 1 期,广州:中山大学出版社,1995 年。

刘美崧《〈新唐书·南平僚(獠)传〉辨误——兼论钦州酋帅宁猛力及其家族的活动地域与族属》,中国历史文献研究会编《历史文献研究》北京新 3 辑,北京:北京燕山出版社,1992 年。

刘奇《对〈吕氏春秋〉成书问题的重新审视》,《兰台世界》2020 年第 11 期。

刘起釪《〈禹贡〉兖州地理丛考》,《文史》第 30 辑,1988 年。

刘晓《唐代南方士人的身份表达与士族认同——兼谈中古时期"南北之别"的内涵演变》,《人文杂志》2020 年第 1 期。

刘志伟《附会、传说与历史真实——珠江三角洲族谱中宗族历史的叙事结构及其意义》,饶伟新编《族谱研究》,北京:社会科学文献出版社,2013 年。

刘志伟《天地所以隔内外》,吴滔、于薇、谢湜主编《南岭历史地理研究》第 1 辑,丛书总序,广州:广东人民出版社,2016 年。

龙成松《中古时期北方族裔谱系建构与民族认同》,《西南边疆民族研究》第 23 辑,昆明:云南大学出版社,2017 年。

鲁西奇《说"越"》,《清华元史》第 3 辑,北京:商务印书馆,2015 年。

罗晃湖《杨孚及其〈异物志〉考述》,《广东图书馆学刊》1983 年第
　　1 期。

罗凯《唐代山州地望与性质考——兼论岭南附贡州的建置》,《历史
　　地理》第 26 辑,2012 年。

罗凯《唐代容府的设置与岭南五府格局的形成》,《中国边疆史地研
　　究》2015 年第 2 期。

罗凯《从三分到归一：唐朝前中期岭南政治地理格局的变迁》,《中
　　国历史地理论丛》2018 年第 1 辑。

罗媛元、赵维江《岭南地域文化环境中的唐诗意象创造》,《暨南学报
　　(哲学社会科学版)》2008 年第 5 期。

马强《地理体验与唐宋"蛮夷"文化观念的转变——以西南与岭南民
　　族地区为考察中心》,《西南师范大学学报(人文社会科学版)》
　　2005 年第 5 期。

孟凡松《清代贵州郡县志"星野"叙述中的观念与空间表达》,《清史
　　研究》2009 年第 1 期。

孟凡松《清代贵州方志的星野岐论与政区认同》,《中国历史地理论
　　丛》2013 年第 4 辑。

牟发松《〈吴地记〉考》,《文史》2008 年第 1 辑。

聂溦萌《"列国传"模式与纪传体官修史体制的成立》,《唐研究》第
　　24 卷,北京：北京大学出版社,2019 年。

牛敬飞《论汉代西部边疆上的〈禹贡〉地名》,《学术月刊》2018 年第
　　3 期。

潘晟《知识史：一个简短的回顾与展望》,《史志学刊》2015 年第
　　2 期。

庞慧《〈吕氏春秋〉成书年代诸说的清理》,《廊坊师范学院学报(社
　　会科学版)》2014 年第 4 期。

钱云《从"四夷"到"外国"：正史周边叙事的模式演变》，《复旦学报（社会科学版）》2017 年第 1 期。

屈文军《宋元时期岭南地区的族群社会变迁》，刘迎胜、姚大力主编《清华元史》第 7 辑，北京：商务印书馆，2022 年。

屈文军、许文燕《宋代以前岭南地区的族群社会变迁》，刘正刚主编《历史文献与传统文化》第 25 辑，芜湖：安徽师范大学出版社，2021 年。

容天伟、汪前进《民国以来〈禹贡〉研究综述》，《广西民族大学学报（自然科学版）》2010 年第 1 期。

尚永亮《唐五代贬官之时空分布的定量分析》，《上海大学学报（社会科学版）》2007 年第 6 期。

石悦《范子长〈皇朝郡县志〉再探》，《中国地方志》2021 年第 1 期。

石悦《张洽〈春秋历代郡县地理沿革表〉考述》，《朱子学研究》第 37 辑，南昌：江西教育出版社，2021 年。

宋可达《越韵吴风：吴越文化共轭中的嘉兴》，《历史地理》第 35 辑，2017 年。

宋志英《王隐〈晋书〉初探》，《文献》2002 年第 3 期。

孙正军《回归汉志与承续地志——〈新唐书·地理志〉的书写策略》，《中外论坛》2025 年第 1 期。

唐雯《〈类要〉地理部分文献再考索》，包伟民、刘后滨主编《唐宋历史评论》第 7 辑，北京：社会科学文献出版社，2020 年。

唐星《唐修〈晋书〉编撰考》，《唐研究》第 25 卷，北京：北京大学出版社，2020 年。

田阡、孟凡松《空间表达与地域认同——以武陵地区清代方志星野为例》，《文化遗产》2013 年第 1 期。

田旭东《新公布的竹简兵书——〈盖庐〉》，《中华文化论坛》2003 年第 3 期。

王承文《唐后期岭南科举进士与文化发展论考》，纪宗安、马建春主编《暨南史学》第 15 辑，桂林：广西师范大学出版社，2018 年。

王琳《六朝地记：地理与文学的结合》，《文史哲》2012 年第 1 期。

翁俊雄《〈通典·州郡门〉所载唐代州县建置与户口数字系年考》，《历史研究》1986 年第 4 期。

吴顺东《"舜葬九疑"考古系年》，《舜文化论文集》第 1 辑，长沙：湖南人民出版社，2008 年。

吴顺东《九疑山舜帝陵庙之发掘及沿革汇考》，《中国文物报》2007 年 8 月 1 日第 4 版。

吴修安《先秦"九州"说及其对后世的影响——从两汉刺史部到唐代地理文献编纂》，《台湾师大历史学报》第 55 期，2016 年。

夏婧《唐梁载言〈十道志〉辑校》，《国学研究》第 30 卷，北京：北京大学出版社，2012 年。

萧璠《汉宋间文献所见古代中国南方的地理环境与地方病及其影响》，《历史语言研究所集刊》第 63 本第 1 分册，1993 年。

谢保成《论〈通典〉的性质与得失》，《中国史研究》1992 年第 1 期。

谢保成《〈旧唐书〉的史料来源》，《唐研究》第 1 卷，北京：北京大学出版社，1995 年。

辛德勇《唐代地理学》，李孝聪主编《唐代地域结构与运作空间》，上海：上海辞书出版社，2003 年。

辛德勇《汉武帝"广关"与西汉前期地域控制的变迁》，《中国历史地理论丛》2008 年第 2 辑。

徐昌盛《挚虞行年考略》，《古籍研究》总第 64 卷，南京：凤凰出版社，2016 年。

阎步克《文窍图见：王莽保灾令所见十二卿及州、部辨疑》，《中国史研究》2004 年第 4 期。

阎步克《诗国：王莽庸部、曹部探源》，《中国社会科学》2004 年第
6 期。

阎步克《川本芳昭的〈中华的崩溃与扩大〉》，《读书》2012 年第 4 期。

晏昌贵《马王堆帛书星宿分野考》，陈建明主编《湖南省博物馆馆刊》
第 8 辑，长沙：岳麓书社，2012 年。

杨颖《〈滕王阁序〉经典化的历史嬗变》，莫道才主编《骈文研究》第 2
辑，桂林：广西师范大学出版社，2018 年。

杨智宇《〈汉书·地理志〉水道注记的史源考察》，《历史地理研究》
2023 年第 1 期。

尹宏兵《〈容成氏〉与九州》，丁四新主编《楚地简帛思想研究
（三）——"新出楚简国际学术研讨会"论文集》，武汉：湖北教
育出版社，2007 年。

于赓哲《疾病、卑湿与中古族群边界》，《民族研究》2010 年第 1 期。

于薇《先秦两汉舜故事南方版本发展与潇水流域的政治进程——兼
论零陵九疑舜陵舜庙的实体化》，《学术研究》2013 年第 7 期。

余新忠《融通内外：跨学科视野下的中医知识史研究刍议》，《齐鲁
学刊》2018 年第 5 期。

岳珍《杜佑〈理道要诀〉辑考》，《文献》2004 年第 3 期。

曾广敏《两〈唐书·天文志〉十二次分野考校》，《古典文献研究》第
21 辑下卷，2018 年。

张家山汉墓竹简整理小组《江陵张家山汉简概述》，《文物》1985 年
第 1 期。

章可《以"知识"重观"历史"——简述近期欧美学界有关"什么是知
识史"的讨论》，吴晓群、陆启宏主编《西方史学史研究》第 2 辑
"知识史与历史认知"，北京：商务印书馆，2023 年。

张隽、黄擎《从"蛮夷渊薮"到"富庶上国"——论唐宋文人对福建书写的嬗变》,《中国文学研究》2022 年第 2 期。

张伟然《唐人心目中的文化区域及地理意象》,李孝聪主编《唐代地域结构与运作空间》,上海：上海辞书出版社,2003 年。

张伟然、宋可达《从吴地到越地：吴越文化共轭中的湖州》,《中国历史地理论丛》2018 年第 1 辑。

张兆裕《〈大明清类天文分野之书〉索隐》,《明史研究论丛》第 12 辑,北京：中国广播电视出版社,2014 年。

赵庶洋《敦煌写本韦澳〈诸道山河地名要略〉史源新考》,《文史》2014 年第 3 辑。

郑铁巨《〈桂林风土记〉校读记》,《中南民族学院学报（哲学社会科学版）》1988 年第 4 期。

郑维宽、梁玮羽《王朝制度渐进视角下岭南土酋族属的建构——以钦州宁氏家族为中心》,《成都理工大学学报（社会科学版）》2014 年第 2 期。

左鹏《汉唐时期的瘴与瘴意象》,《唐研究》第 8 卷,北京：北京大学出版社,2002 年。

左鹏《宋元时期的瘴疾与文化变迁》,《中国社会科学》2004 年第 1 期。

3. 学位论文

曹珍《潘自牧及其〈记纂渊海〉研究》,西北大学博士学位论文,2019 年。

侯先栋《段公路〈北户录〉研究》,华中师范大学硕士学位论文,2013 年。

姜立刚《唐代流贬官员分布研究》,西南大学博士学位论文,2013 年。

孙维国《张家山汉简〈盖庐〉文献学研究》,湖南大学硕士学位论文,

2010 年。

王荣煜《明代〈禹贡〉学研究》,山东大学硕士学位论文,2019 年。

张文俭《杜佑民族史学研究——以〈通典·边防门〉为中心》,兰州大
　　学硕士学位论文,2010 年。

赵仁龙《唐代宦游文士之南方生态意象研究》,南开大学博士学位论
　　文,2012 年。

赵杨《〈通典·边防典〉研究》,安徽大学硕士学位论文,2012 年。

钟无末《〈北户录〉研究》,复旦大学硕士学位论文,2013 年。

周运中《苏皖历史文化地理研究》,复旦大学博士学位论文,2010 年。

朱婧《唐人地域观念研究——以出土唐人墓志为主的考察》,西南大
　　学硕士学位论文,2016 年。

4. 外文专著(含译著)

戴思哲(Joseph Dennis)《中华帝国方志的书写、出版与阅读:1100—
　　1700 年》,向静译,上海:上海人民出版社,2022 年。

杜希德(Denis C. Twitchett)《唐代官修史籍考》,黄宝华译,上海:上
　　海古籍出版社,2010 年。

户崎哲彦《唐代岭南文学与石刻考》,北京:中华书局,2014 年

科大卫(David Faure)《明清社会和礼仪》,曾宪冠译,北京:北京师范
　　大学出版社,2016 年。

牧野巽《中国の移住伝说一特にその祖先同乡伝说を中心として》,
　　《牧野巽著作集》第 5 卷,东京:御茶水书房,1985 年。

彼得·伯克(Peter Burke)《知识社会史(上卷):从古登堡到狄德
　　罗》,陈志宏、王婉旎译,杭州:浙江大学出版社,2016 年。

彼得·伯克(Peter Burke)《知识社会史(下卷):从〈百科全书〉到维
　　基百科》,汪一帆、赵博囡译,杭州:浙江大学出版社,2016 年。

彼得·伯克(Peter Burke)《什么是知识史》,章可译,北京:北京大学

出版社,2023 年。

平冈武夫、市原亨吉编《唐代的行政地理》,上海：上海古籍出版社,
    1989 年。

薛爱华（Edward Hetzel Schafer）《朱雀——唐代的南方意象》,程章
    灿、叶蕾蕾译,北京：生活·读书·新知三联书店,2014 年。

5. 外文论文（含译文）

包弼德（Peter K. Bol）, The Rise of Local History: History, Geography,
    and Culture in Southern Song and Yuan Wuzhou, *Harvard Journal
    of Asiatic Studies*, Vol. 61, No.1, 2001;中译《地方史的兴起：宋
    元婺州的历史、地理和文化》,吴松弟译,《历史地理》第 21 辑,
    2006 年。

滨岛敦俊《方志和乡绅》,《暨南史学》（台湾）第 6 辑,2003 年。

菲利普·萨拉辛（Philipp Sarasin）, More Than Just Another Specialty:
    On the Prospects for the History of Knowledge, *Journal for the
    History of Knowledge*, Vol.1, No.1, 2020.

沟口雄三《论天理观的形成》,龚颖译,沟口雄三、小岛毅主编《中国
    的思维世界》,南京：江苏人民出版社,2006 年。

户崎哲彦《莫休符〈桂林风土记〉佚文考》,《古籍研究》2001 年第
    1 期。

户崎哲彦《韩愈〈送桂州严大夫〉诗对宋代桂林的影响——唐宋时期
    之"八桂"与"湘南"的变化》,杨勇译,《桂学研究》第 6 辑,桂
    林：广西师范大学出版社,2020 年。

井上徹《中国的系谱与传说——以珠玑巷传说为线索》,王标译,《传
    统中国研究集刊》第 2 辑,上海：上海人民出版社,2006 年。

铃木正弘《段公路撰〈北户録〉について—唐末期の嶺南に関する博
    物学の著述》,《立正史学》第 69 号,1996 年。

青山定雄《六朝之地记》,颐安译,北平《中和月刊》第 4 卷第 2 期,
　　1943 年。

西蒙尼·莱希格(Simone Lässig), The History of Knowledge and the
　　Expansion of the Historical Research Agenda, *Bulletin of the
　　German Histori cal Institute*, Vol.59, 2016.

小岛毅《宋代天谴论的政治理念》,龚颖译,沟口雄三、小岛毅主编
　　《中国的思维世界》,南京:江苏人民出版社,2006 年。

仲山茂《地理志の誕生—漢志·班固自注の作者をめぐって》,《名
　　古屋大学東洋史研究報告》第 41 号,2017 年。

后　记

　　如果把时间的指针拨回到几年前,那时我异想天开的写作计划里,大约不会有这本书的位置。无论岭南还是分野,均不属于我熟悉的领域,也非个人兴趣所在,各种机缘巧合,促成了本书的写作。

　　诸机缘之中,最直接的动力来自笔者近十余年来所从事的史料批判研究。在进行这一研究时,笔者拟定了两个主要方向:其一是史传中的书写模式,其二是正史中的志书,尤其那些一向被认为较少人为干预、客观记录的文本,如官制文本、礼制文本、地理文本等。正是在对读两《唐书·地理志》时,笔者注意到《新唐志》较之《旧唐志》增加了以十道为单位叙述九州分野的内容,进而比较唐宋其他地理文献,发现诸书对岭南九州归属的认识差异极大。最初,笔者只是想弄清楚这些说法都是谁提出的,但随着研究推进,逐渐意识到与明确谁提出这些说法相比,进一步追究提出者的依据和考量或许更有意义。就这样,研究重点逐渐转向所谓"知识秩序",而后在知识史视角的引导下,又着意关注这些说法在后世的流传与接受情况。在搭建完基本框架后,之后的工作便是慢慢充实,把各种假设转化为实证性文字,本书也在此过程中逐渐成型。

　　从2019年暑期开始进入本课题,到现在截稿,前后将近六年。

当然,这六年也非完全投入,刨除用于其他教学科研的时间,真正用于本课题的时间,满打满算不会超过四年,远达不到学者常说的"十年磨一剑"的地步。投入时间有限,又是跨界研究,故迄至完稿,心里始终忐忑不安。另一方面,研究时间虽然不长,写作过程却颇为艰辛,除了课题相对陌生、逼迫自己走出"舒适圈"之外,更大的问题在于时常困惑于该课题的意义,一度自嘲就像发现了"茴"字的四种写法,似乎没什么价值。不过随着年岁日增,不再执着于年轻时一些不切实际的研究理想之后,对此困惑也就慢慢释然了。记得早年曾看到一个故事。海水退潮后,沙滩的水洼里有成百上千的小鱼被困,一个小男孩捡起小鱼,把它们扔回大海。别人说:"孩子,这水洼里小鱼成百上千条,你救不过来的。"小男孩说:"我知道。""那你为什么还要去救?谁在乎?"孩子一边捡鱼一边回答:"这条小鱼在乎!这条也在乎!还有这一条,这一条……"对于当下的我来说,别人没有发现或者发现了也不在乎的问题就像一条条困在沙滩水洼的小鱼,弄清楚它们,就是我的"救援"。

本书部分内容曾刊于《新史学》《魏晋南北朝隋唐史资料》《中华文史论丛》《中国中古史研究》等刊物,一些内容也先后于数个学术会议或讲座上公开发表,蒙编辑、审稿人、评议人惠赐诸多宝贵意见。林昌丈、葛少旗两位老师俯允为本书绘制了两幅重要地图,责编乔颖丛女史严谨高效地编辑小书,均令本书增色不少。学棣高鑫、肖洋、施世泉、陈宇航、伍震宇、李凯旋、严雨顿、唐彦祖诸君帮忙校核各章文字,为本书消除了不少错误。又本书获得清华大学基础文科发展项目和清华大学人文学院历史系与首都师范大学历史学院共建经费的支持。对于以上帮助,谨此一并致谢。

本书是作者的第一本书,原以为姗姗来迟的第一本书会让自己心情激动,不过等真的完成书稿、提交给出版社时,却没有想象中那般兴奋。大约年轻易于动情，年老易于感怀，似我这般不上不下的年纪，只能静水流深，波澜不惊了。当然，没有兴奋也不意味着心如止水，些许喜悦还是有的，此外还有如释重负。这些年常蒙师友惠赐佳作，却苦于无以回报，汗颜不已，现在终于稍稍有以报之了。

作者谨识

图书在版编目(CIP)数据

禹迹茫茫：唐宋岭南九州分野言说的知识史研究／
孙正军著. -- 上海：上海古籍出版社，2025.5.
ISBN 978-7-5732-1582-6

Ⅰ. K90-09

中国国家版本馆 CIP 数据核字第 2025YV8613 号

禹迹茫茫：唐宋岭南九州分野言说的知识史研究

孙正军　著

上海古籍出版社出版发行

（上海市闵行区号景路 159 弄 1-5 号 A 座 5F　邮政编码 201101）

（1）网址：www.guji.com.cn

（2）E-mail：guji1@guji.com.cn

（3）易文网网址：www.ewen.co

上海惠敦印务科技有限公司印刷

开本 890×1240　1/32　印张 11.625　插页 3　字数 271,000
2025 年 5 月第 1 版　2025 年 5 月第 1 次印刷
ISBN 978-7-5732-1582-6

K·3842　定价：68.00 元

如有质量问题,请与承印公司联系